〔宋〕黄士毅 /编

徐时仪 杨立军 /整理

朱子语类

二

上海古籍出版社

朱子语类卷第十七
大学或问上

○ 或问"大学之道吾子以为大人之学"一段。先生问友仁曰："公近日看大学或问如何?"云："粗晓其义，但恐未然。"先生举一二处令友仁说。先生曰："如何是'收其放心，养其德性'?"云："放心者，或心起邪思，意有妄念，耳听邪言，目观乱色，口谈不道之言，至于手足动之不以礼，皆是放也。收者，便于邪思妄念处截断不续，至于耳目言动皆然，此乃谓之收。既能收其放心，德性自然养得，不是收、放心之外又养个德性也。"先生曰："看得也好。"友仁。

○ 问："或问：'以"七年之病，求三年之艾"，非百倍其功，不足以致之。'人于已失学后，须如此勉强奋励方得。"曰："失时而后学，必着如此趱补得前许多欠阙处。'人一能之，己百之；人十能之，己千之'，若不如是，悠悠度日，一日不做得一日工夫，只见没长进，如何要填补前面。"贺孙。

○ 今人不曾做得小学工夫，一旦学大学，是以无下手处。今且当自持敬始，使端的纯一静专，然后能致知格物。文蔚。

○ 持敬以补小学之阙。小学且是拘检住身心，到后来"克己复礼"又是一段事。德明。

○ 问："大学首云明德，而不曾说主敬，莫是已具于小学？"曰："固然。自小学不传，伊川却是带补一'敬'字。"可学。

○ "敬"字是彻头彻尾工夫，自格物、致知至治国、平天下皆不外此。人杰。

○ 或问："大学论敬所引诸说有内外之分者。"曰："不必分内外，都只一般，只（认）〔恁〕行着都是敬。"僩。

○ 问："敬，诸先生之说各不同。然总而言之，常令此心常存，是否？"曰："其实只一般。若是敬时，自然'主一无适'，自然'整齐严肃'，自然'常惺惺'，'其心收敛不容一物'，但程子'整齐严肃'与谢氏、尹氏之说又更分晓。"履孙。

○ 书有合讲处，有不必讲处。且如一处定是如此了，别更不用讲。只是便去下工夫，不要放肆，不要缓慢，整齐严肃，便是主一，便是敬。圣贤说话千方百面，须是如此说，亦须逐一去看。然到极处不过如此，只是这个。义刚。

○ 或问："先生说敬处，举程伊川主一与整齐严肃之说与谢氏常惺惺之说。就其中看，谢氏尤切当。"先生曰："如某所见，伊川说得切当。且如整齐严肃，此心便存，便能惺惺。若无整齐严肃却要惺惺，恐无捉摸，不能常惺惺矣。"人杰。

○ 问："或问'然则所谓敬者，又若何而用力邪'，下举伊川及谢氏、尹氏之说，只是一意说敬。"曰："'主一无适'，又说个'整齐严肃'，'整齐严肃'亦只是'主一无适'意。且自看整齐严肃时如何这里便敬。常惺惺也便是敬。收敛此心，不容一物也便是敬。此事最易见，试自体察看便见。只是要教心下常如此。"因说到放心："如恻隐、羞恶、是非、辞逊是正心，才差去便是放。若整齐严肃，便有恻隐、羞恶、是非、辞逊。某看来，四海九州，无远无近，人人心都是放心，也无一个不放。如小儿子才有智识，此心便放了，这里便要讲学存养。"<u>贺孙</u>。

○　光祖问："'主一无适'与'整齐严肃'有不同否？"曰："如何有两样？只是个敬。极而至于<u>尧舜</u>，也只常常是个敬。若语言不同，自是那时就那事说，自应如此。且如<u>大学</u>、<u>论语</u>、<u>孟子</u>、<u>中庸</u>都说敬；诗也，<u>书</u>也，<u>礼</u>也，亦都说敬。各就那事上说得改头换面。要之，只是个敬。"又曰："或人问：'出门、使民时是敬，未出门、使民时是如何？'<u>伊川</u>答：'此"俨若思"时也。'要知这两句只是个'毋不敬'。又须要问未出门、使民时是如何。这又何用问，这自可见。如未出门、使民时是这个敬；当出门时、使民时也只是这个敬。到得出门、使民了，也只是如此。<u>论语</u>如此样尽有，最不可如此看。"<u>贺孙</u>。

○　问："<u>上蔡</u>说：'敬者，常惺惺法也。'此说极精切。"曰："不如<u>程子</u>'整齐严肃'之说为好。盖人能如此，其心即在此，便惺惺。未有外面整齐严肃而内不惺惺者。如人一时间外面整齐严肃，便一时惺惺；一时放宽了，便昏怠也。"<u>祖道</u>云："此个是气。须是气清明时便整齐严肃，昏时便放过了。如何捉得定？"先生曰："'志者，气之帅也。'此只当责志。<u>孟子</u>曰：'持其志，毋暴其气。'若能持其志，气自清明。"或云："<u>程子</u>曰：'学者为习所夺、气所胜，只可责志。'又云：'只这个也是私，学者不恁地不得。'此说如何？"先生曰："涉于人为便是私，但学者不如此，如何着力？此<u>程子</u>所以下面便救一句云'不如此不得'也。"<u>祖道</u>。

○　因看涪陵记善录，问："和靖说敬就整齐严肃上做，上蔡却云'是惺惺法'，二者如何？"厚之云："先由和靖之说，方到上蔡地位。"曰："各有法门：和靖是持守；上蔡却不要如此，常要唤得醒。要之，和靖底是，上蔡底横。"某云："易曰'敬以直内'，伊川云'主一'，却与和靖同。大抵敬有二：有未发，有已发，所谓'毋不敬'、'事思敬'是也。"先生曰："虽是有二，然但一本，只是见于动静有异，学者须要常流通无间。又如和靖之说固好，但不知集义，又却欠工夫。"曰："亦是渠才气去不得，只得如此。大抵有体无用，便不浑全。"又问："南轩说敬，常云：'义已森然于其中。'"曰："渠好如此说，如仁智动静之类皆然。"可学。

○　问谢子惺惺之说。曰："惺惺乃心不昏昧之谓，只此便是敬。今人说敬，却只以'整齐严肃'言之。此固是敬。然心若昏昧，烛理不明，虽强把捉，岂得为敬！"又问孟子告子不动心。曰："孟子是明理合义，告子只是硬把捉。"砥。

○　或问："谢氏常惺惺之说，佛氏亦有此语。"曰："其唤醒此心则同，而其为道则异。吾儒唤醒此心，欲他照管许多道理；佛氏则空唤醒在此，无所作为。其异处在此。"僴。

○　"敬是常惺惺法"，此语极好。升卿。

○　问："和靖说'其心收敛不容一物'。"曰："这心都不着一物便收敛。他上文云：'今人入神祠，当那时直是更不着得些子事，只有个恭敬。'此最亲切。今人若能专一此心便收敛紧密，都无些子空罅。若这事思量未了，又走做那边去，心便成两路。"贺孙。

○ 问尹氏"其心收敛不容一物"之说。曰："心主这一事，不为他事搀乱，便是不容一物也。"问："此只是说静时气象否？"曰："然。"又问："只静时主敬，便是'必有事'否？"曰："然。"僩。

○ 曾兄问："读大学，已知纲目次第了。然大要用工夫，恐在'敬'之一字。前见伊川说'敬以直内，义以方外'处。"先生云："能'敬以直内'矣，亦须'义以方外'，方能知得是非，始格得物。不以义方外，则是非好恶不能分别，物亦不可格。"又问："恭敬立则义在其中，伊川所谓'弸诸中，彪诸外'是也。"曰："虽敬立而义在，也须认得实方见得。今有人虽胸中知得分明，说出来亦是见得千了百当，及到他应物之时，颠倒错谬，全是私意，亦不知。圣人所谓敬义处，全是天理，安得有私意？今释老能立个门户恁地，亦是它从旁窥得近似。它所谓敬时亦却是能敬，更有'笠影'之喻。"卓。

○ 然则此篇所谓"在明明德"、"在新民"一段。

○ 或说"二气五行，错揉万变"。曰："物久自有弊坏。秦汉而下，二气五行自是较昏浊，不如太古之清明淳粹。且如中星自尧时至今已自差五十度了。秦汉而下自是弊坏，得个光武起，整得略略地，后又不好了。又得个唐太宗起来，整得略略地，后又不好了。终不能如太古。"或云："本然底亦不坏。"曰："固是。"夔孙。

○ 问或问中"健顺仁义礼智之性"。曰："此承上文阴阳五行而言。健，阳也，顺，阴也；四者，五行也。分而言之：仁礼属阳，义智属阴。"问："'立天之道，曰阴与阳；立地之道，曰柔与刚；立人之道，曰仁与义。'仁何以属阴？"曰："仁何尝属阴，〔袁机仲正来争辨，〕他便引'君子于仁也柔，于义也刚'为证。殊不知论仁之定体则自属阳，至于论君子之学则各自就地头说，如何拘文牵引得！今只观天地之化，草木发生，自是条畅洞达，无所窒碍，此便是阳刚之气。如云'采薇采薇，薇亦阳止'、'薇亦刚止'，盖薇之生也，挺直而上，此处皆可见。"问："礼属阳。至乐记，则又以礼属阴，乐属阳。"曰："固是。若对乐说则自是如此。盖礼是个限定裁节、粲然有文底物事，乐是和动底物事，自当如此分。如云'礼主其减，乐主其盈'之类，推之可见。"㑊。

○ 问阴阳五行健顺五常之性。曰："健是禀得那阳之气，顺是禀得那阴之气，五常是禀得五行之理。人物皆禀得健顺五常之性。且如狗子，会咬人底便是禀得那健底性，不咬人底是禀得那顺底性。又如草木，直底硬底是禀得刚底，软底弱底是禀得那顺底。"夔孙。

○ 问："或问说'仁义礼智之性'，添'健顺'字，如何？"曰："此健顺，只是那阴阳之性。"义刚。

○ 问："或问'气之正且通者为人，气之偏且塞者为物'，如何？"曰："物之生必因气之聚而后有形，得其清者为人，得其浊者为物。假如大炉熔铁，其好者在一处，其查滓又在一处。"又问："气则有清浊，而理则一同，如何？"曰："固是如此。理者，如一宝珠。在圣贤，则如置在清水中，其辉光自然发见；在愚不肖者，如置在浊水中，须是澄去泥沙则光方可见。今人所以不见理，合澄去泥沙，此所以须要克治也。至如万物，亦有此理。天何尝不将此理与他，只为气昏塞，如置宝珠于浊泥中不复见。然物类中亦有知君臣母子、知祭、知时者，亦是其中有一线明处。然而不能如人者，只为他不能克治耳。且蚤、虱亦有知，如饥则噬人之类是也。"祖道。

○ 舜功问："序引参天地事，如何？"曰："初言人之所以异于禽兽者，至下须是见己之所以参化育者。"又问："此是到处，如何？"曰：
"到，大有地步在，但学者须先知其如此方可以下手。今学者多言待发
见处下手，此已迟却。才思要得善时便是善。"<u>可学</u>。

○ 问："<u>或问</u>云：'于其正且通者之中，又或不能无清浊之异，故
其所赋之质，又有智、愚、贤、不肖之殊。'世间有人聪明通晓，是禀
其气之清者矣，然却所为过差，或流而为小人之归者；又有为人贤而不
甚聪明通晓，是如何？"曰："<u>或问</u>中固已言之，所谓'又有智、愚、
贤、不肖之殊'是也。盖其所赋之质便有此四样。聪明晓了者，智也，
而或不贤，便是禀赋中欠了清和温恭之德。又有人极温和而不甚晓事，
便是贤而不智。为学便是要克化，教此等气质令恰好耳。"<u>恪</u>。

○ 问："<u>或问</u>'然皆自其有生之初'以下是一节；'顾人心禀受之
初，又必皆有以得乎阴阳五行之气'以下是一节；'苟于是焉而不值其
清明纯粹之会'，这又转一节；下又转入一节物欲去，是否？"曰："初
间说人人同得之理，次又说人人同受之气。然其间却有撞着不好底气以
生者，这便被他拘滞了，要变化却难。"问："如何是不好底气？"曰：
"天地之气有清有浊，若值得晦暗昏浊底气，这便禀受得不好了。既是
如此，又加以应接事物，逐逐于利欲，故本来明德只管昏塞了。故<u>大学</u>
必教人如此用工，到后来却会复得初头浑全底道理。"<u>贺孙</u>。

○ 虚灵自是心之本体，非我所能虚也。耳目之视听，所以视听者
即其心也，岂有形象。然有耳目以视听之，则犹有形象也。若心之虚
灵，何尝有物。<u>人杰</u>。

○ 问："万（理）〔物〕粲然，还同不同？"曰："理只是这一个。
道理则同，其分不同。君臣有君臣之理，父子有父子之理。"<u>节</u>。

○ 林安卿问："或问中'介然之顷，一有觉焉，则其本体已洞然矣'，须是就这些觉处便致知充广将去。"曰："然。昨日固已言之。如击石之火，只是些子，才引着便可以燎原。若必欲等大觉了，方去格物、致知，如何等得这般时节！_{林先引或问中"至于久而后有觉"之语为比，先生因及此。}那个觉是物格知至了，大彻悟，到恁地时事都了。若是介然之觉，一日之间其发也无时无数，只要人识认得操持充养将去。"又问："'真知'之'知'与'久而后有觉'之'觉'字同否？"曰："大略也相似，只是各自所指不同。真知只是知得真个如此，不只是听得人说便唤做知。觉，则是忽然心中自有所觉悟，晓得道理是如此。人只有两般心：一个是是底心，一个是不是底心。只是才知得这个是不是底心，只这知得不是底心，便是是底心，便将这知得不是底心去治那不是底心。知得不是底心便是主，那不是底心便是客。便将这个做主去治那个客，便常守定这个知得不是底心做主，莫要放失，更那别讨个心来唤做是底心。如非礼勿视听言动，只才知得这个是非礼底心，此便是礼底心，便莫要视。如人瞌睡，方其睡时固无所觉，莫教才醒，便抖擞起精神，莫要更教他睡，此便是醒。不是已醒了，更别去讨个醒，说如何得他不睡。程子所谓'以心使心'，便是如此。人多疑是两个心，不知只是将这知得不是底心去治那不是底心而已。"元思云："上蔡所谓'人须是识其真心'，方乍见孺子入井之时，其怵惕、恻隐之心乃真心也。"曰："孟子亦只是讨譬喻，就这亲切处说仁之心是如此，欲人易晓。若论此心发见，无时而不发见，不特见孺子之时为然也。若必待见孺子入井之时怵惕、恻隐之发而后用功，则终身无缘有此等时节也。"元思云："旧见五峰文集答彪居仁书，说齐王爱牛之心云云，先生辨之，正是此意。"曰："然。齐王之良心想得也常有发见时，只是常时发见时不曾识得，都放过去了。偶然爱牛之心有言语说出，所以孟子因而以此推广之也。"又问："自非物欲昏蔽之极，未有不醒觉者。"曰："便是物欲昏蔽之极，也无时不醒觉。只是醒觉了，自放过去，不曾存得耳。"_侧。

○ 友仁说"明明德"："此'明德'乃是人本有之物，只为气禀与物欲所蔽而昏。今学问进修便如磨镜相似：镜本明，被尘垢昏之；用磨擦之工，其明始现；及其现也，乃本然之明耳。"曰："公说甚善，但此理不比磨镜之法。"先生略抬身，露开两手，如闪出之状，曰："忽然闪出这光明来，不待磨而后现，但人自不察耳。如孺子将入于井，不拘君子小人皆有怵惕、恻隐之心便可见。"友仁云："或问中说'是以虽其昏蔽之极，而介然之顷，一有觉焉，则即此空隙之中而其本体已洞然'，便是这个道理。"先生颔之，曰："于大原处不差，正好进修。"友仁。

○ 问："或问：'而吾之所以明而新之者，又非可以私意苟且为也。'私意是说着不得人为，苟且是说至善。"曰："才苟且，如何得会到极处！"贺孙举程子，以其"义理精微之极，姑以至善目之"之语。曰："大抵至善只是极好处，十分端正恰好，无一毫不是处，无一毫不到处。且如事君，必当如舜之所以事尧而后唤做敬；治民，必当如尧之所以治民而后唤做仁。不独如此，凡事皆有个极好处。今人多是理会得半截，便道了。待人看来，唤做好也得，唤做不好也得。自家本不曾识得到，少刻也会入于老，也会入于佛，也会入于申韩之刑名。止缘初间不理会到十分，少刻便没理会那个是白、那个是皂，那个是酸、那个是咸，故大学必使人从致知直截要理会透方做得，不要恁地半间半界、含含糊糊。某与人商量一件事，须是要彻底教尽。若有些子未尽处，如何住得。若有事到手，未是处须着极力辨别教是。且看孟子，那个事恁地含糊放过去？有一字不是，直须争教到底。这是他见得十分极至，十分透彻，如何不说得？"贺孙。

○ "或问说'明德'处云：'所以应乎事物之间，莫不各有当然之则。'其说'至善'处又云：'所以见于日用之间者，莫不各有本然一定之则。'二处相类，何以别？"曰："都一般。至善只是明德极尽处，至纤至悉，无所不尽。"淳。

○ 仁甫问："以其义理精微之极，有不可得而名者，故姑以至善目之。"曰："此是程先生说。至善，便如今人说极是。且如说孝：孟子说'博弈好饮酒，不顾父母之养'，此是不孝；到得会奉养其亲，也似煞强得这个；又须着如曾子之养志而后为能养，这又似好了；又当如所谓'先意承志，谕父母于道，不遗父母恶名'，使国人称愿道'幸哉，有子如此'，方好。"又云："孝莫大于尊亲，其次能养。直是到这里才唤做极是处，方唤做至善处。"贺孙。

○ 德元问："或问：'有不务明其明德，而徒以政教法度为足以新民者；又有自谓足以明其明德，而不屑乎新民者；又有略知二者之当务，而不求止于至善之所在者。'此三者，求之古今人物，是有甚人相似？"曰："如此等类甚多。自谓能明其德，而不屑乎新民者，如佛、老便是；不务明其明德，而以政教法度为足以新民者，如管仲之徒便是；略知明德新民，而不求止于至善者，如前日所论王通便是如此。先生前此数日作王通论，其间有此语。〔卓录云：又有略知二者之当务，顾乃安于小成、因于近利，而不求止于至善之所在者，如前日所论王通之事是也。〕看他于己分上亦甚修饬，其论为治本末亦有条理，甚有志于斯世。只是规模浅狭，不曾就本原上着功，便做不彻。须是无所不用其极，方始是。看古之圣贤别无用心，只这两者是吃紧处：明明德便欲无一毫私欲，新民便欲人于事事物物上皆是当。正如佛家说'为此一大事因缘出见于世'，此亦是圣人一大事也。千言万语只是说这个道理。若还一日不扶持，便倒了。圣人只是常欲扶持这个道理，教他撑天拄地。"文蔚。卓录同。又问："秦汉以下无一人知讲学明理，所以无善治。"曰："然。"因泛论历代以及本朝太宗真宗之朝，可以有为而不为。"太宗每日看太平广记数卷，若能推此心去讲学，那里得来？不过写字作诗，君臣之间以此度日而已。真宗东封西祀，縻费巨万计，不曾做得一事。仁宗有意于为治，不肯安于小成，要做极治之事。只是资质慈仁，却不甚通晓用人，骤进骤退，终不曾做得一事。然百姓戴之如父母。契丹初陵中国，后来却服仁宗之德，也是慈仁之效。缘它至诚恻怛，故能动人如此。”

知止而后有定以下一段

○ 问“能知所止，则方寸之间事事物物皆有定理矣”以下。曰："定、静、安三项若相似，说出来煞不同。有定是就事理上说，言知得到时，见事物上各各有个合当底道理。静只就心上说。”问："'无所择于地而安'，莫是'素富贵行乎富贵，素贫贱行乎贫贱'否?”曰："这段须看意思接续处。如'能得'上面带个'虑'字，'能虑'上面带个'安'字，'能安'上面带个'静'字，'能静'上面带个'定'字，'有定'上面带个'知止'字，意思都接续。既见得事物有定理，而此心恁地宁静了，看处在那里：在这边也安，在那边也安，在富贵也安，在贫贱也安，在患难也安。看如何? 公且看不见事理底人，有一件事如此区处不得，恁地区处又不得，这如何会有定! 才不定则心下便营营皇皇，心下才恁地，又安顿在那里得? 看在何处只是不安。”贺孙。

○ “能虑则随事观理，极深研几。”曰："到这处又更须审一审。'虑'字看来更重似'思'字。圣人下得言语恁地镇重，恁地重三叠四，不若今人只说一下便了，此圣人所以为圣人。”贺孙。

○ 安卿问："'知止是始，能得是终'，或问言：'非有等级之相悬。'何也?”曰："〔也不是无等级。〕中间许多只是小阶级，无那大阶级。如志学至从心，中间许多便是大阶级，步却阔。知止至能得，只如志学至而立相似，而立至不惑相似。定、静、安皆相类，只是中间细分别恁地。"问："到能得处是学之大成，抑后面更有工夫？"曰："在己已尽了，更要去齐家治国平天下，亦只是自此推去。"淳。

古之欲明明德于天下一段

○ 问："或问'自诚意以至于平天下，所以求得夫至善而止之'，是能得已包齐家治国说了。前晚何故又云：'能得后，更要去齐家治国平天下？'"曰："以修身言之都已尽了，但以明明德言之，在己无所不尽，万物之理亦无所不尽。如至诚惟能尽性，只尽性时万物之理都无不尽了，故尽其性便尽人之性，尽人之性便尽物之性。"淳。寓同。

○ 蜚卿言："或问云：'人皆有以明其明德，则各诚其意，各正其心，各修其身，各亲其亲，各长其长，而天下无不平矣。'伯羽谓明德之功果能若是，不亦善乎？然以尧舜之圣，闺门之内或未尽化，况谓天下之大，能服尧舜之化而各明其德乎？"曰："大学'明明德于天下'，只是且说个规模如此。学者须是有如此规模，却是自家本来合如此，不如此便是欠了他底。且如伊尹思匹夫不被其泽，如己推而纳之沟中，伊尹也只大概要恁地，又如何使得无一人不被其泽！又如说'比屋可封'，也须有一家半家不恁地者。只是见得自家规模自当如此，不如此不得，到得做不去处却无可奈何。规模自是着恁地，工夫便却用寸寸进。若无规模次第，只管去细碎处走，便入世之计功谋利处去；若有规模而又无细密工夫，又只是一个空规模。外极规模之大，内推至于事事物物处，莫不尽其工夫，此所以为圣贤之学。"道夫。

○ 或问"心之神明，妙众理而宰万物"。曰："神是恁地精彩，明是恁地光明。"又曰："心无事时都不见，到得应事接物便在这里，应事了又不见：恁地神出鬼没。"又曰："理是定在这里，心便是运用这理底，须是知得到。知若不到，欲为善也未肯便与你为善；欲不为恶，也未肯便不与你为恶。知得到了，直是如饥渴之于饮食。而今不读书时也须收敛身心教在这里，乃程夫子所谓敬也。'整齐严肃'，虽只是恁地，须是下工夫方见得。"贺孙。

○　德元问："'或问'知者妙众理而宰万物者也'，何谓'妙众理'?"曰："大凡道理皆是我自有之物，非从外得。所谓知者，便只是知得我底道理，非是以我之知去知彼道理也。道理固本有，用知方发得出来。若无知，道理何从而见！所以谓之'妙众理'，犹言能运用众理也。'运用'字有病，故只下得'妙'字。"又问："知与思，于身最切紧。"曰："然。二者只是一事。知如手，思是使那手去做事，思所以用夫知也。"佣。或录云："郭兄问：'或问"妙众理而宰万物者也"，何以谓之"妙众理"? 岂非以知能探赜众理之妙而为之主宰乎?'曰：'大凡道理皆是我自有之物，非从外得。所谓知者便只是理，才知得便是自知得我之道理，非是我以知去知那道理也。道理固本有，须用知方发得出来。若无知，道理何从而见？才知得底便是自家先有之道理也。只是无知则道无安顿处，故须知然后道理有所凑泊也。如冬寒夏热，君仁臣敬，非知，如何知得？所以谓之"妙万理"。如云能运用万理，只是"运用"字又有病，故只下得个"妙"字。盖知得此理也。'"

○　问："'知则心之神明，妙众理而宰万物者也'，知如何宰物?"曰："无所知觉则不足以宰制万物，要宰制他也须是知觉。"道夫。

○　或问："'知者妙众理而宰万物'，'宰'是'主宰'之'宰'? '宰制'之'宰'?"答曰："主便是宰，宰便是制。"又问："孟子集注中言：'心者，具众理而应万事。'此言'妙众理而宰万物'，如何?"曰："'妙'字便稍精彩，但只是不甚稳当，'具'字便平稳。"履孙。

○　郭兄问："'莫不有以知夫所以然之故与其所当然之则。'当然之则，如君之仁，臣之敬，子之孝，父之慈；所以然之故，如君何故用仁，臣何故用敬，父何故用慈，子何故用孝。毕竟未晓，敢以'君何故用仁'问先生，伏望教诲，俾知所以然之故。"曰："所以然之故即是更上面一层。如君之所以仁，盖君是个主脑，人民土地皆属它管，它自是用仁爱。试不仁爱看，便行不得，自然用如此。非说是为君了不得已以仁爱行之，自是理合如此。试以一家论之，为家长者便用爱一家之人，惜一家之物，自是理合如此，若天使之然。每常思量着，极好笑，自那原头来便如此了。又如父之所以慈，子之所以孝，盖父子本同一气，只是一人之身分成两个，其恩爱相属自有不期然而然者。其他大伦皆然，皆天理使之如此也，岂容强为哉！且以仁言之，只天地生这物时便有个仁，它只知生而已。从他原头下来，自然有个春夏秋冬。初有阴阳，有阴阳便有四象、金木水火土。故赋于人物，便有仁义礼智之性，自它原头处便如此了。仁则属春，属木，且看春间发生，蔼然和气，如草木萌（茅）〔芽〕，初间仅一针许，少间渐渐生发，以至枝叶花实变化万状，便可见他生意。非仁爱，何以如此。缘他本原处有个仁爱温和之理如此，所以发之于用，自然慈祥恻隐。孟子说'恻隐之端'，恻隐又与慈仁不同，恻隐是伤痛之切。盖仁本只有慈爱，缘见孺子入井，所以伤痛之切也。义属金，是天地自然有个清峻刚烈之气，所以人禀得便自然有裁制，便自然有羞恶之心。礼智皆然。盖自本原而已然，非旋安排教如此也。昔龟山问一学者：'当见孺子入井时，其心怵惕、恻隐，何故如此？'学者曰：'自然如此。'龟山曰：'岂可只说自然如此了便休？须是知其所自来，则仁不远矣。'龟山此语极好。"又引或人问龟山曰："'"以先知觉后知"，知、觉如何？'龟山曰：'知是知此事，觉是觉此理。'且如知得君之仁，臣之敬，子之孝，父之慈，是知此事也；又知得君之所以仁，臣之所以敬，父之所以慈，子之所以孝，是觉此理也。"卓。

治国平天下者诸侯之事一段

○　问南轩谓"为己者，无所为而然也"。曰："只见得天下事皆我所合当为而为之，非有所因而为也。然所谓天下之事皆我之所当为者，只恁地强信不得。须是学到那田地，经历磨炼多后方信得过。"道夫。

○　"'为己者，无所为而然'，'无所为'只是见得自家合当做，不是要人道好。如甲兵、钱谷、笾豆、有司，到当自家理会便理会，不是为别人了理会。如割股、庐墓，一则是不忍其亲之病，一则是不忍其亲之死，这都是为己。若因要人知了去恁地，便是为人。"器远问："子房以家世相韩，故从少年结士，欲为韩报仇，这是有所为否?"曰："他当初只一心欲为国报仇，只见这是个臣子合当做底事，不是为别人，不是要人知。"贺孙。

○　行夫问："南轩云：'为己者，无所为而然也。'这是见得凡事皆吾所当为，非求人知，不求人誉，无倚无靠之谓否?"曰："有所为者，是为人也。这须是见得天下之事实是己所当为，非吾性分之外所能有，然后为之而无为人之弊耳。且如'哭死而哀，非为生者'。今人吊人之丧，若以为亡者平日与吾善厚，真个可悼，哭之发于中心，此固出于自然者。又有一般人欲亡者家人知我如此而哭者，便不是，这便是为人。又如人做一件善事，是自家自肯去做，非待人教自家做方勉做，此便不是为人也。"〔道夫曰："先生所说钱谷、甲兵、割股、庐墓，已甚分明，在人所见如何尔。"又问："割股一事如何?"曰："割股固自不是。若是诚心为之，不求人知，亦庶几。今有以此要誉者。"因举一事为问，先生询究，骇愕者久之，再问："如今都不问如何，都不只自认自家不是，然其曲折亦甚难处。"久之，乃始正色直辞曰："只是自家过计了。设使后来如何，自家也未到得如此。天下事惟其直而已。试问乡邻，自家平日是甚么样人。官司推究亦自可见。"行夫曰："亦着下狱使钱，得个费力去。"曰："世上那解免得全不沾湿。如先所说，是不安于义理之虑。若安于义理之虑，但见义理之当为，便恁滴水滴冻做去，都无后来许多事。"道夫。〕

传一章

然则其曰克明德云云一段

○ 问："'克明德'，'克，能也'。或问中却作能'致其克之之功'，又似'克治'之'克'，如何？"曰："此'克'字虽训'能'字，然'克'字重如'能'字。'能'字无力，'克'字有力。便见得是他人不能，而文王独能之。若只作'能明德'，语意便都弱了。凡字有训义一般而声响顿异，便见得力、无力之分，如'克'之与'能'是也。如云'克宅厥心'、'克明俊德'之类可见。"偭。

顾谉天之明命云云一段

○ 问："或问说明命处云：'全体大用，无时不发见于日用之间。'日用间如何是全体大用处？"曰："'赤子匍匐将入井，皆有怵惕恻隐之心'，举此一节，体用亦可见，体与用不相离。如这是体，起来运行便是用。如喜怒是用，所以能喜怒者便是体。"淳。寓同。

○　问："或问：'常目在之，真若见其"参于前，倚于衡"也，则"成性存存"而道义出矣。'常反覆思之而未会其意。如中庸言'如在其上，如在其左右'。是言鬼神之德如此其盛也，犹曰鬼神者，身外之物也。今之所谓德者，乃天之所以命我而具于一心之微。初岂有形体之可见？今乃曰真若见其参于前而倚于衡。不知其所见者果何物邪？"曰："此岂有物可见！但是凡人不知省察，常行日用每与是德相忘，亦不自知其有是也。今所谓'顾𬤝'者，只是心里常常存着此理在。一出言则言必有当然之则，不可失也；一行事则事必有当然之则，不可失也。不过如此耳。初岂实有一物之可以见其形象邪！"处谦。

○　问："顾𬤝明命一条引'成性存存，道义出矣'，何如？"曰："自天之所命谓之明命，我这里得之于己谓之明德。只是一个道理。人只要存得这些在这里。才存得在这里，则事君必会忠，事亲必会孝，见孺子入井则怵惕之心便发，见穿窬之类则羞恶之心便发，合恭敬处便自然会恭敬，合辞逊处便自然会辞逊。须要常存得此心，则便见得此性发出底都是道理。若不存得这些，待做出，那个会合道理！"贺孙。

是三者固皆自明之事一段

○　问："'顾𬤝'一句，或问复以为见'天之未始不为人，而人之未始不为天'，何也？"曰："只是言人之性本无不善，而其日用之间莫不有当然之则。则，所谓天理也。人若每事做得是，则便合天理。天人本只一理。若理会得此意，则天何尝大，人何尝小也！"处谦。

○　问"天未始不为人，而人未始不为天"。曰："天即人，人即天。人之始生，得于天也；既生此人，则天又在人矣。凡语言动作视听皆天也。只今说话，天便在这里。顾谌，是常要看教光明粲烂，照在目前。"僴。

传二章

或问盘之有铭云云一段

○　德元问："汤之盘铭，见于何书？"曰："只是见于大学。成汤工夫全是在'敬'字上。看得来，大段是一个修饬底人，故当时人说他做工夫处亦说得大段地着。如禹'克勤于邦，克俭于家'之类，却是大纲说。到汤，便说'检身若不及'。"文蔚云："'以义制事，以礼制心'、'不迩声色，不殖货利'等语，可见日新之功。"曰："固是。某于或问中所以特地详载者，非说道人不知，亦欲学者经心耳。"文蔚。

○　问："丹书曰：'敬胜怠者吉，怠胜敬者灭；义胜欲者从，欲胜义者凶。''从'字意如何？"曰："从，顺也。敬便竖起，怠便放倒。以理从事是义，不以理从事便是欲。这处敬与义是个体、用，亦犹坤卦说敬、义。"因举"贼仁者谓之贼，贼义者谓之残"，问在坐如何说。王云："贼仁，是害心之理；贼义，是于所行处伤其理。"曰："如此说，便是告子义在外了。义在内，非在外。义是度事之宜，是心度之。然此处何以别？盖贼仁之罪重，残义之罪轻。仁义都是心之天理。仁是根本，贼仁则大伦大法亏灭了，便是杀人底人一般。义，就一节一事不合宜，便伤义，似手足上伤损一般，所伤者小，犹可补。"寓。

传三章

复引淇澳之诗云云一段

○ "大学言'瑟兮僩兮者，恂栗也'，'僩'字旧训宽大。某看经、子所载，或从'忄'、或从'扌'之不同，然皆云有武毅之貌，所以某注中直以武毅言之。"道夫云："如此注，则方与'瑟'字及下文'恂栗'之说相合。"曰："且如'恂'字，郑氏读为'峻'。某始者言此只是'恂恂如也'之'恂'，何必如此？及读庄子，见所谓'木处则惴栗恂惧'，然后知郑氏之音为当。如此等处，某于或问中不及载也。要之，如这般处，须是读得书多，然后方见得。"道夫。

○ 问："引淇奥诗如'切磋琢磨'是学者事，而'盛德至善'，或问乃指圣人言之，何也？"曰："后面说得来大，非圣人不能。此是连上文'文王於缉熙敬止'说。然圣人也不是插手掉臂做到那处，也须学。如孔子所谓'德之不修，学之不讲，闻义不能徙，不善不能改，是吾忧也'，此有甚紧要？圣人却忧者，何故？惟其忧之，所以为圣人。所谓'生而知之者'，便只是知得此而已。故曰：'惟圣罔念作狂，惟狂克念作圣。'"〔淳。〕寓〔同〕。

○ "'如切如磋者，道学也；如琢如磨者，自修也。'既学而犹虑其未至，则复讲习讨论以求之，犹治骨角者，既切而复磋之。切得一个朴在这里，似亦可矣，又磋之使至于滑泽，这是治骨角者之至善也。既修而犹虑其未至，则又省察克治以终之，犹治玉石者，既琢而复磨之。

琢是琢得一个朴在这里，似亦得矣，又磨之使至于精细，这是治玉石之至善也。取此而喻君子之于至善，既格物以求知所止矣，又且用力以求得其所止焉。正心、诚意，便是道学、自修。'瑟兮僩兮，赫兮咺兮'，到这里睟面盎背、发见于外，便是道学、自修之验也。"道夫云："所以或问中有始终条理之别者，良为此尔。"曰："然。"道夫。

○ "如切如磋，道学也"，却以为始条理之事；"如琢如磨，自修也"，却以为终条理之事，皆是要（切）工夫精密。道学是起头处，修身是成就处。中间工夫，既讲求又复讲求，既克治又复克治，此所谓已精而求其益精，已密而求其益密也。谟。

○ 周问："切磋是始条理，琢磨是终条理。终条理较密否？"曰："始终条理都要密，讲贯而益讲贯，修饬而益修饬。"淳。

○ 问："琢磨后，更有瑟僩赫咺，何故为终条理之事？"曰："那不是做工夫处，是成就了气象恁地。'穆穆文王'亦是气象也。"寓。淳录同。

朱子语类卷第十八
大学或问下

独其所谓格物致知者_{云云}一段

○ 先生为道夫读格物说，举遗书云"或问学何为而可以有觉也"，伊川曰"能致其知，则思自然明，至于久而后有觉"，是积累之多自有个觉悟时节。"勉强学问"，所以致其知也。"闻见博而智益明"，则其效著矣。"学而无觉，则亦何以学为也哉"，此程子晓人至切处。道夫。

○ 伊川云"知非一概，其为浅深有甚相绝者"云云。先生曰："此语说得极分明。至论知之浅深，则从前未有人说到此，而程子发之。且虎能伤人，人所共知而惧之。有见于色者，以其知之深于众人也。学者之于道，能如此人之于虎，真有以知之，则自有不容己者矣。"道夫。

○ 又有问："进修之术何先者？程子曰'莫先于正心诚意'。然欲诚意必先致知，而致知又在格物。"先生曰："物理无穷，故他说得来亦自多端。如读书以讲明道义，则是理存于书；如论古今人物以别其是非邪正，则是理存于古今人物；如应接事物而审处其当否，则是理存于应接事物。所存既非一物能专，则所格亦非一端而尽。如曰：'一物格而万理通，虽颜子亦未至此，但当今日格一件，明日又格一件，积习既多，然后脱然有个贯通处。'此一项尤有意味。向非其人善问，则亦何以得之哉？"道夫。

○ 又问：“自一身之中以至万物之理，理会得多，自当豁然有个觉处。”曰："此一段尤其切要，学者所当深究。"道夫云："自一身以至万物之理，则所谓'由中而外，自近而远，秩然有序而不迫切'者。"曰："然。到得豁然处，是非人力强勉而至者也。"道夫。

○ 又问："穷理者非谓必尽穷天下之理，又非谓止穷得一理便到，但积累多后，自当脱然有悟处。"曰："程先生言语气象自活，与众人不同。"道夫。

○ 又问"物必有理，皆所当穷"云云。曰："此处是紧切。学者须当知夫天如何而能高，地如何而能厚，鬼神如何而为幽显，山岳如何而能融结，这方是格物。"道夫。

○ 又问"致知之要当知至善之所在"云云。曰："天下之理畐塞满前，耳之所闻，目之所见，无非物也，若之何而穷之哉！须当察之于心，使此心之理既明，然后于物之所在从而察之，则不至于泛滥矣。"道夫。

○ 又问"格物莫若察之于一身，其得之为尤切"。曰："前既说当察物理，不可专在性情；至此又言莫若得之于身尤为切，皆是互相发处。"道夫。

○ 又问"格物穷理，但立诚意以格之"云云。曰："立诚意只是朴实下工夫，与经文'诚意'之说不同。"道夫。

○ 又问"入道莫如敬，未有致知而不在敬者"。曰："敬则此心惺惺。"道夫。

○　又问"涵养须用敬，进学则在致知"。曰："二者偏废不得。致知须用涵养，涵养必用致知。"道夫。

○　又问"致知在乎所养，养知莫过于寡欲"。道夫云："'养知莫过于寡欲'，此句最为紧切。"曰："便是这话难说，又须是格物方得。若一(句)〔向〕靠着寡欲，又不得。"道夫。

○　先生既为道夫读程子致知说，复曰："'格物'一章，正大学之头首，宜熟，复将程先生说更逐段研究。大抵程先生说与其门人说大体不同，不知当时诸公身亲闻之，却因甚恁地差了。"道夫。

○　知便要知得极，致知是推致到极处，穷究彻底，真见得决如此。程子说虎伤人之譬，甚好。这如一个物，四陲四角皆知得尽，前头更无去处，外面更无去处，方始是格到那物极处。淳。

○　"人各有个知识，须是推致而极其至。不然半上落下，终不济事。须是真知。"问："固有人明得此理，而涵养未到，却为私意所夺。"曰："只为明得不尽。若明得尽，私意自然留不得。若半青半黄、未能透彻，便是尚有查滓，非所谓真知也。"问："须是涵养到心体无不尽处方善。不然知之虽至，行之终恐不尽也。"曰："只为知不至。今人行到五分，便是它只知得五分，见识只识到那地位。譬诸穿窬，稍是个人便不肯做，盖真知穿窬之不善也。虎伤事亦然。"德明。

○　问："'一理通则万理通'，其说如何?"曰："伊川尝云'虽颜子亦未到此'。天下岂有一理通，解万理皆通! 也须积累将去。如颜子高明，不过闻一以知十，亦是大段聪明了。学问却有渐，无急迫之理。有人尝说，学问只用穷究一个大处，则其他皆通。如某正不敢如此说，须是逐旋做将去。不成只用穷究一个，其他更不用管便都理会得？岂有此理！为此说者将谓是天理，不知却是人欲。"明作。

○ 叔文问："正心、诚意，莫须操存否？"曰："也须见得后方始操得。不然，只恁空〔手〕〔守〕终不济事。盖谨守则在此，一合眼则便走了。须是格物，盖物格则理明，理明则诚一而心自正矣。不然，则戢戢而生，如何守得他住。"问："格物最是难事，如何便尽格得？"曰："伊川谓：'今日格一件，明日又格一件，积习既多，然后脱然有贯通处。'某尝谓，他此语便是真实做工夫来。他也不说格一件后便会通，也不说尽格得天下物理后方始通。只云'积习既多，然后脱然有个贯通处'。"又曰："今却不用虑其他，只是个'知至而后意诚'，这一转较难。"道夫。

○ 问："伊川云：'今日格得一件，明日格得一件。'莫太执着否？"曰："人日用间自是不察耳。若体察当格之物，一日之间尽有之。"寓。

○ 又曰："'积习既多，自当脱然有贯通处'，乃是零零碎碎凑合将来，不知不觉，自然醒悟。其始固须用力，及其得之也，又却不假用力。此个事不可欲速，'欲速则不达'，须是慢慢做去。"人杰。

○ 问："伊川所说〔今日格一件明日格一件〕工夫如何？"曰："如读书，今日看一段，明日看一段。又如今日理会一事，明日理会一事，积习多后自然贯通。"德明。德功云："释氏说斫树木，今日斫，明日斫，到树倒时只一斫便了。"

○ 穷理者，因其所已知而及其所未知，因其所已达而及其所未达。人之良知，本所固有。然不能穷理者，只是足于已知已达，而不能穷其未知未达，故见得一截，不曾又见得一截，此其所以于理未精也。然仍须工夫日日增加。今日既格得一物，明日又格得一物，工夫更不住地做。如左脚进得一步，右脚又进一步；右脚进得一步，左脚又进，接续不已，自然贯通。<u>淦</u>。

○ 问："<u>陆先生</u>不取<u>伊川</u>格物之说。若以为随事讨论，则精神易弊，不若但求之心，心明则无所不照，其说亦似省力。"曰："不去随事讨论后，听他胡做，话便信口说，脚便信步行，冥冥地去，都不管他。"<u>义刚</u>云："平时明知此事不是，临时却做错了，随即又悔。此毕竟是精神短后照烛不逮。"曰："只是断制不下。且如有一个人牵你出去街上行，不成不管后，只听他牵去。须是知道那里不可去，我不要随他去。"<u>义刚</u>云："事卒然在面前，卒然断制不下，这须是精神强始得。"曰："所以格物便是要闲时理会，不是要临时理会。如水火，人知其不可蹈，自是不去蹈，何曾有人错去蹈水火来！若是平时看得分明时，卒然到面前，须解断制。若理会不得时，也须临事时与尽心理会。十分断制不下，则亦无奈何，然亦岂可道晓不得后但听他。如今有十人，须看他那个好，那个不好。好人也有做得不是，不好人也有做得是底。如有五件事，看他处得那件是，那件不是。处得是，又有曲折处。而今人读书，全一例说好底固不是，但取圣人书而以为后世底皆不足信也不是。如圣人之言自是纯粹，但后世人也有说得是底，如<u>汉 仲舒</u>之徒，说得是底还他是。然也有不是处，也自可见。须是如此去穷方是，但所谓格物也是格未晓底，已自晓底又何用格。如<u>伊川</u>所谓'今日格一件，明日格一件'，也是说那难理会底。"<u>义刚</u>。

○ <u>黄毅然</u>问："<u>程子</u>说'今日格一件，明日格一件'，而先生说要随事理会。恐精力短，如何？"曰："也须用理会。不成精力短后，话便信口开，行便信脚步，冥冥地去，都不管他。"又问："无事时见得是如此，临事又做错了，如何?"曰："只是断置不分明，所以格物便要闲时理会，不是要临时理会。闲时看得道理分晓，则事来时断置自易。格物只是理会未理会得底，不是从头都要理会。如水火，人自是知其不可蹈，何曾有错去蹈水火。格物只是理会当蹈水火与不当蹈水火，临事时断置教分晓。程子所谓'今日格一件，明日格一件'，亦是如此。且如看文字，圣贤说话粹，无可疑者，若后世诸儒之言唤做都不是，也不得。有好底，有不好底。好底里面也有不好处，不好底里面也有好处。有这一事说得是，那一件说得不是；有这一句说得是，那一句说得不是，都要怎地分别。如临事，亦要如此理会那个是，那个不是。若道理明时自分晓。有一般说，汉唐来都是；有一般说，汉唐来都不是，怎地也不得。且如董仲舒、贾谊说话，何曾有都不是底，何曾有都是底。须是要见得他〔那个议论是〕那个议论不是，如此方唤做格物。如今将一个物事来，是与不是见得不定，便是自家这里道理不通透。若道理明，则这样处自通透。"淳。

○ 行甫问："明道言致知云：'夫人一身之中以至万物之理，理会得多，自然有个觉悟处。'"曰："一身之中是仁义礼智，恻隐羞恶辞逊是非，与夫耳目手足视听言动，皆所当理会。至若万物之荣悴与夫动植小大，这底是可以如何使，那底是可以如何用，车之可以行陆，舟之可以行水，皆所当理会。"又问："天地之所以高深，鬼神之所以幽显。"曰："公且说，天是如何（后）〔独〕高? 盖天只是气，非独是高。只今人在地上，便只见如此高。要之，他连那地下亦是天。天只管转来旋去，天大了，故旋得许多渣滓在中间。世间无一个物事怎地大，故地怎地大。地只是气之渣滓，故厚而深。鬼神之幽显，自今观之，他是以鬼为幽，以神为显。鬼者，阴也；神者，阳也。气之屈者谓之鬼，气之只管怎地来者谓之神。'洋洋然如在其上'，'焄蒿凄怆，此百（万）〔物〕

之精也，神之著也'，这便是那发生之精神。神者是生底，以至长大，故见其显，便是气之伸者。今人谓人之死为鬼，是死后收敛，无形无迹，不可理会，便是那气之屈底。"道夫问："横渠所谓'二气之良能'，良能便是那会屈伸底否？"曰："然。"道夫。

○ 器远问："格物当穷究万物之理令归一，如何？"曰："事事物物各自有理，如何硬要捏合得！只是才遇一事，即就一事究竟其理，少间多了自然会贯通。如一案有许多器用，逐一理会得，少间便自见得都是案上合有底物事。若是要看一件晓未得，又去看一样，看那个未了，又看一样，到后一齐都晓不得。如人读书，初未理会得，却不去究心理会。问他易如何，便说中间说话与书甚处相类。问他书如何，便云与诗甚处相类。一齐都没理会。所以程子说：'所谓穷理者，非欲尽穷天下之理，又非是止穷得一理便到，但积累多后自当脱然有悟处。'此语最亲切。"贺孙。

○ 问："知至若论极尽处，则圣贤亦未可谓之知至。如孔子不能证夏商之礼，孟子未学诸侯丧礼与未详周室班爵之制之类否？"曰："然。如何要一切知得。然知至只是到脱然贯通处，虽未能事事都知得，然理会得已极多，万一有插一件差异底事来，也都识得他破。只是贯通，便不知底亦通将去。某旧来亦如此疑，后来看程子说：'格物非谓欲尽穷天下之物，又非谓只穷得一理便到，但积累多后自脱然有悟处。'方理会得。"倜。

○ 问："程子言：'今日格一件，明日格一件，积习既久，自当脱然有贯通处。'又言：'格物非谓尽穷天下之理，但于一事上穷尽，其他可以类推。'二说如何？"曰："既是教类推，不是穷尽一事便了。且如孝，尽得个孝底道理，故忠可移于君，又须去尽得忠。以至于兄弟、夫妇、朋友，从此推之无不尽穷，始得。且如炭，又有白底，又有黑底。
只穷得黑，不穷得白，亦不得。且如水虽是冷而湿者，然亦有许多样，
只认冷湿一件也不是格。但如今下手，且须从近处做去。若幽奥纷拏，
却留向后面做。所以先要读书，理会道理。盖先学得在这里，到临时应
事接物，撞着便有用处。且如火炉，理会得一角了，又须都理会得三
角，又须都理会得上下四边，方是物格。若一处不通，便非物格也。"
又曰："格物不可只理会文义，须便实下工夫格将去始得。"履孙。

○ 明道云："穷理者，非谓必尽穷天下之理，又非谓止穷得一理
便到，但积累多后，自当脱然有悟处。"又曰："自一身之中以至万物之
理，理会得多，自当豁然有个觉处。"今人务博者却要尽穷天下之理，
务约者又谓"反身而诚"，则天下之物无不在我者，皆不是。如一百件
事，理会得五六十件了，这三四十件虽未理会，也大概是如此。向来某
在某处，有讼田者，契数十本，中间一段作伪。自崇宁政和间至今不
决，将正契及公案藏匿，皆不可考。某只索四畔众契比验，前后所断情
伪更不能逃者。穷理亦只是如此。淳。

○ 问程子格物之说。曰："须合而观之，所谓'不必尽穷天下之
物'者，如十事已穷得八九，则其一二虽未穷得，将来凑会，都自见
得。又如四旁已穷得，中央虽未穷得，毕竟是在中间了，将来贯通，自
能见得。程子谓'但积累多后，自当脱然有悟处'，此语最好。若以为
一草一木亦皆有理，今日来又一一穷这草木是如何，明日来又一一穷这
草木是如何，则不胜其繁矣。盖当时也只是逐人告之如此。"夔孙。

○ 问："程子谓致知节目如何？"曰："如此理会也未可。须存得
此心，却逐节子思索，自然有个觉处，如谚所谓'冷灰里豆爆'。"季札。

○ 问："伊川论致知处云：'若一事上穷不得，且别穷一事。'窃谓致之为言，推而至之以至于尽也。于穷不得处正当努力，岂可迁延逃避，别穷一事耶？至于所谓'但得一道而入，则可以类推而通其余矣'。夫专心致志，犹虑其未能尽知，况敢望以其易而通其难者乎？"曰："这是言随人之量，非曰迁延逃避也。盖于此处既理会不得，若专一守在这里却转昏了。须着别穷一事，又或可以因此而明彼也。"道夫。

○ 仁甫问："伊川说'若一事穷不得，须别穷一事'，与延平李先生说如何？"曰："这说自有一项难穷底事，如造化、礼乐、度数等事，是卒急难晓，只得且放住。且如所说春秋书'元年春王正月'，这如何要穷晓得？若使孔子复生，也便未易理会在。这须是且就合理会、易所在理会。延平说是穷理之要。若平常遇事，这一件理会未透又理会第二件，第二件理会未得又理会第三件，恁地终身不长进。"贺孙。

○ 问："程子'若一事上穷不得，且别穷一事'之说，与中庸'弗得弗措'相发明否？"曰："看来有一样底。若'弗得弗措'，一向思量这个，少间便会担阁了。若谓穷一事不得，便掉了别穷一事，又轻忽了，也不得。程子为见学者有恁地底，不得已说此话。"夔孙。

○ 陶安国问："或问中'千蹊万径，皆可适国'，国，恐是譬理之一源处。不知从一事上便可穷得到一源处否？"曰："也未解便如此，只要以类而推。理固是一理，然其间曲折甚多，须是把这个做样子，却从这里推去始得。且如事亲，固当尽其事之之道，若得于亲时是如何，不得于亲时又当如何。以此而推之于事君，则知得于君时是如何，不得于君时又当如何。推以事长亦是如此。自此推去，莫不皆然。"时举。

○ 行夫问："万物各具一理，而万理同出一源，此所以可推而无不通也。"曰："近而一身之中，远而八荒之外，微而一草一木之众，莫不各具此理。如此四人在坐，各有这个道理，某不用假借于公，公不用求于某，<u>仲思</u>与<u>廷秀</u>亦不用自相假借。然虽各自有这一个理，又却同出于一个理尔。如排数器水相似：这盂也是这样水，那盂也是这样水，各各满足，不待求假于外。然打破放里，却也只是个水。此所以可推而无不通也。所以谓格得多后自能贯通者，只为是一理。<u>释氏</u>云：'一月普现一切水，一切水月一月摄。'这是那<u>释氏</u>也窥见得他这些道理。<u>濂溪</u><u>通书</u>只是说这一事。"<u>道夫</u>。

○ <u>德元</u>问："万物各具一理，而万理同出一原。"曰："万物皆有此理，理皆同出一原，但所居之位不同，则其理之用不一。如为君须仁，为臣须敬，为子须孝，为父须慈。物物各具此理，而物物各异其用，然莫非一理之流行也。圣人所以'穷理尽性而至于命'，凡世间所有之物，莫不穷极其理，所以处置得物物各得其所，无一事一物不得其宜。除是无此物，方无此理；既有此物，圣人无有不尽其理者也。所谓'惟至诚赞天地之化育，则可与天地参者也'。"<u>侗</u>。

○ 问："<u>或问</u>'观物察己，还因见物反求诸己'，此说亦是。<u>程子</u>非之，何也？"曰："这理是天下公共之理，人人都一般，初无物我之分。不可道我是一般道理，人又是一般道理，将来相比。如赤子入井皆有怵惕。知得人有这个，便知自家亦有这个，更不消比并自知。"<u>寓</u>。

○ 格物、致知，彼我相对而言耳。格物所以致知。于这一物上穷得一分之理，即我之知亦知得一分；于物之理穷二分，即我之知亦知得二分；于物之理穷得愈多，则我之知愈广。其实只是一理，"才明彼，即晓此"。所以<u>大学</u>说"致知在格物"，又不说"欲致其知者在格其物"。盖致知便在格物中，非格之外别有致处也。又曰："格物之理所以致我之知。"偶。

○ 问："或问'致知'章引程子所谓'泛然徒欲以观万物之理，譬如大军之游骑，出太远而无所归'，莫只是要切己看否？"曰："只要从近去。"士毅。

○ 且穷实理，令有切己工夫。若只泛穷天下万物之理，不务切己，即是遗书所谓"游骑无所归"矣。德明。遗书第七卷云："兵阵须先立定家计，然后以游骑旋旋量力分外面与敌人合，此便是合内外之道。若游骑太远，却归不得。"又曰："致知便知止于至善，'为人子止于孝，为人父止于慈'之类，不须外面。只务观理，泛然正如游骑无所归也。"

○ 问："格物，莫是天下之事皆当理会，然后方可？"曰："不必如此。圣人正怕人如此。圣人云：'吾少也贱，故多能鄙事。'又云：'君子多乎哉？不多也。'又云：'多闻，择其善者而从之，多见而识之，知之次也。'圣人恐人走作这心无所归着，故程子云：'如大军之游骑，出太远而无所归。'"卓。

○ 〔周〕问："程子谓'一草一木，皆所当穷'。又谓'恐如大军游骑，出太远而无所归'。何也？"曰："便是此等语说得好，平正，不向一边去。"淳。

○ 或问格物问得太烦。曰："若只此联缠说，济得自家甚事。某最怕人如此。人心是个神明不测物事，今合是如何理会？这耳目鼻口手足，合是如何安顿？如父子、君臣、夫妇、朋友，合是如何区处？就切近处且逐旋理会。程先生谓：'一草一木亦皆有理，不可不察。'又曰：'徒欲泛然观万物之理，恐如大军之游骑，出太远而无所归。'又曰：

'格物莫若察之于身，其得尤切。'莫急于教人，然且就身上理会。凡纤悉细大，固着逐一理会。然更看自家力量了得底如何。"㝷。

○　傅问："而今格物，不知可以就吾心之发见理会得否？"曰："公依旧是要安排，而今只且就事物上格去。如读书便就文字上格，听人说话便就说话上格，接物便就接物上格。精粗大小都要格它。久后会通，粗底便是精，小底便是大，这便是理之一本处。而今只管要从发见处理会。且如见赤子入井，便有怵惕、恻隐之心，这个便是发了，更如何理会。若须待它自然发了方理会它，一年都能理会得多少。圣贤不是教人去黑淬淬里守着，而今且大着心胸，大开着门，端身正坐以观事物之来便格它。"夔孙。

○　问："格物虽是格天下万物之理，天地之高深，鬼神之幽显，微而至于一草一木之间，物物皆格，然后可也。然而用工之始，伊川所谓'莫若察之吾身者为急也'。不知一身之中当如何用力，莫亦随事而致察否？"曰："次第亦是如此，但如今且从头做将去。若初学，又如何便去讨天地高深、鬼神幽显得？且如人说一件事，明日得工夫时也便去做了。逐一件理会去，久之自然通贯，但除了不是当闲底物事，皆当格也。"又曰："物既格，则知自至。"履孙。

○　李德之问："或问中'致知'章引程子云：'穷理格物，须立诚意以格之。'诚意如何却在致知之先？"曰："这个诚意，只是要着实用力，所以下'立'字。"盖卿。

○　问："'知至而后意诚'，而程子又云'格物穷理，立诚意以格之'。何也？"曰："此'诚'字说较浅，未说到深处，只是确定〔㴞录作"坚确"。〕其志，朴实去做工夫，如胡氏'立志以定其本'便是此意。"

淳。〔寓同。〕

○ 问："中庸言自明而诚，今先生教人以诚格物，何故？"曰："诚只是一个诚，只争个缓顿。"<u>去伪</u>。

○ 伊川谓"学莫先于致知，未有致知而不在敬者"。致知是主善而师之也，敬是克一而协之也。<u>伯羽</u>。

○ 敬则心存，心存则理具于此而得失可验，故曰"未有致知而不在敬者"。<u>道夫</u>。

○ 问："程子云'未有致知而不在敬者'，盖敬则胸次虚明，然后能格物而判其是非。"曰："虽是如此，然亦须格物，不使一毫私欲得以为之蔽，然后胸次方得明。只一个持敬，也易得做病。若只持敬，不时时提撕着，亦易以昏困。须是提撕，才见有私欲底意思来便屏去，且谨守着，到得复来又屏去。时时提撕，私意当自去也。"<u>德明</u>。

○ 问："春间幸闻格物之论，谓事至物来便格取一个是非，觉有下手处。"曰："春间说得亦太迫切。只是伊川说得好。"问："如何迫切？"曰："取效太速，相次易生出病。伊川教人只说敬，敬则便自见得一个是非。"<u>德明</u>。

○ 问："春间所论致知格物，便见得一个是非，工夫有依据。秋间却有未安，太迫切。何也？"曰："看来亦有病，侵过了正心、诚意地步多。只是一'敬'字好。伊川只说敬，又所论格物、致知，多是说读书讲学，不专如春间所论偏在一边。今若只理会正心、诚意，〔池录作"四端情性"。〕却有局促之病；只说致知、格物，〔池录作"读书讲学"，一作

"博穷众理"。〕又却似泛滥。古人语言自是周浃，兼今日学者所谓格物却无一个端绪，只似寻物去格。如齐宣王因见牛而发不忍之心，此盖端绪也，便就此广充，直到无一物不被其泽方是。致与格，只是推致穷格到尽处。凡人各有个见识，不可谓他全不知。如'孩提之童，无不知爱其亲；及其长也，无不知敬其兄'，以至善恶是非之际亦甚分晓，但不推致充广，故其见识终只如此。须是因此端绪从而穷格之耳。未见端倪发见之时，且得恭敬涵养；有个端倪发见，直是穷格去，亦不是凿空寻事物去格也。"又曰："涵养于未发见之先，穷格于已发见之后。"德明。

○ 问："格物，或问论之已详。不必分大小先后，但是以敬为本后，遇在面前底便格否？"曰："是。但也须是从近处格将去。"义刚。

○ 问："格物，敬为主，如何？"曰："敬者，彻上彻下工夫。"祖道。

○ 世间之物无不有理，皆须格过。古人自幼便识其具，且如事亲事君之礼，钟鼓铿锵之节，进退揖逊之仪，皆目熟其事，躬亲其礼。及其长也，不过只是穷此理，因而渐及于天地、鬼神、日月、阴阳、草木、鸟兽之理，所以用工也易。今人皆无此等礼数可以讲习，只靠先圣遗经自去推究，所以要人格物主敬，便将此心去体会古人道理，循而行之。如事亲孝，自家既知所以孝，便将此孝心依古礼而行之；事君敬，便将此敬心依圣经所说之礼而行之。——须要穷过，自然浃洽贯通。如论语一书，当时门人弟子记圣人言行，动容周旋，揖逊进退，至为纤悉。如乡党一篇，可见当时此等礼数皆在。至孟子时则渐已放弃，如孟子一书，其说已宽，亦但论其大理而已。偕。

○ 任道弟问或问："涵养又在致知之先？"曰："涵养是合下在先。

古人从少以敬涵养，父兄渐渐教之读书识义理。今若说待涵养了方去理会致知，也无期限。须是两下用工，也着涵养，也着致知。伊川多说敬，敬则此心不放，事事皆从此做去。"因言："此心至灵，细入毫芒纤芥之间便知便觉，六合之大莫不在此。又如古初去今是几千万年，若此念才发便到那里；下面方来又不知是几千万年，若此念才发便也到那里。这个神明不测，至虚至灵，是甚次第。然人莫不有此心，多是但知有利欲，被利欲将这个心包了。起居动作只是有甚可喜物事，有甚可好物事，一念才动便是这个物事。"贺孙。广同而略："存养、致知先后。曰：'程先生谓："存养须是敬，进学则在致知。"又曰："未有致知而不在敬者。"盖古人才生下儿子，便有存养他底道理。父兄渐渐教他读书识义理。今人先欠了此一段，故学者先须存养。然存养便当去穷理。若说道，俟我存养得却去穷理，则无期矣。'因言人心至灵，虽千万里之远、千百世之上，一念才发便到那里。神妙如此，却不去养他。自旦至暮只管展转于利欲中，都不知觉。"

○ 先生问窦："看格物之义如何?"云："须先涵养清明，然后能格物。"曰："亦不必专执此说。事到面前，须与他分别去。到得无事，又且持敬。看自家这里敬与不敬如何，若是不敬底意思来便与屏彻去。久之，私欲自留不得。且要切己做工夫。且如今一坐之顷便有许多语话，岂不是动? 才不语话便是静。一动一静，循环无已，便就此穷格，无有空阙时，不可作二事看。某向时亦曾说，未有事时且涵养，到得有事却将此去应物，却成两截事。今只如此格物，便只是一事。且如'言忠信，行笃敬'，只见得言行合如此，下一句'蛮貊之邦行矣'便未须理会。及其久也只见得合如此言、合如此行，亦不知其为忠信笃敬如何，而忠信笃敬自在里许，方好。"德明。从周录云："先生问：'如何理会致知、格物?'曰：'涵养主一之义，使心地虚明，物来当自知未然之理。'曰：'恁地则两截了。'"

○ 行夫问"致知在乎所养,养知莫过于寡欲"。曰:"二者自是个两头说话,本若〔无〕相干,但得其道则交相为养,失其道则交相为害。"道夫。

○ 〔杨子顺〕问:"'养知莫过于寡欲',是既知后便如此养否?"曰:"此不分先后。未知之前若不养之,此知如何发得。既知之后若不养,则又差了。不可道未知之前便不必如此。"淳。〔㝢同。〕

○ 遗书晁氏客语卷中,所记张思叔记程先生语云"思欲格物,则固已近道矣",是何也?以收其心而不放也。此段甚好,当收入近思录。侗。

○ 问:"畅潜道记一篇多有不是处。如说格物数段,如云'思欲格物则固已近道',言皆缓慢。"曰:"它不合作文章,意思亦是,只是走作。"又问:"如云'可以意得,不可以言传',此乃学佛之过。下一段云'因物有迁'数语,似得之。"曰:"然。"先生举一段云:"极好。"记夜气。又问:"它把致知为本亦未是。"曰:"他便把终始本末作一事了。"可学。

○ 问:"致知下面更有节次。程子说知处只就知上说,如何?"曰:"既知则自然行得,不待勉强。却是'知'字上重。"可学。

○ 先生问:"看致知说如何?"云:"程子说得确实平易,读着意味愈长。"先生曰:"且是教人有下手处。"又曰:"须是如公子细看方得,贪多不济事。"道夫。

○ 先生问:"两日看何书?"对:"看或问'致知'一段犹未了。"

曰："此是最初下手处，理会得此一章分明，后面便容易去。程子于此段节目甚多，皆是因人资质说，故有说向外处，有说向内处。要知学者用功，六分内面、四分外面便好，一半已难，若六分外面则尤不可。今有一等人甚明，且于道理亦分晓，却只恁地者，只是向外做工夫。"士毅。〔广录详。〕

○　"致知"一章，此是大学最初下手处。若理会得透彻，后面便容易，故程子此处说得节目甚多，皆是因人之资质了说。虽若不同，其实一也。见人之敏者，太去理会外事，则教之使去父慈、子孝处理会。曰："若不务此，而徒欲泛然以观物之理，则吾恐其'如大军之游骑，出太远而无所归'。"若是人专只去里面理会，则教之以"求之性情固切于身，然一草一木亦皆有理"。要之，内事、外事皆是自己合当理会底，但须是六七分去里面理会，三四分去外面理会方可。若是工夫中半时亦自不可，况在外工夫多、在内工夫少，此尤不可也。广。

○　问："伊川说格物、致知许多项，当如何看？"曰："说得已自分晓。如初间说知觉及诚敬，固不可不勉。然'天下之理，必先知之而后有以行之'，这许多说不可不格物、致知。中间说物物当格，及反之吾身之说，却是指出格物个地头如此。"又云："此项兼两意，又见节次格处。自'立诚意以格之'以下，却是做工夫合如此。"又云："用诚敬涵养为格物致知之本。"贺孙。

○　或问或问载程子致知、格物之说不同。曰："当时答问，各就其人而言之。今须是合就许多不同处来看作一意为佳。且如既言'不必尽穷天下之物'，又云'一草一木亦皆有理'。今若于一草一木上理会，有甚了期，但其间有'积习多后，自当脱然有贯通处'者为切当耳。今以十事言之，且理会得七八件，则那两三件触类可通。若四旁都理会得，则中间所未通者，其道理亦是如此，盖长短小大自有准则。如忽然遇一件事来时，必知某事合如此，某事合如彼，则此方来之事亦有可见者矣。圣贤于难处之事，只以数语尽其曲折，后人皆不能易者，以其于此理素明故也。"又云："所谓格物者，常人于此理或能知一二分，即其一二分之所知者推之，直要推到十分，穷得来无去处，方是格物。"人杰。

○ 侍坐，先生曰："公读大学了，如何是'致知、格物'？"说不当意。先生曰："看文字须看他紧要处。且如大段落，自有个紧要处，正要人看。如作一篇诗，亦自有个紧要处。'格物'一章，前面说许多，便是药料。它自有个炮爁炙煿道理，这药方可合，若不识个炮爁炙煿道理，如何合得药！药方亦为无用。且将此意归安下处思量来，早来说。"泳。

○ "夜来蒙先生举药方为喻，退而深思，因悟致知、格物之旨。或问首叙程夫子之说，中间条陈始末，反覆甚备，末后又举延平之教。千言万语，只是欲学者此心常在道理上穷究。若此心不在道理上穷究，则心自心，理自理，邈然更不相干。所谓道理者，即程夫子与先生已说了。试问如何是穷究？先生或问中间一段'求之文字，索之讲论，考之事为，察之念虑'等事皆是也。既是如此穷究，则仁之爱、义之宜、礼之理、智之通皆在此矣。推而及于身之所用，则听聪、视明、貌恭、言从。又至于身之所接，则父子之亲、君臣之义、夫妇之别、长幼之序、朋友之信，以至天之所以高、地之所以厚、鬼神之所以幽显，又至草木鸟兽，一事一物，莫不皆有一定之理。今日明日积累既多，则胸中自然贯通。如此，则心即理，理即心，动容周旋，无不中理矣。先生所谓'众理之精粗无不到'者，诣其极而无余之谓也；'吾心之光明照察无不周'者，全体大用无不明，随所诣而无不尽之谓。书之所谓睿，董子之所谓明，<u>伊川</u>之所谓说虎者之真知，皆是。此谓格物，此谓知之至也。"
先生曰："是如此。"<u>泳</u>。

○ <u>蜚卿</u>问："诚敬寡欲以立其本，如何？"曰："但将不诚处看，
便见得诚；将不敬处看，便见得敬；将多欲来看，便见得寡欲。"<u>道夫</u>。

○ 问由中而外、自近而远。曰："某之意只是说欲致其知者，须
先存得此心。此心既存，却看这个道理是如何。又推之于身，又推之于
物，只管一层展开一层，又见得许多道理。"又曰："如'足容重，手容
恭，目容端，口容止，声容静，头容直，气容肃，立容德，色容庄'，
这便是一身之则所当然者。曲礼三百，威仪三千，皆是人所合当做而不
得不然者，非是圣人安排这物事约束人。如洪范亦曰'貌曰恭，言曰
从，视曰明，听曰聪，思曰睿'，以至于'睿作圣'。夫子亦谓'君子有
九思'，此皆人之所不可已者。"<u>道夫</u>。

○ 或曰："<u>或问</u>云：'万物生于天地之间，不能一日而相无，而亦
不可相无也。'如何？"曰："万物生于天地，人如何少得他，亦如何使
他无得？意只是如此。"<u>去伪</u>。

然则吾子之意亦可得而悉闻一段

○ 问"上帝降衷"。曰："衷，只是中也。"又曰："是恰好处。如
折衷，是折两者之半而取中之义。"<u>卓</u>。

○ <u>陶安国</u>问："'降衷'之'衷'与'受中'之'中'，二字义如
何？"曰："<u>左氏</u>云：'始终而衷举之。'又曰：'衷甲以见。'看此'衷'

字义，本是'衷甲以见'之义，为其在里而当中也。然'中'字大概因过不及而立名，如'六艺折衷于夫子'，盖是折两头而取其中之义。后人云'折衷，善也'，却说得未亲切。"铢。

○ 问："或问中谓'口鼻耳目四肢之用'是如何?"曰："'貌曰恭，言曰从'，视明，听聪。"问："'君臣、父子、夫妇、长幼、朋友之常'如何?"曰："事君忠，事亲孝。"㽦。

○ 问："天道流行，发育万物，人物之生，莫不得其所以生者以为一身之主，是此性随所生处便在否?"曰："一物各具一太极。"问："此生之道，其实也是仁义礼智信?"曰："只是一个道理界破看。以一岁言之，有春夏秋冬；以乾言之，有元亨利贞；以一月言之，有晦朔弦望；以一日言之，有旦昼暮夜。"〔㽦。〕

○ 德元问："或问诗所谓秉彝，书所谓降衷一段，其名虽异，要之皆是一理。"曰："诚是一理，岂可无分别! 且如何谓之降衷?"云："衷是善也。"曰："若然，何不言降善而言降衷?'衷'字，看来只是个无过不及之'中'，是个恰好底道理。天之生人物，个个有这一副当恰好、无过不及底道理降与你。与程子所谓天然自有之中、刘子所谓民受天地之中相似，与诗所谓秉彝、张子所谓万物之一原又不同。须各晓其名字训义之所以异，方见其所谓同。〔一云："若说降衷便是秉彝则不可，若说便是万物一原则又不可。万物一原，自说万物皆出此也。若统论道理，固是一般，圣贤何故说许多名字?"〕衷，只是中，今人言折衷。去声。折衷者，以中为准则而取正也。'天生烝民，有物有则'，'则'字却似'衷'字。天之生此物，必有个当然之则，故民执之以为常道，所以无不好此懿德。物物有则，盖君有君之则，臣有臣之则：'为人君，止于仁'，君之则也；'为人臣，止于敬'，臣之则也。如耳有耳之则，目有目之则：'视

远惟明', 目之则也; '听德惟聪', 耳之则也。'从作乂', 言之则也;
'恭作肃', 貌之则也。四支百骸, 万物万事, 莫不各有当然之则, 子细
推之, 皆可见。"又曰: "凡看道理, 须是细心看他名义分位之不同。通
天下固同此一理, 然圣贤所说有许多般样, 须是一一通晓, 分别得出始
得。若只侊侗说了, 尽不见他里面好处。如一炉火, 四人四面同向此
火, 火固只一般, 然四面各不同。若说我只认晓得这是一堆火便了, 这
便不得, 他里面玲珑好处无由见。如'降衷于下民', 这紧要字却在
'降'字上, 故自天而言则谓之降衷, 自人受此衷而言则谓之性。如云
'天所赋为命, 物所受为性', 命, 便是那'降'字, 至物所受则谓之
'性', 而不谓之'衷', 所以不同。缘各据他来处、所受处而言也。'惟
皇上帝降衷于下民', 此据天之所与物者而言。'若有常性', 是据民之
所受者而言。'克绥厥猷', 猷即道, 道者性之发用处, 能安其道者惟后
也。如'天命之谓性, 率性之谓道, 修道之谓教'三句, 亦是如此。古
人说得道理如此缜密, 处处皆合。今人心粗, 如何看得出。佛氏云:
'<u>如来</u>为一大事因缘故出现于世。'某常说, 古之诸圣人亦是为此一大事
也。前圣后圣, 心心一符, 如印记相合, 无纤毫不似处。"<u>佃</u>。

〇 "昨夜<u>用之</u>说衷是道理之心, 这话恁地说不得。〔刘用之曰: "衷
字是兼心说, 如云衷诚、丹衷是也, 言天与我以是心也。"〕心、性固只一理,
然自有合言处, 又有析而言处。须知其所以析, 又知其所以合乃可。然
谓性便是心则不可, 谓心便是性亦不可。孟子曰'尽其心, 知其性',
又曰'存其心, 养其性'。圣贤说话自有分别, 何尝如此侊侗不分晓。
固有侊侗一统说时, 然名义各自不同。心、性之别, 如以碗盛水, 水须
碗乃能盛, 然谓碗便是水则不可。后来横渠说得极精, 云'心统性、情
者也'。如'降衷'之'衷'同是此理。然此字但可施于天之所降而言,
而不可施于人之所受而言也。"<u>佃</u>。

○ 陈问："刘子所谓天地之中，即周子所谓太极否？"曰："只一般，但名不同。中，只是恰好处。书'惟皇上帝降衷于下民'，亦只是恰好处。极不是中，极之为物只是在中。如这烛台，中央簪处便是极。从这里比到那里也恰好，不曾加些；从那里比到这里也恰好，不曾减些。"寓。淳同。

○ 问："'民受天地之中以生'与程子'天然自有之中'，还是一意否？"曰："只是一意，盖指大本之中也。此处中庸说得甚分明，他日自考之。"铢。

○ 问："以其理之一，故于物无不能知；以其禀之异，故于理或不能知。"曰："气禀之偏者，自不求所以知。若或有这心要求，便即在这里。缘本来个仁义礼智，人人同有，只被气禀物欲遮了。然这个理未尝亡，才求便得。"又曰："这个便是难说。唤做难又不得，唤做易又不得。唤做易时，如何自尧舜禹汤文武周孔以后，如何更无一个人与相似？唤做难，又才知觉，这个理又便在这里。这个便须是要子细讲究，须端的知得，做将去自容易。若不知得，虽然恁地把捉在这里，今夜捉住，明朝又不见了；明朝捉住，后日又不见了。若知得到，许多蔽翳都没了。如气禀物欲一齐打破，便日日朝朝只恁地稳稳做到圣人地位。"贺孙。

○ 问："'或考之事为之著，或察之念虑之微'，看来关于事为者，不外乎念虑；而入于念虑者，往往皆是事为。此分为二项，意如何？"曰："固是都相关，然也有做在外底，也有念虑方动底。念虑方动，便须辨别那个是正，那个是不正。这只就始末上大约如此说。"问："只就著与微上看？"曰："有个显，有个微。"问："所借以为从事之实者，初不外乎人生日用之近；其所以为精微要妙不可测度者，则在乎真积力久、默识心通之中。是乃夫子所谓'下学而上达'者。"曰:"只是眼前切近起居、饮食,君臣、父子、兄弟、夫妇、朋友处便是这道理,只就近处行到熟处见得自高。有人说只且据眼前这近处行便是了,这便成苟简卑下。又有人说掉了这个,上面自有一个道理,亦不是,下梢只是谩人。圣人便只说'下学上达',即这个便是道理,别更那有道理。只是这个熟处,自见精微。"又曰:"'尧舜之道,孝弟而已矣',亦只是就近处做得熟便是尧舜。圣人与庸凡之分,只是个熟与不熟。庖丁解牛莫不中节,古之善书者亦造神妙。"<u>贺孙</u>。

○ 问:"<u>或问</u>云:'天地鬼神之变、鸟兽草木之宜,莫不有以见其所当然而不容已。'此处所谓'不容已'者是如何?"曰:"春生了便秋杀,他住不得。阴极了阳便生。如人在背后,只管来相趱,如何住得。"<u>杨至之</u>举"逝者如斯夫,不舍昼夜"说。曰:"此句在吾辈作如何使?<u>明道</u>谓此见圣人纯亦不已,乃天德也。有天德便可语王道,其要只在'谨独'。'独'与这里何相关?只是少有不谨便断了。"<u>淳</u>。

○ 问:"<u>或问</u>云:'天地鬼神之变,鸟兽草木之宜,莫不知其所当然而不容已。'下'不容已'字如何?"曰:"春生秋杀,阳开阴闭,趱来趱去,自住不得。阳极了阴便生,阴极了阳便生。后面只管来相趱,如何住得。"<u>寓</u>。

○ 今人未尝看见"当然而不容已"者,只是就上较量一个好恶尔。如真见得这底是我合当为,则自有所不可已者矣。如为臣而必忠,非是谩说如此,盖为臣不可以不忠;为子而必孝,亦非是谩说如此,盖为子不可以不孝也。<u>道夫</u>。

○ 问<u>或问</u>中"莫不有以见其所当然而不容已者,又当求其所以然而不可易者"。先生问:"每常如何看?"广云:"'所以然而不可易者',是指理而言;'所当然而不容已'者,是指人心而言。"曰:"下句只是指事而言。凡事固有'所当然而不容已'者,然又当求其所以然者何故。其所以然,理也。理如此,故不可易。又如人见赤子入井皆有怵惕、恻隐之心,此其事'所当然而不容已'者也。然其所以者是何故,必有个道理之不可易者。今之学者但止见其一边。如去见人,只见得冠冕衣裳,却元不曾识得那人。且如为忠、为孝、为仁、为义,但只据眼前理会得个皮肤便休,都不曾理会得那彻心彻髓处。以至于天地间造化,固是阳长则生,阴消则死,然其所以然者是如何?又如天下万事,一事各有一理,须是一一理会教彻。不成只说道:'天,吾知其高而已;地,吾知其深而已;万物万事,吾知其为万物万事而已。'明道诗云:'道通天地有形外,思入风云变态中。'观他此语,须知有极至之理,非册子之上所能载者。"广云:"大至于阴阳造化,皆是'所当然而不容已'者。所谓太极,则是'所以然而不可易者'。"曰:"固是。人须是自向里入深去理会。此个道理,才理会到深处,又易得似禅。须是理会到深处,又却不与禅相似方是。今之不为禅学者,只是未曾到那深处;才到那深处,定走入禅去也。譬如人在淮河上立,不知不觉走入番界去定也。只如程门高弟游氏,则分明是投番了。虽上蔡龟山也只在淮河上游游漾漾,终看他未破;时时去他那下探头探脑,心下也须疑它那下有个好处在。大凡为学,须是四方八面都理会教通晓,仍更理会向里来。譬如吃果子一般:先去其皮壳,然后食其肉,又更和那中间核子都咬破始得。若不咬破,又恐里头更别有滋味在。若是不去其皮壳固不可,若只去其皮壳了,不管里面核子亦不可,恁地则无缘到得极至处。大学之道,所以在致知格物。格物,谓于事物之理各极其至,穷到尽头。若是里面核子未破,便是未极其至也。如今人于外面天地造物之理都理会得,而中间核子未破,则所理会得者亦未必皆是,终有未极其至处。"因举五峰之言,曰:"'身亲格之以精其知',虽于'致'字得向里之意,然却恐遗了外面许多事。如某，便不敢如此说。须是内外本末、隐显精粗，一一周遍，方始是儒者之学。"广。

○ 或问："理之不容已者如何？"曰："理之所当为者自不容已。孟子最发明此理处。如曰：'孩提之童，无不知爱其亲；及其长也，无不知敬其兄。'自是有住不得处。"人杰。

○ 问："或问，物有当然之则，亦必有所以然之故，如何？"曰："如事亲当孝、事兄当弟之类，便是当然之则。然事亲如何却须要孝，从兄如何却须要弟，此即所以然之故。如程子云'天所以高，地所以厚'，若只言天之高、地之厚，则不是论其所以然矣。"䕫。

近世大儒有为格物致知之说者云云一段

○ 或问中近世大儒格物致知之说曰："'格，犹扞也、御也，能扞御外物而后能知至道。'温公。'必穷物之理同出于一，为格物。'吕与叔。'穷理只是寻个是处。'上蔡。'天下之物不可胜穷，然皆备于我而非从外得。'龟山。'"今日格一件，明日格一件"为非程子之言。'和靖。'物物致察，而宛转归己。'胡文定。'即事即物，不厌不弃，而身亲格之。'"五峰。

○ 吕与叔说许多一了，理自无可得穷，说甚格物。泳。

○ 吕与叔谓："凡物皆出于一，又格个甚么？"固是出于一，只缘散了，千岐万径。今日穷理，所以要收拾归于一。泳。

○　"'寻个是处',谢上蔡之说。理之所在,公是公,非固要寻,若似是而非者,亦要理会。"先生曰:"穷理便要理会。"泳。

○　上蔡说:"穷理只寻个是处,以恕为本。"穷理自是我不晓这道理,所以要穷,如何说得"恕"字?他当初说"恕"字,大概只是说要推我之心以穷理,便碍理了。龟山说"反身而诚"却大段好,须是反身乃见得道理分明。如孝如弟,须见得孝弟,我元有在这里。若能反身,争多少事。他又却说:"万物皆备于我,不须外面求。"此却错了。"身亲格之",说得"亲"字急迫。格自是〔自家〕格,不成情人格!赐。

○　"穷理是寻个是处,然必以恕为本",但恕乃求仁之方,试看穷理如何着得"恕"字?穷理盖是合下工夫,恕则在穷理之后。胡文定载显道语云:"恕则穷理之要。"某理会,安顿此语不得。贺孙。赐同。

○　"今日格一件,明日格一件",乃杨遵道所录,不应龟山不知。泳。

○　以"今日格一件,明日格一件"为非伊川之言者,和靖也。和靖且是深信程子者,想是此等说话不曾闻得,或是其心不以为然,故于此说有所不领会耳。谢子"寻个是处"之说甚好,与吕与叔"必穷万物之理同出于一为格物,知万物同出乎一理为知至",其所见大段不同。但寻个是处者,须是于其一二分是处,直穷到十分是处方可。人杰。

○　胡文定"宛转归己"之说,这是隔陌多少。记得一僧徒作一文,有此一语。泳。

○　龟山说:"只'反身而诚',便天地万物之理在我。"胡文定却言"物物致察，宛转归己"，见云雷知经纶，见山下出泉知果行之类。惟伊川言"不可只穷一理，亦不能遍穷天下万物之理"。某谓须有先后缓急，久之亦要穷尽。如正蒙是尽穷万物之理。德明。

○ 问："物物致察与物物而格何别?"曰："文定所谓物物致察，只求之于外。如所谓'察天行以自强，察地势以厚德'，祇因其物之如是而求之耳。初不知天如何而健，地如何而顺也。"道夫云："所谓宛转归己，此等言语似失之巧。"曰："若宛转之说，则是理本非己有，乃强委曲牵合使他入来尔。许多说，只有上蔡所谓'穷理只是寻个是处'为得之。"道夫云："龟山'反身而诚'之说，只是摸空说了。"曰："都无一个着实处。"道夫云："却似甚快。"曰："若果如此，则圣贤都易做了。"又问："他既如此说，其下工夫时亦须有个窒碍。"曰："也无做处。如龟山于天下事极明得，如言治道与官府政事，至纤至细处亦晓得。到这里却恁说，次第他把来做两截看了。"道夫。

○ 黄问"立志以定其本，居敬以持其志。志立乎事物之表，敬行乎事物之内"。曰："人之为事，必先立志以为本，志不立则不能为得事。虽能立志，苟不能居敬以持之，此心亦泛然而无主，悠悠终日，亦只是虚言。立志必须高出事物之表，而居敬则常存于事物之中，令此敬与事物皆不相违。言也须敬，动也须敬，坐也须敬，此心之敬顷刻去他不得。"卓。

○ 五峰说格物"立志以定其本，居敬以持其志。志立乎事物之表，敬行乎事物之内，而知乃可精"者，这段语本说得极精。然却有病者，只说得向里来，不曾说得外面，所以语意颇伤急迫。盖致知本是广大，须用说得表里内外周遍兼该方得。其曰"志立乎事物之表，敬行乎事物之内"，此语极好。而曰"而知乃可精"，便有局蹙气象，他便要就这里便精其知。殊不知致知之道不如此急迫，须是宽其程限，大其度量，久久自然通贯。他言语只说得里面一边极精，遗了外面一边，所以其规模之大不如程子。且看程子所说："今日格一件，明日格一件，积久自然贯通。"此言该内外，宽缓不迫，有涵泳从容之意，所谓"语小天下莫能破，语大天下莫能载"也。侗。

○ 问："五峰所谓'立志以定其本'，莫是言学便以道为志，言人便以圣为志之意否？"曰："固是。但凡事须当立志，不可谓今日做些子，明日便休。"又问"敬行乎事物之内"。曰："这个便是细密处，事事要这些子在。'志立乎事物之表'，立志便要卓然在这事物之上。看是甚么，都不能夺得他，又不恁地细细碎碎，这便是'志立乎事物之表'。所以今江西诸公多说甚大志，开口便要说圣说贤，说天说地，傲睨万物，目视霄汉，更不肯下人。"问："如此，则'居敬以持其志'都无了。"曰："岂复有此！据他才说甚敬，便坏了那个。"又曰："五峰说得这数句甚好，但只不是正格物时工夫，却是格物已前事，而今却须恁地。"道夫。

○ 先生问："大学看得如何？"云："大纲只是明德，而着力在格物上。"曰："着力处大段在这里，更熟看，要见血脉相贯穿。程子格物几处，更子细玩味，他说更不可易。某当初亦未晓得。如吕、如谢、如杨尹诸公说都见好，后来都段段录出排在那里，句句将来比对，逐字秤停过，方见得程子说撷扑不破。诸公说挨着便成粉碎了。"问："胡氏说何谓太迫？"曰："说得来局蹙，不恁地宽舒，如将绳索绊在这里，也只看道理未熟。如程子说便宽舒。他说'立志以定其本，居敬以持其志，志立乎事物之表，敬行乎事物之内，而知乃可精'。知未到精处方是可精，此是说格物以前底事。徐此下有"下面言'目流于色则知自反，以理视'云云"十五字。后面说又是格物以后底事。中间正好用工曲折处都不曾说，便是局蹙了。"淳。寓同，差详。

○ 问："先生旧解致知，欲人明心之全体。新改本却削去，只说理，何也？"曰："理即是此心之理。检束此心使无纷扰之病，即此理存也。苟惟不然，岂得为理哉？""先生说格物引五峰复斋记曰'格之之道，必立志以定其本，居敬以持其志'云云，先生以为不免有急迫意思，何也？"曰："五峰只说立志居敬，至于格物却不说。其言语自是深险，而无显然明白气象，非急迫而何！"问："思量义理，亦得有苦切意思，如何？"曰："古人格物致知，何曾教人如此。若看得滋味，自是欢喜，要住不得。若只以狭心求之，易得如此。若能高立着心，不牵惹世俗一般滋味，以此去看义理，但见有好意思了。"问："所谓'一草一木亦皆有理'，不知当如何格？"曰："此推而言之，虽一草木亦有理存焉。一草一木岂不可格。如麻、麦、稻、粱甚时种，甚时收，地之肥，地之硗，厚薄不同，此宜植某物，亦皆有理。"问："致知自粗而推至于精，自近而推至于远。不知所推之事如世间甚事？"曰："自'无穿窬之心'，推之至于可以不言馇之类；自'无欲害人之心'，推之举天下皆在所爱，至如一饭以奉亲，至于保四海、通神明，皆此心也。"寓。

○ 问："延平谓'为学之初且当常存此心，勿为他事所胜。凡遇一事，即当且就此事反复推寻以究其极。待此一事融释脱落，然后别穷一事，久之自当有洒然处'，与伊川'今日格一件，明日格一件'之语不同，如何？"曰："这话不如伊川说'今日'、'明日'恁地急。黄录但云："伊川说得较快。"这说是教人若遇一事，即且就上理会教烂熟离析，不待擘开，自然分解。久之自当有洒然处，自是见得快活。某常说道，天下事无他，只是个熟与不熟。若只一时恁地约摸得，都不与自家相干，久后皆忘却。只如借得人家事一般，少间被人取将去，又济自家甚事。"贺孙。〔卓同。〕

○ 廷老问:"先生所举李先生之言,以为为学之初〔凡遇一事,当且就此事反覆推寻、以究其理〕云云。此说如何?"曰:"为学之初只得如此。且如杨之为我,墨之兼爱,而颜子居陋巷,禹稷之三过其门而不入。禹稷则似乎墨氏之兼爱;颜子当天下如此坏乱时节,却自箪瓢陋巷,则似乎杨氏之为我然也。须知道圣贤也有处与他相似,其实却不如此,中间有多少商量。举此一端即便可见。"道夫。

○ 李尧卿问:"延平言穷理工夫,先生以为不若伊川规模之大,条理之密。莫是延平教人穷此一事,必待其融释脱落然后别穷一事,设若此事未穷,遂为此事所拘。不若程子'若穷此事未得且别穷'之言为大否?"曰:"程子之言诚善。穷一事未透又便别穷一事,亦不得。彼谓有甚不通者,不得已而如此耳。不可便执此说,容易改换,却致工夫不专一也。"处谦。

○ 诸公致知、格物之说皆失了伊川意。此正是入门款,于此既差则他可知矣。璗。

○ 这个道理自孔孟既没便无人理会得,只有韩文公曾说来,又只说到正心、诚意,而遗了格物、致知。及至程子始推广其说,工夫精密,无复遗虑。然程子既没,诸门人说得便差,都说从别处去,与致知、格物都不相干,是不曾精晓得程子之说耳。只有五峰说得精,其病犹如此。亦缘当时诸公所闻于程子者语意不全,或只闻一时之语,或只闻得一边,所以其说多差。后来却是集诸家语录,凑起众说,此段工夫方始浑全。则当时门人亲炙者未为全幸,生于先生之后者未为不幸。盖得见诸家记录全书,得以详考,所以其法毕备。又曰:"格物、致知,其后上蔡说得稍好。"僩。

○ 或问："如何是反身穷理?"曰："反身是着实之谓，向自家体分上求。格物只是就事上理会，知至便是此心透彻。"广。

传六章

○ 因说自欺，曰："欺人亦是自欺，此又是自欺之甚者。便教尽天地只有自家一人，也只是自欺。如此者多矣，到得那欺人时大故郎当。若论自欺细处：且如为善，自家也知得是合当为，也勉强去做，只是心里也有些便不消如此做也不妨底意思；如不为不善，心里也知得不当为而不为，虽是不为，然心中也又有些便为也不妨底意思。此便是自欺，便是好善不'如好好色'，恶恶不'如恶恶臭'。便做九分九厘九毫要为善，只那一毫不要为底便是自欺，便是意不实矣。或问中说得极分晓。"僩。

○ 问："或问'诚意'章末，旧引程子自慊之说，今何除之?"曰："此言说得亦过。"淳。

○ 先之问："'诚意'章或问云'孟子所论浩然之气，其原盖出于此'。何也?"曰："人只是慊快充足，仰不愧，俯不怍，则其气自直，便自日长以至于充塞天地。虽是刀锯在前、鼎镬在后也不怕。"贺孙。

○ 问"实其心所发，欲其一于理而无所杂"。曰："只为一便诚，二便杂。'如恶恶臭，如好好色'，一故也。'小人闲居为不善止著其善'，二故也。只要看这些便分晓。二者为是真底物事却着些假揽放里，便是诈伪。如这一盏茶，一味是茶便是真，才有些别底滋味便是有物夹杂了，便是二。"夔孙。

传七章

○ 或问："忿懥、恐惧、好乐、忧患四者，人之所不能无，何以谓心不得其正？"曰："四者心之所有，但不可使之有所私尔。才有所私便不能化，梗在胸中。且如忿懥、恐惧有当然者，若定要他无，直是（用）〔至〕死方得，但不可先有此心耳。今人多是才忿懥，虽有可喜之事亦所不喜；才喜，虽有当怒之事亦不复怒，便是蹉过事理了，便是'视而不见，听而不闻，食而不知其味'了。盖这物事才私便不去，只管在胸中推荡，终不消释。设使此心如太虚然，则应接万务，各止其所，而我无所与，则便视而见，听而闻，食而真知其味矣。看此一段，只是要人不可先有此心耳。譬如衡之为器，本所以平物也，今若先有一物在上，则又如何称。"顷之，复曰："要之，这原头却在那致知上。知至而意诚，则'如好好色，如恶恶臭'，好者端的是好，恶者端的是恶。某常云，此处是学者一个关，过得此关方始是实。"又曰："某尝谓此一节甚异。若知不至，则方说恶不可作，又有一个心以为为之亦无害；以为善不可不为，又有一个心以为不为亦无大段紧要。譬如草木，从下面生出一个芽子，这便是不能纯一，这便是知不至之所为。"或问公私之别。曰："今小譬之。譬如一事，若系公众便心下不大段管，若系私己便只管横在胸中念念不忘。只此便是公私之辨。"道夫。

○ 问："七章谓喜怒忧惧，人心所不能无。如忿懥乃戾气，岂可有也？"曰："忿又重于怒心，然此处须看文势大意，但此心先有忿懥时，这下面便不得其正。如镜有人形在里面，第二人来便照不得。如秤子钉盘星上加一钱，则称一钱物便成两钱重了。心若先有怒时，更有当怒底事来，便成两分怒了；有当喜底事来，又减却半分喜了。但先有好乐也如此，先有忧患也如此。若把忿懥做可疑，则下面忧患、好乐等皆可疑。"问："八章谓'五者有当然之则'，如敖惰之心则岂可有也？"曰："此处亦当看文势大意。敖惰，只是一般人所为得人厌弃，不起人敬畏之心。若把敖惰做不当有，则亲爱、敬畏等也不当有。"淳。〔㝢录略。〕

○ 问："心正，是兼言体、用之正否？"曰："不可。只道体正，应物便不正。此心之体，如衡之平一般。所谓正，又在这下了。衡平在这里，随物而应，无不正。"淳。㝢录云："陈问：'或问云："此心之体寂然不动，如镜之空，如衡之平，何不得其正之有！"此是言其体之正。又"心之应物，皆出于至公而无不正矣"，此又是言其用之正。所谓心正者，是兼体、用言之否？'曰：'不可。只道体正，应物未必便正。此心之体，如衡之平。所谓正，又在那下。衡平在这里，随物而应，无不正。'又云："'如衡之平'下少几个字：感物而发无不正。'"

○ 问："正心必先诚意，而或问有云'必先持志、守气以正其心'，何也？"曰："此只是就心上说。思虑不放肆便是持志，动作不放肆便是守气。守气是'无暴其气'，只是不放肆。"㝢。

○ 钟唐杰问："或问云：'意既诚矣，而心犹有动焉，然后可以责其不正而复乎正。'意之既诚，何为而心犹有动？"曰："意虽已诚，而此心持守之不固，是以有动。到这里犹自三分是小人，正要做工夫。且意未诚时，譬犹人之犯私罪也；意既诚而心犹动，譬犹人之犯公罪也。亦甚有间矣。"盖卿。

○ 或问:"大学或问曰'意既诚矣,而心犹有动焉,然后可以责其不正而复乎正',是如何?"曰:"若是意未诚时,只是一个虚伪无实之人,更问甚心之正与不正!唯是意已诚实,然后方可见得忿懥、恐惧、好乐、忧患有偏重处,即便随而正之也。"<u>广</u>。

传八章

传九章

○ 问:"仁让言家,贪戾言人,<u>或</u>问以为'善必积而后成,恶虽小而可惧'。发明此意,深足以警人当为善而去恶矣。然所引<u>书</u>云'德罔小,不德罔大',则疑下一句正合本文,而上一句不或反乎?"曰:"'尔惟德罔小',正言其不可小也,则庶乎'万邦惟庆'。正与<u>大学</u>相合。"<u>处谦</u>。

○ 或问:"先吏部说:'有诸己而后求诸人,无诸己而后非诸人。'"曰:"这是说寻常人。若自家有诸己,又何必求诸人;无诸己,又何必非诸人。如<u>孔子</u>说'躬自厚而薄责于人','攻其恶,毋攻人之恶'。至于<u>大学</u>之说,是有天下国家者势不可以不责他。然又须自家有诸己,然后可以求人之善;无诸己,然后可以非人之恶。"〔<u>贺孙</u>。〕

○ <u>范公</u>忠恕之说曰"以恕己之心恕人",此句未善。若曰"以爱己之心爱人"方无病。盖恕是个推出去底,今收入来做恕己,便成忽略了。道夫。

○ 范忠宣公"恕己之心恕人"这一句自好，只是圣贤说恕，不曾如是倒说了。不若横渠说"以责人之心责己，爱己之心爱人"，则是见他人不善，我亦当无是不善；我有是善，亦要他人有是善。推此计度之心，此乃恕也。于己，不当下"恕"字。泳。

○ 问："赤子之心是已发。或问云'人之初生，固纯一而未发'，何也？"曰："赤子之心虽是已发，然也有未发时。如饥便啼，渴便叫，恁地而已，不似大人恁地劳攘。赤子之心亦涵两头意，程子向来只指一边言之。"寓。

传十章

○ 问："或问以所占之地言之，则随所在如此否？"曰："上下也如此，前后也如此，左右也如此。古人小处亦可见，如'并坐不横肱'，恐妨碍左边人，又妨碍右边人。如此，则左右俱不相妨，此便是以左之心交于右，以右之心交于左。如'户开亦开，户阖亦阖，有后人者，阖而勿遂'。前人之开，所以待后之来，自家亦当依他恁地开；前人之阖，恐后人有妨所议，自家亦当依他恁地阖，此是不以后来而变乎前之意。如后面更有人来，则吾不当尽阖了门，此又不以先而拒乎后之意。如此则前后处得都好，便是以前之心先于后，以后之心从于前。"问："凡事事物物皆要如此否？"曰："是。如我事亲，便也要使人皆得事亲；我敬长慈幼，便也要使人皆得敬长慈幼。此章上面说：'上老老而民兴孝，上长长而民兴弟，上恤孤而民不倍。'是民之感化如此，可见天下人人心都一般。君子既知人都有此心，所以有絜矩之道，要人人都得尽其心。若我之事其亲，备四海九州之美〔味〕，却使民之父母冻饿，藜藿糟糠不给；我之敬长慈幼，却使天下之人兄弟妻子离散，便不是絜矩。中庸一段，所求乎子之事我如此，而我之事父却未能如此，所求乎臣之事我如此，而我之事君却未能如此，及所求乎弟、所求乎朋友等，此意上下左右前后及中央做七个人看，便自分晓。"淳。〔㝢同。〕

朱子语类卷第十九

论语一

语孟纲领

○ 语、孟工夫少，得效多；六经工夫多，得效少。<u>大雅</u>。

○ 语、孟用三二年工夫看，亦须兼看<u>大学</u>及<u>书诗</u>，所谓"兴于诗"。诸经诸史大抵皆不可不读。<u>德明</u>。

○ 某<u>论语集注</u>已改，写出，方写一两面。公读令<u>大学</u>十分熟了，却取去看。<u>论语</u>、<u>孟子</u>都是<u>大学</u>中肉菜，先后浅深，参差互见。若不把<u>大学</u>做个匡纲了，卒亦未易看得。<u>贺孙</u>。

○ 或云："<u>论语</u>不如<u>中庸</u>。"先生曰："只是一理，若看得透方知无异。<u>论语</u>是每日零碎问。譬如大海也是水，一勺也是水。所说千言万语皆是一理。须是透得，则推之其他道理皆通。"又曰："圣贤所说只一般，只是一个'择善固执之'。<u>论语</u>则说'学而时习之'，<u>孟子</u>则说'明善诚身'，下得字各自精细，真实工夫只一般。须是知其所以不同，方知其所谓同也。而今须是穷究得一物事透彻方知。如入个门方知门里房舍间架，若不亲入其门户，在外遥望，说我皆知得，则门里事如何知得。"偰。按此条与池本异，乃士毅旧所传。黄卓录同而略。

○ 读书。"凡读书须有次序。且如一章之句，先理会上句待通透，次理会第二、第三句，皆分晓，然后将全章反覆绅绎玩味。未通透却看前辈讲解，更第二番读过。须见得自家身分上有长进处方是有益。如语孟二书，若欲便恁地读过，只二日可了。若要将来做切己事玩味体察，一日多有数段耳，一两段耳。看讲解不可专徇它说，不求是否，便道前贤言语皆的当。如遗书中语，岂无一二过当处，亦时有说不及处。亦不可初看时便先断以己意，前贤之说皆不可入，此正当今学者之病。"某要人先读大学以定其规模，次读论语以立其根本，次读孟子以观其发越处，次读中庸以求圣人之微妙处。大学一篇有等级次第，总作一处，易晓，宜先看。论语却实，但言语散见，初看亦难。孟子有感激兴发人心处。中庸却难读，须看三书后方宜读之。寓。

○ 论语易晓，孟子有难晓处。语、孟、中庸、大学是（热）〔熟〕饭，看其他经是打禾为饭。节。

○ 古书多至后面便不分晓，语孟亦然。节。

○ 孔门教人甚宽，今日理会些子，明日又理会些子，久则自贯通。如耕荒田，今日耕些子，明日又耕些子，久则自周匝。虽有不到处，亦不出这理。节。

○ 夫子教人，零零星星，说来说去，合来合去，合成一个大物事。节。

○ 节问："孔子教人就事上做工夫，孟子教人就心上做工夫，何故不同?"曰:"圣贤教人,立个门户,各自不同。"<u>节</u>。

○ "<u>孔子</u>教人极直截,<u>孟子</u>较费力。<u>孟子</u>必要充广,<u>孔子</u>教人合下便有下手处。"<u>节</u>问:"<u>孔子</u>何故不令人充广?"曰:"'居处恭,执事敬',非充广而何?"<u>节</u>。

○ <u>孔子</u>教人只言"居处恭,执事敬,与人忠",含畜得意思在其中,使人自求之。到<u>孟子</u>便指出了性善,早不似圣人了。<u>祖道</u>。

○ <u>孔子</u>之言多且是泛说做工夫,如"居处恭,执事敬"、"言忠信,行笃敬"之类,未说此是要你理会甚么物。待学者自做得工夫透彻,却就其中见得体段是如此。至<u>孟子</u>则恐人不理会得,又趱进一着说,如"恻隐之心"与"学问之道,求放心"之类,说得渐渐亲切。今人将<u>孔孟</u>之言都只恁地草率看。<u>雉</u>。

○ 看文字且须看其平易正当处。<u>孔孟</u>教人,句句是朴实头。"人能充无受尔汝之实","实"字将作"心"字看。须是我心中有不受尔汝之实处,如仁义是也。<u>祖道</u>。

○ <u>孟子</u>比<u>孔子</u>时说得高。然"<u>孟子</u>道性善,言必称<u>尧舜</u>",又见<u>孟子</u>说得实。因论<u>南轩</u>奏议有过当处。<u>方子</u>。

○ <u>邓子礼</u>问:"<u>孟子</u>恁地,而<u>公孙</u>、<u>万章</u>之徒皆无所得。"曰:"它只是逐<u>孟子</u>上上下下,不曾自去理会。"又曰:"<u>孔子</u>于门人恁地提撕警觉,尚有多少病痛!"<u>贺孙</u>。

○ <u>孟子</u>要熟读,<u>论语</u>却费思索。<u>孟子</u>熟读易见,盖缘是它有许多答问发扬。贺孙。

　　○　周问孟子。先生曰："看孟子与论语不同，论语要冷看，孟子要熟读。论语逐文逐意各是一义，故用子细静观。孟子成大段，首尾通贯，熟读文义自见，不可逐一句一字上理会也。"雉。

　　○　有人言："理会得论语便是孔子，理会得七篇便是孟子。"初不以为然。子细看来亦是如此。盖论语中言语，真能穷究极其纤悉，无不透彻，如从孔子肚里穿过，孔子肝肺尽知了，岂不是孔子！七篇中言语，真能穷究透彻无一不尽，如从孟子肚里穿过，孟子肺肝尽知了，岂不是孟子！淳。

　　○　先生问："论语近读得如何？昨日所读底今日再读，见得如何？"榦曰："尚看未熟。"先生曰："这也使急不得，也不可慢。所谓急不得者，功效不可急；所谓不可慢者，工夫不可慢。"榦。

　　○　论语难读。日只可看一二段，不可只道理会文义得了便了。须是子细玩味，以自身体之，见前后晦明生熟不同，方是切实。贺孙。

　　○　论读书之法。择之云："尝作课程，看论语日不得过一段。"先生曰："明者可读两段或三段。如此亦所以治躁心。近日学者病在好高，读论语，未问学而时习便说一贯；孟子，未言梁王问利便说尽心；易，未看六十四卦便先读系辞。"德明。

　　○　论语一日只看一段，大故明白底则看两段，须是专一。自早至夜，虽不读亦当涵泳，（当）〔常〕在胸次。如有一件事未了相似，到晚却把来商量。但一日积一段，日日如此，年岁间自是里面通贯，道理分明。椿。

○ 论语，愈看愈见得滋味出。若欲草草去看，尽说得通，恐未能有益。凡看文字，须看古人下字意思是如何。且如前辈作文，一篇中，须看它用意在那里。举杜子美诗云："更觉良工用心苦。"一般人看画，只见得是画一般；识底人看，便见得它精神妙处，知得它用心苦也。寓。

○ 先生谓飞卿："看公所疑，是看论语未子细。这读书是要得义理通，不是要做赶课程模样。若一项未通，只且就上思索教通透方得。初间疑处，只管看来，自会通解。若便写在策上，心下便放却，于心下便无所得。某若有未通解处，自放心不得，朝朝日日，只觉有一事在这里。"贺孙。

○ "'学问之道无它，求其放心而已。'又曰：'有是四端于我者，知皆广而充之。'孟子说得最好。人之一心，在外者又要收入来，在内者又要推出去。孟子一部书皆是此意。"又以手作推之状，曰："推，须是用力如此。"又曰："立天之道曰阴与阳，立地之道曰柔与刚，立人之道曰仁与义。"又曰："世间只有个阖辟内外，人须自体察取。"祖道。人杰录云："心在外者要收向里，心在内者却推出去。孟子云，学问求放心，四端广而充之。一部孟子皆是此意。大抵一收一放、一阖一辟，道理森然。"〔赐录云："因说仁义，曰：'只有孟子说得好。如曰"学问之道无他，求其放心而已"，此是从外面收入里来。如曰"人之有是四端，知皆扩而充之"，又要从里面发出去。凡此出入往来皆由个心。'又曰：'所谓"立天之道曰阴与阳，立地之道曰柔与刚，立人之道曰仁与义"，都是怎地。'"〕

○ 圣人言语皆天理自然，本坦易明白在那里。只被人不虚心去看，只管外面捉摸。及看不得，遂将自己身上一般意思说出来，把做圣人意思。看论语，就里面详细处须要看得十分透彻，无有不尽。<u>淳</u>。

○　先生问："论语如何看?"<u>淳</u>曰："见得圣人言行，极天理之实而无一毫之妄。学者之用工，尤当极其实而不容有一毫之妄。"曰："大纲也是如此。然就里面详细处，须要十分透彻，无一不尽。"<u>淳</u>。

○　<u>李公晦</u>问"忠恕"。先生曰："初读书时且从易处看，待得熟后难者自易理会。如捉贼先擒尽弱者，则贼魁自（有）〔在〕这里，不容脱也。且看论语前面所说分晓处。"<u>盖卿</u>。

○　问<u>王子充</u>问学。先生曰："圣人教人只是个论语，<u>汉 魏</u>诸儒只是训诂。论语须玩味。今人读书伤快，须是熟方得。"曰："论语莫也须拣个紧要底看否?"曰："不可。须从头看，无精无粗，无浅无深，且都玩味得熟，道理自然出。"曰："读书未见得切，须见之行事方切。"曰："不然。且如论语第一便教人学，便孝弟求仁，便戒人巧言令色，便三省，也可谓甚切。"<u>骧</u>。

○　莫云论语中有紧要底、有泛说底，且要着力紧要底，便是拣别。若如此，则<u>孟子</u>一部可删者多矣。圣贤言语，粗说细说，皆着理会交彻透。盖道体至广至大，故有说得易处，说得难处，〔说得大处，〕说得小处。若不尽见必定有窒碍处。若是谓只"言忠信，行笃敬"便可，则自<u>汉 唐</u>以来岂是无此等人? 因甚道统之传却不曾得? 亦可见矣。<u>蕾</u>。

○　人之为学也是难。若不从文字上做工夫，又茫然不知下手处；若是字字而求，句句而论，而不于身心上着切体认，则又无所益。且如说"我欲仁，斯仁至矣"，何故<u>孔</u>门许多弟子，圣人竟不曾以仁许之?

虽以<u>颜子</u>之贤而尚不违于三月之后，而圣人乃曰"我欲斯至"。盖亦于日用体验，我若欲仁，其心如何？仁之至不至，其意又如何？又如说非礼勿视听言动，盖亦每事省察何者为礼，何者为非礼，而吾又何以能勿视勿听？若每日如此读书，庶几看得道理自我心而得，不为徒言也。<u>处谦</u>。

○ 问<u>论</u><u>孟</u>疑处。曰："今人读书有疑皆非真疑。某虽说了，只做一场话说过，于切己工夫何益！向年在<u>南康</u>都不曾与诸公说。"<u>晦夫</u>。〔次日，求教切己工夫。曰："且如<u>论语</u>说'孝弟为仁之本'，因甚后便可以为仁之本？'巧言令色鲜矣仁'，却为甚不鲜礼、不鲜义而但鲜仁？须是如此去着实体认，莫要才看一遍不通便掉下了。盖道本无形象，须体认之可矣。"〕

○ 讲习<u>孔</u><u>孟</u>书。<u>孔</u><u>孟</u>往矣，口不能言。须以此心比<u>孔</u><u>孟</u>之心，将<u>孔</u><u>孟</u>心作自己心。要须自家说时，<u>孔</u><u>孟</u>点头道是，方得。不可谓<u>孔</u><u>孟</u>不会说话，一向任己见说将去。若如此说，则说<u>孟子</u>时不成说<u>孟子</u>，只是说"王子"也！又若更不逐事细看，但以一个字包括，此又不可。此名"包子"，又不是<u>孟子</u>也！<u>力行</u>。

○ <u>孟子</u>，全读方见得意思贯。某因读<u>孟子</u>见得古人作文法，亦有似今人间架。〔<u>淳</u>。〕

○ 先生告学者云："<u>孟子</u>之书明白亲切，无甚可疑者。只要日日读，须教它在吾肚中先千百转，便自然纯熟。某初看时要逐句去看它，便觉得意思迫。到放宽看，却有条理。然此书不特是义理精明，又且是甚次第底文章。某因读，亦知作文。"<u>植</u>。

○ 读孟子非惟看它义理，熟读之便晓作文之法：首尾照应，血脉通贯，语意反覆，明白峻洁，无一字闲。人若能如此作文，便是第一等文章。侗。

○ 集注且须熟读，记得。方子。

○ 或述孟子集注意义以问。曰："也大概如此，只是要熟，须是日日认过。"述大学以问。曰："也只如此，只是要日日认过。读新底（子）〔了〕，反转看旧底，教十分熟后，自别有意思。"又曰："如鸡伏卵，只管日日伏，自会成。"贺孙。

○ 读书别无法，只管看，便是法。正如挨人相似，挨来挨去，自然晓得。自家都未要先立意见，且虚心只管看，看来看去，自然晓得。某那集注都详备，只是要看无一字闲，那个无紧要闲底字越要看。自家意里说是闲字，那个正是紧要字。

○ 〔上蔡云"人不可无根"，便是难。所谓根者，只管看，便是根，不是外面别讨个根来。〕〔侗。〕

○ 前辈解说，恐后学难晓，故集注尽撮其要，说尽了，不须更去注脚外又添一段说话。只把这个熟看自然晓得，莫枉费心去外面思量。

○ 集注乃集义之精髓。道夫。

○ 因说"吾与回言终日，不违如愚"一章，先生曰："便是许多紧要底言语都不曾说得出来，公把做闲看了。且说精义是许多，而集注能有几何言语！一字是一字，其间有一字当百十字底。圣人言语明白，不须解说。只为学者看不见便休，所以做出注解，与学者省一半力。注解上看不得，如何看得圣人意出来！"又云："凡看文字，端坐熟读，久之，于文字边自有细字进出来，方是自家见得。若自家果是着心见它道理不得，则圣贤为欺我矣。而今只于外面捉摸个影说将去，这个不唤做学。圣人言语只熟读玩味，道理自不难见。如老苏辈只读孟韩二子，便翻绎得许多文章。且如攻城，四面牢壮，若攻得一面破时，这城子已是自家底了，终不待更攻得那三面方入得去。初学固是要看大学、论、孟。先须读得大学一书透彻，其他书都不费力，触处便见，所以如破城云。"喟然叹者久之，曰："自有这个道理，说与人不信！"林赐录同而略，今附于下。云："或说'吾与回言'一章，先生曰：'便是许多紧要底言语都不曾说得。且说精义有许多言语，而集注能有几多语！一字是一字，有一字当百十字，公都把做等闲看了。圣人言语本自明白，不须解说。只为学者看不见，所以做出注解，注解上更看不出，如何看得圣人意出！'又曰：'凡看文字，端坐熟读，久久于正文中自进出小字注脚来方是见得。若只于外面捉摸个影子说，终不济事。圣人言语只熟读玩味，道理自不难见。若果曾着心而看它道理不出，则圣贤为欺我矣。且如老苏辈只读二子，便翻绎得许多文章出来。譬如攻城，四面牢壮，只消攻得一面破时，这城便自是自家底了，终不待更攻那三面。初学固是先要看大学语孟。若先读得大学一书透彻，它书都不费力，触类便见。'"

○ 问："孟子比论语却易看，但其间数段极难晓。"曰："只尽心篇语简了，便难理会。且如'养气'一章，被它说长了，极分晓，只是人不熟读。"问曰："论语浩博，须作年岁间读，然中间切要处先理会，如何？"曰："近来作论语略解，以精义太详，说得没紧要处，多似空费工夫，故作此书。而今看得，若不看精义只看略解，终是不浃洽。"因举五峰旧见龟山问为学之方。龟山曰："且看论语。"五峰问："论语中何者为要？"龟山不对。久之，曰："熟读。"先生因曰："如今且只得挨将去。"㽦。

○ 诸朋友而今若先看集义，恐未易分别得，又费了工夫。不如看集注，又恐太易了。这事难说。不奈何，且须看集注教熟了，可更看集义。集义多有好处，某却不编出者，这处却好商量，却好子细看所以去取之意如何。须是看得集义，方始无疑。某旧日只恐集义中有未晓得义理，费尽心力，看来看去，近日方始都无疑了。贺孙。

○ 论孟集注如秤上称来无异，不高些，不低些。自是学者不肯用工看。如看得透，存养熟，可谓甚生气质。友仁。

○ 语吴仁父曰："某语孟集注，添一字不得，减一字不得，公子细看。"又记曰："不多一个，不少一个。"荩。

○ 集注中有两说相似而少异者，亦要相资。有说全别者，是未定也。淳。

○ 或问："集解其间有两存者，何者为长？"曰："使某见得长底时，岂复存其短底？只为是二说皆通，故并存之。然必有一说合得圣人之本意，但不可知尔。"复曰："大率两说，前一说胜。"铢。

○ 节问："孟子、论语集注，先生引前辈之说而增损改易本文，其意如何？"曰："其说有病，不欲更就下面安注脚。"又问："先生注下解文义处，或用'者'字，或用'谓'字，或用'犹'字，或直言，其轻重之意如何？"曰："直言者，直训如此。犹（是）者，犹是如此。"节又问"者"、"谓"如何。曰："是恁地。"荩。

○ 论语集注盖某十年前本，为朋友间传去，乡人遂不告而刊。及知觉，则已分裂四出而不可收矣。其间多所未稳，煞误看读。要之，圣贤言语正大明白，本不须恁地传注。正所谓"记其一而遗其百，得其粗而遗其精"者也。按此条当是未改定时语，附于后。<u>道夫</u>。

○ 问："近看<u>论语精义</u>，不知读〔书〕之当有何法?"曰："别无方法，但虚心熟读而审择之耳。"<u>人杰</u>。

○ 问："要看甚文字?"<u>赣</u>曰："欲看<u>论语精义</u>，不知如何看?"曰："只是逐段子细玩味。公记得书否? 若记不得亦玩味不得。<u>横渠</u>云'读书须是成诵'。"又曰："某近看学者须是专一。譬如（一）服药，须是专服一药方见有效。"<u>赣</u>。

○ 问："<u>论语精义</u>有说得高远处，不知如何看。"曰："也须都子细看，取予却在自家。若以为高远而略之，便卤莽了。"<u>赣</u>。

○ 读书且须熟读玩味，不必立说，且理会古人说教通透。如<u>语孟集解</u>中所载诸先生语，须是熟读，一一记放心下，时时将来玩味，久久自然理会得。今有一般学者，见人恁么说，不穷究它说是如何，也去立一说来搀说，何益于事? 只赢得一个理会不得尔。<u>广</u>。

○ 读书须痛下工夫，须要细看。心粗性急终不济事。如看<u>论语精义</u>，且只将诸说相比并看，自然比得正道理出来。如识高者，初见一条便能判其是非。如未能，且细看，如看按款相似。虽未能便断得它按，然已是经心尽知其情矣。只管如此，将来粗急之心亦磨砻得细密了。<u>横渠</u>云："文欲密察，心欲洪放。"若不痛做工夫，终是难入。<u>德明</u>。

○ 看<u>精义</u>须宽着心，不可看杀了。二先生说自有相关透处，如<u>伊川</u>云"有主则实"，又云"有主则虚"。如<u>孟子</u>云"生于其心，害于其

政；发于其政，害于其事"，又云"作于其心，害于其事；作于其事，
害于其政"。自当随文、随事看，各有通彻处。德明。

　　○ "读论语须将精义看一段，次看第二段，将两段比较孰得孰失、
孰是孰非，又将第三段比较如前，又总一章之说而尽比较之。其间须有
一说合圣人之意，或有两说、有三说、有四五说皆是，又就其中比较疏
密。如此便是格物，及看得此一章透彻则知便至。或自未有见识，只得
就这里挨。一章之中，程子之说多是，门人之说多非。然初看时，不可
先萌此心，门人所说亦多有好处。"董卿曰："若只将程子之说为主，如
何？"曰："不可，只得以理为主，然后看它底。看得一章直是透彻了，
然后看第二章，亦如此法。若看得三四篇，此心便熟，数篇之后迎刃而
解矣。某尝苦口与学者言，说得口破，少有依某去着力做工夫者。且如
格物致知之章，程子与门人之说，某初读之皆不敢疑。后来编出细看，
见得程子诸说虽不同，意未尝不贯。其门人之说与先生盖有大不同者
矣。"道夫。

　　○ 上蔡论语解，言语极多。看得透时，它只有一两字是紧
要。赐。

　　○ 读书考义理，似是而非者难辨。且如精义中，惟程先生说得当
确。至其门人，非惟不尽得夫子之意，虽程子之意亦多失之。今读语、
孟，不可便道精义都不是，都废了。须借它做个阶梯去寻求，将来自见
道理。知得它是非，方是自己所得处。如张无垢文字浅近，却易见也。
问："如何辨得似是而非？"曰："遗书所谓义理栽培是也。如此用工，
久之自能辨得。"遗书第二卷云："学者识得仁体实有诸己，要义理栽培。如求经
义，皆栽培之意。"德明。

○ 问："精义中尹氏说多与二程同，何也？"先生曰："二程说得已明，尹氏只说出处。"又问："谢氏之说多华捜。"先生曰："胡侍郎尝教人看谢氏论语，以其文字上多有发越处。"敬仲。

○ 论语中，程先生及和靖说只于本文添一两字，甚平淡，然意味深长，须当子细，要见得它意味方好。淳。

○ 学者解论语多是硬说，须习熟然后有个入头处。季札。

○ 贺孙问伊川说"读书当观圣人所以作经之意，与圣人所以用心"一条。曰："此条程先生说读书，最为亲切。今人不会读书是如何？只缘不曾求圣人之意，才拈得些小，便把自意硬入放里面，便胡说乱说。故教它就圣人意上求，看如何。"问："'易其气'是如何？"曰："只是放教宽慢。今人多要硬把捉教住，如何有个难理会处，便要刻画百端讨出来，枉费心力。少刻只说得自底，那里见圣人意！"又曰："固是要思索那曾恁地！"又举"阙其疑"一句，叹美之。贺孙。

○ 先生尝语程子读论、孟切己之说，且如"学而时习之"，切己看时曾时习与否，句句如此求之，则有益矣。余正甫云："看中庸、大学只得其纲而无目，如衣服只有领子。"过当时不曾应，后欲问："谓之纲者，以其目而得名；谓之领者，以其衣而得名。若无目，则不得谓之纲矣。故先生编礼，欲以中庸、大学、学记等篇置之卷端为礼本。"正甫未之从。过。

○ 问："孔子言语句句是自然，孟子言语句句是事实。"曰："孔子言语一似没紧要说出来，自是包含无限道理，无些渗漏。如云'道之以政，齐之以刑；道之以德，齐之以礼'数句，孔子。初不曾着气力，只似没紧要说出来，自是委曲详尽，说尽道理，更走它底不得。若<u>孟子</u>便用着气力，依文按本，据事实说无限言语，方说得出。此所以为圣贤之别也。<u>孟子</u>说话，初间定用两句说起个头，下面便分开两段说去，正如而今人做文字相似。"<u>侗</u>。

○　问："<u>齐景公</u>欲封<u>孔子</u>以<u>尼谿</u>之田，<u>晏婴</u>不可。<u>楚昭王</u>欲封<u>孔子</u>以<u>书社</u>之地，<u>子西</u>不可。使无<u>晏婴</u>、<u>子西</u>，则夫子还受之否?"曰："既仕其国，则须有采地，受之可也。"<u>人杰</u>。

朱子语类卷第二十

论语二

学而篇上

○　入道之门，是将自家身己入那道理中去，渐渐相亲，久之与己为一。而今人道理在这里，自家身在外面，全不曾相干涉。佣。

学而时习之章

○　"这个道理本是天之所以与我者，不为圣贤而有余，不为愚不肖而不足，但其间节目须当讲学以明之。此所以读他圣贤之书，须当知他下工〔夫〕处。今人只据他说一两字，便认以为圣贤之所以为圣贤者止此而已，都不穷究着实，殊不济事。且如论语相似：读'学而时习之'，须求其（当）所谓学者〔如何〕，如何谓之时习？（玩）〔既〕时习，如何便能说？'有朋自远方来'，朋友因甚而来自远方？我又何自而乐？须着一一与他考究。似此用工，初间虽觉得生而费力，久后读书甚易为功，却亦济事。"道夫。

○　刘问"学而时习之"。先生曰："今且理会个'学'是学个甚底，然后理会'习'字、'时'字。盖人只有一个心，天下之理皆聚于此，此是主张自家一身者。若心不在，那里得理来！惟学之久则心与理一，而周流泛应，无不曲当矣。且说为学有多少事，孟子只说'学问之道，求其放心而已矣'。盖为学之事虽多有头项，而为学之道则只在求放心而已。心若不在，更有甚事！"雉。

○　或谓"学而时习"不是诗、书、礼、乐，固不是诗、书、礼、乐，然无诗、书、礼、乐亦不得。圣人之学与俗学不同，亦只争这些个子。圣贤教人读书，只要知所以为学之道。俗学读书便只是读书，更不理会为学之道是如何。淳。

○　先生问："骤看论语有所疑否？"曰："某看读所注'学而时习之'云：'学之为言效也。''效'字所包甚广。"曰："'效'字所包甚广，也是如此。博学、谨思、审问、明辨、笃行，皆学效之事也。"道夫。

○　容问："集注谓学也者效于人以明善，而人之立志便当效圣人否？"曰："未便说到圣人，人凡有可效处皆效之。"窑。

○　或问"学而时习之"。曰："学是学别人，行是自家行。习是行未熟，须在此习行之也。"〔履。〕

○　吴知先问"学而时习"章。先生曰："'学'是未理会得底道理便去学。'习'是已学了底又去重学，〔非是学得了，顿放在一处，却又去习也。〕只是这一件事。譬鸟数飞，只是这一样飞。习，只是飞了又飞。"铢曰："'鹰乃学习'正是此义。"先生曰："然。只为目昏，看文字不得。如此等处，添入集注中更好，但今不暇理会也。且如曾子三省处，看来是当下便省，省得（不）〔才〕有不是处便改。不是事过后方始省，省了却又休也。只是合下省得便与他理会耳。"铢。

○ 节问："如何是习？"曰："如写一个'上'字，写了一个，又写一个，又写一个。"当时先生亦逐一书此"上"字于掌中。〔节。〕

○ 且如今日说这一段文字了，诸公明日又思之；一番思了，又第二、第三番思之，便是时习。今学者才说了便休。学蒙。

○ 问："时习是温寻其义理，抑习其所行？"曰："此句所包广。只是学做此一件事，便须习此一件事。且如学'克己复礼'，便须朝朝暮暮习这'克己复礼'。学，效也，是效其人。未能孔子，便效孔子；未能周公，便效周公。巫、医亦然。"僩。

○ 方叔弟问："平居时习，而习中每觉有愧，何也？"答曰："如此，只是工夫不接续也。要习须常令工夫接续则得。"又问寻求古人意思。答曰："某尝谓学者须是信，又须不信。久之却自寻得个可信底道理，则是真信也。"大雅。

○ "学而时习之"，虽是讲学、力行平说，然看他文意，讲学意思终较多。观"则以学文"、"虽曰未学"则可见。伯羽。

○ 读书、讲论、修饬，皆要时习。铢。

○ 学习须是只管在心，常常习。若习得专一，定是脱然通释。贺孙。

○ 问学习之意。曰："只是公平时无那知底习一着，才说过，便掉了。"贺孙。

○ 国秀问："学而时习之。格物、致知是学，诚意、正心是习；学是知，习是行否？"曰："伊川先生云：'时复（细）〔紬〕绎，浃洽于中，则说也。'这未说到行。知，自有知底学，自有知底习；行，自有行底学，自有行底习。如小儿写字，知得字合恁地写，这是学；便须将心思量安排，这是习。待将笔去写成几个字，这是行底学；今日写一纸，明日写一纸，又明日写一纸，这是行底习。人于知上不习，便要去行，如何得！人于知上不习，非独是知得不分晓，终不能有诸己。"贺孙。

○ 问："集注'学而时习'章载程子二说，一云'时复思绎'，是就知上习；'所学在我'，是就行上习。不知是否？"先生曰："是如此。"枅。

○ "学而时习之。"先生云："如'坐如尸，立如齐'，学时是知得'坐如尸，立如齐'。及做时，坐常是如尸，立常是如齐，此是习之事也。"卓。

○ 上蔡谓："'坐如尸'，坐时习；'立如齐'，立时习。"只是笼（络）统说成一个物，恁地习。以见立言最难。某谓须坐常常照管教如尸，方始是习；立常常照管教如齐，方始是习。逐件中各有一个习，若恁散说便宽了。淳。

○ "学而时习之"，若伊川之说，则专在思索而无力行之功；如上蔡之说，则专于力行而废讲究之义，似皆偏了。道夫。

○　寓问："'学而时习之'，程云：'习，重习也。时复思绎，浃洽于中，则说也。'寓看来只就义理处说。后添入上蔡'坐如尸'一段，此又就躬行处说，然后尽时习之意。"先生曰："某备两说，某意可见。两者各只说得一边，寻绎义理与居处皆当习，可也。"后又问："'习，鸟数飞也'，如何是数飞之义？"曰："此是说文。'習'字从'羽'，月令'鹰乃学习'，'学习'只是飞来飞去也。"寓。

○　问："'学而时习之'，伊川说'习'字就思上说，范氏、游氏说都就行上说。集注多用思量而附谢氏'坐如尸，立如齐'一段，为习于行。据贺孙看，不思而行则未必中道；思得惯熟了却行，无不当者。"曰："伊川意是说习于思。天下事若不先思，如何会行得！说习于行者，亦不是外于思。思与行亦不可分说。"贺孙。

○　"学而时习之"，须是自己时习，然后知心里说处。祖道。

○　或问"不亦说乎"一章。先生曰："不但只是学道有说处。今人学写字，初间写不好，到后来一旦写得好时，岂不欢喜？又如人习射，初间都射不中，到后来射得中时，岂不欢喜？大抵学到说时，已是进一进了。只说后便自住不得。且如人过险处，过不得，得人扶持将过。才过得险处了，见一条平坦路，便自欢喜行将去矣。"时举。

○　问："'不亦说乎'，集注谓'中心喜悦，其进自不能已'。"先生曰："所以欲诸公将文字熟读，方始经心，方是谓之习。习是常常去习。今人所以或作或辍者，只缘是不曾到说处，若到说处自住不得。看来夫子只用说'学而时习'一句，下面事自节节可见。"明作。

○　问："'有朋自远方来，不亦乐乎'，莫是为学之验否？"曰：

"不必以验言。大抵朋友远来，能相信从，吾既与他共知得这个道理，自是乐也。"或问："说与乐如何？"曰："说是自家心里喜说，人却不知；乐则发散于外也。"僴。

○ 郑齐卿问"以善及人而信从者众，故可乐"。曰："旧尝看'信从者众，足以验己之有得'。然己既有得，何待人之信从始为可乐。须知己之有得，亦欲他人之皆得。然信从者但一二，亦未能惬吾之意。至于信之从之者众，则岂不可乐？"又曰："此段工夫专在时习上做。时习而至于说，则自不能已，后面工夫节节自有来。"人杰。

○ 问："'学而'一段，程子云'以善及人而信从者众'，是乐其善之可以及人乎，是乐其信从者众乎？"曰："乐其信从者众也。大抵私小底人或有所见，则不肯告人，持以自多。君子存心广大，己有所得，足以及人。若己能之，以教诸人，而人不能，是多少可闷！今既信从者自远而至，其众如是，安得不乐！"又云："紧要在'学而时习之'，到说处自不能已。今人学而不能久，只是不到可说处。到学而不能自已，则久久自有此理。"祖道。

○ 问"有朋自远方来"集注云"以善及人而信从者众，故乐"。先生曰："须是自家有这善方可及人。无这善，如何及得人。看圣人所言，多少宽大气象！常人褊迫，但闻得些善言，写得些文字，便自宝藏之以为己物，皆他人所不得知者，成甚模样！今不必说朋来远方是以善及人。如自家写得片文只字而归，人有求者，须当告之，此便是以善及人处。只是待他求方可告之，不可登门而告之。若登门而告之是往教也，便不可如此。"卓。

○ 容问："'以善及人而信从者众。'语初学，将自谋不暇，何以及得人?"曰:"谓如传得师友些好说话、好文字归与朋友,亦唤做及人。如有好说话,得好文字,紧紧藏在笼箧中,如何做得及人。"<u>容</u>。

○ 或问:"'有朋自远方来',<u>程先生</u>云:'推己之善以及人。'有<u>舜</u>善与人同底意。"先生云:"不必如此思量推广添将去,且就此上看。此中人学问大率病根在此,不特近时为然。自<u>彪德美</u>来已如此,盖三十余年矣。向来记得与他说<u>中庸</u>鬼神之事,他须要说此非功用之鬼神,乃妙用之鬼神,衮缠说去,更无了期,只是向高乘虚接渺说了。此正如看屋,不向屋里看其间架如何,好恶如何,堂奥如何,只在外略一绰过,便说更有一个好屋在,又说上面更有一重好屋在。又如吃饭,不吃在肚里,却向上家讨一碗来比,下家讨一碗来比,济得甚事!且如读书,直是将一般书子细沈潜去理会。有一看而不晓者,有再看而不晓者,其中亦有再看而可晓者。看得来多,不可晓者自可晓。果是不晓致疑,方问人。今来人所问皆是不曾子细看书,又不曾从头至尾看,只是中间接起一句一字未备,入训礼发问。此皆是应故事来问底,于己何益,将来何用?此最学者大病。"〔谦。〕

○ 问:"集注首篇'有朋自远方来'一节,引<u>杨氏</u>云:'朋来,人知之也。以人知而乐,不知而愠,则亦不足以为君子矣。'<u>柄</u>窃谓'不亦乐'者,乃乐于及人,而非乐于人知。恐此语不免有病否?"先生曰:"今当去之。"<u>柄</u>。

○ <u>吴仁父</u>问<u>论语</u>首章注云"非乐不足以语君子"处。先生曰:"惟乐后方能进这一步。不乐则何以为君子?"<u>时举</u>因云:"说在己,乐有与众共之之意。"先生曰:"要知只要所学者在我,故说。人只争这一句。若果能悦,则乐与不愠自可以次而进矣。"<u>时举</u>。按<u>董铢</u>录同。

○ "说在心，乐主发散在外"，说是中心自喜说，乐便是说之发于外者。僩。

○ 问"说在心，乐主发散在外"。曰："说是感于外而发于中，乐则充于中而溢于外。"道夫。

○ "人不知而不愠，不亦君子乎"，自是不相干涉，要他知做甚么！自家为学之初便是不要人知了，至此而后真能不要人知尔。若煅炼未能得十分如此成熟，心里固有时被它动。及到这里，方真个能人不我知而不愠也。僩。

○ "人不知而不愠。"为善乃是自己当然事，于人何与。譬如吃饭乃是要得自家饱，我既在家中吃饭了，何必问外人知与不知，盖与人初不相干也。（寿仁）〔拱寿。〕

○ 问"人不知而不愠"。"（令）〔今〕人有一善便欲人知，不知则便有不乐之意。不特此也，且人有善而人或不知之，初不干己事而亦为之不平，况其不知己乎！此不知不愠，所以为难。"时举。

○ 或问"人不知而不愠"。曰："尹氏云：'学在己，知不知在人，何愠之有！'此等句极好。君子之心如一泓清水，更不起些微波。"人杰。

○ 或问"不亦乐乎"与"人不知而不愠"。先生曰："乐公而愠私。君子有公共之乐，无私己之怨。"时举。

○ 问："'学而时习之，不亦说乎'，到熟后自然说否？"曰："见得渐渐分晓，行得渐渐熟，便说。"又问："'人不知而不愠'，此是所得深后，外物不足为轻重。学到此方始是成否？"曰："此事极难。愠非勃然而怒之谓，只有些小不快活处便是。"余正叔曰："上蔡言，此一章是成德事。""到'人不知而不愠'处，方是成德。"文蔚。

〇 圣贤言语平铺地说在里。如夫子说"学而时习之"，自家是学何事，便须着时习，习之果能说否？"有朋自远方来"，果能乐不乐？今人之学，所以求人知之，不见知果能不愠否？道夫。

〇 黄问："'学而'首章是始、中、终之序否？"曰："此章须看如何是'学而时习之'便'不亦说乎'，如何是'有朋自远方来'便'不亦乐乎'，如何是'人不知而不愠'便'不亦君子乎'。里面有许多意思曲折，如何只要将三字来包了。若然，则只消此三字，更不用许多话。向日君举在三山请某人学中讲说此，谓第一节是心与理一，第二节是己与人一，第三节是人与天一，以为奇论，可谓作怪。"淳。〔黄录详，别出。问："'学而'首章，把作始、中、终之序看时，如何？"曰："道理也是恁地，然也不消恁地说。而今且去看'学而时习之'是如何，'有朋自远方来'是如何。若把始、中、终三个字括了时便是了，更读个甚么！公有一病，好去求奇。如适间说文子，只是他有这一长，故谥之以'文'，未见其他不好处。今公却恁地去看。这一个字如何解包得许多意思？大概江西人好拗，人说臭，他须要说香。如告子不如孟子，若只恁地说时，便人与我一般。我须道告子强似孟子。王介甫尝作一篇兵论，在书院中砚下。是时他已参政。刘贡父见之，值客，直入书院，见其文。遂言庶官见执政不应直入其书院，且出。少顷厅上相见，问刘近作，刘遂将适间之文意换了言语答他。王大不乐，退而碎其纸。盖有两个道此，则是我说不奇，故如此。"因言："福州尝有姓林者，解'学而时习'是心与理为一，'有朋自远方来'是己与人为一，'人不知而不愠'是人与天为一。君举大奇之。这有甚好处？要是它们科举之习未除，故说得如此。"〕

〇 或问谓朋来讲习之乐为乐。先生曰："不似伊川说得大。盖此个道理天下所公共，我独晓之而人晓不得，也自闷人。若'有朋自远方来'则信向者众，故可乐。若以讲习为乐，则此有资于彼而后乐，则其为乐也小矣。这个地位大故是高了。'人不知而不愠'说得容易，只到那地位自是难了。不愠不是大故怒，但心里略有些不平底意思便是愠了。此非得之深、养之厚者，何能如此。"夔孙。以下总论集注诸说。

○ "'不亦说乎'，范说云：'习在己而有得于内，朋友在人而有得于外。'恐此语未稳。"先生问："如何？"某云："得虽在人，而得之者在我，又安有内外之别？"先生曰："此说大段不是，正与告子义外之说一般。"卓。

○ 再见，因呈所撰论语精义备说。观一二章毕，即曰："大抵看圣贤语言，不必须作课程，但平心定气熟看，将来自有得处。今看老兄此书，只是拶成文字，（无）〔元〕不求自得。且如'学而时习之'一章，诸家说各有长处，亦有短处。如云'鹰乃学习'之谓，与'时复思绎浃洽于中则说矣'，此程说最是的当处。如云'以善及人而信从者众，故可乐'，此程说正得夫子意。如云'学在己，知不知在人'，尹子之言当矣。如游说'宜其令闻广誉施其身，而人乃不知焉。是有命，"不知命无以为君子"'，此最是语病。果如此说，则是君子为人所不知，退而安之于命，付之无可奈何，却如何见得真不愠处出来。且圣人之意尽有高远处，转穷究转有深义。今作就此书，则遂不复看精义矣。自此隔下了，见识止如此，上面一截道理更不复见矣。大抵看圣贤语言须徐徐俟之，待其可疑而后疑之。如庖丁解牛，他只寻罅隙处，游刃以往而众理自解，芒刃亦不钝。今一看文字便就上百端生事，谓之起疑。且解牛而用斧凿，凿开成痕，所以刃屡钝。如此，如何见得圣贤之本意？且前辈讲求非不熟，初学须是自处于无能，遵禀他前辈说话，渐见实处。今一看未见意趣，便争手夺脚，近前争说一分。以某观之，今之作文者，但口不敢说耳，其意直是谓圣贤说未有至，他要说出圣贤一头地去。曾不知于自己本无所益。乡曾令老兄虚心平气看圣人语言，不意今如此支离。大抵中年以后为学且须爱惜精神。如某在官所，亦不敢屑屑留情细务者，正恐耗了精神，忽有大事来则无以待之。"_{大雅}

○ 问"学而"一章。先生曰："看精义，须看诸先生说'学'字谁说得好，'时习'字谁说得好，'说'字谁说得好。须是恁地看。"<u>林扩之</u>问："多把'习'字作'行'字说，如何？"先生曰："看古人'学'字、'习'字，大意只是讲习，亦不必须并行。"<u>辂</u>问："谢氏、游氏说'习'字似分晓。"先生曰："据正文意是讲习。游、谢说乃推广'习'字，毕竟也在里面。游氏说得虽好，取正文便较迂曲些。"问："伊川解'不亦说'作'说在心'，<u>范氏</u>作'说自外至'，似相反。"先生曰："这在人自忖度。"<u>辂</u>曰："既是'思绎浃洽于中'，则说必是在内。"先生曰："<u>范氏</u>这一句较疏。说自是在心，说便如暗欢喜相似。乐便是个发越通畅底气象。"问："<u>范氏</u>下面'乐由中出'与伊川'发越在外'之说却同。"曰："然。"问："<u>范氏</u>以'不亦说乎'作'比于说，犹未正夫说'，如何？"曰："不必如此说。"问："<u>范氏</u>〔<u>游氏</u>〕皆以'人不知而不愠，不亦君子乎'作'不知命无以为君子'说。如何？"曰："此也是小可事，也未说到命处。为学之意本不欲人知，'学在己，知不知在人，何愠之有'。"问："<u>谢氏</u>'知我者希'之说如何？"曰："此<u>老子</u>语也。亦不必如此说。"<u>辂</u>。

有子曰其为人也孝弟章

○ "其为人也孝弟"，此说资质好底人，其心和顺柔逊，必不好犯上，仁便从此生。鲜是少，对下文"未之有也"，上下文势如此。若

"巧言令色，鲜矣仁"，"鲜"字则是绝无。"君子务本，本立而道生"，此两句泛说，凡事是如此，与上下不相干。下文却言"孝弟也者"，方是应上文也，故集注着个"大凡"也。明作。

○ 或说："世间孝弟底人，发于他事，无不和顺。"先生曰："固是。人若不孝弟，便是这道理中间断了，下面更生不去，承接不来了，所以说孝弟仁之本。"李敬子曰："世间又有一种孝慈人，却无刚断。"先生曰："人有几多般，此属气禀。如唐明皇为人，于父子、夫妇、君臣分上煞无状，却终始爱兄弟不衰，只缘宁王让他位，所以如此。这一节感动，终始友爱不衰。"或谓明皇因宁王而后能如此。先生曰："也是他里面有这道理，方始感发得出来。若其中元无此理，如何会感发得？"僩。

○ 问："干犯在上之人，如'疾行先长者'之类？"曰："然。干犯便是那小底乱，到得'作乱'则为争斗悖逆之事矣。"问："人子之谏父母，或贻父母之怒，此不为干犯否？"曰："此是孝里面事，安得为犯？然谏时又自'下气怡色柔声以谏'，亦非凌犯也。"又问："谏争于君，如'事君有犯无隐'，如'勿欺也而犯之'，此'犯'字如何？"曰："此'犯'字又说得轻。如君有不是，须直与他说，此之谓'犯'。然人臣之谏君，亦有个宛转底道理。若暴扬其恶，言语不逊，叫唤狂悖，此便是干犯矣，故曰'人臣之事君当孰谏'。"僩。

○ 寓问："'其为人也孝悌，而好犯上者，鲜矣'，有犯上已自不好，又何至'作乱'？可见其益远孝弟之所为。"曰："只言其无此事。论来犯上乃是少有拂意便是犯，不必至陵犯处乃为犯也。若作乱，谓之'未有也'，绝无可知。"寓。按刘一之录同。

○ "犯上者鲜矣"是对那"未之有"而言，故有浅深。若"鲜矣仁"则是专言，这非只是少，直是无了，但圣人言得慢耳。义刚。

○ "犯上者鲜矣"之"鲜"与"鲜矣仁"之"鲜"不同。"鲜矣仁"是绝无了，"好犯上者鲜"则犹有在，下面"未之有也"方是都无。僩。

○ 问："'君子务本'，注云：'凡事专用于根本。'如此，则'孝悌为仁之本'乃是举其一端而言否？"曰："文意本是说孝悌。上面'务本'是且引来。上面且泛言，下面是收入来说。"曰："如君臣、父子、夫妇、兄弟等，皆是本处否？"曰："孝弟较亲切。'事亲孝，故忠可移于君；事兄悌，故顺可移于长'，便是本。"淳。

○ 问"本立道生"。曰："此甚分明。日如人能孝能弟，能渐渐和于一家，以至亲戚，以至故旧，渐渐通透。"贺孙。

○ 孝弟固见于仁。以其先发，故为仁之本。可学。

○ 先生问："看论语第二章如何？"答曰："圣人于本字上大段有意思。仁者，人之所得以为心，而孝弟则良心也。"先生曰："孝弟是良心，仁便不是良心？"答曰："俱是一心，但孝弟是良心之发见尔，因其良心之发见，为仁甚易。"先生曰："此说固好，但无执着。观此文意，以是云其为人孝弟，则和逊温柔，必能齐家。既能齐家，则推之可以仁民。务者，朝夕为此，且把这一个作一把头处。"可学。

○ 某又问："'孝弟也者，其为仁之本与'，是事父母兄既尽道，乃立得个根本，则推而仁民爱物，方行得有条理。"先生曰："固是，但孝弟是合当底事，不是要仁民爱物方从孝弟做去。"某云："如草木之有本根，方始枝叶繁茂。"先生云："固是，但有本根则枝叶自然繁茂，不是要得枝叶繁茂方始去培植本根。"〔可学。〕

○ 或问"孝弟也者，其为仁之本与"。曰："这个仁是爱底意思，行爱自孝弟始。"又曰："亲亲、仁民、爱物，三者是为仁之事。亲亲是第一件事，故'孝弟也者，其为仁之本与'。"又曰："知得事亲不可不孝、事长不可不弟，是为义之本；知事亲事长之节文，为礼之本；知事亲事长，为智之本。"张仁叟问："义亦可为心之德？"先生曰："义不可为心之德。仁是专德，便是难说，某也只说到这里。"又曰行仁之事。又曰："此'仁'字是偏言底，不是专言底。"又曰："此仁是心之一事。"节。

○ 问"孝弟也者，其为仁之本"。曰："此是推行仁道，如'发政施仁'之'仁'同，非'克己复礼为仁'之（本）〔仁〕，故伊川谓之'行仁'。学者之为仁，只一念相应便是仁。然也只是这一个道理。'为仁之本'就事上说，'克己复礼'就心上说。"又论"本"字云："此便只是大学'其本乱而末治者否矣'意思。理一而分殊，虽贵乎一视同仁，然不自亲始也不得。"伯羽。

○ 问："孝弟仁之本。今人亦有孝弟底而不尽仁，何故？莫是志不立？"先生曰："亦其端本不究，所谓'由之而不知，习矣而不察'。彼不知孝弟便是仁，却把孝弟作一般善人，且如此过，却昏了。"又问："伊川言'仁是本，孝弟是用'，所谓用，莫是孝弟之心油然而生，发见于外？"先生曰："仁是理，孝弟是事。有是仁后有是孝弟。"可学。

○ 直卿说"孝弟为仁之本"，云："孔门以求仁为先，学者须是先理会得一个'心'字。上古圣贤，自尧舜以来便是说'人心道心'。先生集注所谓'心之德，爱之理'，须理会得是个甚底物，学问方始有安顿处。"先生曰："仁义礼智，自天之生人便有此四件，如此火炉便有四角，天便有四时，地便有四方，日便有昼夜昏旦。天下道理千枝万叶、千条万绪，都是这四者做出来。四者之用，便自各有许多般样。且如仁主于爱，便有爱亲、爱故旧、爱朋友底许多般道理。义主于敬，如贵贵，则自敬君而下，以至'与上大夫、下大夫言'许多般；如尊贤，便有'师之者、友之者'许多般。礼、智亦然，但是爱亲爱兄是行仁之本。仁便是本了，上面更无本。如水之流，必过第一池，然后过第二池、第三池。未有不先过第一池，而能及第二、第三者。仁便是水之原，而孝弟便是第一池。不惟仁如此，而为义、礼、智亦必以此为本也。"夔孙。

○　问："'孝弟为仁之本'，便是'物有本末，事有终始，知所先后'之意？"曰："然。"过。

○　求教切己工夫。曰："且如论语说'孝弟为仁之本'，因甚后便可以为仁之本？'巧言令色鲜矣仁'，却为甚不鲜礼、不鲜义，而但鲜仁？须是如此去着实体认，莫要才看一遍不通便掉下了。盖道本无形象，须体认之可矣。"晦夫。

○　问："'孝弟为仁之本'，此是专言之仁，偏言之仁？"先生曰："此方是偏言之仁，然二者亦都相关。说着偏言底，专言底便在里面；说专言底，则偏言底便在里面。虽是相关，又要看得界限分明。如此章所言，只是从爱上说，如云'恻隐之心仁之端'正是此类。至于说'克己复礼为仁'、'仁者其言也讱'、'居处恭，执事敬，与人忠'、'仁，人心也'，此是说专言之仁，又自不同。然虽说专言之仁，所谓偏言之仁亦在里面。孟子曰：'仁之实，事亲是也。'此便是都相关说，又要人自看得界限分明。"㑏。

○ 问"孝弟为仁之本"。先生曰："论仁，则仁是孝弟之本；行仁，则当自孝弟始。"又云："孟子曰：'仁之实，事亲是也；义之实，从兄是也；智之实，知斯二者弗去是也；礼之实，节文斯二者是也；乐之实，乐斯二者是也。'以此观之，岂特孝弟为仁之本，四端皆本于孝弟而后见也。然四端又在学者子细省察。"祖道。

○ 问："有子以'孝弟为仁之本'，是孝弟皆由于仁矣。孟子却说'仁之实，事亲是也；义之实，从兄是也'，却以弟属义，何也？"曰："孝于父母，更无商量。"㑏。

○ 论语只说仁，中庸只说智。圣人拈起来底便说，不可以例求。泳。

○ "仁者爱之理"，理是根，爱是苗。仁之爱如糖之甜、醋之酸，爱是那滋味。方子。

○ 爱是情，爱之理是仁。仁者，爱之理；爱者，仁之事。仁者，爱之体；爱者，仁之用。伯羽。

○ 仁是未发，爱是已发。节。

○ 仁父问"仁者爱之理"。曰："这一句，只将心性情看便分明。一身之中浑然自有个主宰者，心也。有仁义礼智，则是性；发为恻隐、羞恶、辞逊、是非，则是情。恻隐，爱也，仁之端也。仁是体，爱是用。南轩间见某说亦疑，后子细看了却晓得。"又曰："'爱之理'，爱自仁出也。然亦不可离了爱去说仁。"问韩愈"博爱之谓仁"，曰："是指情为性了。"问："周子说'爱曰仁'，与博爱之说如何？"曰："'爱曰仁'，犹曰'恻隐之心，仁之端也'，是就爱处指出仁。若'博爱之谓仁'之谓，便是把博爱做仁了，终不同。"问："张无垢说'仁者，觉也'。"曰："觉是智，以觉为仁则是以智为仁。觉也是仁里面物事，只是便把做仁不得。"贺孙。

○ 说"仁者，爱之理"，先生曰："仁自是个和柔底物事。譬如物之初生，自较和柔；及至夏间长茂，方始稍坚硬；秋则收结成实，冬则敛藏。然四时生气无不该贯。如程子说生意处，非是说以生意为仁，只是说生物则能发动，死物则都不能。譬如谷种，蒸杀则不能生也。"又曰："以谷种譬之，一粒谷，春则发生，夏则成苗，秋则结实，冬则收藏，生意依旧包在里面。每个壳子里有一个生意藏在里面，种而后生也。仁义礼智亦然。"又曰："仁与礼，自是有个发生底意思；义与智，自是有个收敛底意思。"雉。

○ "爱之理"能包四德，如孟子言四端，首言"不忍人之心"，便是不忍人之心能包四端也。伯羽。

○ 仁者爱之理。爱是仁之用，未发时只唤做仁。仁却无形影，既发后方唤做爱。爱却有形影，未发而言仁，可以包义、礼、智；既发而言恻隐，可以包恭敬、辞逊、是非。四端者，端如萌芽相似，恻隐方是从仁里面发出来底端。程子曰："因其恻隐，知其有仁。"因其外面发出来处便必是仁。植。

○ 节告归。问曰："先生前日以'为仁之本与'之'仁'是偏言

431

底，是爱之理。以<u>节</u>愚见观之，似是仁之事，非爱之理。"先生曰："亲亲、仁民、爱物，是做这爱之理。"节又问："节常以'专言则包四者'推之，于体上推不去，于用上则推得去。如无春，则无夏、秋、冬。至于体，则有时合下齐有，却如何包得四者？"先生曰："便是难说。"又曰："用是恁地时，体亦是恁地。"节复问曰："<u>直卿</u>已前说：'仁、义、礼、智皆是仁，仁是仁中至切要底。'此说如何？"先生曰："全谓之仁亦可。只是偏言底是仁之本位。"<u>节</u>。

○　<u>杨</u>问："'仁者，爱之理。'<u>孔子</u>言多矣，如'克己'等类，'爱'之一字恐不足以尽之。"曰："这许多，所以全得那爱，所以能爱。如'克己复礼'，如'居处恭，执事敬'，此处未便是仁，所以唤醒那仁。私欲昏蔽，这里便死了，没这仁了。"<u>淳</u>。

○　问："'仁者心之德'，义、礼、智亦可为心之德否？"曰："皆是心之德，只是仁专此心之德。"<u>淳</u>。

○　仁只是个爱底道理，此所以为"心之德"。〔<u>泳</u>。〕

○　问"'仁者，心之德，爱之理'，如何？"先生曰："爱是个动物事，理是个静物事。"〔<u>贺孙</u>。〕

○　爱是恻隐。恻隐是情，其理则谓之仁。"心之德"，德又只是爱。谓之心之德，却是爱之本柄。<u>贺孙</u>。

○　"心之德"是统言，"爱之理"是就仁义礼智上分说。如义便是宜之理，礼便是别之理，智便是知之理，但理会得爱之理，便会得心之德。又曰："爱虽是情，爱之理是仁也。仁者，爱之理；爱者，仁之事。仁者，爱之体；爱者，仁之用。"道夫。

○ "心之德"是兼四端言之，"爱之理"只是就仁体段说。其发为爱，其理则仁也。仁兼四端者，都是这些生意流行。贺孙。

○ 问："'仁者，爱之理，心之德。'不知爱之理是统言，心之德是就心上言否？"曰："'心之德'却是统言，'爱之理'是就仁义礼智上分言。如言'义者宜之理，礼者让之理，智者知之理'相似。'心之德'似伊川云'专言包四者'，'爱之理'似'偏言则一事'。理会得'爱之理'便理会得'心之德'。"伯羽。

○ "其为人也孝弟"章，"心之德，爱之理"。戴礼记云："'仁者，仁此者也；义者，宜此者也；礼者，履此者也；智者，知此者也。'只是以孝弟为主。仁、义、礼、智，只是行此孝弟也。"先生云："某寻常与朋友说，仁为孝弟之本，义、礼、智亦然。义只是知事亲如此孝、事长如此弟，礼亦是有事亲事长之礼，知只是知得孝弟之道如此。然仁为心之德，则全得三者而有之。"又云："此言'心之德'，如程先生'兼言则包四者'是也；'爱之理'，如所谓'偏言则一事'者也。"又云："仁之所以包四者，只是感动处便见。有感而动时，皆自仁中发出来。仁如水之流也，及流而成大池、小池、方池、圆池，虽不同，皆由此水而为之也。"卓。

○ 问仁。先生曰："'爱之理'是'偏言则一事'，'心之德'是'专言则包四者'。故合而言之，则四者皆心之德，而仁为之主；分而言之，则仁是爱之理，义是宜之理，礼是恭敬、辞逊之理，知是分别是非之理也。"时举。

○ 安卿问：“仁包四者，就初意上看？就生意上看？”曰：“统是个生意。四时虽异，生意则同。劈头是春生，到夏张旺，是张旺那生底；秋来成遂，是成遂那生底；冬来坚实，亦只坚实那生底。草木未华实，去摧折他便割断了生意，便死了，如何会到成实！如谷有两分未熟，只成七八分谷。仁、义、礼、智都只是个生意。当恻隐而不恻隐便无生意，便死了；羞恶固是义，当羞恶而无羞恶，这生意亦死了。以至当辞逊而失其辞逊，是非而失其是非，心便死了，全无那活底意思。”杨问：“‘仁者，爱之理。’看孔门答问仁多矣，如‘克己’等类，‘爱’字恐未足以尽之。”曰：“必着许多，所以全得那爱，所以能爱。如‘克己复礼’，如‘居处恭，执事敬’，这处岂便是仁？所以唤醒那仁。这里须省觉，若私欲昏蔽，这里便死了，没这仁了。”又问：“‘心之德’，义、礼、智皆在否？”曰：“皆是。但仁一‘心之德’，所〔统又大〕。”林安卿问：“‘心之德’，以专言；‘爱之理’，以偏言。”曰：“固是。‘爱之理’即是‘心之德’，不是‘心之德’了，又别有个‘爱之理’。偏言、专言亦不是两个仁。小处也只在大里面。以粗譬之，仁恰似今福州太守兼带福建路安抚使。以安抚使言之，则统一路军；以太守言之，泉州太守、漳州太守都是一般太守，但福州较大耳。然太守即是这安抚使，随地施为。”按淳自为一条，反略，今附云：淳问：“心之德是专言，爱之理是偏言否？”曰：“固是。然爱之理亦是心之德底，不是心之德了又别有个爱之理。尝粗譬之，仁似福州太守兼带福建路安抚使一般，自其安抚使言则统一路州军，自其太守言，则与漳州太守无异，均太守也，但彼较大耳。然太守亦即是安抚使。仁只是一个仁，不是有一个大底仁，其中又有一个小底仁。”○按卓此条皆淳问，今淳自为四条，各类入。今既合为一，不敢删去，故并存之。

○ 仁者，心之德，爱之理。只是一个仁，但说得有大小。心之德如福建安抚使，爱之理如福州知州，只是一个人。赐。

○ 先生云："'仁者爱之理'，是将仁来分作四段看。仁便是'爱之理'，至于爱人爱物，皆是此理。义便是宜之理，礼便是恭敬之理，智便是分别是非之理。理不可见，因其爱与宜，恭敬与是非，而知有仁、义、礼、智之理在其中，乃所谓'心之德'，乃是仁能包四者，便是流行处，所谓'保合太和'是也。仁是个生理，若是不仁便死了。人未尝不仁，只是为私欲所昏，才'克己复礼'，仁依旧在。"榦曰："私欲不是别有个私欲，只心之偏处便是。"汪正甫问："三仕三已未为仁，管仲又却称仁，是如何？"先生曰："三仕三已是独自底，管仲出来，毕竟是做得仁之功。且如有一个人坐亡立化，有一个人伏节死义，毕竟还伏节死义底是，坐亡立化济得甚事！"晏亚夫问"杀身成仁，求生害仁"。先生曰："求生，毕竟是心不安。理当死即得杀身，身虽死而理即在。"亚夫云："要将言仁处类聚看。"先生曰："若如此便是赶，转缚得急，却不好。只依次序看，若理会得一段，觉见得意思转好。"坐间因说文中子。先生曰："文中子论时事及文史处尽有可观。于文取陆机，史取陈寿。曾将陆机文来看，见也平正。"〔南升。〕

○ 问"仁者，爱之理，心之德"。先生曰："理便是性。缘里面有这爱之理，所以发出来无不爱。程子曰：'心如谷种，其生之性乃仁也。''生之性'便是'爱之理'也。尝譬如一个物有四面：一面青，一面红，一面白，一面黑。青属东方，则仁也；红属南方，礼也；白属西方，义也；黑属北方，智也。然这个物生时，却从东方左边生起，故寅卯辰属东方便是这仁，万物得这生气方生。及至巳午未南方，万物盛大，便是这生气已充满。及申酉戌西方，则物又只有许多限量，生满了，更生不去，故生气到此自是收敛。若更生去，则无收杀了。又至亥子丑北方，生气都收藏。然虽是收敛，早是又在里面发动了，故圣人说'复见天地之心'，可见生气之不息也。所以仁贯四端，只如此看便见。"僩。

○ 问"仁者心之德，爱之理"。先生曰："'爱之理'便是'心之德'。公且春气上看。如春夏秋冬，须看他四时界限，又却看春如何包得三时。四时之气温凉寒热，凉与寒既不能生物，夏气又热，亦非生物之时。惟春气温厚，乃见天地生物之心，到夏是生气之长，秋是生气之敛，冬是生气之藏。若春无生物之意，后面三时都无了。此仁所以包得义、礼、智也，明道先生所以言义、礼、智皆仁也。今且粗譬喻，福州知州便是福建路安抚使，更无一个小底做知州，大底做安抚也。今学者须是先自讲明得一个仁，若理会得后，在心术上看也是此理，在事物看也是此理。若不先见得此仁，则心术上言仁与事物上言仁判然不同了。"又言："学者'克己复礼'上做工夫，到私欲尽后，便粹然是天地生物之心，须常要有那温厚底意思方好。"时举。按此条潘植录。

○ 或问："仁者心之德，如何？"先生曰："义、礼、智皆心之所有，仁则浑然。分而言之，仁主乎爱；合而言之，包是三者。"或问："仁有生意，如何？"先生曰："只此生意是活物。〔必有此心乃能知辞逊，〕必有此心乃能知羞恶，必有此心乃能知是非。此心不生，又乌能辞逊、羞恶、是非哉？且如春之生物也，至于夏之长则是生者长，秋之遂亦是生者遂，冬之成亦是生者成也。百谷之熟，方及七八分，若斩断其根，则生者丧矣，其谷亦不得七八分；若生者不丧，须及十分。收而藏之，生者似息矣，只明年种之又复有生。诸子问仁不同，而今曰'爱之理'云者，'克己复礼'亦要只存得此爱，非以'克己复礼'是仁。'友其士之仁者，事其大夫之贤者'亦只是要见得此爱。其余皆然。"力行。

○ 谟问："'仁者，爱之理，心之德'，'爱之理'实具于心，'心之德'发而为爱否？"先生曰："解释文义则可，实下功夫当如何？"某曰："据其已发之爱，则知其为'心之德'；指其未发之仁，则知其为

'爱之理'。莫是如此否？"先生曰："某记少时与人讲论此等道理，见得未真，又不敢断定，触处问人，自为疑惑，皆是臆度所致，至今思之可笑。须是就自己实做工夫处，分明见得这个道理，意味自别。如'克己复礼'则如何为仁？'居处恭，执事敬'与'出门如见大宾'之类亦然。'克己复礼'本非仁，却须从'克己复礼'中寻究仁在何处，亲切贴身体验出来，不须向外处求。"谟曰："平居持养，只克去己私便是本心之德，流行发见无非爱而已。"先生曰："此语近之。正如疏导沟渠，初为物所壅蔽，才疏导得通，则水自流行。'克己复礼'便是疏导意思，流行处便是仁。"<u>谟</u>。

○　先生尝曰："'仁者心之德，爱之理。'<u>论</u>、<u>孟</u>中有专就'心之德'上说者，如'克己复礼'，'承祭、见宾'，与答<u>樊迟</u>'居处恭'，'仁人心也'之类。有就'爱之理'上说者，如'孝弟为仁之本'，与'爱人'、'恻隐之心'之类。"<u>过</u>续与朋友讲此，因曰："就人心之德说者，有是'心之德'。"<u>陈廉夫</u>云："如此转语方得。"先生尝说："如有所誉者，其有所试矣。"<u>蔡季通</u>曰："如'雍也可使南面'，是也。"先生极然之。<u>杨至之</u>尝疑先生"君子而时中"解处，恐不必说"而又"字，先生曰："只是未理会此意。"<u>过</u>曰："正如<u>程子</u>易传云'正不必中，中尝重于正'之意。"先生曰："固是。既君子，又须时中；彼既小人矣，又无忌惮。"先生语<u>辅汉卿</u>曰："所看文字，于理会得底更去看，又好。"<u>过</u>。

○　"孝悌为仁之本"注中，<u>程子</u>所说三段须要看得分晓。仁就性上说，孝悌就事上说。<u>僴</u>。

○　仁是性，孝弟是用。用便是情，情是发出来底。论性，则以仁为孝弟之本；论行仁，则孝弟为仁之本。如亲亲、仁民、爱物，皆是行仁底事，但须先从孝弟做起，舍此便不是本。所载"程子曰"两段分晓可观。语录所载他说，却未须看。如语录所载"尽得孝弟便是仁"，此一段最难晓，不知何故如此说。人有此心，以其有是德也。此心不在，便不是仁。巧言令色，此虽未是大段奸恶底人，然心已务外，只求人悦，便到恶处亦不难。程子谓"知巧言令色之非仁，则知仁矣"，此说极尽。若能反观此心，才收拾得不走作务外，便自可见。此与前章"程子曰"两条若理会得，则论语一书，凡说仁处皆可通矣。论语首章载时习，便列两章说仁次之，其意深矣！明作。

○　"'为仁以孝弟为本，论性则以仁为孝弟之本。''为仁以孝弟为本'，即是所谓'亲亲而仁民，仁民而爱物'。'论性则以仁为孝弟之本'，'孩提之童，无不知爱其亲；及其长也，无不知敬其兄'，是皆发于心德之自然，故'论性以仁为孝弟之本'。'为仁以孝弟为本'，这个'仁'字是指其周遍及物者言之。'以仁为孝弟之本'，这个'仁'字是指其本体发动处言之。据贺孙看如此，不知是否？"曰："是。道理都自仁里发出。首先是发出为爱，爱莫切于爱亲，其次便到弟其兄，又其次便到事君以及于他，皆从这里出。如水相似，爱是个源头，渐渐流出。"贺孙。

○　问："孝根原是从仁来。仁者，爱也。爱莫大于爱亲，于是乎有孝之名。既曰孝，则又当知其所以孝。子之身得之于父母，'父母全而生之，子全而归之'，故孝不特是承顺养志为孝，又当保其所受之身体，全其所受之德性，无忝乎父母所生始得，所以'为人子止于孝'。"曰："凡论道理，须是论到极处。"以手指心曰："本只是一个仁，爱念动出来便是孝。"因举程子谓："为仁以孝弟为本，论性则以仁为孝弟之本。仁是性，孝弟是用。性中只有个仁、义、礼、智四者，曷尝有孝弟来。""譬如一粒粟，生出为苗。仁是粟，孝弟是苗，便是仁为孝弟之本。又如木有根，有干，有枝，有叶，亲亲是根，仁民是干，爱物是枝叶，便是行仁以孝弟为本，是以亲亲为根本。"淳。

○ 居父问"孝弟为仁之本"。因云："'由孝弟可以至仁'一段，是刘安节记，最全备。"贺孙问："把孝弟唤做仁之本，却是把枝叶做本根。"先生曰："然。"贺孙。

○ 问："'孝弟为仁之本'，或人之问：'由孝弟可以至仁'，是仁在孝弟之中；程子谓'行仁自孝弟始'，是仁在孝弟之外。"先生曰："如何看此不子细！程先生所答煞分晓。据或人之问，仁不在孝弟之中，乃在孝弟之外，如自建阳去方行到信州。程子正说在孝弟之中，只一个物事。如公所说程子之意，孝弟与仁却是两个物事，岂有此理！"直卿曰："正是倒看却。"先生曰："孝弟不是仁，更把甚么做仁！"因遍问坐间云云，先生曰："前日戏与赵子钦说，须画一个圈子，就中更画大小次第作圈。中间圈子写一'性'字，自第二圈以下，分界作四去，各写'仁'、'义'、'礼'、'智'四字。'仁'之下写'恻隐'，'恻隐'下写'事亲'，'事亲'下写'仁民'，'仁民'下写'爱物'。'义'下写'羞恶'，'羞恶'下写'从兄'，'从兄'下写'尊贤'，'尊贤'下写'贵贵'。于'礼'下写'辞逊'，'辞逊'下写'节文'。'智'下写'是非'，'是非'下写'辨别'。"直卿又谓："但将仁作仁爱看便可见。程子说'仁主于爱'，此语最切。"先生曰："要从里面说〔出〕来。仁是性，发出来是情，便是孝弟。孝弟仁之用，以至仁民爱物，只是这个仁。'行仁自孝弟始'，便是从里面行将去，这只是一个物事。今人看道理，多要说做里面去，不要说从外面来，不可晓。深处还他深，浅处还他浅。"〔寓。〕

○ "孝弟，仁之本"，程氏谓"行仁自孝弟始"。盖仁自事亲、从兄，以至亲亲、仁民，仁民、爱物，无非仁。然从初自事亲、从兄行起，非是便能以仁遍天下。只见孺子入井，这里便有恻隐欲救之心，只恁地做得将去。故曰"安土敦乎仁，故能爱"，只是就这里当爱者便爱。盖卿。

○ 陆伯振云："象山以有子之说为未然。仁，乃孝弟之本也。有子说：'君子务本，本立而道生。'起头说得重，却得。'孝弟也者，其为仁之本与'，却说得轻了。"先生曰："上两句泛说，下两句却说行仁当自孝弟始。所以程子云：'谓孝弟为行仁之本，〔则可。谓是仁之本，〕则不可。'所谓'亲亲而仁民'也。圣贤言仁不同。此是说'为仁'。若'巧言令色，鲜矣仁'，却是近里说。"因言："有子说数段话，都说得反覆曲折，惟'盍彻'一段说得直截耳。想是一个重厚和易底人，当时弟子皆服之，所以夫子没后，'欲以所事夫子者事之'也。檀弓篇恐是子游弟子所记，其中多说子游之知礼。"人杰。

○ 仁是本，孝弟是用，本不可得而测度。节。

○ 先生问节曰："吉甫且说道如何是仁是性，孝弟是用？"节对曰："以愚见观之，所以当爱底是仁。"先生曰："不是恁地。"节又曰："仁是孝弟之母子，有仁方发得孝弟出来，无仁则何处得孝弟！"先生应。节次日复问曰："先生夜来以节言所以当爱底不是，节再思之，未达不是之由。"曰："'当'字不是。"又曰："未说着爱。如目能视，虽瞑目不动，却能视。仁非视，他却能爱。"又曰："爱非仁，爱之理是仁；心非仁，心之德是仁。"节。

○ 举程子说云："'性中只有个仁、义、礼、智，何尝有孝弟来'，说得甚险。自未知者观之，其说亦异矣。然百行各有所属，孝弟是属于仁者也。"因问仁包四者之义。曰："仁是个生底意思，如四时之有春。

彼其长于夏，遂于秋，成于冬，虽各具气候，然春生之气皆通贯于其
中。仁便有个动而善之意。如动而有礼，凡其辞逊皆礼也；然动而为礼
之善者，则仁也。曰义，曰智，莫不皆然。又如慈爱、恭敬、果毅、知
觉之属，则又四者之小界分也。譬如‘普天之下，莫非王土’，固也。
然王畿之内是王者所居，大而诸路，王畿之所辖也；小而州县市镇，又
诸路之所辖也。若王者而居州镇，亦是王土，然非其所居矣。”又云：
“智亦可以包四者，知在先故也。”<u>人杰</u>。

○ 问：“有子曰：‘其为人也孝弟，而好犯上者，鲜矣。不好犯上
而好作乱者，未之有也。君子务本，本立而道生，孝弟也者，其为仁之
本欤？’<u>明道</u>曰：‘孝弟有不中理，或至犯上。’既曰孝弟，如何又有不
中理？”曰：“且如父有争子，一不中理则不能承意，遂至于犯上。”问：
“<u>明道</u>曰‘孝弟本其所以生，乃为仁之本’，如何？”曰：“此是不忘其所
由生底意。〔故下文便接‘孰不为事，事亲事之本’来说。〕其他‘爱’
字皆推向外去，此个‘爱’字便推向里来。玩味此句尽好。”问：“或人
问<u>伊川</u>曰：‘“孝弟为仁之本”，此是由孝弟可以至仁否？’<u>伊川</u>曰：‘非
也。’不知如何。”曰：“仁不可言‘至’。言（至）仁者，义理之言，不
是地位之言，地位则可以言至。又不是孝弟在这里，仁在那里，便由孝
弟以至仁。无此理。如所谓‘何事于仁，必也圣乎’，圣，却是地位之
言。<u>程先生</u>便只说道：‘尽得仁，斯尽得孝弟；尽得孝弟，便是仁。’又
曰：‘孝弟，仁之一事。’”问曰：“仁是义理之言，盖以仁是自家元本
有底否？”曰：“固是。但行之亦有次序，所以莫先于孝弟。”问：“<u>伊川</u>
曰‘仁是性也’，仁便是性否？”曰：“‘仁，性也’、‘仁，人心也’，皆
如所谓‘乾卦’相似。卦便有乾坤之类，性与心便有仁、义、礼、智，
却不是把性与心便作仁看。性，其理；情，其用。心者，兼性情而言；
兼性情而言者，包括乎性情也。孝弟者，性之用也。恻隐、羞恶、辞
逊、是非，皆情也。”问：“<u>伊川</u>何以谓‘仁是性’？<u>孟子</u>何以谓‘仁人

心'?"曰:"要就人身上说得亲切,莫如就'心'说。心者,兼体、用而言。程先生曰:'仁是性,恻隐是情。'若孟子,便只是说心。程子是分别体、用而言;孟子是兼体、用而言。"问:"伊川曰'仁主乎爱',爱便是仁否?"曰:"'仁主乎爱'者,仁发出来便做那慈爱底事。某尝说'仁主乎爱',仁须用'爱'字说,被诸友四面攻道不是。吕伯恭亦云:'说得来太易了。'爱与恻隐本是仁底事,仁本不难见,缘诸儒说得来浅近了,故二程先生便说道,仁不是如此说。后人又却说得来高远没理会了。"又曰:"天之生物便有春夏秋冬,阴阳刚柔,元亨利贞。以气言则春夏秋冬,以德言则元亨利贞,在人则为仁义礼智。是个坯朴里便有这底。天下未尝有性外之物。仁则为慈爱之类,义则为刚断之类,礼则为谦逊,智则为明辨,信便是真个仁义礼智,不是假,之谓信。"又曰:"程先生易传说:'四德之元犹五常之仁,专言则包四者,偏言则主一事。'如'仁者必有勇',便义也在里面;'知觉谓之仁',便智也在里面。如'孝弟为仁之本',便只是主一事,主爱而言。如'巧言令色,鲜矣仁'、'〔泛爱众〕而亲仁'皆偏言也。如'克己复礼为仁'却是专言。才有私欲,义、礼、智都是私,爱也是私爱。譬如一路数州必有一帅,自一路而言,便是一帅;自一州而言,只是一州之事。然而帅府之属县便较易治,若要治属郡之县却隔一手了,故仁只主爱而言。"又曰:"仁、义、礼、智共把来,便见得仁。譬如四分分作四处住,看了三个,则那一个定是仁。不看那三个,只去求一个,如何讨得着!"又曰:"'仁主乎爱'如灯有光,若把光做灯又不得。谢氏说曰:'若不知仁,则只"克己复礼"而已。'岂有知'克己复礼'而不知仁者!谢氏这话都不甚稳。"问:"知觉是仁否?"曰:"仁然后有知觉。"问:"知觉可以求仁否?"曰:"不可。"问:"谢氏曰'〔试察吾事亲从兄之时,此心如之何。〕知此心则知仁',何也?"曰:"便是这些话心烦人,二先生却不如此说。"〔问:"谢氏曰:'人心之不伪者,莫如事亲、从兄。'如何?"曰:"人心本无伪,如何只道事亲从兄是不伪?"曰:"恐只以孝弟是人之诚心否?"曰:"也不然。人心那个是不诚底?皆是诚。如四端不言信,盖四端皆是诚实底。"〕问:"四肢痿痹为不仁,莫把四肢喻万物否?"曰:"不特喻万物,他有数处说,有喻万物底,有只是顷刻不相应便是不仁。如病风人一肢不仁,两肢不仁,为其不省悟也。似此等语被上蔡说便似忒过了,他专把省察做事。省察固是好,如'三省吾身',只是自省,看这事合恁地、不合恁地,却不似上蔡诸公说道去那上面察探。要见这道理,道理自在那里,何用如此等候察探他。且如上蔡说'仁,孝弟为仁之本',有曰'试察吾事亲、从兄时,此心如之何',便都似剩了。仁者便有所知觉,不仁者便无所知觉,恁地却说得。若曰'心有知觉之谓仁'却不得。'仁'字最难言,故孔子罕言仁。仁自在那里,夫子却不曾说,只是教人非礼勿视听言动与'居处恭,执事敬,与人忠',便是说得仁前面话;'仁者其言也讱'、'仁者先难而后获'、'仁者乐山'之类,这便是说得仁后面话。只是这中间便着理会仁之体。仁义礼智,只把元亨利贞、春夏秋冬看便见。知觉自是智之事,在四德是'贞'字。而知所以近乎仁者,便是四端循环处。若无这智,便起这仁不得。"问曰:"尝见先生作克己斋铭,有曰'求之于机警危迫之际'。想正为此设。"曰:"后来也改却,不欲说到那里。然而他说仁,说知觉,分明是说禅了。"又曰:"如湖南五峰多说'人要识心'。心自是个识底,却又把〔甚〕底去识此心。且如人眼自是见物,却如何见得眼!故学者只要去其物欲之蔽,此心便明。如人用药以治眼,然后眼明。他而今便把孟子爱牛入井做主说,却不知孟子也。他此说盖为有那一般极愚昧底人,便着恁地向他说道是心本如此,不曾便把做主。诸公于此便要等候探知这心,却恐不如此。"骤。

○ 或疑上蔡"孝弟非仁也"一句。先生曰:"孝弟满体是仁。内自一念之微,以至万物各得其所,皆仁也。孝弟是其(和)合做底事,若说孝弟非仁,不知何从得来?上蔡之意盖谓别有一物是仁,如此则是性外有物也。"或曰:"'知此心,则知仁矣',此语好。"先生曰:"圣门只说为仁,不说〔知〕仁。〔或录云:"上蔡说仁只从知觉上说,不就为仁处说。圣人分明说'克己复礼为仁',不曾说知觉底意。"〕上蔡一变而为张子韶。上蔡所(以)不敢冲突者,张子韶出来尽冲突了。又近年陆子静又冲突出张子韶之上。"方子。

○ 问:"谢氏以觉训仁,谓仁为活物,要于日用中觉得这个活物,便见仁体。而先生不取其说,何也?"曰:"若见识得仁体,则所谓觉,所谓活物皆可通也,但他说得自有病痛,必竟如何是觉?又如何是活物?又却别将此个意思去觉那个活物,方寸纷扰,何以为仁?如说'克己复礼',己在何处?克又如何?岂可以活物觉之而已也!"谟。

○ 上蔡说孝弟非仁也。孔门只说为仁,上蔡却说知仁,只要见得此心便以为仁。上蔡之说一转而为张子韶,张子韶一转而为陆子静。上蔡所不敢冲突者,张子韶尽冲突;张子韶所不敢冲突者,陆子静尽冲突。盖卿。

○ 上蔡以知觉言〔仁。只知觉得那应事接物底,如何便唤做仁〕。知(□)〔觉那〕理方是。且如一件事是合做与不合做,觉得这个方是仁。唤着便应(接),抉着便痛,这是心之流注在血气上底。觉得那理之是非,这方是流注在理上底。唤着不应,抉着不痛,这固是死人,固是不仁。唤得应,抉着痛,只这便是仁,则谁个不会如此?须是分作三截看:那不闻痛痒底是不仁;只觉得痛痒,不觉得理底,虽会于那一等,也不便是仁;须是觉(道)〔这〕理方是。植。

○ 问:"'孝弟是为仁之本',则上面'生'字恐着不得否?"曰:"亦是仁民爱物,都从亲亲上生去。孝弟也是仁,仁民爱物也是仁。只孝弟是初头事，从这里做起。"淳问："'为仁'只是推行仁爱以及物，不是去做那仁否？"曰："只是推行仁爱以及物，不是就这上求仁。如谢氏说'就良心生（求）〔来〕'，便是求仁。程子说，初看未晓，似闷人；看熟了，真擸扑不破。"淳。

○ 问"孝弟为仁之本"处。先生曰："上蔡谓'事亲、从兄时，可以知得仁'，是大不然。盖为仁便是要做这一件事，从孝弟上做将去。若曰'就事亲从兄上知得仁'，都却是只借孝弟来要知个仁而已，不是要为仁也。上蔡之病患在以觉为仁，但以觉为仁，只将针来刺股上，才觉得痛，亦可谓之仁矣。此大不然也。"时举。

巧言令色鲜矣仁章

○ 或问"巧言令色，鲜矣仁"。先生曰："只心在外便是不仁也。不是别更有仁。"雉。

○ 或问"巧言令色，鲜矣仁"。曰："他自使去了，此心在外，如何得仁？"祖道。

○ 或问："'巧言令色'，以巧言为言不诚者。"先生曰："据某所见，巧言即所谓花言巧语，如今世举子弄笔端做文字者便是。看做这般模样时，其心还在腔子里否？"文蔚。

○ "巧言令色，鲜矣仁"，只争一个为己、为人。且如"动容貌，正颜色"，是合当如此，亦何〔害〕事？但做这模样务以悦人，则不可。僩。

○ 问：“‘巧言令色，鲜矣仁’，记言‘辞欲巧’，诗言‘令仪令色’者，何也？”答曰：“看文字不当如此。记言‘辞欲巧’非是要人机巧，盖欲其辞之委曲耳。如语言‘夫子为卫君’，答曰‘吾将问之’，入曰‘伯夷、叔齐何人也’之类是也。诗言‘令色’与此不同，诗人所谓‘令色’者，仲山甫之正道，自然如此，非是做作恁地。何不看取上文？上文云‘仲山甫之德，令仪令色’，此德之形于外者如此，与‘鲜矣仁’者不干事。”祖道。按周谟录同。

○ 问：“巧言令色是诈伪否？”先生曰：“诸家之说都无诈伪意思，但驰心于外便是不仁。若至诚巧令，尤远于仁矣。”人杰。

○ “巧言令色，鲜矣仁”，圣人说得直截。专言鲜则绝无可知，但辞不迫切，有含容之意。若云“鲜矣仁”者犹有些在，则失圣人之意矣。人杰。

○ 淳问：“‘巧言令色，鲜矣仁’，集注以为绝无仁，恐未至绝无处否？”曰：“人多解此作尚有些个仁，便粘滞、咬不断了。子细看，巧言令色，心皆逐物于外，大体是无仁了。纵有些个仁，亦成甚么！所以程子以巧言令色为非仁。‘绝无’二字，便是述程子之意。”淳。

○ 早时南升在先生楼下，与直卿对坐，商量论语。见先生出来，即着凉衫，揖，先生令坐吃汤。某云：“看论语中有未通处，欲先与直卿商议。”先生云：“也好。”续云：“公若不向说，某无缘知公不理会得甚处。公何不发问？”某对以“细碎处，又不敢问”。先生曰：“但说不妨。”某即云：“恰与直卿商量‘巧言令色，鲜矣仁’。‘鲜’字，先生云‘绝无’。未晓此意。”先生曰：“只是心在时便是仁。若巧言令色之人，一向逐外，则心便不在，安得谓之仁！‘颜子三月不违仁’，也只是心在。"因举伊川云"知巧言令色之非仁，则知仁矣"，谓之非仁，则绝无可知。<u>南升</u>。

○ <u>道夫</u>问："夫子'巧言令色，鲜矣仁'，而<u>程子</u>却说非仁，何也?"曰："'鲜'字若对上面说，如'不好犯上而好作乱者鲜'，这便是少。若只单说，便是'无'了。巧言令色又去那里讨仁!"<u>道夫</u>。

○ 问："'巧言令色，鲜矣仁'一章，诸先生说都似迂曲，不知何说为正?"先生曰："便是这一章都（主爱）〔生受〕。惟<u>杨氏</u>后说近之，然不似<u>程</u>说好，更子细玩味。"问："<u>游氏</u>说'诚'字，如何?"曰："他却说成'巧言令色鲜矣诚'，不是'鲜矣仁'。说仁，须到那仁处便安排一个'仁'字安顿放教恰好，只消一字亦得。不然，则三四字亦得。又须把前后说来相参，子细玩味，看道理贯通与不贯通，便见得。如<u>洙泗</u>言仁一书，却只总来恁地看，却不如逐段看了来相参，自然见得。"先生因问曰："曾理会得<u>伊川</u>曰'论性则仁为孝弟之本'否?"<u>赫</u>曰："有这性便有这仁，仁发出来方做孝弟。"先生曰："但把这底看'巧言令色鲜矣仁'便见得。且如巧言令色人，尽是私欲，许多有底便都不见了。私欲之害岂特是仁，和义、礼、智都不见了。"问："何以不曰'鲜矣义礼智'而只曰'鲜矣仁'?"曰："<u>程先生</u>曰：'五常之仁如四德之元，偏言之则主一事，专言之则包四者。'"先生又曰："仁与不仁只就向外向里看便见得。且如这事合恁地方中理，必可以求仁，亦不至于害仁。如只要人知得恁地，便是向外。"问："<u>谢氏</u>说如何?"曰："<u>谢氏</u>此一段如乱丝，须逐一剔拨得言语异同，'巧''令'字如何不同，又须见得有个总会处。且如'辞欲巧'，便与'逊以出之'一般。'逞颜色'与'<u>仲山甫</u>之德，令仪令色'，都是自然合如此，不是旋做底。'恶讦以为直'也是个巧言令色底意思。巧言令色便要人道好，他便要人道直。'色厉而内荏'又是令色之尤者也。"<u>赫</u>。总论<u>集</u>义诸说。

朱子语类卷第二十一

论语三

学而篇中

曾子曰吾日三省吾身章

○ 周伯寿问："'为人谋而不忠'三句，不知是此三事最紧要，或是偶于此照管不到？"先生云："岂不是紧要！若为人谋而不忠，既受人之托，若不尽心与他理会，则不惟欺人，乃是自欺。李无"若为"以下至此二十九字。且说道为人谋而不忠后，这里是几多病痛！此便是谨独底道理。"李无"谨独"以下五字。盖卿。按李方子所录同而略。

○ 问："曾子三省，忠信如何？"先生曰："此三省自是切己底事。为人处如何不要忠！一才不忠便是欺矣。到信，却就事上去看。谓如一件事如此，为人子细斟酌利害，直似己事，至诚理会，此便是忠。如这事我看得如此，与他说亦是如此，只此便是信。程先生云：'循物无违之谓信。'极好，不须做体、用说。"〔谦。〕

○ 董卿言："曾子三省，固无非忠信学习之事。然人之一身，大伦之目，自为人谋、交朋友之外，得无犹在所省乎？"先生曰："曾子也不是截然不省别底，只是见得此三事上实有纤毫未到处。其他处固不可不自省，特此三事较急耳。大凡看文字，须看取平，莫有些小偏重处，然也用时候到。曾子三省，只是他这些未熟。如今人记书，熟底非全不记，但未熟底比似这个较用着心力照管。这也是他打不过处。"又云："为人谋而忠也自是难底事。大凡人为己谋便尽，为人谋便未必尽。"直卿因举先生旧说云："人在山路避人，必须立己于路后，让人于路前。此为人谋之不忠也，如此等处蹉过多少。"道夫。

○　恪问曾子三省。曰："此是他自见得身分上有欠阙处，故将三者日省之。若今人欠阙处多，却不曾自知得。"恪。按李季札录同。

○　问："曾子何为独以三者自省？"曰："盖他自觉犹于此欠阙。"

○　周伯寿问："曾子所以只以此三者自省，如何？"答曰："盖是来到这里打不过。"又问忠信。答曰："忠，以心言；信，以事言。青是青，黄是黄，这便是信。未有忠而不信，信而不忠，故明道曰：'忠信，内外也。'这'内外'二字极好。"卓。

○　三省固非圣人之事，然是曾子晚年进德工夫，盖亦微有这些子查滓去未尽耳。在学者则当随事省察，非但此三目而已。镐。

○　问："三省忠信，是闻一贯之后，抑未闻之前？"曰："不见得。然未一贯前也要得忠信，既一贯后也要忠信。此是彻头彻尾。"淳。

○　为人谋时，竭尽自己之心，这一个便是忠。节问曰："如此，则忠只是个待人底道理？"答曰："且如自家事亲有不尽处，亦是不忠。"节。

○ 读论语 "为人谋而不忠乎",为他人谋一件事,须自尽自家伎俩与他思量,便尽己之心。不得卤莽灭裂,姑为它谋。如乌喙是杀人之药,须向他道是杀人,不得说道有毒。如火,须向他道会焚灼人,不得说道只是热。如今人为己谋必尽,为他人谋便不曾着心,谩尔如此便是不忠。泳。

○ 问:"'为人谋而不忠乎',为人谋有二意:一是为人谋那事;一是这件事为己谋则如此,为人谋则如彼。"答曰:"只是一个为人谋,那里有两个?文势只说为人谋,何须更将为己来合插此项看。为〔人〕谋不忠,如何便有罪过?曾子便知人于为己谋定是忠,更不必说。只为人谋易得不忠。为人谋如为己谋,便是忠;不如为己谋,便是不忠。如前面有虎狼,不堪去,说与人不须去,便是忠。若道去也得,不去也得,便是不忠。文势如此,何必拗转枝蔓。看文字自理会一直路去,岂不知有千蹊万径,不如且只就一直路去,久久自然通透。如精义,诸老先生说非不好,只是说得忒宽,易使人向别处去。某所以做个集注,便要人且只恁地思量文义。晓得了只管玩味,便见圣人意思出来。"寓。按陈淳录同。

○ "为人谋而不忠",谋是主一事说。"朋友交而不信",是泛说。人自为谋必尽其心,到得为他人谋便不子细,致误他事,便是不忠。若为人谋事一似为己,为尽心。夔孙。

○ 问:"'为人谋而不忠,与朋友交而不信',其本心不是要不忠不信,必是此事于我身上有少利害相关,才(讨)〔计〕较利害之心,便遂至于不忠不信。到不忠信处,乃是已失其本心矣。"先生云:"人之本心固是不要不忠信,但才见是别人事便自不如己事切了。若是计较利害,犹只是因利害上起,这个病犹是轻。惟是未计较利害时已自有私意，这个病却最重。往往是才有这个躯壳了便自私了，佛氏所谓流注想者是也。所谓流注者，便是不知不觉流射做那里去，但其端甚微，直是要省察。"〔时举。寓录同，别出。〕

○ 潘子善问："'为人谋而不忠，与朋友交而不信'，人之为人谋，与人交，岂不欲忠信？只是较计之心胜，所以如此。"先生云："未消说计较，只是为别人做事自不着意，这个病根最深于计较。伊川云：'人才有形，便有彼己，所以难与道合。'释氏所谓流注想，如水流注下去，才有形便有此事，这处须用省察。"时举。按徐寓录同。

○ 淳问："为人谋、交朋友是应接事物之时，若未为人谋、未交朋友之时所谓忠信便如何做工夫？"曰："程子谓'舜"鸡鸣而起，孳孳为善"，若未接物时如何为善？只是主于敬。'此亦只是存养此心（存）〔在〕这里，照管勿差失，〔寓录作"令勿偏倚"。〕便是'戒谨乎其所不睹，恐惧乎其所不闻'，'不动而敬，不言而信'处。"淳。按徐寓同而少略。

○ "与朋友交而不信乎？"凡事要（实）〔当〕用自家实底心与之交。有便道有，无便道无。〔泳。〕

○ 问"传不习乎"。曰："传人以己所未尝习之事。然有两说。"贺。

○ 因詹父问曾子曰"吾日三省吾身：为人谋而不忠乎？与朋友交而不信乎"一段，先生曰："何不说'为人谋而不忠，与朋友交而不忠'？必分忠、信，何也？忠、信还同不同？"苴。

○ 忠信，实理也。〔道夫。〕

○　忠信只是一（字）〔事〕，但是发于心而自尽，则为忠；验于理而不违，则为信。忠是信之本，信是忠之发。义刚。

○　问"忠信"二字。曰："忠则只是尽己，与事上忠同体。信不过是一个'实'字意思，但说处不同。若只将做有诸己说，未是。"祖道。

○　忠信只是一事，而相为内外始终本末。有于己为忠，见于物为信。做一事说也得，做两字说也得。僩。

○　问："曾子忠信，却于外面理会？"曰："此是'修辞立其诚'之意。"曰："莫是内面工夫已到？"曰："内外只是一理。事虽见于外，而心实在内。告子义外便错了。"可学。

○　信是言行相顾之谓。道夫。

○　节问："'尽己之谓忠'，不知尽己之甚么？"答曰："尽己之心。"又曰："今人好说'且恁地'，便是不忠。"〔节。〕

○　林子武问"尽己之谓忠"。曰："'尽己'字本是'忠'字之注脚。今又要讨'尽己'注脚，如此是隔几重？何不试思，自家为人谋时己曾尽不曾？便须见得尽己底意思也。"闳祖。

○　问"尽己为忠"。先生曰："尽己只是尽自家之心，不要有一毫不尽。如有人谋事，须是与他说这事当做不当做。不可说道这事恐也不可做，或做也不妨。此便是不尽忠矣。信便是那忠字见于事者，只是一物。未有忠而不信者，亦未有信而不出于忠者。只是忠则专就发己处说，信则说得来周遍于事上，所以说'忠信，内外也'。"问"忠信为传习之本"。曰："人若不忠信更无可说，习个甚么！"侗。

○ 问"尽己之谓忠"。先生曰："尽时须是十分尽得方始是尽。若七分尽得，三分未尽，也不是忠。"又问："忠是人心实理。于事父谓之孝，处朋友谓之信，独于事君谓之忠，何也？"先生曰："父子、兄弟、朋友等皆是分义相亲，至于事君则分际甚严，人每若有不得已之意，非有出于中心之诚者，故圣人以事君尽礼言之。"又问："忠与诚如何？"先生曰："忠与诚皆是实理。一心之谓诚，尽心之谓忠。诚是心之本主，忠又是诚之用处。用者，只是心中微见得用。"卓。

○ 问："尽己之忠，此是学者之忠，圣人莫便是此忠否？"曰："固是。学者是学圣人而未至者，圣人为学而极至者。只是一个自然，一个勉强尔。惟自然故久而不变，惟勉强故有时而放失。"因举程子说："孟子若做孔子事，尽做得，只是未能如圣人。"龟山言："孔子似知州，孟子似通判权州。""此喻甚好。通判权州也做得，只是不久长。"处谦。

○ 或问："学者尽己之忠，如何比得圣人至诚不息？"先生曰："只是这一个物，但有精粗。众人有众人底忠，学者有学者底忠，贤者有贤者底忠，圣人有圣人底忠。众人只是朴实头，不欺瞒人，亦谓之忠。"黄直卿云："'己'字便是'至诚'字，'尽'字便是'不息'字。'至诚'便是'维天之命'，'不息'便是'於穆不已'。"学蒙。

○ 未有忠而不信，未有信而不忠者。"尽己之谓忠，以实之谓信。"以，用也。泳。

○ 文振问"尽己之谓忠，以实之谓信"。曰："忠信只是一理。自中心发出来便是忠，着实便是信。谓如与人说话须说到底。见得恁地了，只说一事不肯说尽便是不忠。有这事说这事，无这事须说无，便是信。只是一个道理，自其发于心谓之忠，验于事谓之信。"〔又，<u>文振</u>说："'发己自尽为忠，循物无违为信'，发己自尽便是尽己。循物无违，譬如香炉只唤做香炉，卓只唤做卓，便着实不背了。若以香炉为卓，卓为香炉，便是背了它，便是不着实。"〕<u>恪</u>。按李季札录同。

○　<u>林正卿</u>问"尽己之谓忠，以实之谓信"。曰："自心中而发出者，忠也；施于物而无不实者，信也。且如甲谓之甲，乙谓之乙，信也；以甲为乙，则非信矣。与'发己自尽，循物无违'之义同。"又问："'维天之命，於穆不已，忠也'，与尽己之忠如何？"曰："不同。<u>曾子</u>答门人一贯之问，借此义以形容之耳。"<u>人杰</u>。

○　问："'尽己之谓忠，以实之谓信'，信既是实，先生前又说道忠是实心，不知如何分别。"曰："忠是就心上说，信是指事上说。如今人要做一件事，是忠；做出在外，是信。如今人问火之性是如何，向他说热便是忠，火性是热便是信。心之所发既实，则见于事上皆是实。若中心不实，则见于事上便不实，所谓'不诚无物'。若心不实，发出来更有甚么物事？"<u>贺孙</u>。

○　问："尹氏谓：'<u>曾子</u>守约，故动必求诸（心）〔身〕。'莫也须博学而后守之以约否？"曰："'<u>参</u>也鲁'，其为人质实，心不大段〔在外〕，故虽所学之博，而守依旧自约。"<u>道夫</u>。

○　<u>曾子</u>守约，不是守那约，言所守者约耳。<u>偁</u>。

○　先生曰："寻常说'守约'二字极未稳当。如云'守气不如守约'，分明将'约'字做一物了，遂以'约'字对'气'字。所谓'守约'者，所守者约耳。"谟。按金去伪录同。

○　曾子之学，大率力行之意多。曾子守约是于朴实头省力处用功。方子。〔佐同。〕

○　"'为人谋而不忠乎'，人以事相谋，须是子细量度，善则令做，不善则勿令做，方是尽己。若胡乱应去便是不忠。或谓人非欲不忠于人，缘计较利所在，才要自家利，少间便成不忠于人。"先生曰："未说到利处。大率人情，处自己事时甚着紧，把他人便全不相干，大段缓了，所以为不忠。人须是去却此心方可。"又问："集注以忠信为传习之本，如何？"先生曰："若无诚实，人如何能传习？"又问："'诸子之学愈远而失真'，莫是只是言语上做工夫，不如曾子用心于内，所以差否？"先生曰："只为不曾识得圣人言语。若识得圣人言语，便晓得天下道理，晓得理便能切己用工如曾子也。"明作。

○　某一日看得曾子三省处集注说亦有病，如省察已做底事。曾子省察，只当下便省察，俯视拱手而曰："为人谋而不忠乎？"芝。

○　忠就心上看，信就事上看。"忠信，内外也"，集注上除此一句便甚害事。方子。

○　问："伊川谓'曾子三省，忠信而已'，不知此说尽得一章意否？""伊川之意似以'传不习'为不习而传与人，是亦不忠信者。"问："如此说，莫倒了语意否？"曰："然。但以上文例推之，也却恁地。要之，亦不须如此说。大抵学而篇数章皆是以忠信为本，而后济之以学。"道夫。

○　木之问"循物无违之〔谓〕信"。曰："物便是事物。信主言而言，盖对忠而说。在己无不尽之心为忠，在人无不实之言为信。"木之。

○　或问："'循物无违谓信'，物是性中之物否？"曰："那个是性外之物？凡言物皆是面前物。而今人要高似圣人了，便嫌圣人说眼前物为太卑，须要抬（贴）起了说。如所谓'有物有则'之'物'，亦只是这眼前物。语言，物也；而信乃则也。君臣，物也；仁与忠乃则也。"学蒙。

○　"循物无违"，即是"以实"，但说得较详。闳祖。

○　"循物无违谓信。"物之大曰大，小曰小，此之谓循物无违。物之大曰小，小曰大，此之谓违于物。侗。

○　问"发己自尽为忠"。曰："发己是从这道理、从己上发生出来。尽是尽己之诚，不是尽己之理，与孟子尽心不同。如十分话，对人只说七分，便是不尽。"问"循物无违为信"。曰："'尽己之谓忠，以实之谓信'，此语已都包了。如盏便唤做盏，楪便唤做楪。若将楪唤做盏，便违背了。忠是体，信是用。自发己自尽者言之，则名谓之忠而无不信矣，自循物无违者言之，则名为信而无不出于忠矣。"淳。

○　问："忠信，集注云'发己自尽为忠，循物无违为信'。不知如何即循物无违？"先生曰："只是依物而实言之。忠信只是一个道理。发于己者自然竭尽便是忠，见诸言者以实便是信。循物无违，如这卓子，黄底便道是黄，黑者便道是黑，这便是无违。程子曰：'一心之谓诚，尽心之谓忠，存于中者之谓孚，见于外者之谓信。'"卓。

○ 或问"发己自尽为忠，循物无违谓信"。曰："忠信只是一事，只是就这一物上见有两端。如人问自家这件事是否，此事本是则答之以是，则是发己自尽，此之谓忠。其事本是而自家答之以是，则是循物无违，是之谓信。不忠不信者反是。只是发于己者既忠，则见于物者便信，一事而有两端之义也。"個。

○ 问："'发己自尽为忠'，何以不言反己?"答曰："若言反己，是全不见用处，如何接得下句来! 推发此心更无余蕴便是忠处，恕自在其中。如今俗语云'逢人只说三分话'，只此便是不忠。循体事物而无所乖违，是之谓信。后来伊川先生往往见此说尚晦，故更云：'尽己之谓忠，以实之谓信。'便是稳当分明。"大雅。

○ 问："明道谓'发己自尽为忠，循物无违谓信。表里之谓也'，何谓'发己自尽'?"曰："且如某今病得七分，对人说只道得三两分，这便是发于己者不能尽。""何谓'循物无违'?"曰："正如恰方自病相似。他本只是七分，或添作十分，或减作五分，这便不是循物，便是有违。要之，两个只是一理。忠是存诸内，信是形诸外。忠则必信，信则必是曾忠，〔池本作"不信必是不曾忠"。〕所以谓'表里之谓'也。"问："伊川谓'尽己之谓忠，以实之谓信。忠信，内外也'，也只是这意。"曰："然。明道之语周于事物之理，便恁地圆转；伊川之语严，故截然方正。大抵字义到二程说得方释然。只如'忠信'二字，先儒何尝说得到此。伊川语解有一处云：'一心之谓诚，尽心之谓忠，存于中之谓孚，见于事之谓信。'被他秤停得也不多半个字，也不少半个字。如他平时不喜人说文章，如易传序之类，固是说道理。如其他小小记文之类，今取而读之，也不多一个字，也不少一个字。"徐居父曰："'尽己之谓忠'，今有人不可以尽告，则又当如何?"曰："圣人到这里又却有义。且如有人对自家说那人，那人复自来问自家，倘其人凶恶，若尽以告之必至杀人，夫岂可哉！到这里又却是一个道理，所以圣人道'信近于义，言可复也'。盖信不近义，则不可以复。"道夫。〔寓录别出。〕

○　仲思问："曾子三省，明道先生说'发己自尽谓忠，循物无违谓信'，如何是'发己自尽'？"答曰："发于己而自尽其实。"先生因足疾，举足言曰："足有四分痛，便说四分痛，与人说三分，便不是发己自尽。"又问"循物无违"。答曰："亦譬之足。实是病足，行不得便说行不得，行得便说行得。此谓循其物而无违。"杨举伊川言"尽己之谓忠，以实之谓信"。先生曰："伊川之说简洁明通，较又发越也。"寓因（谓）问："忠信，实有是事故实有是言，则谓之忠信。今世间一等人，不可与露心腹处，只得隐护其语，如此亦为忠信之权乎？"先生曰："圣人到这处却有个义存焉。有可说与不可说，又当权其轻重。如不当说而说与，那人好杀，便说与这人当杀，须便去杀他始得。'信近于义，言可复也'，信不近义，岂所谓信？"因说："伊川讲解一字不苟。如论语中一项有四说，极的当：'一心之谓诚，尽心之谓忠，存于中之谓孚，见于事之谓信。'直是不可移易。如忠恕处，前辈说甚多，惟程先生甚分晓。"因问："（杂）〔集〕注说忠恕，谓'尽己之谓忠，推己之谓恕'，此借学者之事以明之。在圣人则'至诚无息'，而万物各得其所也。如此，则忠恕却有两用，不知如何？"答曰："皆只是这一个。学者是这个忠恕，圣人亦只是这个忠恕，天地亦只是这个忠恕，但圣人熟，学者生。圣人自胸中流出，学者须着勉强。然看此'忠恕'二字，本为学者做工夫处说。子思所谓'违道不远'，正谓此也。曾子惧门人不知夫子之道，故举学者之事以明之，是即此之浅近而明彼之高深也。"寓。

○　问："'曾子曰：吾日三省吾身：为人谋而不忠乎？与朋友交而不信乎？传不习乎？'明道、伊川以忠信为表里内外，何也？"曰："'尽己之谓忠'，见于事而为信，将彼己看亦得。发于我而自尽者，忠也。

他人见得便是信。"问曰："莫也只是一事否?"曰："只是一个道理。"问："有说'信'字，又不说'忠'字，如何?"曰："便兼表里而言。"问："有说'忠'字而不说'信'字，如何?"曰："信非忠不能，忠则必信矣。"(人)〔又〕曰："且如这事自家见得十分，只向人说三分，不说那七分，便是不信。如何是循物无违！有人问今日在甚处来，便合向他说在<u>大中寺</u>来。故程先生曰：'一心之谓诚，尽心之谓忠，存于中之谓孚，见于事之谓信。'"问："<u>伊川</u>曰'以实之谓信'，何也?"曰："此就事而言，故<u>曾子</u>言信便就交际上说。"问："<u>范氏</u>以不忠作'有我与人'，以不信作'诚意不至'；<u>游氏</u>以忠为'操心'，以信为'立行'；<u>杨氏</u>以不忠作'违仁'，以不信作'违道'，三说皆推广，非正意。"先生不说不同。"然'操心'、'立行'底较得，'诚意不至'、'有我与人'底宽，'违道'〔、'违仁'〕底疏"。<u>僩</u>。

○ <u>谢先生</u>解<u>论语</u>有过处。如<u>曾子</u>"为人谋而不忠"，只说"为人谋"，而<u>上蔡</u>更说"平居静虑所以处人"，使学者用工不专，故说<u>论语</u>、<u>孟子</u>，惟<u>明道</u>、<u>伊川</u>二君子之言无弊。<u>和靖</u>虽差低，而却无前弊。<u>易</u>曰："学以聚之，问以辨之，宽以居之，仁以行之。"<u>子张</u>曰："执德不洪，信道不笃。"学聚问辨矣，而继之以宽居；信道笃矣，而先之以执德洪。人心不可促迫，须令着得一善又着得一善。善之来无穷，而吾心受之有余地方好。若着一般，第二般来便未见着得，如此则无缘心广而道积也。<u>浍</u>。

○ <u>容</u>问："<u>曾子</u>用心于内，工夫已到，又恐为人谋而未忠，朋友交而不信，传而未习，日加省察，求欲以尽乎人也。"先生细思少定，曰："如何分内外得? <u>游氏</u>之说正如此。为人谋不忠便是己有未尽处，去那里分作内外? 果如此，则'多学而识之者欤'!"<u>窑</u>。

○ 问："'尽物之谓信'，尽物只是'循物无违'意否？"曰："是。"<u>淳</u>。

道千乘之国章

○ "道千乘之国。"道，治也。作开导，无义理。"道之以政"，方可训开导也。<u>人杰</u>。

○ 因说："'千乘之国'，疏云，方三百一十六里，有畸零，算不彻。"曰："此等只要理会过，识得古人制度大意。如至微细，亦不必大段费力也。"<u>闳祖</u>。

○ 问："'敬事而信'，切疑此敬是小心畏谨之谓，非'主一无适'之谓。如何？"曰："遇事临深履薄而为之，不敢轻，不敢慢，乃是'主一无适'。"问昏礼。曰："旧有成书，今失之。大抵亲迎以前从<u>温公</u>，妇入门以后从<u>伊川</u>，中间小节虽有更改，亦不多。"<u>伯羽</u>。

○ 若是敬而不爱，便不是真爱；爱而不敬，要不是真敬。敬非严威俨恪之谓，若认此为敬则误矣。敬，只是把做事，小心畏谨，不敢慢耳。<u>伯羽</u>。

○ "敬事而信"，是"节用爱人，使民以时"之本。敬又是信之本。<u>闳祖</u>。

○ 是晚，同诸朋友在楼下侍坐。某问"道千乘之国"一章："敬事，是每遇事时必须专一其心，要得这事理会到彻底方休。信其民，是事事欲得实。及节用、爱人、使民以时。此五者皆治国之要，然行之亦有次第，又当以敬为本。"先生答曰："五者皆要，如何只说两件？"因云："杨龟山说此处极好看。今若治国不本此五者，则君臣上下漠然无干涉，何以为本！"某又问："须是先有此五者，方可议及礼乐刑政。"先生云："且要就此五者反覆推寻，看古人治国之势要。此五者极好看。若每章翻来覆去看得分明，若看十章，敢〔道〕便有长进！"〔南升、贺孙录别出。〕

○　郑文振说"道千乘之国"。答曰："龟山云：'上不敬则下慢，上不信则下疑。下慢而疑，事不立矣。'这般所在最说得好。须要此五者是要紧。古先圣王所以必如此者，盖有是五者而后上之意接于下，下情方始得亲于上。上下相关，方始可以为国。若无此五者，则君抗然于上，而民盖不知所向。有此五者，方始得上下交接。"贺孙。

○　游问："'道千乘之国'一章，杨氏所谓'未及为政'是如何？"答云："孟子说'不违农时'，则言王道之始，未大段是政事在。"时举。

○　问："'道千乘之国'，杨氏云'未及为政也'。"先生曰："然此亦是政事。如'敬事而信'，便是敬那政事也。节用，有节用之政事；爱人，有爱人之政事；使民，有使民之政事。这一段是那做底。子细思了，若无敬，看甚事做（不）〔得〕成？不敬则不信，不信则不能'节用爱人'，不'节用爱人'则不能'使民以时'矣。所以都在那'敬'字上，若不敬，则虽欲信不可得。如出一令、发一号，自家把不当事忘了，便是不信。然敬又须信，若徒能敬而号令施于民者无信，则为徒敬矣。不信固不能节用，然徒信而不能节用，亦不济事。不节用固不能爱人，然徒能节用而不爱人，则此财为谁守邪？不爱人固不能'使民以时'，然徒能爱人而不能'使民以时'，虽有爱人之心而人不被其惠矣。

要之，根本工夫都在‘敬’字。若能敬则下面许多事方照管得到。自古圣贤，自<u>尧舜</u>以来便说这个‘敬’字。<u>孔子</u>曰‘修己以敬’，此是最紧处。"<u>偰</u>。

○　<u>子升</u>兄问："‘道千乘之国’一章，<u>集注</u>云：‘五者相因，各有次序。’意见未分晓。"曰："圣人言语自是有伦序，不应胡乱说去。敬了方会信，信了方会节用，节用了方会爱人，爱人了方会‘使民以时’。又敬了须是信，信了须是节用，节用了须是爱人，爱人须是‘使民以时’。如后面‘弟子入则孝，出则悌，谨而信’之类，皆似此有次第。"又问："<u>学而</u>一篇多兴务本之意。独此章言及为政是如何？"曰："此便是为政之本。如‘尊五美，屏四恶’、‘行<u>夏</u>之时，乘<u>殷</u>之辂，服<u>周</u>之冕’之类，无此基本，如何做去？"<u>木之</u>。

○　<u>子升</u>兄问："夜来所说‘千乘之国’，如何信了方能节用？"曰："无信，如何做事？如朝更夕改，虽<u>商鞅</u>之徒亦不可为政。要之，下面三事须以敬信为主。"<u>木之</u>云："如此，凡事都着信，不止与节用相系属。"曰："固是。"<u>木之</u>。

○　问："<u>集注</u>‘敬事而信’，五事反复相因，各有次第。如何？"先生曰："始初须是敬方能信，能信方真个是节用，真个节用方是爱人，能真个爱人方是‘使民以时’。然世固有能敬于己而失信于人者，故敬了又用信；亦有能信于人而自纵奢侈者，故信了又用节用；亦有自俭啬而不能推爱他人者，故节用了〔又〕用爱人；爱人了又用‘使民以时’，使民不以时，却是徒然也。"<u>明作</u>。

○　"道千乘之国"，五者相因，这只消从上顺说。人须是事事敬方会信，才信便当定如此，若恁地慢忽便没十成。今日恁地，明日不恁地，到要节用，今日俭，明日奢，便不是节用。不会节用便急征重敛，如何得爱民？既无爱民之心，如何自会"使民以时"？这是相因之说。又一说：虽则是敬，又须着信于民，只恁地守个敬不得。虽是信，又须着务节俭。虽会节俭，又须着有爱民之心，终不成自俭啬而爱不及民，如隋文帝之所为。虽则是爱民，又须着课农业，不夺其时。贺孙。

○ 问："'敬事而信'章，五者相承，各有次序。是能如此而后能如彼耶？"曰："能恁地便自然，然下句又是转说。节用了更说当爱人，爱人了更'使民以时'。有一般人敬而不能信，有一般人能节用，只是吝啬，却不能爱人。故能敬便自然信，而敬又不可以不信。圣人言语，自上说下来也恁地，自下说上去也恁地。圣人言语都如此。"曰："信与节用，何相关？"曰："信是的确。若不的确，有时节，有时又不节。"㽦。

○ 陈希真问："'敬事而信，节用而爱人，使民以时'，须先敬了方可以信，先节用了方可以爱人，又须是'使民以时'。是如此否？"曰："这般处从上说下，固是一般意思；从下说上，又是一般意思。如敬事而信，固是有人凡事要诚信，然未免有不敬处，便是不实。有人却知节用，然不知爱民，则徒然鄙吝于己，本不为民。有人知所以爱人，却不知勿夺其时。这般处与'君子不重则不威'一章，都用恁地看。"贺孙。

弟子入则孝章

○ 问："'弟子入则孝'一章，入则孝其父母，出则弟其兄长。谨谓行之有常，信谓言言实，泛爱众谓与人相交接，则欢然有恩以相见，就其中有仁贤者又从而亲近之，是弟子之职有其根本矣。力行有余暇，便当学六艺之文。又不可少有怠慢。所以学文者，要知得事父兄如何而为孝弟，言行如何而能谨信。"语尚未终，先生曰："下面说得支离了。圣人本意重处在上面，言弟子之职须当如此。下面言余力则学文矣。大凡看文字须认圣人语脉，不可分毫走作。若说支离，将来又生出病。"先生又云："今日一日只消看治国一章已多了。"〔南升。〕

○ 问"泛爱众"。曰："人自是当爱人，无憎嫌人底道理。"又问："人之贤不肖，自家心中自须有个辨别，但交接之际不可不泛爱尔。"曰："他下面便说'而亲仁'了。仁者自当亲，其他自当泛爱。盖仁是个生底物事，既是生底物便（是）〔具〕生之理，生之理发出便是爱。才是交接之际便须自有个恭敬，自有个意思，〔池本作"思意"。〕如何漠然无情，不相亲属得？圣人说出话，两头都平。若只说泛爱，又流于兼爱矣。"僩。

○ 问："'行有余力，则以学文'，所谓有余，莫是人孝出悌之理，行之绰绰然有余裕否？"曰："谁敢便道行之有余裕？如'泛爱众，而亲仁'，何曾便时时有众之可爱，便有仁者于此，遂得以时时得而亲之？居常无事时则学文讲艺，至事与吾接则又出而应之。出孝入悌亦是当孝当弟之时。行谨言信亦是如此。他时有余力，自当学文。"按一之录自"可爱"以上便有以下异，今附于下云："便有仁者于此，遂得以亲之。居常无事时，或无与我接着，又且只如此。或遇事当然，则又为之，暇日而为之乃是此意。行谨言信，亦是有可言可行时如此，乃是其暇时为之。"

○ 不学文，则事事做不得。节。

○ 或问夫子言"则以学文"、子夏言"吾必谓之学矣"两章。曰：

"圣人之言由本及末，先后有序。其言平正，无险绝之意。子夏则其言倾侧而不平正，险绝而不和易，狭隘而不广大，故未免有弊。然子夏之意欲人务本，不可谓之不是，但以夫子之言比之，则见其偏之若此也。"人杰。

○ 欧阳希逊问："'行有余力，则以学文'，学文在后。又云'博学于文，约之以礼'，文又在先。不同，如何？"曰："'博学于文'，也不说道未有'行有余力'以上许多事。须是先有许多了，方可以学文。且如世上有人人不孝，出不悌，执事不谨，出言不信，于众又无爱，于仁又不能亲，道要去学文，实是要去学不得。"贺孙。

○ 问："'行有余力，则以学文'，集注云：'力行而不学文，则无以考圣贤之成法，识事理之当然。'且上五件条目皆天理人伦之极致，能力行则必能识事理之当然矣。如集注之说，则是学文又在力行之先。"先生曰："若不学文则无以知事理之当否。如为孝为弟亦有不当处。孝于事亲，然事父之敬与事母之爱便别了。"卓。

○ "'泛爱'，不是人人去爱他。只如群居，不将一等相扰害底事去聒噪他，及自占便宜之类是也。无弟子之职以为本，学得文，济甚事！此言虽近，若真个行得，亦自是大段好。文是诗、书六艺之文。诗、书是大概诗、书，六艺是礼、乐、射、御、书、数。古人少时小学便有此等，今皆无之，所以难。"因说："集注：'力行而不学文，则无以考圣贤之成法，识事理之当然。'六艺如何考究得成法？"曰："小学中，一事具得这事之理。礼乐如之，所以礼乐者如此，从此上推将去，如何不可考成法？缘今人都无此学，所以无考究处。然今诗、书中考_成法前言往行亦不可考。如前辈有可法者，都是。人须是知得古人之法，方做不错。若不学文，任意自做，安得不错！只是不可先学文耳。子夏矫枉过正，放重一边，又忒重了，不似此章圣人说得两得，无欠阙。如<u>棘子成</u>矫当时之弊，从得质太重。<u>子贡</u>又矫<u>棘子成</u>之弊，却道'文犹质也，质犹文也'，都偏了。惟圣人之心和平，所谓高下小大皆宜，左右前后不相悖，说得如此尽。"<u>明作</u>。

贤贤易色章

○　问："'贤贤易色'有两说。"先生曰："只变易颜色亦得，但觉说得太浅。斯须之间，人谁不能，未知他果有诚敬之心否。须从好色之说，便见得贤贤之诚处。"<u>明作</u>。

○　问："'贤贤易色'，或以为变易颜色，或以为易其好色之心，二者如何？莫是待临时易色未善？"曰："亦不必如此说。只是下面'致其身，竭其力'太重，变易颜色太轻耳。"<u>可学</u>。

○　<u>敬之</u>问："'贤贤易色'有二说：一谓变易颜色，有敬贤之诚；一谓易其好色之心。"先生曰："变易颜色，有伪为之者。不若从<u>上蔡</u>说，易其好色之心，方见其诚也。"<u>德明</u>。

○　问："'贤贤易色'，<u>伊川</u>云'见贤而变易颜色'，集注则从范氏之说，谓'贤人之贤，而易其好色之心'。其去取如何？"先生曰："'吾未见好德如好色者也'，'去谗远色，贱货而贵德，所以劝贤也'，已分明说了。"<u>元秉</u>。

○　"事父母能竭其力"，凡事当尽力为之，不可挨推，只做七八分，留两三分。<u>淳</u>。

○ "事君能致其身"，集注谓"不有其身"，是不为己之私计也。
明作。

○ 或问"事君致其身"。曰："致身，一如送这身与他，便看他将来如何使。"偶。按时举录同。

○ 袁子节问子夏"贤贤易色"一章。曰："资质好底也会恁地。问学也只是理会许多事。"时举。

○ 先生南坐，某问："'贤贤易色'是真个有好贤之心。事父母能竭其力以供子职，事君知有君而不知有身，与朋友交无一不尽情实。为学之道只要就人伦上做得是当。今既能如此，虽或以为未学，我必以为已学。"先生曰："必竟是曾学未学？"某云："先生所谓'非其生质之美，必其务学之至'。"先生云："看得是。"少顷，先生云："文振今日更看甚处？"某云："今日只看此一章，更玩味杨龟山所说治国一章。本欲看'君子不重不威'一章，又见稍长，不敢贪多。"先生云："慢看不妨，只要常反覆玩味圣人旨要，寻见落着处。"又云："近觉多病，恐来日无多，欲得朋友勇猛近前，也要相传。某之心便是公之心一般。"郑南升。

○ "虽曰未学。"世间也有资禀高，会做许多事底，但子夏此两句被他说杀了，所以吴氏谓其言之有弊。明作。

○ 问"事父母能竭其力"一章。先生曰："子夏之言不免有弊。盖孔子上章但是平说，而子夏此章皆是说到诚处，说得重了。然而今有这样人，若不是他学问来，又不是天资高，安能如此？但子夏说得太粗了，故谓其'辞气抑扬太过'也。"夔孙。

○ 问子夏"贤贤易色，事父母能竭其力，事君能致其身，与朋友交言而有信。虽曰未学，吾必谓之学矣"。先生曰："'易色'，须作'好德如好色'说。若作变易颜色，恐里面欠了字多。这也只是敬贤之诚。"问曰："此四事莫是个处得极至，只得如此?"曰："否。这地位尽高。"问："伊川曰'学求如是而已'，如何?"曰："这却和'学'字说在里面。子夏本言却作不须学底意思。吴才老以子夏此言与子路'何必读书'之说同，其意固善，然其弊皆至于废学。若'行有余力，则以学文，就有道而正焉，可谓好学'之类，云为圣人之言。此说却好。子夏既说杀了，虽是上面说务本，终不如圣人之言。"整。

○ "吾必谓之学矣"，子夏此话说得激，有矫枉过直意思。圣人便不如此，且看"行有余力，则以学文"，是多少浑成。他意只欲反求，故说得如此激。如棘子成说："君子质而已矣，何以文为!"这便全是有激之论。子贡说："文犹质也，质犹文也。"这也有病。质与文似不同。"一言可以丧邦，有诸"，圣人便说"言不可若是其几"。如"唯其言而莫予违也"，又说，如其善而莫之违，固是好；如不善而莫之违，不几乎一言而丧邦! 如"礼，与其奢也，宁俭；丧，与其易也，宁戚"，虽都是偏，就其间论之，便须说奢与易有轻重。圣人说话都自恁地平。向伯恭见此说，甚以为看得出。贺孙。

君子不重则不威章

○ "君子不重则不威。"既曰君子，何以不重不威? 此是大概说君子之道如此。"主忠信"是诚实无伪，朴实头。"主"字最重，凡事靠他做主。程子曰"不诚无物"，谓如去水南，却说去水北。实不曾去水北，便无这去水北一事。明作。

○　某问："'君子不重则不威'章云：若不正其衣冠，尊其瞻视，则无威严，与'整齐严肃，其心便一'底气象大别，必不能保守所学；'主忠信'，须用以诚实为主，则其心方纯一于为善；取友，要得有益于己；若知有不善，便为速改以从善，设或畏其难而悠悠以度日，则过日长而为学无缘会进。此四者是君子自修之道，合当如此。"先生云："也分明，但'主忠信'是道惟在忠信，'不诚无物'。若不忠信，如木之无本，水之无原，更有甚底！一身都空了。今当反看自身，能尽己心乎？能不违于物乎？若未尽己之心而不违于物，则是不忠信。凡百处事接物皆是不情实且谩为之。如此四者皆是身修之要，就其中'主忠信'又是最要。若不'主忠信'便为'正衣冠，尊瞻视'，只是色庄，为学亦是且谩为学，取朋友未必尽情，改过亦未必真能改过，故为人须是'主忠信'。"学而一篇，再三言之。是晚，<u>黄敬之</u>问："'形色天性'之'形'是耳目口鼻之类，色是如何？"曰："一颦一笑皆有至理。〔时举录云："凡一颦一笑，一语一默，无非天理。"〕'形'字重，'色'字轻，故下面但云'惟圣人可以践形'。"<u>黄直卿</u>云："形是'动容貌'，色是'正颜色'。"先生云："固是。"〔<u>南升</u>。〕

○　问："子曰：'君子不重则不威，学则不固。主忠信。无友不如己者。过则勿惮改。'<u>明道</u>曰'不诚则无物'，如何？"曰："实有此理便实有此事。且如今向人说我在东，却走西去那一边，便成妄诞了。"问："<u>伊川</u>曰'忠信者，以人言之，要之则实理'，何也？"曰："以人言之则为忠信，不以人言之则只是个实理。如'诚者天之道'，则只是个实理；如'惟天下之至诚'，便是以人言之。"<u>銖</u>。

○　又问："'主忠信'集注下'不诚无物'一节如何？"先生云："心无形影，惟诚时方有这个事。今人做事，若初间有诚意，到半截后意思懒散，谩做将去，便只是前半截有物，后半截无了。若做到九分，

这一分无诚意，便是这一分无物。"_{时举。}

○ 问："'主忠信'注，<u>程子</u>之言'人道惟在忠信，不诚则无物'。"曰："凡应干事物之来，皆当尽吾诚心以应之，方始是有这个物事。且干一件事，自家心不在这上，这一事便不成，便是没了这事。如读书，自家心不在此，便是没这书。"_{贺孙。}

○ "人道惟在忠信，不诚则无物。"物，只是眼前事物都唤做物。若诚实方有这物。若口里说庄敬，肚里自慢忽；口里说诚实，肚里自狡伪，则所接事物还似无一般。须是实见得是，实见得非，截定而不可易，方有这物。且如欲为善又有个为恶意思，欲为是又有为非意思，这只是不实，如何会有物？_{贺孙。}

○ 问<u>明道</u>言"人道惟在忠信，不诚无物"章。曰："说道恁地又不曾真个恁地，便是'不诚无物'。说道为善又不曾为得善，说道恶恶又不曾不为恶，便是无此物。'诚者物之终始，不诚无物'，如人做事，只至诚处便有始有末，才间断处以后便皆无物。'忠信所以进德'，是有这骨子然后能进德。如<u>颜子</u>'三月不违仁'，只未违以前便有始末，才失照管处便无物矣，又须到再接续处方有终始。惟天地圣人未尝有一息间断，'维天之命，於穆不已'，何尝间断。间断，造化便死了。故天生个人便是个人，生出个物便是个物，且不曾生个假底人物来。"<u>仲思</u>问："如阴阳舛错，雨旸失时，失时亦可谓之诚乎？"曰："只是乖错，不是假底，依旧是实在。人大抵只是不要外面有，里面无。且如读书十遍，初四遍心在，后六遍心不在，只是口头读过，便只第一遍至第四遍是始是终，第六遍后便只似不曾读一般，便是无物也。"又问："'吾不与祭，如不祭'，是'不诚无物'否？"曰："<u>然</u>。"<u>伯羽</u>。_按<u>杨道夫</u>_{录此条而略，}云："<u>蜚卿</u>问'人道唯在忠信，不诚无物'。曰：'说道为善又不曾为得善，说道恶恶</sub>

又不曾不为恶，便是无物。如人做事，只至诚做处便有始有末，才间断处便无物。天地造化，圣人德业，未尝有一息之间。"维天之命，於穆不已"，曷尝间断。有些间断则造化便死了。故生出一个人便是一个人，生出一个物便是一个物，更无些假。'道夫问：'阴阳舛错，雨旸不时，亦可谓之诚否？'曰：'虽恁地，亦只是舛错，不是假，依旧是实在。人则不要外面有，里面无。'"

○ "无友不如己者"，与胜己者处也。人杰。

○ 问："'毋友不如己'作不与不胜己友，则他人胜己者亦不与之友。"曰："不然。人自是要得临深以为高。"整。

○ 道夫问："'无友不如己者'，集注谓'友以辅仁，不如己则有损而无益'。信斯言也，则今欲择胜我者与之为友，则彼必以我为不及，而不肯与（之）〔我〕友矣。虽欲友之，安得而友之？"曰："无者，禁止之辞。我但不可去寻求不如己者耳，及其来也，又焉得而却之？推此则胜己者亦自可见。"道夫。

○ 处州赵兄问："'无友不如己者'，莫是言忠信之人否？不然此言岂不为拒人乎？"先生曰："不然。凡人取友，须是求胜己者始有益。且如人学作文，须是与胜己者商量，然后有所发明。若只与不如己者商量，则好者彼或不知，不是彼或不识。我又只见其不胜己，浑无激厉之意，岂不为害！"赵曰："然则有不胜我者，终不可与处乎？"先生曰："若不胜者来求于我，则不当拒之也。圣人此言但教人求友之法耳。"处谦。

○ 问："'无友不如己者'，伊川以为同志，何如？"先生曰："此求之过。大凡师则求其贤于己者，友则求其胜者，至于不肖者则当绝之。圣人此言非谓必求其胜己者。且以自家看，今人取友，见其胜己者则多远之，而不及己则好亲之。此言乃所以救学者之病。"<u>可学</u>。

○ 问"无友不如己者"。先生曰："这是我去求胜己者为友。若不如我者，他又来求我，这便是'童蒙求我，匪我求童蒙'也。前辈说这一句，多是被不如己者不与为友底意思碍却，便说差了。其实本不相背。"<u>时举</u>。

○ 吴知先问"过则勿惮改"。先生曰："<u>程子</u>所谓'知其不善则速改以从善'，曲折专在'改'字上着力。若今日不改，是坏了两日事；明日不改，是坏了四日事。今人只是惮难，过了日子。"（<u>时举</u>）〔铢。〕〔<u>时举</u>录云："最要在'速'字上着力。凡有过，若今日过愈深则善愈微。若从今日便改，则善可自此而积。"〕

○ 又曰："今为学约而易操者莫如敬，敬则凡病皆可去，不是'不重则不威'。如'不重则不威'章，敬是总脑，不浑在散句里，必敬而后能不轻。如'主忠信'，亦先因敬，不敬则诞谩而已，何以主之？'毋友不如己'亦然。重亦不难见，如人言语简重，举动详缓，则厚重可知。言语轻率，听得便说，说则无能得了。举动轻肆，飞扬浅露，其人轻易可知。<u>颜子</u>克己如红炉上一片雪。"<u>伯羽</u>。

朱子语类卷第二十二
论语四

学而篇下

慎终追远章

○ "谨终追远"，伊川云："不止为丧祭。"推之是如此，但本意只是为丧祭。庚。

○ 王问："'慎终追远'，伊川先生谓'不止丧祭'。此说如何？"曰："指事而言，恐曾子当初只是说丧祭。推此意，则每事都在存这些子。"雉。

○ "谨终追远"是专主丧祭而言。若看得丧祭事重时，亦自不易。只就丧祭上推，亦是多少事。或说云天下事皆要谨终追远，亦得。明作。

○ "'谨终追远，民德归厚'，程子云：'推而至于天下之事皆能慎其终，不忘于远。'如何？"曰："事事皆要如此。'谨终'，到末梢须是理会教尽，不忘于远。远是人易忘。且如今追封人及祖父等事，这是久远恩泽。人多是据眼前有功者有赏，而无久而不忘底意思。这般事若能追念起来，在己之德既厚，而民心亦有所兴起。"贺孙。

夫子温良恭俭让章

○ 敬之问"夫子温良恭俭让"。曰："此子贡举夫子可亲之一节，温之一事耳。若论全体，须如'子温而厉，威而不猛，恭而安'。"德明。

○ 问："此一章，须于温、良、恭、俭、让五者观圣人德盛礼恭处，温是恁地温和深厚，良是恁地简易正直，恭是端严恭敬，俭是省约有节，让是谦逊自卑。圣人盛德充溢于中，而辉光著见于外如此。当时诸侯虽汩没于利欲之中，而秉彝好德之良心未尝不在，一见夫子德容如此，故皆问之以国政。"先生云："'良'字说未是。良即是良善，犹今言善人。所谓易，乃乐易、坦易之'易'。直，如世人所谓白直之'直'，无奸诈险诐底心，如所谓开口见心是也。此章亦须见得圣人不求人而人自求之意。"〔南升。〕

○ 或问："良何以训'直'？"曰："良，如今人言无峣崎，为良善，无险阻密蔽。"又曰："易，平易，和易；直，无屈曲。"芑。

○ 李问："良如何训'易直'？"曰："良善之人自然易直而无险诈，犹俗言白直也。"雉。

○ 问："注云：'良，易直也'。何以为易〔直〕？"曰："只是平易（曰）〔白〕直而已。"因举韩诗外传有一段与乐记相似，但"易直子谅之心生矣"处，改"子谅"二字为"慈良"，此却分明也。时举。

○　寓问："集注'良，易直也'，如何？"曰："此心不倾险，不粗戾，自是平易简直。乐记言'易直子谅之心'，昔人改'子谅'作'慈良'，看来'良'字却是人之初心。慈爱良善便是'元者善之长'。孟子说'恻隐之心'、'人皆有不忍人之心'，皆是这般心。圣人教人先要求此心，正为万善之总处。"寓。

○　问："恭，一训敬，一训辞逊，何也？"曰："已改了。"因曰："恭是软底，敬是硬底。"方子。

○　问："俭就那处看？"曰："俭只是用处俭，如衣冠、服饰、用度之类。"

○　俭谓节制，非谓俭约之谓。只是不放肆，带敛俭之意。明作。

○　圣人之德无不备，非是只有此五者，但是此五者皆有从（厚）〔后〕谦退不自圣底意思，故人皆亲信而乐告之也。夔孙。

○　又问"夫子温良恭俭让"一章。曰："最是要看得此五者是如何气象。深体之于我，则见得圣人有不求人而人自即之底意思。今人〔却无非是求。〕自请举以往，并是求人。虽做宰相地位也是恁地。纵不肯明求，也须暗地请托。〔盖以求人为常，而不知其为非也。〕故'学而'一篇多是先以此教人。如说'人不知而不愠'，如说'巧言令色'，如说'不患人之不己知'皆是。虽中庸亦多此意，如'衣锦尚絅'皆是。且要理会那不求底道理。"时举。

○　或问："夫子'温良恭俭让'，夫子做到极处。颜子亦与夫子一般，但未到此地位耳。"曰："理会文义且朴实头，说这一句不必牵引，无益于己也。"人杰。

　　○　龟山解夫子"温良恭俭让",有"暴慢、佚泰"之语。万正淳以为暴慢佚泰诚所当戒,而先生以为其流至于为人,似不然之。先生曰:"暴慢佚泰固所当戒,但不当于此言。龟山说话常有些畏罪(福)〔祸〕底意思在,不知圣人'温良恭俭让'是自然当如此,非欲为是以求闻政也。"贺孙。集义。

父在观其志章

　　○　论"父在观其志",曰:"此一句已有处变意思,必有为而言。"苪。

　　○　论"父在观其志,没观其行",孝子之志行也。人杰。

　　○　观志、观行只是大概,须是无改方见得孝。若大段悖理处又自当改,此特言其常耳。明作。

　　○　邵汉臣说"父在观其志"一章。先生曰:"父在时,使父贤而子不肖,虽欲为不肖之事,犹以父在而不敢为。然虽无甚不肖之行,而其志可知矣。使子贤而父不肖,虽欲为善事而父有所不从,时有勉强而从父之为者。此虽未见其善行,而要其志之所存,则亦不害其为贤矣。至于父没,则己自得为,于是其行之善恶可于此而见矣。父在时子非无行也,而其所主在志;父没时子非无志也,其所主在行。故子曰云云也。"时举。

○ 或问"三年无改"。曰："是有可改而未十分急者，只得且存之。父在则子不得专，而其志却可知。父没则子虽得专，而其不改之意又可见。此所谓孝。"<u>祖道</u>。

○ "三年无改于父之道，可谓孝矣。"道，犹事也。言道者，为父之词。<u>人杰</u>。按<u>李儒用</u>录同。

○ "三年无改"谓是半上半下底事，在所当改者，但不可先遽急改之，若有死其亲之心，有扬其亲之过之意。须待三年然后徐改之，使不觉时。若是大故不好底事，则不在此限耳。<u>夔孙</u>。

○ 才说"三年无改"，便是这事有未是处了。若父之道已是，何用说无改，终身行之可也。事既非是便须用改，何待三年？孝子之心自有所不忍尔。若大段切害人底事须便改始得。若事非是而无甚妨害则慎，三年过了方改也。<u>偁</u>。

○ 伯羽问："此章上二句见守身之行，下一句见爱亲之心。"曰："也不必做两截说，只是折转说。上二句观人之大概，下一句就'观其行'细看其用心之厚薄如何。行虽善矣，父道可以未改而轻率改之，亦未善也。"<u>伯羽</u>。

○ "'父在观其志'一段。(<u>尹</u>)〔<u>游</u>〕氏曰：'"三年无改"亦谓在所当改，而可以未改者尔。'此谓此事必当改，但三年之间孝子之心有所不忍耳。向时<u>南轩</u>却改 (<u>尹</u>)〔<u>游</u>〕说作'可以改而可以未改耳'。某与之说，若如此说则虽终身不改可也。此章之意则云，此事必当改但可以未改耳，三年过则当改也。"先生前一夜说此，<u>偁</u>尝问："若父有大段不是底事妨国害政者，只得便改，岂可必待三年？"曰："若有大段不

是，须是便改。"或曰："'<u>孟庄子</u>之孝也，其他可能也，其不改父之臣
与父之政，是难能也'，与此同否？"曰："不同。此章是言父之所行有
不善而子不忍改，乃见其孝。若<u>庄子</u>之父<u>献子</u>，自是个贤者，其所施之
政、所用之臣皆是。<u>庄子</u>能不改之，此其所以为难。"问："若然则何足
以〔为〕难？"曰："子孙不能守父之业而轻改之者，多矣。<u>庄子</u>乃能守
之，非难能而何！先儒以为<u>庄子</u>之贤不及<u>献子</u>，疑其不能守父之政，不
能用父之臣，而<u>庄子</u>乃能不改，此其所以为难能也。此说得之。"<u>僩</u>。

○ 又问："'三年无改于父之道'，只就孝子心上看。孝子之心，
三年之间只思念其父，有不忍改之心。"曰："大概是如此，但其父若有
圣贤之道，虽百世不可改。此又就事上看。"<u>直卿</u>云："<u>游氏</u>所谓'在所
当改而可以未改处'亦好看。"〔<u>南升</u>。〕

○ 问："或说不改事父之道，又说不改父在所行之道，二说奚
择？"先生反而问之："欲从何说？"曰："不改父在所行之道恐是。"曰：
"然。"遂举<u>游氏</u>"可以改而未改者"："所谓三年，云不必改者，此说却
切当。若说道不可改，虽终身守之可也，岂止三年乎！此为在所当改，
而可以迟迟三年者也。自新法之行，诸公务为缘饰，文致一词，将此一
句辨论无限，而卒莫之（命）〔合〕也。"<u>寓</u>。"命"字疑误。

○ 或人问"父在，观其志；父没，观其行"。先生曰："观其文
意，便是父在时，其子志行已自有与父不同者。然于此三年之间必能不
改父道，乃见其孝。不然，所行虽善，亦未得为孝。此必有为而言。然
紧要在看<u>游氏</u>、<u>尹氏</u>两节意。"<u>铢</u>。

○ "三年无改"，<u>尹氏</u>说得心，于事上未尽。<u>游氏</u>于理事上说得
好，故并载之，使互相发。<u>寿仁</u>。

礼之用和为贵章

○　直卿言："'礼之用，和为贵'，今观内则一篇，则子事父母之礼亦严矣。然下气怡色，则和可知也。观玉藻、乡党所载，则臣之事君，礼亦严矣。然一爵而言言，二爵而油油，君在与与，则和可知也。"曰："如此则和与礼成二物矣，须是见得礼便是和乃可。如'入公门，鞠躬如也，如不容'，可谓至严矣！然而自肯甘心为之，而无厌倦之意者，乃所以为和也。至严之中便是至和处，不可分做两截去看。"道夫。

○　先生举问学者云："今人行礼多只是严，且说如何得他和？"坐间学者答曰皆不契。先生曰："只是要之礼得如此，自然行之则和缓而不迫。盖圣人制礼，无一节是强人，皆是合如此。且如孔子与上大夫言时自然訚訚，与下大夫言时自然侃侃。在学者须是知与上大夫言合用訚訚，与下大夫言合用侃侃，便自然和。尝谓吕与叔说得数句好，云：'自斩至缌麻，衣服异等，九族之情无所憾；自公至皂隶，仪章异制，上下之分莫敢争，皆出于性之所有，循而行之，无不中节也。'此言礼之出于自然，无一节强人。须要知得此理，则自然和。"黄有开因举先生旧说云："且如父坐子立，君尊臣卑，多少是严。若见得父合坐，子合立，君合尊，臣合卑，则无不安矣。"曰："然。"雉。

○　(符)〔周〕舜功问："'从容不迫'，如何谓之和？"曰："只是说行得自然如此，无那牵强底意思，便是从容不迫。那礼中自有个从容不迫，不是有礼后更添个从容不迫。若离了礼说从容不迫，便是自恣。"义刚。

○ "礼之用，和为贵。"见君父自然用严敬，此是人情愿，非由抑勒矫拂，是人心固有之（固）〔同〕然者，不待安排，便是和，才出勉强，便不是和。圣人品节裁限，使事事合于中正，这个当在这里，那个当在那里，更不得过，才过便不是礼。若和而知限节便是礼。〔明作。〕

○ "礼主于敬而其用以和为贵，然如何得他敬而和？着意做不得，才着意严敬即拘迫而不安，要放宽些又流荡而无节。须是真个识得礼之自然处，则事事物物上都有自然之节文，虽欲不如此，不可得也。故虽严而未尝不和，虽和而未尝不严也。"又曰："和便有乐底意思，故和是乐之本。"闳祖。

○ 或问"礼之用，和为贵"。曰："礼是严敬之意，但不做作而顺于自然便是和。和者，不是别讨个和来，只就严敬之中顺理而安泰者便是也。礼乐亦止是如此看。"祖道。

○ 或问："'礼之用，和为贵'。君臣父子之间可谓严矣，若不和则情不通。"曰："不必如此说。且以人之持敬，若拘迫则不和，不和便非自然之理。"人杰。

○ 〔礼之用，和之贵。〕和是自家之合有底，发见出来，无非自然。贺孙。

○ 问"礼之用，和为贵"。先生曰："礼如此之严，分明是分毫不可犯，却何处有个和？须知道吾心安处便是和。如'入公门，鞠躬如也'，须是如此吾心方安，不如此便不安，才不安便是不和也。以此见得礼中本来有个和，不是外面物事也。"又问："'知和而和'是如何？"

曰："'知和而和'却是一向去求和，便是离了礼。且如端坐不如箕踞，徐行后长者不如疾行先长者，如到这里更有甚礼，可知是不可行也。"<u>时举</u>。

○　贺孙问："集注<small>云云</small>，上一截将'从容不迫'说'礼之用，和为贵'甚分明，但将'从容不迫'就下一截体验，觉得未通。如乡党一书也只是从容不迫，如何却会不行？若会从容不迫，必不会无节。"曰："只是立心要从容不迫不得。才立心要从容不迫，少间便都放倒了。且如圣人'恭而安'，圣人只知道合着恭，自然不待勉强而安。才说要安排个安，便添了一个。"<u>贺孙</u>。

○　问："'知和而和'，是从容不迫。"曰："从容不迫虽是和，然其流遂至于纵而无节。"又曰："学者而今但存取这心，这心是个道之本领。这心若在，这义理便在。存得这心，便有个五六分道理了。若更时时拈掇起来，便有个七八分底道理。"又曰："'小大由之'，言小事大事皆是个礼乐，合于礼便是乐。故<u>通书</u>云'阴阳〔和而有礼〕〔理而后和〕'，礼先而乐后。"<u>卓</u>。

○　有礼而不和，则尚是存得那本之体在。若只管和，则并本都忘了。就这两意说，又自有轻重。<u>义刚</u>。

○　礼之和处便是礼之乐，乐有节处便是乐之礼。<u>僩</u>。

○　问："诸先生以和为乐，未知是否？"曰："和似未可便说乐，然亦有乐底意思。"<u>辛</u>。

○　汉臣问："'礼之用，和为贵'，莫便是乐否？"曰："和是礼中之乐，未便是乐。如天子八佾，诸侯六，大夫四，士二，此又是乐中之礼。"时举。

○ 问："'礼之用，和为贵'，莫是礼之中便有一个和？莫是在用处？"曰："礼虽主于严，其用则和。"因举"礼主于减，乐主于盈"一节。又问："礼乐二字相离不得。"曰："也须看得各自为一物，又非判然二物。"又曰："天下之事严而不和者却少，和而不节之以礼者常多。"希逊。

○ 仁甫问："'礼之用，和为贵'，集注载程子（取）〔礼〕乐之说，何如？"曰："也须先是严敬方有和。若直是尽得敬，不会不和。臣子入朝自然极其恭敬，也自和。这不待勉强如此，只是他情愿如此，便自和。君君臣臣，父父子子，兄兄弟弟，夫妇朋友各得其位，这自然和。若君失其所以为君，臣失其所以为臣，这如何会和？如诸公在此坐，都恁地收敛，这便是和。若退去，自放肆或乖争，便是不和。通书说：'礼，理也；乐，和也。阴阳理而后和。君君臣臣，父父子子，兄兄弟弟，夫夫妇妇，万物各得其理然后和，故礼先而乐后。'说得最好。易里说：'利者，义之和。'利只在义之和。义本是个割截裁制之物，惟施得宜则和，此所以为利。从前人说这一句都错。如东坡说道：'利所以为义之和。'他把义自做个惨杀之物看了，却道得利方和。利是乾卦一德，如何这一句却去说义！兼他全不识义，如他处说亦然。"又曰："'有所不行'，只连下面说方通。如曰有所不行者，'知和而和，不以礼节之，亦不可行也'。如易里说：'其唯圣人乎！知进退存亡而不失其正者，其惟圣人乎！'"贺孙。

○ 问："集注云：'和者，心以为安而行之不迫。'后又引程子云'恭而安，别而和'二句。柄窃谓行而不迫，只说得'恭而安'，却未有

'别而和'底意思。"曰:"是如此。后来集注却去了程说。"㮚。

○　问:"伊川曰'恭而安,别而和,为可贵','别'字如何?"曰:"分虽严而(物)〔情〕却通,而'知和而和',执辞不完,却疑他录有一差。"僩。集义。

○　问谢先生云"礼乐之用,相反相成"。曰:"且如而今对面端严而坐,这便是礼。合于礼便是和。如君臣之间,君尊臣卑,其分甚严。若以势观之,自是不和。然其实却是甘心为之,皆合于礼而理自和矣。且天子之舞八佾,诸侯六佾,大夫四佾,皆是当如此。若天子舞天子之舞,诸侯舞诸侯之舞,大夫舞大夫之舞,此便是和。若诸侯僭天子,大夫僭诸侯,此便失礼,失礼便不和。易言:'利者,义之和也。'若以理论之,义自是个断制气象,有凛然不可犯处,似不和矣,其实却和。若臣而僭君,子而僭父,不安其分,便是不义,不义则不和矣。孟子云'未有仁而遗其亲者也,未有义而后其君者也',即是这意思,只是个依本分。若依得本分时,你得你底,我得我底,则自然和而有别。若'上下交征利',则上下相攘相夺,便是不义不和,而切于求利矣。老苏作利者义之和论,却把利别做一个物来和义,都不是了。他于理无所见,只是胡乱恁地说去。"卓。

○　璘近读论语"礼之用,和为贵",观诸家解多以和为乐。璘思之,和固是乐,然便以和为乐,恐未稳当,须于礼中自求所谓和乃可。因问之长上,或设喻以见告曰:"所谓礼者,犹天尊地卑而乾坤定,卑高以陈而贵贱位,截然甚严也。及其用,则天道下济而光明,地道卑而上行,此岂非和乎?"某当时听之甚以为然矣。已而思之,亦恐只是影说过,毕竟礼中之和不可见。望先生有以教之。如曲礼所陈,礼之条目甚详,不知何者为和乎? 先生曰:"和固不可便指为乐,然乃乐之所由

生。所设喻亦甚当。如曲礼之目皆礼也，然皆理义所宜，人情所安，行
之而上下亲疏各得其所，岂非和乎？"

信近于义章

○ 问"信近于义，言可复也"。先生曰："如今人与人要约，当于
未言之前，先度其事之合义与不合义。合义则言，不合义则不言。言
之，则其言必可践而行之矣。今人多是不先度其事，且鹘突恁地说了，
到明日却说这事不义，我不做，则是言之不可践也。言而不践，则是不
信；践其所言，又是不义，如此则是不先度之故。"卓。

○ 问"言可复也"。曰："前辈说，都是说后来事。如说出话了
后，看是义与不义，方理会复与不复。若是恁地，更不消说也得。某看
来是要人谨于未发，皆是未交际之先。"贺孙。

○ 凡言，须先度是非可否。果近于义而后言，则其言可践。恐不
近于义，其言将不可复也。德明。

○ 问："'信近义，恭近礼'，何谓近？"曰："近只是合。古人下
字宽。今若且要就近上说，虽未尽合义，亦已近义了；虽未尽合礼，亦
已近礼了。"㝢。淳同。

○ 或问："集注说'信近义，恭近礼'但云：'约信而合其宜，致
恭而中其节。'合其宜便是义，中其节便是礼。如何是'近义、近礼'？"
曰："此亦大纲说，如'巧言令色，鲜矣仁'之意。然只得近于义、近
于礼，亦好。是便合其宜、中其节，更好。"广。

○ 道夫问："如何得'约信而合其宜'？"曰："只是不妄发。"曰："万一料事不过，则如之何？""这却无可奈何，却是自家理不明尔。""'致恭而中其节'，则能远耻辱。这耻辱是在人，在己？"曰："兼有在里。且如见尊长而拜，礼也。我却不拜，被诘问，则无以答，这便是为人所耻辱。有一般人不当拜而拜之，便是谄谀，这则可耻可辱者在我矣。"道夫。

○ "因不失其亲。"因，如"因徐辟"之"因"。因，犹傍也。亲又较厚。宗则宗主之，又较重。问注"因仍苟且"。曰："因仍与苟且一样字。因仍，犹因循；苟且，是且恁地做。一般人初间不谨择，便与他交处。下梢他有气势，便道是我来宗他，岂不被他累。孔子当时若不拣择，去主痈疽，便被坏了。"寓。淳录同。

○ "因不失其亲"，如"亲仁"之"亲"。人杰。

○ 汉臣说"因不失其亲，亦可宗也"。曰："与人交际，当谨之于始。若其人下来不可宗主，则今日莫要亲他。若今日苟且过了，与之相亲，则下来所宗，非其可宗者矣。"时举。

○ "因不失其亲，亦可宗也。"所依不失其所可亲之人，亦可宗而主之矣。主，犹"于卫主颜雠由"之"主"。盖当时羁旅之臣，所至必有主。须于其初审其所可亲者，从而主之可也。贺孙。

○ 晏亚夫问"因不失其亲，亦可宗也"。曰："宗，主也，以宗者可以久而宗主之。如夫子于卫主颜雠由，则可亲之人。若主痈疽与寺人瘠环，便是不可亲之人。此是教人接人底道理也。"时举。

○ "因"、"亲"、"宗"三字有浅深轻重。因乃泛言，亲则近之矣，宗则尊之也。如孔子于卫，或舍于寺人瘠环之家，然谓之亲则不可。可学。

○ 问"因不失其亲，亦可宗也"。曰："我所亲之人，将来便可为吾之宗主。主，如'颜雠由'之'主'。且如此人不可亲，而吾乃亲之。若此人他日得志，援我以进，则是我失其所主矣。陈了翁曾受蔡卞之荐，后来摆脱不得，乃是失其所亲者也。"人杰。

○ 器之问"因是依，所依不失其可亲之人，亦可宗也"。曰："'因'字轻，'宗'字重。初若不子细，胡乱与之相依，下梢却是宗他了。且如做官，与个至不好底人往来，下梢忽然为他所荐举，便是宗他。"贺孙。

○ 正淳问："'亦可宗也'，是如何?"曰："如而今初间与好人相亲，后来受他荐举辟差，便是着宗他。此是前不失亲，后亦可宗也。"贺孙。

○ 王问："'因不失其所亲'，集注旧连上句义礼，后本却不如此。"曰："后来看得信与义，恭与礼，因与亲，各各是一事，有此两项。"李问"恭近于礼"。先生曰："非止谄媚于人是取辱之道。若恭不及礼亦能取辱。且如见人有合纳拜者，却止一揖；有合不拜者，又反拜他，皆不近礼。不合拜固是取辱，若是合拜而不拜，被他责我不拜，岂不是取辱?"先生因言，论语中有子说数章，文势皆奥涩，难为人解。埴。

○ 问"信近于义"处。先生曰："此一节须作两截看，上面'恭近于礼，信近于义，因不失其亲'，是接物与人之初，下数句却是久而无弊之效，但当初合下便须着思量到无弊处也。"时举。

○ 此一章皆是言谨始之意。只如初与人约，便用思量他日行得，方可诺之。若轻诺之，他日言不可复。不可复，害信也。〔必大录云："若不看义之可行，便与他约，次第行不得，便成脱空。"〕"恭近于礼"，且如合当在堂上拜，却下堂下拜，被人非笑，固是辱；若合当在堂下拜，却在堂上拜，被人斥骂，亦是辱。因失其亲，且如此人不好，初去亲他时似不害，将来主之便错了，须是始初拣择，见得是好，方可亲他。且如趋事上位，其人或不可亲，既去亲了他，一旦或以举状与我，我受了，便用主之，主非其人，虽悔何及！大率有子说底言语奥涩难晓，里面尽有滋味，须用子细玩味。明作。

○ 问"信近于义"一段。曰："未说着不必信，只是信合于宜。且如一人相约为事，已许之，少间却不行，是不合义，不可践矣。恭，凡致敬皆恭也。礼则辨其异。若与上大夫接，而用下大夫之恭，是不及也；与下大夫接，而用上大夫之恭，是过也。过与不及，必取辱矣。"可学。

○ 又问"信近于义"一章，云："谓如与人约做一件事，须是合当做底事方谓之义，故其言可践而行。"先生云："约信事甚多。今与人约做一件事，须是合当做底事方可与之约，则所约之言方可行。如不可约之事，则休与之约，谓其不可行也。"问："'恭近于礼'，谓致敬于人，须是合当加礼之人，方可远耻辱。"先生云："不是加礼。如致敬于人，当拜于堂上，乃拜于堂下，当揖却拜，皆是不中节，适以自取辱。""'因不失其亲'，谓相赖于人，须是得个正当可亲近之人，而后可以宗主。"先生云："也是如此，更子细推之。"某又问："集注'人之言行交际'一段，恐言是约信，行是致敬，交际是依人。"曰："大纲如此说，

皆交际也。'言可复'便是行。"〔南升。〕

○　古人文字皆叶韵。如"信近于义，言可复也；恭近于礼，远耻辱也；因不失其亲，亦可宗也。"宗，叶音族。淳。

○　杨〔尹〕〔允〕叔问："伊川言：'信非义，近于义者，以其言可复也。恭非礼，近于礼者，以其远耻辱也。信恭因不失近于义礼，亦可宗敬也。'此说如何？"答曰："伊川自是如此见。某看来不当如此说。〔圣人言语不恁地连缠。〕且如恭，要去致敬那人，合当拜，却自长揖，则为不及于礼。礼数不至，人必怒之，岂不为辱。合当与那人相揖，却去拜，则是过于礼。礼数过当，被人不答，岂不为耻。所依者须是得其可亲之人方可。如一般不好人来荐我，是为失其所亲。须是合下知得此人是如何，于其初谨之可也。〔若失其可亲之人而宗之，将来必生悔吝。〕"问："横渠说：'君子宁言之不顾，不规规于非义之信；宁身被困辱，不徇人以失礼之恭；宁孤立无助，不失亲于可贱之人。'尹和靖书以自警，今墨迹可见。不知此说如何？"曰："伊川说得太远，横渠说较近傍。"寓。集义。

○　"'信近于义'章，疑上三句是工夫。言如能近义，则有可复言之理否？"答曰："然。人说话固要信，然不近义时，其势不可践，践却便反害于信矣。"问："横渠云：'宁言之不顾，不规规于非义之信；宁身被耻辱，不徇人以非礼之恭；宁孤立无助，不失亲于可贱之人。'此却似倒看了文义矣。重在下句相似，如何？"曰："此便是先儒旧底说。它为惑个'也'字，故然。如某解底'也'字，便只是个'矣'字。"又问："程先生所解是于文义不合乎，是道理未必然乎？"曰："也是一说，但如此说都无紧要了。如横渠说底虽似，倒犹有一截工夫。程先生说底，某便晓未得。"直卿云："他犹可也，中一句最难说。"答曰："他有说不倒时。"伯羽又问："谢氏说，末云：'欲免此，惟学而已，故人贵乎明善。'此虽无谨始虑终之意，然大段意好否？"首肯之，曰："然。人固贵乎学，但学是平昔当如此，此是说事之发虑当审也。"<u>伯羽</u>。

○ 问："<u>程先生</u>说如何？"曰："'信近于义'，以'言可复'，他意思要说'也'字出，恐不必如此说。""<u>范氏</u>说如何？"曰："范氏不甚好。'恭近于礼'，恭合下便有要近礼；'信近于义'，信合下便要近义，故其言可复，耻辱可远。信只似与人相约，莫要待得言不可复者，则欲徇前言便失义，不徇便失信。恭只是（不）低头唱喏时，便看近礼与不近礼。"问："'大人言不必信'，又如何？"曰："此大人之事。大人不拘小节，变通不拘。且如大人不是合下便道我言须是不信，只是到那个有不必信处须着如此。学者只要合下信便近义，恭便近礼。"<u>䇓</u>。

君子敏于事而谨于言章

○ 问："'敏于事而谨于言'，先生谓'不敢尽言所有余'，如何？"曰："言易得多，故不敢尽；行底易得不足，故须敏。"又曰："行常苦于不足，言常苦于有余。"<u>希逊</u>。<u>按杨至之录同</u>。

○ 问："'食无求饱，居无求安'一章，先生尝语学者曰：'此须是反覆看。'其意如何？"曰："若只不求安饱，而不谨言敏行，有甚意思！若只谨言敏行，而不就正于有道，则未免有差。若工夫不到，则虽亲有道，亦无可取正者。圣人之言周遍无欠缺，类如此。<u>中庸</u>'尊德性，道问学'数语亦此意。"<u>广</u>。

○ "事难行，故要敏；言易出，故要谨。就有道而正其言行之是非。盖求饱求安，是其存心处；敏行谨言，是其用工处。须是正方得。"又曰："有许多工夫，不能就有道以正其是非也不得。若无许多工夫，虽欲正亦徒然。"又曰："'敏于事'，是合当做底事，须便要做了。"明作。

○ "食无求饱，居无求安"，而不敏于事，不谨于言，也未是好学。若不能恁地，则"就有道而正焉"又是正个甚么。但能敏事谨言而不就有道而正，也不得。这里面折一句不得。义刚。

○ "就有道而正焉"，若先无本领，就正个甚。然但知自做工夫而不就正于有道，未必自家见得便是。反覆两边看方尽。大抵看文字皆当如此。闳祖。

○ 问："此一章，君子一心求道犹恐不及，何暇介意饱食居处之间。'敏于事'是行之惟恐不及，汲汲然行之；'慎于言'是恐言不顾行，不敢轻出诸口。君子而如此，可谓笃志力行矣。若不就有道而质正之，则行之恐或有未善。盖有道之人，是事物当然之理实体于事，而能精别是非者。必就正之，乃为好学。"曰："昨与汪正叔说'就有道而正焉'，须是上面做得许多工夫，是既有根本方可就正于有道。〔或录云："学者须先有根本，方有可正也。"〕禅家云：'三家村也有丛林。'须是自去做工夫，得七八分了方来从师，有质正，当此时一两句便可剖判。今来此逐旋学也难。"又云："能久从师去也好。"南升。植、时举皆略同。

○ 〔敬之〕问杨墨之道如何。曰："杨墨只是差些子，其末流遂至于无父无君。盖杨氏见世间人营营于名利，埋没其身而不自知，故独洁其身以自高，如荷蒉、接舆之徒是也。然使人皆如此洁身而自为，则天下事教谁理会？此便是无君也。墨氏见世间人自私自利，不能及人，故欲兼天下之人而尽爱之。然不知或有一患难，在君亲则当先救之，在他人则后救之。若君亲与他人不分先后，则是待君亲犹他人也。此便是无父。此二者之所以为禽兽也。〔孟子之辩，只缘是放过不得。今人见佛老家之说者，或以为其说似胜吾儒之说；或又以为彼虽说得不是，不用管他。此皆是看他不破，故不能与之辩。若真个见得是害人心，乱吾道，岂容不与之辩？所谓孟子好辩者，非好辩也，自是住不得也。〕"
时举。

贫而无谄章

○　富无骄，贫无谄，随分量皆可着力。如不向此上立得定，是入门便差了。士毅。

○　〔希真〕问："'贫而无谄'一章，大意谓人必当如此。"曰："不是说必着如此，但人且要就自身己上省察。若有谄与骄之病，且就这里克治。"贺孙。

○　问"富而好礼"。曰："只是不奢侈。凡事好循个理，不恁地勉强。好，有乐意，便全不见那骄底意思。有人亦（好）〔合〕礼，只是勉强如此，不是好。"淳。

○　曾光祖云："'贫而无谄，富而无骄'，须是先能如此，方可以到那乐与好礼田地。"曰："不特此章如此，皆是恁地。如适来说'食无求饱'样也是恁地。"义刚。

○　"'贫而无谄，富而无骄'与'乐好礼'如何?"可学云："无谄、无骄尚有贫富之心，至乐、好礼则忘之矣。"曰："贫而谄，富而骄，最不好。添一'无'字，恰遮盖得过。乐与好礼乃于此上加功。"可学。

○ 问："'贫而乐'，如颜子非乐于箪瓢，自有乐否?"曰："也不消说得高。大概是贫则易谄，富则易骄。无谄无骄，是知得骄谄不好而不为之耳。乐，是他自乐了，不自知其为贫也；好礼，是他所好者礼而已，亦不自知其为富也。"曰："然则二者相去甚远乎?"曰："也在人做到处如何。乐与好礼亦自有浅深，也消得将心如此看，且知得是争一截。学之不可已也如此。"伯羽。

○ "贫而无谄，富而无骄"与"贫而乐，富而好礼"，此无次序。只看资质与学之所至如何。资质美者，便是能"贫而乐，富而好礼"。如未及此，却须无谄而后能乐，（能）无骄而后能好礼也。谟。

○ 童问："'贫而无谄，富而无骄，未若贫而乐，富而好礼'，是学要造其精极否?"曰："看文字要脱洒，不要粘滞。自无谄无骄者言之，须更乐与好礼方为精极。不可道乐与好礼须要从无谄无骄上做去。盖有人资质合下便在乐与好礼地位，又不可更回来做些小无谄无骄底工夫。孔子意做两人说，谓一般人无谄无骄，不若那一般人乐与好礼较胜他。子贡意做一人说，谓无谄无骄，不若更乐与好礼。"淳。

○ 杨问"子贡曰贫而无谄"一段。曰："此是两节，不可如此说。世间自有一般天资高底人，合下便能'贫而乐，富而好礼'。他已在'贫而乐，富而好礼'地位了，终不成又教他去学无谄无骄!"问："集注说'学者不可忽下而趋高'，却似有先后不可躐等之意。"曰："自与学者言之是如此。今人未能无谄无骄，却便要到'贫而乐，富而好礼'，如何得？圣人此语正似说两人一般，犹言这人'贫而无谄，富而无骄'固是好，然不似那一人'贫而乐，富而好礼'更胜得他。子贡却尽得无谄无骄底了，圣人更进得他'贫而乐，富而好礼'地位。"寓。〔上条疑同闻。集注非今本。〕

○ 问："子贡问贫无谄，富无骄。伊川诸说，大抵谓其货殖非若后人之丰财，但此心未忘耳。今集注谓其先贫后富，则是亦尝如后世之生产作业矣。"曰："怕是如此。圣人既说货殖，须是有些如此。看来子贡初年也是把贫与富煞当事了。"贺孙。

○ 吴仁父问此章。曰："后面子贡举诗之意，不是专以此为'贫而乐，富而好礼'底工夫。盖见得一切事皆合如此，不可安于小成而不自勉也。"时举。铢录同。

○ 骨、角却易开解，玉、石尽着得磨揩工夫。贺孙。

○ 不切，则磋无所施；不琢，则磨无所措。切与琢是无谄无骄，磋与磨是乐与好礼。集注谓"超乎贫富之外"者，盖若为贫而乐与富而好礼，便是不能超贫富了。乐，自不知贫；好礼，自不知富。明作。

○ 叔蒙问："子贡云：'如切如磋，如琢如磨。'若只是说夫子乐与好礼之意，又何以谓之'告往知来'？"曰："他说意思阔，非止说贫富，故云'告往知来'。"贺孙。

○ 问："'告往知来'，'知来'，指何者而言？"曰："子贡于此煞是用工夫了，圣人更进他上面一节，以见义理不止于此。然亦不止于就贫富上说，乃讲学皆如此，天下道理更阔在。"〔寓。〕

○ 郑文振问此章。曰："'贫而无谄，富而无骄'，此便难。比他乐与好礼者，别人便说不足道，圣人只云'可也'，盖'可也'时便也得了，只是比他乐与好礼者是分明争一等。集注中云所谓'义理无穷'者，不是说无谄无骄至乐与好礼处便是，盖义理无穷，是说切磋琢磨处精而益精尔。"植。

○ 又问："常人贫时易至卑屈，富时易至骄。使人之无谄无骄，可谓知自守而不为贫富所移矣。然义理无穷，向上尽有地位，不可遽止于此。'贫而乐'者，是俯仰无愧四体安舒气象；'富而好礼'是安处善，乐循理，不止于无谄无骄而已。夫子言此，所以进子贡也。子贡便开悟，切磋琢磨，有治之已精而益求其精，至于乐与好礼则是义理之无穷，而问学自修不可少废。"曰："公只管绳某'义理无穷'一句。子贡问无谄无骄，夫子以为仅可，然未若乐与好礼。此其浅深高下亦自分明。子贡便说切磋琢磨，方是知义理之无穷也。"黄直卿云："若谓无谄无骄为如切如琢，乐与好礼为如瑳如磨，则下文'告往知来'一句便说不得；切磋琢磨两句说得来也无精采。只此小小文义间要用理会。子贡言无谄无骄，孔子但云'仅可'而已，未若乐与好礼，子贡便知义理无穷。人须就学问上〔做〕工夫，不可少有得而遽止。诗所谓'如切如瑳，如琢如磨'，治之已精而益求其精者，其此之谓乎。故子曰：'赐也可与言诗，告诸往而知来。'告其所已言者，谓处贫富之道；而知其所未言者，谓学问之功。"〔南升。倪录别出。〕

○ 仲思问乐与好礼。曰："无谄无骄，此就富贵里用功耳。乐与好礼则大不干事。至此，盖富亦乐，贫亦好礼，而言贫乐富好礼者，但且因贫富上而举其重者耳。明道曰：'"贫而乐"，非"富而好礼"不能；"富而好礼"，非"贫而乐"不能。'"伯羽。集义。

不患人之不己知章

○ 汉臣问："'患不知人也。'如何知得他人?"曰："见得道理明,自然知人。自家不识得道理破,如何知得他贤否!"时举。

○ 仁父问此条曰："知己与知人对说,须是先从里面做出。""知人却是里面做出。若自家不能知得人,便是自家不知得道理。"贺孙。

○ 问:"知人是隆师亲友?"曰:"小事皆然。然学做工夫到知人地位已甚高。"可学。

○ 问"不患人之不己知,患不知人也"。先生云:"自家德行充于中,不待人之知。若自家不知人,这个便是不知道。不知则所见不明,不能明人之贤否,所谓'不知言,无以知人也'。知言,如'诐辞知其所蔽,淫辞知其所陷,邪辞知其所离,遁辞知其所穷'。若能知言,他才开口,自家便知得〔他〕心里事,这便是知(言)〔人〕。若宰相不能知人,则用舍之际,不能进贤而退不肖。若学者不能知人,则处朋友之际岂能择乎?"又曰:"论语上如此言者有之:'不病人之不己知,病其不能也','不患人之不己知,求为可知也'。圣人之言虽若同而其意皆别。此两语意,'病其不能'者,言我有所不能于道。'求为可知'者,当自求可知者之实,然后人自知之。虽然如此,亦不是为昭灼之行,以蕲人之必知。"卓。

朱子语类卷第二十三
论语五

为政篇上

为政以德章

○ 节问："'为政以德'，莫是以其德为政否？"曰："不必泥这'以'字。'为政以德'，只如为政有德相似。"<u>节</u>。

○ 晏亚夫问："<u>集注</u>：'行道有得于身之谓德。'如布衣之士有此德，只发而为行；在上之人有此德，便发之于政，更不待又去政上铺排也。"曰："固是。人之有德发之政，如水便有个湿底物事，火便是个热底物事。有是德便有是政。"〔<u>植</u>。〕

○ 德与政非两事。只是以德为本则能使民归，若是"所令反其所好"，则民不从。<u>义刚</u>。

○ 郑文振问："'为政以德'，莫是以身率之？"曰："不是强去率它。须知道未为政前先有是德。若道'以身率之'，此语便粗了。"<u>时举</u>。

○ 问："'为政以德'，谓为政即以吾所以自明其明德者，乃是以身率之，故不用作为而天下自然归向。"曰："以身率之，此句说得粗了。德是得之于我者。更思此意。"〔南升。〕

○ 或问"为政以德"。先生曰："'为政以德'，不是欲以德去为政，亦不是块然全无所作为，但德修于己而人自感化。然感化不在政事上，却在德上。盖政者，所以正人之不正，岂无所作为。但人所以归往，乃以其德耳。故不待作为而天下归之，如众星之拱北极也。"铢。

○ 旧说"德者，行道而有得于身"，今作"得于心而不失"。〔诸书未及改，此是通例。安卿曰："'得于心而不失'，可包得'行道而有得于身'。"〕如此较牢固，真个是得而不走失了。㽦。

○ 集注中"德者，行道而有得于身"，"身"当改作"心"。诸经注皆如此。又曰："古人制字皆不苟。如'德'字中间从心，便是晓此理。"侗。

○ 〔安卿〕问北辰。曰："北辰是那中间无星处，这些子不动，是天之枢纽。北辰无星，缘是人要取此为极，不可无个记认了，故就其傍取一小星谓之极星。这是天之枢纽，如那门笋子样。要晓时，北辰只是轮藏心，藏在外面动，这里面心都不动。"义刚问："极星动不动?"曰："极星动。只是它近那辰后，虽动而不觉。如那射糖盘子样，那北辰便是中心桩子，极星便是那桩子边底，虽也随那盘子转，却近那桩子后，转得看着不觉。今人以管去窥那极星，那有一星动来动去，只在那管里面，不动出去底。向来人说北极便是北辰，皆只说北极不动。至本朝人方去推得是北极只在北辰头边，而极星依旧动。又一说，那空无星辰底谓之辰。康节说日月星辰自是四件，辰是一件。天上分为十二段，即十二辰。辰，天壤也。此说也是。它这每一辰各有几度，谓如日月宿于角几度，即到宿处是辰也，故曰日月所会之处为辰。"又曰："天转，也非东而西，也非循环磨转，却侧转。"义刚言："楼上浑仪可见。"曰："是。"黄直卿举郑司农五表日景之说。曰："其说不是，不如郑康成。"又曰："南极在地下中处，南北极相对。天虽转，极则在中不动。"义刚问："如说'南极见，老人寿'，则是南极也解见时。"曰："南极不见。是南边自有一个老人星，南极高时解浮得起来。"义刚。

○ 问："北辰是甚星？集注以为'北极之中星，天之枢也'，上蔡以为'天之机也。以其居中，故谓之"北极"。以其周建于十二辰之舍，故谓之"北辰"'。不知是否？"曰："以上蔡之明敏，于此处却不深考。北辰即北极也，以其居中不动而言是天之枢轴。天形如鸡子旋转，极如一物，横亘居中，两头秤定。一头在北上，是为北极，居中不动，众星环向也。一头在南，是为南极，在地下，人不可见。"因举先生感兴诗云："'感此南北极，枢轴遥相当'，即是此极否？"曰："然。"又问："太一有常居，太一是甚星？"答曰："此在史记中，说太一星是帝座，即北极也。以星神位言之，谓之太一；以其所居之处言之，谓之北极。太一如人主，极如帝都也。""诗言'三辰环侍傍'，三辰谓何？"曰："此以日、月、星言也。"寓。

○ 问："谢氏云：'以其居中，故谓之北极。'先生云非是，何也？"曰："所谓以其所建周于十二辰者，自是北斗。史记载北极有五星，太一常居中，是极星也。辰非星，只是星中间界分也。其极星亦微动，惟辰不动，乃天之中，犹磨之心也。沈存中谓始以管窥，其极星不入管，后旋大其管，方见极星（存）〔在〕管弦上转，是极星不动也。"一之。

○ "为政以德"，非是不用刑罚号令，但以德先之耳。以德先之，则政皆是德。谢上蔡说："辰非是北辰，乃天之北极。天如水车，北辰乃轴处。水车动而轴未尝动。"上蔡所云乃北斗。北斗同众星一日一周天，安得谓之居其所！可学。

　　○　问："'为政以德'，集注谓'无为而天下归之'。"曰："以身率人，自是不劳力。礼乐刑政，固不能废。只是本分做去，不以智术笼络天下，所以无为。"明作。

　　○　问集注谓无为。曰："圣人合做处也只得做，如何不做得？只是不生事扰民，但为德而民自归之，非是说行此德便要民归我。如齐桓晋文做此事便要民如此，如大蒐以示礼，伐原以示信之类。但圣人行德于上而民自归之，非有心欲民之服也。"僩。

　　○　问："〔为政以德。〕老子言无为之意，莫是如此否？"曰："不必老子之言无为。孔子尝言：'无为而治者，其舜也与！夫何为哉？恭己正南面而已矣。'老子所谓无为，便是全不事事。圣人所谓无为者，未尝不为，依旧是'恭己正南面而已矣'，是'己正而物正'、'笃恭而天下平'也。后世天下不治者，皆是不能笃恭尽敬。若能尽其恭敬，则视必明，听必聪，而天下之治岂有不理！"卓。

　　○　子善问："'"为政以德"，然后无为。'圣人岂是全无所为邪？"曰："圣人不是全无一事。如舜做许多事，岂是无事。但民心归向处，只在德上，却不在事上。许多事却都从德上出。若无德而徒欲去事上理会，劳其心志，只是不服。'为政以德'，一似灯相似，油多便灯自明。"恪。按叶贺孙录云："子善问'"为政以德"然后无为'。曰：'此不是全然不为，但以德则自然感化，不见其有为之迹耳。'"当是一时同闻而录有详略。

○　先生问<u>邵汉臣</u>："公看<u>论语</u>无所疑？如云'为政以德'，<u>程先生</u>谓'为政以德，然后无为'，此是如何？"<u>汉臣</u>对："德者，有道于身之谓，自然人自感化。"曰："看此语，<u>程先生</u>说得也未尽。只说无为，还当无为而治，无为而不治？这合着得'政者，正也。子帅以正，则莫敢不正'，而天下归之，却方与'譬如北辰居其所而众星拱之'相似。"<u>邵</u>因举<u>集注</u>中所备录者。曰："下面有许多话，却亦自分晓。"<u>贺孙</u>。

诗三百章

○　<u>孔子</u>所谓"思无邪"，止是一个"正"字。<u>儒用</u>。

○　<u>林</u>问"思无邪"。答曰："人之践履处可以无过失，若思虑亦至于无邪，则是彻底诚实，安得不谓之诚？"<u>人杰</u>。

○　若是常人言，只道一个"思无邪"便了，便略了那"<u>诗</u>三百"。圣人须是从<u>诗</u>三百逐一篇理会了，然后理会得"思无邪"，此所谓下学而上达也。今人立务上达，自要免得下学。如说道"洒扫应对进退"便有天道，都不去做那"洒扫应对进退"之事。到得洒扫则不安于洒扫，进退则不安于进退，应对则不安于应对。那里面曲折去处都鹘突无理会了。这个须是去做，到得熟了自然贯通，到这里方是一贯。古人由之而不知，今人不由而但求知，不习而但求察。<u>贺孙</u>。

○　<u>徐寓</u>问"思无邪"。曰："非言作诗之人'思无邪'也。盖谓三百篇之<u>诗</u>，所善者皆可以为法，而所刺者皆可以为戒，读之者'思无邪'耳。作之者非一人，安能'思无邪'乎？只是要正人心。统而言之，三百篇只是一个'思无邪'；析而言之，则一篇之中自有一个'思无邪'。"<u>道夫</u>。

○ 问："'思无邪'，莫是作诗者发于情性之正否?"曰："若<u>关雎</u>、<u>鹿鸣</u>、<u>文王</u>、<u>大明</u>等诗，固可谓之是性情之正。若<u>桑中</u>、<u>蟋蟀</u>等诗，谓之性情之正可乎? 只是要得读<u>诗</u>者'思无邪'。"

○ <u>居父</u>问"思无邪"。答曰："三百篇<u>诗</u>，只是要得人'思无邪'。'思无邪'三字代得三百篇之意。"<u>贺孙</u>。

○ 或问"思无邪"。曰："此<u>诗</u>之立教如此，可以感发人之善心，可以惩创人之逸志。"<u>祖道</u>。

○ 问"思无邪"。曰："若言作诗者'思无邪'，则其间有邪底多。盖<u>诗</u>之功用能使人无邪也。"问"齐以礼"。曰："'贤者俯就，不肖者企及'，刑亦然。"

○ 〔<u>文振</u>〕问"思无邪"。先生曰："人言夫子删诗，看来只是采得许多诗，夫子不曾删去，往往只是刊定而已。圣人当来刊定，好底诗便要吟咏，兴发人之善心; 不好底诗便要起人羞恶之心，皆要人'思无邪'。盖'思无邪'是<u>鲁颂</u>中一语，圣人却言三百篇诗惟<u>鲁颂</u>中一言足以尽之。"<u>时举</u>。

○ "圣人言诗之教，只要得人'思无邪'。其他篇篇是这意思，惟是此一句包说得尽。某看<u>诗</u>，要人只将<u>诗</u>正文读，自见其意。今人都缘这<u>序</u>，少间只要说得序通，却将诗意来合序说，却不要说教诗通。人多是如此看。<u>吕子约</u>得一番说道:'近看诗有所得。'待取来看，都只是说得序通。某意间非独将<u>序</u>下文去了，首句甚么也亦去了，某看来大段有不是处。且如汉广诗下面几句犹似说得通，上一句说'德广所及'也，是说甚么？又如说'宾之初筵，卫武公刺时也'，韩诗却说是卫武公自悔。国语说抑之诗看来只是武公自悔。国语说武公年九十，犹箴警于国曰：'群臣无以我老耄而舍我，必朝夕端恪以交戒我！'看这意思只是悔过之诗。如抑之诗，序谓'卫武公刺厉王，亦以自警也'。后来又考见武公时厉王已死，又为之说是追刺。凡诗说美恶是要那人知，如何追刺？以意度之只是自警。他只缘要篇篇有美刺，故如此说，又说道'亦以自警'。兼是说正雅、变雅，看变雅中亦自煞有好诗，不消分变雅亦得。如楚茨、信南山、甫田、大田诸篇，不待看序，自见得是祭祀及稼穑田政分明。到序说出来便道是'伤今思古'，陈古刺今，这那里见得！且如卷阿是说召康公戒成王，如何便到后面民劳、板、荡刺厉王。中间一截是几时，却无一事系美刺。只缘他须要有美有刺，美便是成康时君，刺只是幽厉，所以其说皆有可疑。"问曰："怕是圣人删定，故中间一截无存者。"曰："怕不会删去得许多。如太史公说古诗三千篇，孔子删定三百，怕不会删定得如此多。只是不消看序，看正文自见得。"贺孙。

○ 先生云："文振今日更看甚文字？"问："诗三百篇虽美、刺、哀、怨之不同，然皆由情性之正而发之于辞，故蔽之曰'思无邪'。"先生云："且看集注所说。"以下论集注。

○ 道夫问："集注以为'凡言善者，足以感发人之善心；言恶者，足以惩创人之逸志'，而诸家乃专主作诗者而言，何也？"曰："诗有善有恶，头面最多，而惟'思无邪'一句，足以该之。上至于圣人，下至于淫奔之事，圣人皆存之者，所以欲使读者知所惩劝。其言'思无邪'者，以其有邪也。"直卿曰："诗之善恶，如药之参苓、巴豆，而'思无邪'乃药之单方，足以当是药之善恶者也。"曰："然。"道夫曰："如此，则施之六经可也，何必诗?"曰:"它经不必言。"又曰:"诗恰如春秋。春秋皆乱世之事，而圣人一切财之以天理。"道夫。

○ 问:"夫子言三百篇诗，可以兴善而惩恶，其用皆要使人'思无邪'而已。夫子言此，欲使学诗者于此求之。"先生久之方云:"不曾见得缝罅处，只是浑沦说了。"又令再说。某云:"三百篇诗皆出于情性之正，故善者可以兴起人之善心，恶者可以惩创人之逸志，其用皆要使人'思无邪'。谓夫子取此三百篇，欲使学诗者皆得其情性之正，故曰'思无邪'。"先生云:"便是看得集注意不出。某不曾说是诗人皆出于情性之正。若是诗人皆出于情性之正，某须说了。此只有一句，集注中却反覆说两三段，须用晓其意。昨夜公说是诗人皆得情性之正，某便知公理会不得。"某请问:"缘某未晓得三百篇之旨，所以看得不分晓。愿先生指教。"曰:"便是三百篇之诗，不皆出于情性之正。如关雎、二南诗，四牡、鹿鸣诗，文王、大明诗，是出于情性之正。桑中、鹑之奔奔等诗，岂是出于情性之正? 人言夫子删诗，看来只是采得许多诗，往往只是刊定。圣人当来刊定，好底诗便吟咏，兴发人之善心，不好底诗便要起人羞恶之心。"

○ 〔问:"读诗记序中雅、郑、邪、正之说未明。"曰:"向来看诗中郑诗、邶、鄘、卫诗便是郑、卫之音，其诗大段邪淫。伯恭直以谓诗皆贤人所作，皆可歌之宗庙，用之宾客，此甚不然。如国风中亦多有邪淫者。"〕又问"思无邪"之义。曰:"此只是三百篇(中)可蔽以诗中此言。所谓'无邪'者，读诗之大体，善者可以劝，而恶者可以戒。若以为皆贤人所作，贤人决不肯为此。若只一乡一里中有个恁(事)〔地〕人，专一作此怨刺，恐亦不静。至于皆欲被之弦歌，用之宗庙，如郑卫之诗，岂不亵渎! 用以祭幽厉襄姒可也。施之宾客燕享，亦待好宾客不得，须卫灵陈(襄)〔幽〕乃可耳。所谓'诗可以兴'者，使人兴起，有所感发，有所惩创。'可以观'者，见一时之习俗如此，所以圣人存之不尽删去，便尽见当时风俗嫩恶，非谓皆贤人所作耳。"又曰："（诗之小序）〔大序说'止乎礼义'亦可疑，小序尤不可信。〕皆是后人托之，仍是不识义理，不晓事。如山东学究者，是取之左传史记中所不取之君，随其谥之美恶，有得恶谥及传中载其人之事者，凡一时恶诗尽以归之。最是郑忽可怜，凡〔郑风中〕恶诗皆刺之。伯恭又欲主张（大）〔小〕序，锻炼得郑忽罪不胜诛。郑忽却不是狡，若是狡时，它却须结齐国之援，有以钳制祭仲之徒，决不至于失国也。谥法中'顷'字不好，〔堕覆社稷曰顷。〕便将柏舟一诗，硬差排〔卫〕顷公，便云'贤人不遇，小人在侧'，更无分疏处。（芃兰之诗便指陈幽公，便以'愿而无立志'言之。）〔愿而无立曰僖，衡门之诗便以诱陈僖"愿而无立志"言之。〕如子衿只是淫奔之诗，〔岂是学校中气象！〕褰裳诗中'子惠思我，褰裳涉溱'至'狂童之狂也且'，岂不是淫奔之辞！只缘左传中韩宣子引'岂无他人乎'，便将做国人思大国之正己也。殊不知古人引诗，借其言以寓己意，初不理会上下文义，偶一时引之耳。伯恭只诗纲领〔第〕一项便载上蔡之说。上蔡费尽辞说，只解得个'怨而不怒'。才先引此，便是先瞎了一部文字眼目！"銮。

○ 问所谓"其言微婉，各因一事而发"。曰："一事，如淫奔之诗只刺淫奔之事。'思无邪'，却凡事无所不包也。"又曰："陈少南要废鲁颂，忒煞轻率。他作序却引'思无邪'之说。若废了鲁颂，却没这一句。"〔寓。〕

○ 先生坐定云："文振看甚处？"某云："昨日看'一言以蔽之'，以为夫子之言，所以看集注之意不出。今看来只是'思无邪'之一言。"先生云："诗三百篇，虽桑中、鹑奔等诗，亦要使人'思无邪'。只鲁颂'思无邪'一句，可以当得三百篇之义。犹云三百篇诗虽各因事而发，

其用归于使人'思无邪',然未若'思无邪'一句说得直截分别。"〔南升。时举录别出。〕

○ 或问:"'思无邪'如何是'直指全体'?"曰:"诗三百篇皆无邪思,然但逐事无邪尔,唯此一言举全体言之。"因曰:"'夏之日,冬之夜,百岁之后,(居)〔归〕于其居。冬之夜,夏之日,百岁之后,归于其室。'此亦无邪思也。'出其东门,有女如云。虽则如云,匪我思存。缟衣綦巾,聊乐我员。'此亦无邪思也。为子而赋凯风,亦无邪思也;为臣而赋北风,亦无邪思也,但不曾说破尔。惟'思无邪'一句,便分明说破。"或曰:"如淫奔之诗如何?"曰:"淫奔之诗固邪矣,然反之则非邪也。故(云)〔某〕说'其善者可以感发人之善心,恶者可以惩创人之逸志'。"广。

○ 贺孙问:"'思无邪',子细思之,只是要读诗者思无邪。"曰:"旧人说似不通。中间如许多淫乱之风,如何要'思无邪'得!如'止乎礼义',中间许多不正诗也,如何得会止乎礼义?只怕它当时大约说许多中格诗,却不指许多淫乱底说。某看来,诗三百篇,其说好底也要教人'思无邪',说不好底也要教人'思无邪'。只是其它便就一事上各见其意。然事事有此意,但只是'思无邪'一句,方尽得许多意。"问:"'直指全体'是如何?"曰:"只是说'思无邪'一语,直截见得诗教之本意,是全备得许多零碎底意。"贺孙。

○ 因言"思无邪"与"意诚",曰:"有此种则此物方生,无此种生个甚么。所谓'种'者,实然也。如水之必湿,火之必烧,自是住不得。'思无邪',表里皆诚也。若外为善而所思有不善,则不诚矣。为善而不终,今日为之而明日废忘,则不诚矣。中间微有些核子消化不破,则不诚矣。"又曰:"'思无邪'有两般。伊川'诚也'之说也粗。"僴。

○〔李兄〕问："'思无邪'，伊川说作'诚'。""是在思上发出。诗人之思皆性情也。性情本出于正，岂有假伪得来底？思便是性情，无邪便是正。以此观之，诗三百篇皆出于性情之正。"卓。

○ 程子曰："思无邪，诚也。"诚是实，此心之所思皆实也。明作。

○ 伊川曰："思无邪，诚也。"每常只泛看过。子细思量极有义理。盖行无邪，未是诚；思无邪，乃可为诚也。贺孙。

○ 问"思无邪"。先生曰："不但是行要无邪，思也要无邪。诚者合内外之道，便是表里如一，内实如此，外也实如此，故程子曰：'思无邪，诚也。'"时举。

○ 问："'思无邪，诚也。'非独是行无邪，直是思无邪方是诚。"曰："公且未要说到这里。且就诗三百如何'一言以蔽之曰思无邪'？集注说：'要使人得性情之正。'情性是贴思，正是贴无邪。此如做时文相似，只恁地贴方分晓。若好善恶恶皆出于正便会无邪，若果是正自无虚伪，自无邪。若有时（他）〔也〕自入不得。"贺孙。

○ 因潘子善问论语"诗三百"章，遂语诸生："伊川解'思无邪'一句，如何只（看）〔着〕一个'诚也'？伊川非是不会说，只着此字，不可不深思。大凡看文字，这般所在须教看得出。'思无邪，诚也'，是表里皆无邪，彻底无毫发之不正。世人固有修饰于外，而其中未必能纯正。惟至于思亦无邪，斯可谓之诚。"贺孙。

○ 问："'思无邪，诚也'如何看？"对曰："所思皆无邪，则便是实理。"曰："下'实理'字不得，只得下'实心'字。言无邪也未见得是实，行无邪也未见得是实，惟是'思无邪'则见得透底是实。"义刚。

○ "思无邪"，不必说是诗人之思及读书之思。大凡人思皆当"思无邪"。如"毋不敬"，不必说是说礼者及看礼记者当如此。大凡人皆当"毋不敬"。人杰。

○ "'思无邪'乃是要使读诗人'思无邪'耳。读三百篇诗，善为可法，恶为可戒，故使人'思无邪'也。若以为作诗者'思无邪'，则桑中、溱洧之诗果无邪耶?"曰："某诗传去却小序，以为此汉儒所作耳。如桑中、溱洧之类，皆是淫奔之人所作，非诗人作此以讥刺其人也，圣人存之以见风俗如此不好，〔至于做出此诗来，使读者有所愧耻，〕以为戒耳。吕伯恭以为'放郑声'矣，则其诗必不存。某以为放是放其声，不用之郊庙宾客耳，其诗则固存也。〔如周礼有官以掌四夷之乐，盖不以为用，亦存之而已。伯恭以为三百篇皆正诗，皆好人所作。某以为正声乃正雅也。〕至于国风，逐国风俗不同，当是周之乐师存之列国风耳，(此)〔非〕皆正诗也。如二南诗固正矣，郑卫诗分明是有'郑卫'字，安得谓之正乎? 兴化郑樵渔仲诗辨:'将仲子只是淫奔之诗，非刺仲子之诗也。'某自幼便知其说之是。然太史公谓三百篇之诗圣人删之，使皆可弦歌。伯恭泥此，以为皆好。盖太史之评自未必是，何必泥乎!"滕璘。

○ 问:"'思无邪'如何?"曰:"不必说是诗人思及读诗者之思。大凡人思皆当无邪。此一句出处，正是说为孔子见得此一句皆当三百篇之义，故举以为说。"谟。

○ 问"思无邪"。曰:"只此一言，尽当得三百篇之义。读诗者，只要得'思无邪'耳。看得透，每篇各是一个'思无邪'，总三百篇亦只是一个'思无邪'。'毋不敬',礼之所以为教;'思无邪',诗之所以为教。"

○ 寓问:"'诗三百一言以蔽之,曰思无邪。'不知如何蔽之以思无邪?"曰:"前辈多就诗人上说'思无邪','发乎情,止乎礼义'。某疑不然。不知教诗人如何得'思无邪'。谓如文王之诗,称颂盛德盛美处,皆吾所当法;如言邪辟失道之人,皆吾所当戒,是使读诗者求无邪思。分而言之,三百篇各是一个'思无邪';合三百篇而言,总是一个'思无邪'。"问:"圣人六经(中)皆可为戒,何独诗也?"曰:"固是如此。然诗中因情而起则有思,欲其思出于正,故独指'思无邪'以示教焉。"问:"诗说'思无邪'与曲礼说'毋不敬',意同否?"曰:"'毋不敬'是用功处,所谓'正心、诚意'也。'思无邪',思至此自然无邪,功深力到处,所谓'心正、意诚'也。若学者当求无邪思,而于正心诚意处着力。然不先致知,则正心诚意之功何所施?所谓敬者,何处顿放?今人但守得一个'敬'字,全不去择义,所以应事接物处皆颠倒了。中庸'博学之,审问之,谨思之,明辨之,笃行之',孟子'博学而详说之,将以反说约也',颜子'博我以文,约我以礼',从上圣贤教人,未有不先自致知始。"

○ 杨士训尹叔问"思无邪"、"毋不敬"。曰:"礼言'毋不敬',是正心、诚意之事;诗言'思无邪',是心正、意诚之事。盖毋者,禁止之辞。自无不敬,则亦心正、意诚之事矣。"又曰:"孔子曰'博学于文,约之以礼',颜子曰'博我以文,约我以礼',孟子曰'博学而详说之,将以反说约也'。今若只守着两句,如何做得?须是读了三百篇有所兴起感发,然后可以谓之'思无邪';真个'坐如尸,立如齐',而后可以言'毋不敬'。"道夫。

○ 上蔡说"思无邪"一条未甚亲切。东莱诗记编在擗初头。看它意，只说得个"诗可以怨"底意思，如何说"思无邪"！贺孙。

○ "思无邪"，如正风、雅、颂等（语）〔诗〕，可以起人善心。如变风等诗极有不好者，可以使人知戒惧不敢做。大段好诗是大夫作，那一等不好诗只是闾巷小人作。前辈多说是作诗之思，不是如此。其间多有淫奔不好底诗，不成也是无邪思？上蔡举数诗，只说得个"可以怨"一句，意思狭甚。若要尽得"可以兴"以下数句，须是"思无邪"一语甚阔。吕伯恭做读诗记首载谢氏一段说话，这一部诗便被此坏尽意思。夫"善者可以感发得人之善心，恶者可以惩创得人之逸志"。今使人读好底诗固是知劝，若读不好底诗便悚然戒惧，知得此心本不欲如此者，是此心之失。所以读诗者，使人心无邪也，此是诗之功用如此。明作。

○ 螝问："周氏说'思无邪'皆无心而思。无心，恐无缘有思。"曰："不成三代直道而行，人皆无心而思？此是从引'三代直道'便误认了。"螝。

道之以政章

○ 问"道之以政"。曰："圣人之意只为当时专用政刑治民，不用德礼，所以有此言。谓政刑但使之远罪而已，若是格其非心，非德礼不可。圣人为天下，何曾废刑政来？"恪。

○ "道之以德"是躬行其实以为民先。如必自尽其孝而后可以教民孝，自尽其弟而后可以教民弟。如此类，"宜其家人而后可以教国人，宜兄宜弟而后可以教国人"。贺孙。

○　或问"齐之以礼"。曰："'道之以德'是有以感人之善心。若不着礼以为之规矩，如何齐得它？须是以礼齐之，使贤者知所止，不肖者有所跂及。"问"格"字。曰："'格'是合格、及格之'格'，使之合法度而已。"<u>祖道</u>。

○　问"道之以德，齐之以礼"。曰："资质好底便化，不好底须立个制度，教人在里面，件件是礼。后世专用'以刑'。然不用刑亦无此理，但圣人先以德礼，到合用处亦不容已。'有耻且格'，只将'格'字做'至'字看，至是真个有到处。如'王假有庙'，'格于上帝'之'格'。如迁善远罪，真个是远罪，有勉强做底便是不至。"<u>季札</u>。

○　问："'道之以德'，犹可致力。'齐之以礼'，州县如何做得？"曰："便是如今都荡然无此家具了，便也难得相应它。古人比、闾之法，比有长，闾有师，便真个能行礼以帅之。民都是教了底人，故教人可以流通。如一大圳水分做数小圳去，无不流通。后世有圣贤作，必不肯只恁休。须法古，从底做起始得。"<u>一之</u>。

○　先之以法制禁令，是合下有猜疑关防之意，故民不从。又却"齐之以刑"，民不见德而畏（戒）〔威〕，但图目前苟免于刑，而为恶之心未尝不在。先之以明德，则有固有之心者，必观感而化。然禀有厚薄，感有浅深，又"齐之以礼"，使之以规矩准绳之可守，则民耻于不善而有以至于善。〔<u>南升</u>。〕

○　"道之以政，齐之以刑，民免而无耻；道之以德，齐之以礼，有耻且格"，此谓庶民耳。若所谓士者，"行己有耻"，不待上之命也。<u>镐</u>。

○　圣人亦不曾徒用刑政。到德礼既行，天下既治，亦不曾不用政刑。故书说"刑期于无刑"，只是存心期于无，而刑初非可废。又曰："钦哉！惟刑之恤哉！"只是说"恤刑"。<u>贺孙</u>。

○　问子曰"道之以政，齐之以刑，民免而无耻；道之以德，齐之以礼，有耻且格"。先生曰："近见一朋友读道德功术策，前一篇说得不是，尽说术作不好。后一篇却说得是。"曰："有道德则功术乃道德之功、道德之术，无道德则功术方不好。某尝见一宰相说'上甚有爱人之心，不合被近日诸公爱把恢复来说了'。某应之曰：'公说得便不是。公何不曰："爱人乃所以为恢复，恢复非爱人不能?"'"<u>輮</u>因问："政刑德礼四者如何说?"曰："此正与道德功术一般。有德礼则政刑在其中，不可专道政刑做不好底，但不得专用政刑。"<u>輮</u>。

○　问"道之以德，齐之以礼"。先生曰："'道之以德'者，是自身上做出去使之知所向慕。'齐之以礼'者，是使之知其冠昏丧祭之仪、尊卑小大之别，教化知所趋。既知德礼之善则有耻而格于善，若道齐之以刑政则不能化其心，而但使之少革。到得政刑少弛，依旧又不知耻矣。"问："政刑莫只是伯者之事?"曰："专用政刑，则是伯者之为矣。"问："如晋之伐<u>原</u>以示信，大蒐以示礼，此是信礼否?"曰："此是做信礼之名以欺人，故举而用之，非诚心也。如<u>汤</u>之于<u>葛</u>，<u>葛</u>云'无以供粢盛'，<u>汤</u>使<u>亳</u>往为之耕；<u>葛</u>云'无以供牺牲'，<u>汤</u>使（之遗）人遗之牛羊。至于不得已而后征之，非是以此饵之而图以杀之也。"又云："<u>司马迁</u>云<u>文王</u>之治<u>岐</u>，'耕者九一，仕者世禄'，皆是降德阴以分纣之天下。其不知<u>文王</u>之心诚于为民若此。"又云："<u>汉高祖</u>取天下所谓仁义者，岂有诚心哉！其意本非为<u>项羽</u>背约。及到<u>新城</u>遇三老<u>董公</u>遮道之言，方得假此之名以正彼人之罪。所谓缟素发丧之举，其意何在？似此之谋，看当时未必不是欲<u>项羽</u>杀之而后罪之也。"<u>卓</u>。

○ "道之以德"，集注云"浅深厚薄之不一"，本谓其间资禀信向不齐如此，虽是感之以德，自有不肯信向底，亦有太过底，故齐一之以礼。礼是五礼，所谓吉、凶、军、宾、嘉，须令一齐如此。所谓"贤者俯而就，不肖者企而及"，正如"齐之以刑"亦然。先立个法制如此，若不尽从便以刑罚齐之。集注后面余意，是说圣人谓不可专恃刑政，然有德礼而无刑政又做不得。圣人说话无一字无意味。如只说"齐之以德，道之以礼"便不是了。明作。

○ "道之以德，齐之以礼"，观感得深而厚者固好。若其浅而薄者，须是有礼以齐之，则民将视吾之礼，必耻于不善而至于善矣。人杰。

○ 问："'道之以政，齐之以刑'，范氏说'则民无所不至'，语亦过否？"曰："若只在靠政刑去治民，则民是会无所不至。"又问："吕氏说云：'政刑能使懦者畏，不能使强者革，此之谓失其本心。'亦怕未如此。"曰："这说亦是偏了。若专任政刑，不独是弱者怕，强者也会怕。到得有德礼时，非独使强者革，弱者也会革。"因仁父问侯氏云"刑政霸者之事"，曰："专用刑政只是霸者事。"问："威文亦须有德礼，如左传所云。"曰："它只是借德礼之名出做事，如大蒐以示之礼，伐原以示之信，出定襄王以示之义。它那曾有躬行德礼之实？这正是有所为而为之也。圣人是见得自家合着恁地躬行，那待临时去做些？又如汉高祖为义帝发丧，那曾出于诚心？只是因董公说，分明借这些欺天下。看它来意也只要项羽杀了它，却一意与项羽做头底。"贺孙。

吾十有五而志于学章

○ 或问"十五志学"章，曰"圣人是生知安行"云云。曰："且莫说圣人，只于己分上说如何是'志学'，如何是'立'，如何是'不惑'，如何是'知天命'，如何是'耳顺'，如何是'从心所欲，不逾矩'，且理会这几个字教分晓。某所以逐句下只解其字义，直至后面方说圣人分上事。今且说如何是'志学'？"云："心有所之谓之志，〔志〕学则其心专一向这个道理上去。"曰："说文义，大概也只如此说，然更有意思在。世间千歧万路，圣人为甚不向别路去，只向这一路来？志是心之深处，故医家谓志属肾。如今学者谁不为学，只是不可谓之'志于学'，如果能'志于学'则自住不得。'学而时习之'，说后自然一步趱一步去。如人当寒月自然向有火处去，当暑月自然向有风处去。事君便从敬上去，事亲便从孝上去。虽中间有难行处亦不惮其难，直做教彻。"<u>广</u>云："人不志学有两种：一是全未有知耳，不肯为学者；一是虽已知得又却说道'但得本莫愁末'了，遂不肯学者。"曰："后一种古无此，只是近年方有之。却是有两种：一种是全未有知者；一种是虽知得了后却若存若亡，不肯至诚去做者。然知之而不肯为，亦只是未尝知之耳。"又曰："（知之）〔如人〕要向个所在去便是志，到得那所在了方始能立，立得牢了方能向上去。"<u>广</u>。

○ 问圣人十年工夫。曰："不须理会这个，且理会'志于学'。能志学，许多科级须着还我。"<u>季札</u>。

○ <u>徐林元昭</u>问："夫子十五志学，还有所见否？"曰："也须略见。"<u>可学</u>。

○ 问志学与立。曰："志是要求个道，犹是两件物事。到立时便是脚下已踏着了也。"<u>时举</u>。

○ <u>周</u>问："'三十而立'，注'无所事志'，何也？"曰："志方是趋向恁地，去求讨未得。到此则志尽矣，无用志了。"淳。

○ 〔汉臣〕问："立者，立于斯道也。如何？"曰："立，只是外物动摇不得。"贺孙。

○ 或问："'三十而立，四十而不惑'，集注云：'立，守之固也。'然恐未有〔未〕不惑而能守者。"曰："此有三节：自志学至于立，是知所向，而大纲把捉得定，守之事也。不惑是就把捉里面理会得明，知之事也，于此则能进。自不惑至耳顺，是知之极也，不逾矩是不待守而自固者，守之极也。"伯羽。

○ 问："孔子'三十而立'，似与孟子'四十不动心'同，如何？"曰："'四十而不惑'却相似。"处谦。

○ "四十而不惑"，于事上不惑。"五十而知天命"，知所从来。德明。

○ 〔文振〕问"四十不惑，五十知天命"。曰："此两句亦自相离不得。不惑是随事物上见这道理合是如此，〔知〕天命是知这道理所以然。如父子之亲，须知其所以亲只缘元是一个人。凡事事物物上，须是见它本原一线来处，便是天命。"时举。

○ 问："先生教某不惑与知命处，不惑是谓不惑于事物，知命谓知其理之当然，如或问所谓'理之当然而不容已者'。某觉见，岂有圣人既能不惑于事物矣，又至于十年之久，然后知其理之当然？"曰："公而今且据圣人之言如此，且如此去看，不可恁地较迟速远近。若做工夫未到那贯通处，如何见得圣人次第。如伊川说虎伤人，须是真见得似那虎伤底方是。"卓。

○ 寓问："'五十而知天命'，集注云：'天命，即天道也，事物所以当然之故也。'如何是'所以当然之故'？"曰："如孝亲悌长，此当然之事。推其所以然处因甚如此，学者未便会知此理。圣人学力到，此理洞然。它人用力久亦须会到。"

○ 谢氏谓："'知天命'者，'知其性之所自来'与'其理之所自出'。"人杰。

○ 问："自十五而入大学，心心念念便在于求道；'三十而立'是立得根脚定，固执而不变。'四十而不惑'是于事物当然之理，如君之仁、臣之敬、父之慈、子之孝之类，皆晓之而不疑。'五十而知天命'是天道流行，付与万物，在人则所受之性，所谓仁义礼智，浑然无不该之全体；知者，知之而无不尽。"

○ 十五志于学，三十守得定，四十见得精详无疑，五十知天命。天命是这许多柄子，天命是源头，是来处。又曰："因甚恁地知得来处？"芝。

○ 问："'六十而耳顺'，在人之最末，何也？"曰："听最是人所不着力。所闻皆是道理，无一事不是，可见其义精仁熟如此。"一之。

○ 淳问："圣人生知安行，所谓志学至从心等道理，自幼合下皆已完具。但童年未便俱发，其事迹未便尽见，随所到处方见否？"曰："圣人此语固是为学者立法，然当初必亦是有这般意思，圣人自觉见自有进处，故如此说。圣人自说心中事，而今也不可知，只做得不可知待之。"曰："立，是大纲处把得定否？"曰："立，是事物侵夺它不得，须子细看志是如何，立是如何。"问："伊川谓'知天命而未至命，从心方至命'。此说如何？"曰："亦是。这知天命是从不惑来。不惑是见道理恁地灼然，知天命是知个原处恁地彻。"淳。

○ 文蔚问："'吾十有五而志于学'，至'七十而从心不逾矩'，只是志学，便是一个骨子。后来许多节目只就这上进工夫。三十而立却是持守。到得四十不惑，五十知天命，六十耳顺则知之深，持守不须着力，见得日用间自是合当如此。'从心所欲不逾矩'则又熟矣，自从容中道也。"答曰："固是。志学时便是知了，只是个小底知；不惑、知天命、耳顺却是个大底知。立，便是从心不逾矩底根子；从心不逾矩便是立底事，只是到这里熟，却是个大底立。"文蔚。

○ 〔夐〕又问"志于学"一章。先生因云："就志学上便讨个立底意思来，就立上便讨个不惑底意思来。〔圣〕人自志学之后，十五年工夫方能有立。立比不惑时，立尚是个持守底意思，不惑便是事理不惑了。然不惑方是事理不惑，（则）〔到〕知天命又是天之所以命我者无不知也。须看那过接处，过得甚巧。"〔植。〕

○ 叔蒙问："看来此章要紧在'志'上，只在'志'字。旧看得都慢了，今看得此字甚切。今人谁不说有志，无长进处皆是无志。"曰："固是。到圣人三十时，这志又交卸了。"又问："志学是求知事物当然之理，到五十而知天命否？"曰："初来是知事物合着如此，到知命却是和个原头都知了。"器之问："此章，圣人自是言一生工夫效验次第如此，不似大学格物、诚意、正心、修身是随处就实做工夫处否？"曰："是。圣人将许多铺摊在七十岁内，看来合下已自耳顺不逾矩了。"〔寓。〕

○ "七十从心所欲不逾矩",圣人亦大约将平生为学进德处分许多段说。十五志于学,此学自是彻始彻终。到四十不惑已自有耳顺、从心不逾矩意思,但久而益熟。年止七十,若更加数十岁也只是这个,终不然到七十便画住了。贺孙。

○ 志学至从心所欲不逾矩,只是一理。先自人事做,做来做去,就上自长。如事父孝,事君忠,忠孝初时也只忠孝,后来便知所以孝,所以忠,移动不得。四十不惑是于人事间不惑,五十知皆自天命来。程伊川说"'以先知觉后知,以先觉觉后觉',知是知此事,觉是觉此理",亦此意。如行之而著,习矣而察,圣贤所说皆有两节,不可躐等。从周。

○ (或)〔吴仁父〕问:"'吾十有五而志于学'一章,知、行如何分?"曰:"志学亦是要行,而以知为重;三十而立亦是本于知,而以行为重。志学是知之始,不惑与知天命、耳顺是知之至;'三十而立'是行之始,'从心所欲不逾矩'是行之至。如此分看。"铢。

○ 问"吾十有五而志于学"。曰:"志于学,是一面学一面力行。至'三十而立',则行之效也。学与不惑、知天命、耳顺相似,立与从心不逾矩相似。"又问:"'四十而不惑',何更待'五十而知天命'?"曰:"知天命是知得微妙,而非常人之所可测度矣。耳顺则凡耳闻者便皆是道理而无凝滞。伊川云:'知天命则犹思而得,到得耳顺则不思而得矣。'"偑。

○ 刘潜夫问:"'从心所欲不逾矩',莫是圣人极致处否?"曰:"不须如此说,但当思圣人十五志学,所志者何事;三十而立,所立者何事;四十而不惑,不惑之意如何;五十而知天命,知得了是如何;六十而耳顺，如何是耳顺。每每如此省察，体之于身，庶几有益。且说如今学者，逐日便能检防省察，犹患所欲之越乎规矩也。今圣人但从心所欲，自不逾矩，且说是甚次第！"又曰："志学方是大略见得如此，到不惑时则是于应事时件件不惑。然此数者皆圣人之立，圣人之不惑。学者便当取吾之所以用功处真切体认，庶几有益。"处谦。

○ "吾十有五而志于学"一章，全在志于学上，当思自家是志于学与否？学是学个甚？如此存心念念不放，自有所得也。三十而立谓把捉得定，世间事物皆摇动我不得，如富贵、威武、贫贱是也。不惑谓识得这个道理，合东便东，合西便西，了然于中。知天命便是不惑到知处，是知其所以然，如事亲必孝、事君必忠之类。耳顺是"不思而得"，如临事迎刃而解，自然中节，不待思索。所欲不逾矩是"不勉而中"。季札。

○ "'六十而耳顺'是才听得一件事，便知道理合是如何，更不思而得。'七十而从心所欲不逾矩'是心之本体莹然明静，无一毫私欲，随所发用，莫非至理，自不过于法度。自十五而入大学，在明明德，便就本心上做涵养省察工夫，中间进德，自有次第，不可躐等，又不可废怠。至七十而后天理昭融，内外合一。"曰："须是见得自家曾不惑，曾知天命否，方是切己。"又云："天命处，未消说在人之性。且说是付与万物，乃是事物所以当然之故。如父之慈、子之孝，须知父子只是一个人，慈孝是天之所以与我者。"〔南升。〕

○ 璘问"耳顺"。曰："到得此时，是于道理烂熟了，闻人言语更不用思量得，才闻言便晓，只是道理烂熟耳。'志学'字最有力，须是志念常在于学方得。立则是能立于道理也，然事至犹有时而惑在。不惑则知事物当然之理矣，然此事此物当然之理必有所从来。知天命是知其所从来也。上蔡云'知性之所自出，理之所自来'，最好。"璘。

○　问："'七十从心'一节，毕竟是如何？"曰："圣人生知，理固已明，亦必待十五而志于学。但此处亦非全如是，亦非全无实，但须自觉有生熟之分。"可学。

○　蕫卿问"吾十有五而志于学"一段。曰："圣人也略有个规摹与人同。如志学也是众人知学时，及其立与不惑也有个迹相似。若不指定谓圣人必恁地，固不得；若说圣人全无事乎学只脱空说，也不得。但圣人便自有圣人底事。"道夫。

○　或问："论语自志学、而立，至从心所欲；大学自致知、诚意，至治国、平天下。二者次第等级各不同，何也？"曰："论语所云乃进学之次第，大学所云乃论学之规模。"柄。

○　"'三十而立'是心自定了，事物不能动摇，然犹是守住。至不惑则见得事自如此，更不用守。至知天命则又深一节。如'父子有亲，君臣有义'固是合当亲、合当义，至知得天初命我时便有个亲、有个义在。又如'命有德，讨有罪'皆是天理合如此。耳顺则又是上面一齐晓得，无所不通矣。"又问："'四十不惑'是知之明，'五十知天命'是知极其精，'六十耳顺'是知之之至。"曰："不惑是事上知，知天命是理上知，耳顺是事理皆通，入耳无不顺。今学者致知尽有次第节目，胡氏'不失本心'一段极好，尽用子细玩味。圣人千言万语只是要人收拾得个本心，不要失了。日用间着力屏去私欲，扶持此心出来。理是此心之所当知，事是此心之所当为，不要埋没了它可惜。只如修身、齐家、治国、平天下，至大至公，皆要此心为之。"又云："人心皆自有许多道理，不待逐旋安排入来。〔铢录此下云：但人有以陷溺其心，于是此理不明。〕

圣人立许多节目，只要人剔刮将自家心里许多道理出来而已。"明作。
〔铢同。〕

○ 淳问："圣人凡谦词，是圣人亦有意于为谦，抑平时自不见其
能，只是人见其为谦耳？"曰："圣人也是那意思，不恁地自满。"淳举
东莱说："圣人无谦。本无限量，不曾满。"曰："此说也略有些意思，
然都把圣人做绝无此，也不得。圣人也常有此般心在。如'劳而不伐，
有功而不德'，分明是有功有劳，却不曾伐。"淳。

○ 问"吾十有五志于学"。曰："横渠用做实说，伊川用做假设
说。圣人不到得十年方一进，亦不解悬空说这一段。大概圣人元是个圣
人了，它自恁地实做将去。它底志学异乎众人之志学，它底立异乎众人
底立，它底不惑异乎众人之不惑。"〔植。〕

○ 问："横渠说'不逾矩'如何？"曰："不知它引梦周公如何？
是它自立一说，竟理会不得。"问："范公说'从心所以养血气'，如
何？"曰："更没理会。"整。

○ 问子曰"吾十有五而志于学，三十而立，四十而不惑，五十而
知天命，六十而耳顺，七十而从心所欲不逾矩"与"穷理尽性而至于
命"。曰："这事远，难说。某尝解孟子'瞽瞍底豫而天下之为父子者
定'，曰：'知此者为尽心，能此者为尽性。'"问："穷理，莫是自志学
时便只是这个道理，到耳顺时便是工夫到处？"曰："穷理只自十五，至
四十不惑时，已自不大段要穷了。'三十而立'时便是个铺模定了，不
惑时便是见得理明也。知天命时又知得理之所自出也，耳顺时见得熟
也，'从心所欲不逾矩'时又是烂熟也。"问："所学者便是格物至平天
下底事，而立至不逾矩，便是进学节次否？"曰："然。"问："横渠说

'五十穷理尽性至天之命，六十尽人物之性'，如何?"曰："据'五十而知天命'，则只是知得尽性而已。"又问："尽性，恐是尽己之性，然后尽人物之性否?"曰："只一个性，不须如此看。"又曰："自圣人言之，穷理尽性至命，合下便恁地。自学者言之，且如读书也是穷理，如何便说到尽性、至命处? 易中是说圣人事。论语'知天命'且说知得如此，未说到行得尽处。如孟子说'尽心、知性、知天'，这便是说知;'存心、养性'至'所以立命'，这便是说尽性、至命。要说知天命分晓，只把孟子'尽心、知性'说。"榦。

○ 问"五十知天命"。曰："上蔡云'性之所自来，理之所自出'，此两句甚好。子贡谓夫子言性与天道，性便是自家底，天道便是上面脑子。上面脑子，下面便有许多物事。彻底如此。太极图便是这个物事。箕子为武王陈洪范，先言五行，次言五事。盖在天则为五行，在人则为五事。知之者，须是知得个模样形体如何。某旧见李先生云'且静坐体认作何形象'。此个道理大则包括乾坤，提挈造化;细则入毫厘丝忽里去，无远不周，无微不到，但须是见得个周到底是何物。"贺孙。

孟懿子问孝章

○ 问"无违"。曰："未见得圣人之意在。且说不以礼盖亦多端:有苟且以事亲而违礼，有以僭事亲而违礼。自有个道理不可违越。圣人虽所以告懿子者，意在三家僭礼，然语意浑全，又若不专为三家发也。"铢。

○ 孟懿子问孝，子曰"无违"，此亦通上下而言。三家僭礼自犯违了。不当为而为固为不孝，若当为而不为亦不孝也。详味"无违"一语，一齐都包在里许了。集注所谓"语意浑然者，所以为圣人之言"。明作。

○ 问："'生事以礼'章，胡氏谓'为其所得为'是如何？"曰："只是合得做底。诸侯以诸侯之礼事其亲，大夫以大夫之礼事其亲，便是合得做底。然此句也在人看如何。孔子当初是就三家僭礼说，较精彩，在三家身上又切。当初却有胡氏说底意思。今论之，有一般人因陋就简，不能以礼事其亲；又有一般人牵于私意，却不合礼。"淳。

○ "生事葬祭之必以礼，圣人说得本阔，人人可用，不特为三家僭礼而设。然就孟懿子身上看时，亦有些意思如此，故某于末后亦说及云'非专为此而发也'。至龟山又却（不）〔只〕说那不及礼者，皆是倚于偏，此最释经之大病。"因言："人之冠昏丧祭一切苟简徇俗，都不知所谓礼者，又如何责得它违与不违。古礼固难行，然近世一二名公所定之礼，及朝廷五礼新书之类，人家傥能相与讲习，时举而行之，不为无补。"又云："周礼忒煞繁细，亦自难行。今所编礼书，只欲使人知之而已。观孔子欲从先进，与宁俭宁戚之意，往往得时得位，亦必不尽循周礼。必须参酌古今，别自制为礼以行之。所以告颜子者亦可见。世固有人硬欲行古礼者，然后世情文不相称。"广因言书仪中冠礼最简易可行。曰："不独书仪，古冠礼亦自简易。顷年见钦夫刊行所编礼，止有昏、丧、祭之礼，因问之。曰：'冠礼觉难行。'某云：'岂可以难行故阙之！兼四礼中冠礼最易行，又是自家事，由己而已。若昏礼便关涉两家，自家要行，他家又不要行，便自掣肘。又如丧祭之礼皆繁细之甚。且如人遭丧，方哀苦中，那得工夫去讲行许多礼数。祭礼亦然，行时且是用人多。昨见某人硬自去行，自家固自晓得，而所用执事之人皆不曾讲习。观之者笑，且莫管，至于执事者亦皆忍笑不得。似恁行礼，济得甚事！此皆是情文不相称处，不如不行之为愈。'"广。

孟武伯问孝章

○ 叔蒙问:"'父母唯其疾之忧',注二说,前一说未安。"曰:"它是问孝。如此,可以为孝矣。"<u>贺孙</u>。

○ "父母唯其疾之忧",前说为佳。后说只说得一截,盖只照管得不义,不曾照管得疾了。<u>明作</u>。

○ 问:"<u>集注</u>中新说意旨如何?"曰:"旧说似不说背面,却说背后一句相似,全用上添一句。新说虽用下添一句,然常得父母之心如此,便也自不为不孝。故虽添句,已不多添。"<u>一之</u>。

子游问孝章

○ "不敬,何以别乎?"敬,大概是把当事,听无声,视无形。色难,是大段恭顺,积得厚者,能形见,所以为难,勉强不得。此二者是因<u>子游 子夏</u>之所短而进之。能养、服劳,只是外面工夫,遮得人耳目所及者。如今人和养与服劳都无了,且得如此,然后就上面更进将去。大率学者且要尽从小处做起,正如起屋未须理会架屋,且先立个基趾定方得。<u>明作</u>。

○ 问:"<u>孟武伯</u>问孝,夫子言之'父母爱子之心无所不至,惟恐其有疾而以是忧'。且疾病,人所未免,而犹以为忧。人子者必须以父母之心为心,须是谨守其身,不至于贻父母之忧,而后为孝。告<u>子游</u>以能养不足为孝,当以敬为主,恐其狎恩恃爱,而隋于不敬,其失为甚大。告子夏以服劳侍奉不足为孝，须当有和愉之色，恐其行之以直义，而非孝子深爱其亲之道。"曰："须当体察能养与服劳如何，不足为孝敬（和）〔时〕模样如何。说得不济事。"〔南升。〕

子夏问孝章

○　问："'色难。'此是承顺父母之色，或是自己和颜顺色以致爱于亲为难？"曰："人子胸中才有些不爱于亲之意，便有不顺气象，此所以为爱亲之色为难。"寓。一之录同。

○　问："'曾'字，或训则，或训尝，何也？又诗中'憎'字训曾，不知一音耶？"曰："除了人姓，皆当音在增反。凡字义云'某之为言，某也'者，则是音义皆略相近。'尝'与'则'意亦略同。"广。

○　问："'色难'有数说，不知孰是？"曰："从杨氏'愉色婉容'较好。如以为承顺颜色，则就本文上又添得字来多了。然而杨氏说文学处又较远了，如此章本文说处也不道是文太多，但是诚敬不足耳。孔门之所谓文学，又非今日文学之比，但子游为人则爱有余而敬不足，子夏则敬有余而爱不足，故告之不同。"问："如何见得二子如此？"曰："且如洒扫应对，子游便忽略了，子夏便只就这上做工夫。"又曰："谢氏说此章甚差。"骼。

○　或问："'父母唯其疾之忧'，何故以告武伯？"曰："这许多所答，也是当时那许多人各有那般疾痛，故随而救之。"又曰："其他所答，固是皆切于学者。看此句较切，其他只是就道理上说如此。却是这句分外于身心上指出，若能知爱其身，必知所以爱其父母。"贺孙。

○ 问："孟懿子问孝，夫子使之不背于理，自生事至死、葬、祭皆一于礼，盖礼是天理之节文，行之在人则有等杀。若不以己所当得之礼而事亲，是以非礼事亲也。故夫子言此，所以警孟氏之僭礼也。然程子谓告懿子者，告众人也。恐是此言固是警懿子，然而凡为人子者皆须当为所得为，以事其亲而后为孝？"曰："圣人之言皆是人所通行得底，不比他人说得时，只就一人面上说得，其余人皆做不得。所谓生事葬祭，须一于礼，此是人人皆当如此。然其间亦是警孟氏，不可不知也。"〔南升。〕

○ 叔蒙问："'孟懿子问孝，子曰"无违"。'集注云：'此为懿子发者，告众人者也。'若看答孟武子 子游语，亦可谓之告众人。"曰："'无违'意思阔。若其它所告，却就其人所患意思多。然圣人虽是告众人意思，若就孟懿子身上看，自是大段切。虽是专就一人身上说，若于众人身上看，亦未尝无益。"贺孙。

○ 或问："武伯多可忧之事，如何见得？"曰："观圣人恁地说，则知其人之如此矣。"广。

○ 子游是个简易人，于节文有未至处。（多识）〔如讥〕子夏之门人，与"丧致乎哀而止"。广。

○ 问："'子夏能直义'，如何见它直义处？"曰："观子夏所谓'可者与之，不可者拒之'，孟子亦曰'孟施舍似曾子，北宫黝似子夏'，是个持身谨、规矩严底人。"广。

○ 问："孔子答问孝，四章虽不同，意则一。"曰："如何？"过曰："彼之问孝皆有意乎事亲者。孔子只欲其于情性者觉察，不使之偏失，则其孝皆平正而无病矣。"答曰："如此看，恰好。"_过。

○ 问："<u>子游</u>见处高明而工夫则疏。<u>子夏</u>较谨守法度，依本子做。""观答为政、问孝之语可见。惟高明而疏故必用敬，惟依本做故必用有爱—作"勇"。心。又观二人'洒扫应对'之论，与<u>子夏</u>'博学笃志'之论，亦可见。"_{伯羽}。

○ <u>道夫</u>问："夫子答<u>子游</u>、<u>子夏</u>问孝，意虽不同，然自今观之，奉养而无狎恩恃爱之失，主敬而无严恭俨恪之偏，尽是难。"曰："既知二失，则中间须自有个处之之理。爱而不敬非真爱也，敬而不爱非真敬也。敬非严恭之谓，以此为敬则误矣。只把做件事，小心畏谨，便是敬。"_{道夫}。〔伯羽录云："敬，只是把做事，小心畏谨，不敢慢道。"〕

○ <u>子夏</u>之病乃<u>子游</u>之药，<u>子游</u>之病乃<u>子夏</u>之药。若以色难告<u>子游</u>，以敬告<u>子夏</u>，则以水济水，故圣人药各中其病。_{寿仁}。

朱子语类卷第二十四
论语六

为政篇下

子曰吾与回言终日不违如愚章

○　论语所载<u>颜子</u>语，止有喟然之叹与"问仁"两章而已，而夫子曰"吾与<u>回</u>言终日"不知是说甚么，惜乎其不传也。<u>广</u>。

○　或问："<u>颜子</u>'终日不违，如愚'，谓<u>颜子</u>心与圣人契。"曰："此固是前辈已自说了，毕竟要见<u>颜子</u>因甚与圣人契。"问者无言。<u>文蔚</u>曰："<u>孔子</u>博他以文，约他以礼，他于天下之理无所不明，所以于圣人之言无所不契。"曰："<u>孔子</u>未博文约礼之前，又如何？"<u>文蔚</u>曰："<u>颜子</u>已具圣人体段。"曰："何处是他具圣人体段？"<u>文蔚</u>无答。曰："<u>颜子</u>乃生知之次，比之圣人已是九分九厘，所争处只争一厘。<u>孔子</u>只点他这些，便与他相凑，他所以深领其言而不再问也。"<u>文蔚</u>。

○　问："<u>颜子</u>不违与<u>孔子</u>耳顺相近否？"曰："那地位大段高。不违是<u>颜子</u>于<u>孔子</u>说话都晓得，耳顺是无所不通。"<u>淳</u>。

○ 李从之问："颜子省其私，不必指燕私，只是他自作用处。"曰："便是这意思，但恐没着落，只是说燕私，庶几有个着处。谓如人相对坐，心意默所趋向亦是私。如'谨独'之'独'，亦非特在幽隐人所不见处。只他人之所不知，虽在众中便是独也。'察其所安'，安便是个私处。"蕣。

○ 问颜子如愚。先生曰："夫子与言之时，只似一个呆底。到得退而省其私之所为，亦足以发明其意，又似不呆。如'克己复礼'，他便知得'克己复礼'；如'博我以文，约我以礼'，他皆知之，便是足以发处。"卓。

○ 祖道问："'亦足以发'，是颜子退有所省发否？"先生曰："不然也。集注已自说得分明了。盖与之言，颜子都无可否，似个愚者。及退而观其所行，皆夫子与之言，一一做得出来不差，岂不是足以发明得夫子之道？其语势只如此。恰如今人说与人做一器用：方与他说个尺寸高低形制，他听之全然似不晓底。及明日做得来，却与昨日所说底更无分毫不似。"祖道曰："初意止谓颜子听夫子之说，默默如不晓谕者，退而思省，则其胸中释然有个开发处。又足见其得一善则拳拳服膺也。"先生曰："说得虽好，然却不是如此看。"祖道。

○ "亦足以发"谓其能发己之言。若"不悱不发"是以此而发彼也，"引而不发"是引弓而不发矢也。用字各有不同。人杰。

○ 问："'亦足以发'，是颜子于燕私之际，将圣人之言发见于行事否？"曰："固是。虽未尽见于行事，其理亦当有发见处。然燕私之际，尤见颜子践履之实处。"蕣。

○ 问："颜回'亦足以发'，莫是所以发明夫子所言之旨否？"曰："然。且如夫子告以非礼勿视听言动，颜子受之，不复更问如何是礼与非礼，但是退而省察颜子之所为，则直是视听言动无非礼也。此则足以发明夫子之言也。"处谦。

○ "不违如愚"，不消说了。"亦足以发"，是听得夫子说话，便能发明于日用躬行之间，此夫子退而省察颜子之私如此。且如说非礼勿视听言动，颜子便真个不于非礼视听言动。集注谓"坦然由之而无疑"，是他真个便去做。明作。

○ 又问："吾与回言一段，集注载李先生之说甚分明。但所谓'默识心融，触处洞然，自有条理'，便见得颜子闻夫子之言，自原本至于条目一一理会得，所以与夫子意不相背。'及退省其私，即见其日用语默动静之间，皆足以发明夫子之道，坦然由之而不疑'，便见得颜子不惟理会得夫子言语，及退便行将去，更无窒碍。"先生云："'亦足以发'一句最好看。若粗说时便是行将去，然须是子细看'亦足以发'一句。"〔南升。〕

○ 问："李先生谓颜子'圣人体段已具'。'体段'二字，莫只是言个模样否？"曰："然。"又问："惟其具圣人模样了，故能闻圣人之言，默识心融否？"曰："颜子去圣人不争多，止隔一膜，所谓'于吾言无所不说'。其所以不及圣人者，只是须待圣人之言触其机，乃能通晓尔。"又问："所以如此者，莫只是查滓未尽否？"曰："圣人所至处颜子都见得，只是未到。'仰之弥高，钻之弥坚，瞻之在前，忽然在后'，这便是颜子不及圣人处。这便见他未达一间处。且如于道理上才着紧又蹉过，才放缓又不及。又如圣人平日只是理会一个大经大法，又却有时而应变达权；才去应变达权处看他，又却不曾离了大经大法。可仕而仕，学他仕时又却有时而止；可止而止，学他止时又（知看）〔却有〕时而仕。'无可无不可'，学他不可，又却有时而可；学他可，又却有时而不可。终不似圣人事事做到恰好处。"又问："程子说：'孟子，虽未敢便道他是圣人，然学已到圣处。'莫便是指此意而言否？"曰："颜子去圣人尤近。"或云："某于'克己复礼'、'动容貌'两章却理会得。若是仰高钻坚，瞻前忽后，终是未透。"曰："此两章止说得一边，是约礼底事，到颜子便说出两脚来。圣人之教、学者之学，不越博文约礼两事尔。博文是'道问学'之事，于天下事物之理皆欲（其）知之；约礼是'尊德性'之事，于吾心固有之理无一息而不存。今见于论语者虽只有'问仁'、'问为邦'两章，然观夫子之言，有曰'吾与回言终日'。想见凡天下之事无不讲究来。自视听言动之际，人伦日用当然之理，以至夏之时、商之辂、周之冕、舜之乐，历代之典章文物，一一都理会得了，故于此举其大纲以语之，而颜子便能领略得去。若元不曾讲究，则于此必有疑问矣。盖圣人循循善诱人，才趱到那有滋味处，自然住不得，故曰'欲罢不能，既竭吾才，如有所立卓尔'。卓尔是圣人之大本立于此以酬酢万象处。颜子亦见得此甚分明，只是未能到此尔。又却趱逼他不得，他亦大段用力不得。易曰：'精义入神，以致用也；利用安身，以崇德也。过此以往，未之或知也。穷神知化，德之盛也。'只是这一个德，非于崇德之外别有个德之盛也。做来做去，做到彻处便是。"广。

〇 问："'不违如愚'章。'心融'恐是功深力到处，见得道理熟了，故言入于心，随即融化，更无查滓。故其发见于日用之间，自然和顺，所以能发明圣人之道，非生将道理体贴力行之也。是否？"曰："固是功夫至到，亦是天资高，颜子自是邻于生知者也。"一之。

〇 仲愚问："'回也不违，如愚'章，先生曰说'默识心融'，如何？"曰："说个'融'字最好，'融'如消融相似，'融'如雪在阳中。

若不融，一句只是一句，在肚里，如何发得出来。如人吃物事，若不消，只生在肚里，如何能滋益体肤。须是融化，查滓便下去，精英便充于体肤，故能肥润。如<u>孔子</u>告<u>曾子</u>‘一贯’之语，他人闻之只是个‘一贯’，<u>曾子</u>闻之便能融化，故发‘忠恕而已’出来。”又问：“是<u>曾子</u>平昔工夫至此乎？”曰：“也是他资质自别。”<u>一之</u>。

○ <u>器之</u>问：“‘亦足以发’，<u>伊川</u>有‘天理昭著’语，与先生所说不同。”曰：“便只是这个。夫子所言，他便会发明而行之。<u>伊川</u>所谓‘天理昭著’，便是圣人所说底道理，<u>颜子</u>便会一一与做。且如对人言语，他晓不得，或晓得不分明，少间只恁地悠悠漫漫。虽然恁地说，自将这言语无落着了。到得<u>颜子</u>，圣人与说一句，他便去做那一句；圣人与说两句，他便去做那两句。”<u>贺孙</u>。

○ 问“退而省其私”。曰：“私者，他人之所不知而<u>回</u>之所自知者，夫子能察之。如心之所安，燕居独处之所为，见识之所独见，皆是也。”又曰：“‘私’字尽阔。‘私’与<u>中庸</u>‘慎独’之‘独’同。大意只是初间与<u>回</u>言，一似个不通晓底人相似。退而观其所独为，又足以发明夫子所说之道。且〔如〕‘克己复礼’，夫子告之矣。退而察之，则见其果然‘克己复礼’。”因说：“<u>范氏</u>说‘私’字作与门人言，恐不是。<u>谢氏</u>以不违作‘声闻相通，虽以耳听，而实以神受’，又较深。只是‘无所不说’便是不违。”<u>磻</u>。

子曰视其所以章

○ <u>淳</u>问：“‘观其所由’，谓‘意之所从来’，何也？”曰：“只是（他看）〔看他〕意思来处如何。如读书固是好，然他意思来处亦有是为利〔者〕。'视其所以',以,用也,为也。为义为君子,为利为小人,方是且粗看。如有一般人,只安常守分,不恁求利,然有时意思亦是求利。'察其所安',又看他心所安稳处,一节深一节。"淳。

○ 是晚,问:"'视其所以'一章,'视其所以'是大纲。且看这一个人是为善底人,是为恶底人。若是为善底人,又须'观其所由',观其意之所从来。若是本意以为己事所当(然)〔为〕,无所为而为之,乃为己。若以为可以求知于人而为之,则是其所从来处已不善了。若是所从来处既善,又须察其中心乐与不乐。若是中心乐为善,自无厌倦之意,而有日进之益。若是中心所乐不在是,便或作或辍,未免于伪。以是察人,是节节看到心术隐微处,最是难事,亦必在己者能知言穷理,使心通乎道而能精别是非,然后能察人如圣人也。"先生云:"于乐处便是诚实为善。'如好好色,如恶恶臭',不是勉强做来。若以此观人,亦须以此自观。看自家为善果是为己,果是乐否?"先生云:"看文字须学文振每逐章挨近前去,文振此两三夜说话大故精细。看论语方到一篇便如此。"直卿云:"先生说文振资质好。"〔南升。〕

○ 〔文振〕问"视其所以"一章。先生曰:"此不惟可以观人,亦当以此自考。"时举。

○ 问:"'视其所以'至'人焉廋哉',集注云'以,为也'。为善者为君子,为恶者为小人。若然,则下二句为'为君子者,设若小人既已为恶,更何用观察他'?"先生曰:"然。此如淘米,已是米了,更须淘他,恐怕有沙。"儒用。按万人杰录同。

○ 问:"'观其所由',集注两说,如何?"先生曰:"'意之所从来',如读书是好,须看他所读是何书。'行其所为',或强勉有所为。

后说不如前说。盖'行其所为'只是就上面细看过，不如'意之所从来'是就他心术上看。所安，集注下得'乐'字不稳。安，大率是他平日存主习熟处。他本心爱如此，虽所由偶然不如此，终是勉强，必竟所乐不在此，次第依旧又从熟处去。如平日爱踞傲，勉强教他恭敬，一时之间亦能恭敬，次第依旧自踞傲了，心方安。吕氏一说谓：'所由，是看他已前所为事；所安，是察他已后所为事。'亦通。所谓'知言、穷理'，盖知言亦是穷理之一事，然盖互举也。"又云："知人亦是穷理之一端。且如'因不失其亲'，须知人方得。"明作。

○　察人之所安尤难，故必如圣人之知言、穷理方能之。广。

○　子曰："视其所以，观其所由，察其所安，人焉廋哉？人焉廋哉？"曰："所以，只是个大概。所由，便看他所从之道，如为义、为利。又也看他所由处有是有非。至所安处便是心之所以安，方定得。且如看得如此，又须着自反，看自家所以、所由、所安如何，只是一个道理。吕氏以'所以'作今所自处，'所由'作昔所经由，'所安'作卒所归宿，却成前后事，非一时。观人不必如此说。"又问"观其所由"。先生曰："'视其所以'者，只是观人之凡（自）〔日〕。所由者，便看他如何地做。且如作士人、作商贾，此是'所以'，至如读书为利时，又也不好。如孝与忠，若还孝而至于陷父于不义，忠而至于阿谀顺旨，其所以忠与孝则同，而所由之道则别。"问曰："如小人为利便是不好了，又更'观其所由'做甚？"曰："为利固是为利，毕竟便有一节话。若还看得只是这人了，更不须看。"整。

○　贺孙问："'视其所以，观其所由，察其所安'，若圣人于人之善恶如见肺肝，当不待如此着力？"曰："这也为常人说，圣人固不用得如此。然圣人观人，也着恁地详细。如今人说一种长厚说话，便道圣人不恁地，只略略看便了。这个若不见教彻底善恶分明，如何取舍？且如今从学也有诚心来底，也有为利来底。又如今人读书也有诚心去读底，也有为利读底。其初也却好，渐渐自见得他心下不恁地，这须着知。且如要从师，须看得那人果是如何。又如委托人事，若是小小事要付托人，尚可以随其所长交付与他。若是要成一件大事，如何不见得这人了方付与？如所谓'可以托六尺之孤，可以寄百里之命，临大节而不可夺'，若不直见这人是恁地，如何这事托得他！"问："伊川云：'"视其所以"是观人之大概。若"所由、所安"，也只兼善恶说。'今集注只解向不好边去，恐似无过中求有过，非圣人意。"曰："这只是平心恁地看，看得十分是如此。若要长厚，便恁地包含。其初欲恕人而终于自恕，少间渐渐将自己都没理会了，都不知。若能于待人严，到得于自身己也会严。"问："观人之道，也有自善而入于恶，亦有事虽恶而心所存本好。"曰："这个也自可见。须是如此看，方见好底铁定是好人，不好底铁定是不好人。读书不可不子细。若不因公问，某也不说到这里。初间才看，善恶便晓然。到观其所由有不善，这又胜得当下便不是底。到察其所安有不善，这又胜前二项人。不是到这里便做不好人看他，只是不是他心肯意肯，必不会有终。"今按：此转语方答得上所疑集注分明。贺孙。

子曰温故而知新章

○　温故只是时习。广。

○　"温故知新"，不是易底新者，只是故中底道理时习得熟，渐渐发得出来。且如一理，看几个人来问，只就此一理上，一人学说一个理，都是自家就此理上推究出来，所以其应无穷。且如记问之学，记得一事更推第二事不去，记得九事便说十事不出，所以不足为人师。明作。

○ 先生问文振更看甚处。南升问："'温故而知新，可以为师矣'，言人能将半日学于先知先觉，而有闻者时皆温习，待义理浸灌于方寸之中，则心体日见昭明，每每有新得，盖心乃迫理之统会。到自有得处，万理森罗于日用之间，随扣而应，无有穷尽，故可以为师。"先生曰："道理即这一个道理。论孟所载是这一个道理，六经所载也是这个道理，但理会得了，时时温习，觉滋味深长，自有新得。'温'字对'冷'字，如一杯羹在此冷了，将去温来又好。"〔南升。〕

○ 问："温故，闻见之在外者；知新，义理之得于己者。若温故而不知新，则徒闻见而已。惟知新则是在我之义理，因温故而有以自得之，其应无穷，故可以为师乎？"曰："然。"又问："不离温故之中而知新，其亦'下学上达'之理乎？"曰："亦是渐渐上达之意。"一之。

○ "记问之学，不足为人师"，只缘这个死杀了。若知新则"引而伸之，触类而长之"，则常活不死杀矣。如记问之学，记得十件只是十件，记得百件只是百件。知新则时复温习旧闻以知新意，所以常活。佪。

○ 论语"温故而知新"，此以知新为重。中庸"温故而知新"，此以温故为重。圣人言语各有意思，一个是这头重，一个是那头重。〔又曰：温故而不知新，一句只是一句了。〕赐。

○ 问："'温故而知新，可以为师。'伊川谓'此一言可师，此一事可师'，窃有未喻。"曰："伊川见得亦差了。这一句正对'记问之学不足为人师'一句。若温习旧闻则义理日通，无有穷已。若记问之学，虽是（说）〔记〕得多，虽是读得多，虽是闻得多，虽是千卷万卷，只是千卷万卷，未有不穷。然而这一句说师，亦只说平常恁地师，却不是说孔孟这般师。兼是这主意，只为世上有不温故知新而便欲为人师，故发此一句，却不是说如此便可以为师。言如此方可以为师，以证人不如此而遽欲为师者。<u>伊川</u>却只认这意，一向要去分解。以此知读书尽着子细，<u>伊川</u>恁地工夫，也自有这般处。圣人语言极（尽）〔精〕密，无些子偏重，亦无些子罅漏。如说'一言而丧邦，有诸'，曰'唯其言而莫之违'，只消如此说亦得；便须说道：'如其善而莫之违也，不亦善乎；如不善而莫之违也，不几乎一言而丧邦乎！'或曰：'以德报怨，何如？'看来也似好。圣人便问他：'何以报德？以直报怨，以德报德。'若以直报怨，只是依直报之，恰无怨相似。且如人有些侵我处，若是我不是，便休了。若是他不是，与他理会教是便了。"<u>贺孙</u>问："'以德报怨'，非独说道无以报德，只是以德报怨，也自不得。"曰："然。如此只是伪，只是不诚。"<u>贺孙</u>。

○ "子曰：温故而知新，可以为师矣。"先生曰："此只是一件事，却有两个义理。如温故而不能知新，诸先生把'日知其所亡'做知新，似倒说了。'日知其所亡'乃温故以前事。日知其所未有，如今日方做事业相似，便方始。'月无忘其所能'，乃温故也。既温故而知新。<u>谢氏</u>说'温故知新'，又说得高远了。"先生曰："<u>程先生</u>说'可以为师'，作（又）〔只〕此一句可师，不（便如）〔如便〕把做为师之'师'。看此一句，只说是人若不能温故知新，便不可为人师。守旧而不知新义便不活，不足以应学者之求。若'温故而知新'，则从此尽推得去。<u>吕氏</u>说师尚多闻，只是泥<u>孟子</u>之语。<u>孟子</u>初间也且恁地说，<u>吕氏</u>便把来作引证不得。大率圣人之言语〔阔〕，被他把做恁地说，也无碍理处。"<u>骎</u>。

子曰君子不器章

○ 问"君子不器"之旨。曰："人心至灵，均具万理，是以无所往而不知。然而仁义礼智之性，苟以学力充之，则无所施而不通，谓之不器可也。至于人之才具，分明是各局于气禀，有能有不能。"又问："如何勉强得？"先生曰："君子者，成德之名也。所贵乎君子者，有以化其气禀之性耳。不然何足以言君子！中庸言'虽愚必明，虽柔必强'处正是此意。"处谦。

○ "君子不器"是不拘于一，所谓"体无不具"。人心元有这许多道理充足，若惯熟时，自然看要如何无不周遍。子贡瑚琏，只是庙中可用，移去别处便用不得。如原宪只是一个吃菜根底人，邦有道，出来也做一事不得；邦无道，也不能拨乱反正。夷清，惠和，亦只做得一件事。明作。

○ 问："君子所以不器者，缘是格物、致知上做工夫，看得道理周遍精切。及廓然贯通，有以尽其心之全体，故施之于用，无所不宜，非特一才一艺而已。"先生云："也是如此，但说得着力了。成德之士，自是不器。"南升。

○ 或问："'君子不器'，如孔门德行之外乃为器否？"曰："若偏于德行而其用不周亦是器。君子者，才德出众之名。德者，体也；才者，用也。君子之人亦具圣人之体用，〔夔孙录云："体无不备，用无不周，次于圣人者也。"〕但其体不如圣人之大，而其用不如圣人之妙耳。"南升。李儒用录同而少异，今附云："问：'君子不器，且以孔门四科论之，除德行一科，则其他未免皆局于器矣。'先生曰：'便德行也只是器。伊川先生曰："君子，才德出众之名，亚于圣人者也，但体不若圣人之大，用不若圣人之妙耳。"'"

○ "子曰：'君子不器'，君子是何等人？"曰："此通上下而言。有一般对小人而言底君子，便是小底君子。至如'圣人吾不得而见之，得见君子斯可矣'，便说得大底君子，便是圣人之次者。"问："不器，是那个君子?"曰:"此是成德全才之君子,不可一偏看他。"问:"侯氏举'君子不可小知而可大受',如何?"曰:"不可小知他,便是不可以一偏看他,他却担负得远大底。小人时便也有一才一艺可取,故可小知。"问:"子贡,'女器也',唤做不是君子,得否?"曰:"子贡也是个偏底,可贵而不可贱,宜于宗庙朝廷而不可退处,此子贡之偏处。"问:"谢氏举清、和、任,也只是器否?"曰:"这是他成就得偏,却不是器。他本成就得来大。如'得百里之地而君之'一段,他自是大,只是成就得来偏。"问:"诸先生多举'形而上、形而下',如何说?"曰:"可见底是器,不可见底是道。理是道,物是器。"因指面前火炉曰:"此是器,然而可以向火、所以为人用,便是道。"问:"谢氏以为'颜闵于圣人之一体,未必优于子游、子夏、子张,然而具体也'。既谓之具体,又说不如三子,何也?"曰:"他意只道是颜子便都无许多事,如古人说无所长,'既无所短,安有所长'底意。他把来驱驾作文字,便语中有病。"因问"具体而微"。曰:"五峰说得牵强,看来只是比似孔子较小。今看颜子比孔子真个小。"赐。

○ 问:"'君子不器'范氏谢氏说如何?"曰:"天下道理皆看得透,无一理之不知,无一事之不明,何器之有?如范氏说也说得去,然不消如此。谢氏说得意思也好。推其极,乃大底不(推)〔器〕。伊尹伯夷柳下惠皆能一天下,则器固大矣。自一才一艺者观之,亦不可谓之器矣。然自孔子可仕、可止观之,则彼止在一边,亦器也,孟子诚不肯学他底了矣。"一之。

子贡问君子章

○ 徐仁甫问:"'先行其言而后从之',莫须将'先行'作一句否?"先生曰:"程子如此,却未敢以为然。恐'其言而后从之'不成一句者,云'而后其言从之'方得。不若以'先行其言'作一句,'而后从之'作一句。大意只说先行其言,而后言其所行。读书须是看出处〔主意〕如何。此是子贡问君子,孔子为子贡多言,故以'先行其言而后从之'答之,此盖为子贡发也。"辛。

○ 问:"'先行其言',谓人识得个道理了,可以说出来,却不要只做言语说过,须是合下便行将去。'而后从之'者,及行将去,见得自家所得底道理步步着实,然后说出来,却不是杜撰意度。须还自家自本至末,皆说得有着实处。"先生曰:"此一章说得好。"(二)〔南升〕。

○ 问"先行其言而后从之"。曰:"此为子贡而发。其实'有德者必有言',若有此德,其言自足以发明之,无有说不出之理。夫子只云'欲讷于言而敏于行','敏于事而谨于言',未尝说无事于言。"人杰。

子曰君子周而不比章

○ "子曰:君子周而不比,小人比而不周。"问:"周与比莫也相似否?"曰:"外面相似,而里面大差了。如骄泰、和同亦然,故几微之间不可不辨。"榦。

○ 问"周而不比"。曰:"周是无不爱,比是私也。相比,或二人相比也(是)。"

○ "君子周而不比",周是遍,人前背后都如此,心都一般,不偏滞在一个。如"老者安之,朋友信之,少者怀之",亦是周遍。忠信为周。如这一个人合当如何待，那一个人又合如何待，自家只看理，无轻重厚薄，便是周遍。周是公底比，比是私底周。周是无所不比也。如为臣则忠，为子却不能孝，便是偏比，不周遍，只知有君而不知有亲。〔按："忠信为周"，他录别有定说。〕<u>淳</u>。

○ 问"君子周而不比，小人比而不周"。曰："且如一乡之中有个恶人，我这里若可除去，便须除去，却得这一乡都安，此'君子周而不比'也。至如小人于恶人，则喜其与己合，必须亲爱之；到得无恶之人，每与己异，必思伤害之，此小人之'比而不周'也。<u>武三思</u>尝言：'如何是善人？如何是恶人？与予合者是善人，与予不合者是恶人。'"<u>贺孙</u>。

○ 比之与周皆亲厚之意。周则无所不爱，为诸侯则爱一国，为天子则爱天下，随其亲疏厚薄，无不是此爱。若比，则只是拣择。或以利，或以势，一等合亲底，他却自有爱憎，所以有不周处。又云："集注谓'普遍'，是泛爱之意；'偏党'，非特势利。大概君子心公而大，所以（同）〔周普〕。小人心狭而常私，便亲厚也只亲厚得一个。"<u>明作</u>。

○ 问："'君子周而不比，小人比而不周'注，周言'普遍'，岂'泛爱众而亲仁'之意欤？"答曰："亦是如此。大抵君子立心自是周遍，好恶爱憎一本于公。小人惟偏比阿党而已。"<u>寓</u>。

○ 问"君子周而不比"。先生曰："周者，大而遍之；比便小，所谓两两相比。君子之于人，无一人使之不得其所，这便是周；小人之于人，但见同于己者与之，不同于己者恶之，这便是比。君子之于人，非是全无恶人处，但好善恶恶皆出于公。用一善人于国，则一国享其治；用一善人于天下，则天下享其治；于一邑之中去一恶人，则一邑之中获其安；于一乡之中去一恶人，则一乡之中受其安，岂（是不）〔不是〕周？小人之心，一切反是。"又云："欧阳朋党论说周武以三千为大朋，商纣亿兆之人离心离德。"又云："'比周'二字于易中所言，又以'比'字为美，如'九五显比'，取'王用三驱，失前禽'之义，皆美也。如'顽嚚不友，相与比周'又却是不好。"卓。

○ 徐问"君子周而不比，小人比而不周"。先生曰："只是公私。周则遍及天下，比则昵于亲爱之间。"又问："'忠信为周，阿党为比'，如何？"先生曰："忠信为周，只缘左传'周爰咨询'指作忠信，后人遂将来妄解，最无道理。且如易比卦言：'比，吉也。比，辅也。原筮元永贞，无咎。'则比都是好。大抵比于君子则为善，比于小人则为恶，须是看圣人说处本意如何。据此'君子周而不比，小人比而不周'，只是公私。"辛。

○ 问"比周"。先生曰："周固是好，然而有一种人，是人无不周旋之。使所周之人皆善，固是好。万一有个不好底人，自家周旋他去，这人会去作无穷之害。此无他，只是要人之同己，所以为害。君子则不然，当亲则亲、当疏则疏而已。"夔孙。

○ 问："'君子周而不比，小人比而不周'，此就君子小人心之微处看来。君子全其心之本体，故公。公则广大，故其与人自然周遍而无偏党。小人心中浑是人欲私意，私则但知有己，其与人也只见其与我善者则亲厚之，故倚而不无偏党，而不能周遍。"先生云："君子小人即是公私之间。皆是与人亲厚，但君子意思自然广大。小人与人相亲时便生计较，与我善底做一般，不与我善底做一般。周与比相去不远，要须分别得大相远处。某集注中曾说此意。"先生又云："君子与人相亲也有轻重，有厚薄，但意思自是公。"〔南升。〕

○ 节问：“‘君子周而不比’下注云：‘君子小人所以分，则在公私之际、毫厘之差耳。’何谓毫厘之差？”曰：“君子也是如此亲爱，小人也是如此亲爱；君子公，小人私。”节。

○ 恪问：“‘君子周而不比，小人比而不周’，集注云：‘欲学者察乎两间，而审其取舍之几。’当在思虑方萌之初，与人交际之始，于此审决之否？”曰：“致察于思虑，固是，但事上亦须照管。动箴曰：‘哲人知几，诚之于思；志士励行，守之于为。’须着随处照管，不应道这里失了，后面更不去照管。觉得思处失了便着去事上看，便舍彼取此，须看箴曰哲人。”季札。

○ 问：“‘周而不比’，范氏说‘忠信为周’，恐未说到此。”曰：“忠信，所以周也。若面前背后不诚实，则不周矣。周是公底比，无所不比也。比是私底周，周一边，背了一边。周则意思却照管得到。极其至，为臣则忠，为子则孝，是亦周也。”一之。

子曰学而不思则罔章

○ 问：“论语言‘学’字多不同：‘学而不思则罔’，此‘学’字似主于行而言；‘博学于文’，此‘学’似主知而言。”曰：“‘学不思则罔’，此‘学’也不是行。”问：“‘学’字义如何？”曰：“学只是效。未能如此便去效做。”问：“恐行意较多否？”曰：“只是未能如此便去学做。如人未识得这一个理，便去讲究，要识得，也是学；未识得这一个书，便去读，也是学；未晓得这一件事，去问人如何做，便也是学。问人便是依这本子做去。不问人便（去）〔不〕依本子，只鹘突杜撰做去。学是身去做，思只是默坐来思〔。”问：“学是学其事，思是思其理否？”

曰："思只是思所学底事。〕所学底事。学而不思便都罔了。"问："'思而不学'，何以危殆?"曰："硬将来拗缚捉住在这里，便是危殆。只是杜撰恁地（做），不恁自然便不安稳。"淳。

○ "学而不思"，学是学其事，如读书便是学，须缓缓精思其中义理方得。且如做此事是学，然须（是）〔思〕此事道理是如何。只恁下头做，不思这事道理，则昧而无得。若只空思索，却又不傍所做事上体察，则心终是不安稳。须是事与思互相发明。明作。

○ 徐问"学而不思则罔，思而不学则殆"。先生曰："学不止是读书，凡做事皆是学。且如学做一事，须是更经思量方得。然只管思量而不学，则自家心必不安稳，便是殆也。"辛。

○ 问"学思"。曰："'学而不思'，如读书不思道理是如何；'思而不学'，如徒苦思索，不依样子做。"〔植。〕

○ 问："'学而不思则罔，思而不学则殆'，言人学圣贤之所为，须是反诸心而思之。盖圣贤之所为只是推行这一个道理，若不将吾所学者精思其所以然，只是外面是得圣贤粗迹，吾之心中依旧昏晦而无得；既精思义之所以然，又须将圣贤所以处己接物个样子时时习熟躬行，要见得事理透彻分明，然后泰然行将去。若但知其理，不去事上学得熟，遽欲行之，必危殆而不安。"先生云："大纲是如此，但中明说事迹处似开了。学与思须相连，才学这事须便思量这事合如何。'学'字甚大，学效他圣贤做事。"〔南升。〕

○ 问："'学而不思'章下引程子''博学、审问、谨思、明辨、力行'，五者废一非学'，何也?"先生曰："凡'学'字便兼'行'字意思。如讲明义理，学也；效人做事，亦学也。孔子步亦步，趋亦趋，是效其所为，才效其所为便有行意。"铢。

○ 叔蒙又问："'学而不思，思而不学'一章，本文只说学与思，集注却举中庸学问思辨与行之语。据某看，学与行是学之始终，问、思、辨是思之始终。"曰："然。"贺孙。

○ "子曰'学而不思则罔，思而不学则殆'，诸先生说有外意者，有说偏傍者，也须看否？"曰："也要见得他碍处。"因问："杨氏说'思则"敬以直内，义以方外"'，如何？"曰："敬自是存养底事，义自是推行底事。且说思与学，也未须说存养、推行处。若把推行作学便不是。中庸里面博学、力行自是两件。今人说学便都说到行处去。且如读书，看这一句理会不得，便须熟读，此便是学。然'学而不思'，便是按古本也无得处。若徒然闭目静思而不学，又也徒劳心，不稳当，然后推到行处。"问："'罔'字作欺罔无实之'罔'，如何？"曰："不必如此说。罔，是昏昧底意。"问："'思而不学则殆'，只是尹氏'劳而无所安'底意否？"曰："是。劳便是其心劳，不安便是于义理不安。"问："谢〔氏〕'穷大而失其所居'，如何？"曰："也只是不安。"銖。

子曰攻乎异端章

○ 子曰："攻乎异端，斯害也已。"问："'攻'字只合作'攻治'之'攻'。若作'攻击'，也如何便有害？"先生曰："便是。圣人若说攻击异端则有害，便也须更有说话在，不肯（便）只恁地说遂休了。若从攻击，则吕氏之说近之，不如只作'攻治'之'攻'，较稳。"銖。

○ 凡言异端不必攻者，皆是为异端游说反间。孟子谓："能言距杨墨者，圣人之徒也。"不必便能距杨墨，但能说距杨墨亦是圣人之徒。淳。

○ 贺孙问："'攻乎异端，斯害也已'，集注云：'佛氏之言近理，所以害甚于杨墨。'（有）〔看〕来为我疑于义，兼爱疑于仁，其祸已不胜言。佛氏如何又却甚焉？"曰："杨墨只是硬恁地做。佛氏最有精微动得人处，本朝许多极好人无不陷焉。"如李文靖、王文正、谢上蔡、杨龟山、游先生诸人。贺孙。

○ 问："'攻乎异端'章，集注何以言佛而不言老？"曰："老便只是杨氏。人尝以孟子当时只辟杨墨，不辟老，不知辟杨便是辟老。如后世有隐遁长往而不来者，皆是老之流。他本不是学老，只是自执所见，与此相似。"淳。

○ 叶贺孙问："'攻乎异端'，先生只说释氏，不说杨墨，如何？"曰："杨墨为我、兼爱，做出来也淡而不能惑人。只为释氏最能惑人。初见他说出来自有道理，从他（说）〔愈深〕愈是害人。"辜。

○ "攻乎异端。"先生曰："杨氏为我，'拔一毛而利天下不为'；墨氏兼爱，至不知有父。如此等事，世人见他无道理，自不行去。只如墨者夷之厚葬，自打不过，缘无道理，自是行不得。若佛氏则近理，所以惑人。此事难说，观其书可见。"明作。

○ "攻乎异端。"吕氏曰："君子反经而已矣，经正斯无邪慝。今恶乎异端，而以力攻之，适足以自蔽而已。"说得甚好，但添得意思多了，不敢保是圣人之意。分明是以力攻之，理会他底未得，枉费了心力，便将已业都荒了。淳。

子曰由诲汝知之章

○ 问"知之为知之"。先生曰："子路气象粗疏，不能随事精察；或有不合于己，虽于夫子亦艴然，如曰'子之迂也'之类，故夫子告之以此。"雉。

○ 或问"诲汝知之乎"一章。曰："惟程伊川便说得尽，别人只说得一边。'知之为知之，不知为不知'，则无自欺之蔽，其知固自明矣。若不说求其知一节着，则是使人安于其所不知也。故程子又说出此意，其说方完，上不失于自欺，下不失于自勉。"广。

○ 徐问："'知之为知之'三句，上蔡之说如何？"先生曰："上蔡说未是，其说求为过高。要之，圣人之言只是说紧切底事。只为今人知之以为知，将那不知者亦说为知，终至于知与不知都无界限了。若人能于其知者以为知，于不知者以为不知，而不强以为知，此便是知了。只为子路性勇，怕他把不知者亦说是知，故为他说如此。"辛。

子张学干禄章

○ 戴智老说"子张干禄"章。先生曰："'多闻'、'多见'二字，人多轻说过了，将以为偶然多闻多见耳。殊不知此正是合用功处，圣人（为）〔所〕以为'好古敏而求之'。"又曰："'多闻，择其善者从之，多见而识之'，皆欲求其多也。不然则闻见孤寡，不足以为学矣。"时举。

○　问"多闻"。曰："闻，只是闻人说底，己亦未理会得。"问："知，有闻见之知否？"曰："知，只是一样知，但有真有不真，争这些子，不是后来又别〔有〕一项知。所知亦只是这个事，如君主于仁、臣止于敬之类。人都知得如此，只后来便是真知。"〔淳。〕

○　读"多闻，择其善者而从之"一章，云："闻见亦是互相发明，如'子张学干禄'一章言'多闻阙疑，谨言其余；多见阙殆，谨行其余'。闻固是主于言，见固是主于行，然亦有闻而行者，见而言者，不可泥而看也。"时举。

○　问"干禄"章"闻见"字义。曰："闻，是闻人之言也；见，是见人之行也。闻，亦属自家言处；见，亦属自家做处。闻见当阙其疑殆，而又勿易言易行之。"问："闻见因书得之，则又何别？"曰："见古人说底话是闻，古人做底事而欲学了是见，如舜之孝是也。然就'克己复礼'论之，则看孔子所言是闻，只自家欲循此而为仁（义）便是见。此非本文大义，然必欲区别闻见则然。"问："此答干禄之语，意类'好色'之对乎？"曰："不干事。孔子不教他干，但云得禄之道在其中，正是欲抹杀了他'干'字。若'太王好货好色'等语，便欲比之孔子，便做病了，便见圣贤之分处。"一之。

○　林叔恭问："多闻如何阙疑，多见如何阙殆？"曰："若不多闻也无缘见得疑，若不多见也无缘见得殆。江西诸人才闻得一说便把做了，看有甚么话更入不得？亦如何有疑殆？到他说此一章，却云，子张平日专务多闻多见，故夫子告以阙疑，是不欲其多闻多见，此是甚说话！且如一件事，一人如此说，自家见未得。二人如此说，自家也见未得。须是大家都说出来，这里方见得果是如何。这里方可以将众多之说相磨擦，这里方见得疑殆分明。"贺孙。

○　或问"尤自外至，悔自内出"。曰："出言或至伤人，故多尤；行有不至，己必先觉，故多悔。然此亦以其多少言之耳。言而多尤，岂不自悔！亦必至于伤人矣。"广。

○　多闻、阙疑、谨言，三件事。〔芝。〕

○　徐问"子张学干禄"一章。先生曰："此是三截事：若人少闻寡见，则不能参考得是处，故闻见须要多。若闻见已多而不能阙疑殆，则胡乱把不是底也将来做是了。既阙其疑殆而又未能谨其余，则必有尤悔。"又问："尤、悔如何分？尤莫是见尤于人否？"先生曰："是。大凡言不谨则必见尤于人，人既有尤，自家安得无悔？行不谨则必有悔于己，己既有悔，则人安得不见尤？此只是各将较重处对说。"又问："'禄在其中矣'，只此便可以得禄否？"先生曰："虽不求禄，若能无悔尤，此自有得禄道理。若曰'耕也馁在其中矣'，耕本求饱，岂是求馁？然耕却有水旱凶荒之虞，则有时而馁。学本为道，岂是求禄？然学既寡尤悔，则自可以得禄。如言'直在其中矣'，'父为子隐，子为父隐'本不是直，然父子之道却要如此乃是直。凡言'在其中矣'者，道理皆如此。"又问："'子张学干禄'，圣人虽不教人以求禄，而又曰'禄在其中'，如何？"先生曰："圣人教人只是教人先谨言行，却把他那禄不做大事看。须是体量得轻重始得。"辛。

○　先生曰："学者为学，未问真知与力行，且要收拾此心有个放处收敛，都在义理上安顿，无许多胡思乱想，则久而于物欲上自轻，于义理上自重。须是教义理心重于物欲，则见义理必端的，自有欲罢不能之意，其于物欲自无暇及之矣。苟操舍存亡间无所主宰，纵说得亦何益？"又曰："'子张学干禄'一章是教人不以干禄为意。盖言行所当谨，非为欲干禄而然也。若真能着实用功，则惟患言行之有悔尤，何暇有干禄之心邪！"铢。

○ 问："子张在圣门，忽然学干禄。圣人但告之以谨其言行。""其间工夫有许多节次。始也须用博学，就其中又须阙其闻见之疑殆者，择其可言可行者，既得其要约处，又须谨慎，不可轻发。须是将前言往行精要处做自家底涵养纯熟后，却发出来，自然一一中理然，外不得罪于人，内自不悔于心。若是工夫未到此，方汲汲自修之不暇，何暇外慕？'若能修天爵而人爵自至'，说得重了。此章重处只在言行，若言行能谨，便自带得禄来。凡言在其中者，皆不求〔或作"期"。〕而自至之辞。如耕，本是求饱，却言'馁在其中'；父子相为隐，直却在其中。将此等语思量便见。"又云："前面也说得深了。圣人本意在谨言行，又不可徒谨。〔须〕用博〔学〕，又须阙其疑而未信者、殆而未安者，便将其余信而安者做一处，谨言而谨行之，谓其察得可言与可行也。"〔南升。时举录小异。〕

○ 学固不为谋禄，然未必不得禄；如耕固不求馁，然未必得食。虽是如此，然君子之心却只见道不见禄。如"先难后获"，"正义不谋利"，睹常不到那里。闳祖。

○ 子张学干禄，夫子答之者：闻主言，见主事，尤是"罪自外至"，悔是"理自内出"。凡事不要到悔时，悔时已错了。"禄在其中"，凡言在其中，皆是不求而自至之意。父子相隐本非直，而"直在其中"。如耕本要饱，然有水旱之变，便有"馁在中"。学本是要立身，不是要干禄，然言行能谨，人自见知，便有得禄之道。大概是他自理会身己上事，不要先萌利禄之心。又云："若人见得道理分明，便不为利禄动。"明作。

○ 郑文振问："'子张学干禄'子曰云云，'禄在其中矣'，此莫是'修其天爵而人爵自至'底意思否？"先生曰："如此说便说得特地了，圣人之意只教他谨言行，因带着禄说，凡言'在其中'者，皆不期自至之辞。"时举。偁同。

哀公问何为则民服章

○ "'举直错诸枉'，集注谓'大居敬而贵穷理'。"先生云："若不居敬，如何穷理？不穷理，如何识人为举直错枉之本？"又云："最要见得是与不是，方有下手处。如今人都不见得是非，分别不出。"又曰："须是居敬、穷理，自做工夫，〔铢录云："此是自修工夫。"〕方能照得人破。若心不在焉，则视之而不见，听之而不闻，以枉为直，以直为枉矣！"明作。〔铢同。〕

○ 问："哀公问'何为则民服'，往往只是要得人畏服他。圣人却告之以进贤退不肖，乃是治国之大本，而人心自服者。盖好贤而恶不肖，乃人之正性；若举错得义则人心岂有不服。谢氏又谓'若无道以照之，则以直（而）〔为〕枉，以枉为直矣，君子大居敬而贵穷理'，此又极本原而言。若人君无知人之明，则枉直交错，而举错未必得宜矣。"先生曰："说得分明。"

季康子问使民敬忠以劝章

○ 问："'孝慈则忠'，何以能使之忠也？"曰："孝以率之，慈以结之，所以使之忠也。"问："孝慈主父子而言，可乎？"曰："如此安能便使之忠也！此'慈'字兼内外而言。若大学'齐家'章，孝慈乃主父子而言也。"

○ 孝于亲是做个样子，慈于众则推此意以及人，兼此二者方能使民忠。若徒孝于亲而不能推及于众，若徒慈于众而无孝亲底样子，都不得。明作。

○ 孝是以身率之，慈是以恩结之。善者固可举，若不能者遄刑之、罚之，则彼何由劝。举善于前而教不能于后，则是诱引之使趋于善也，是以劝。夔孙。

○ 问："'季康子问使民敬忠以劝'，是康子之意必要使民能如此。圣人但告之以己所当为而民自应者。在我者容貌端庄以临其民，则民自敬于我；在我者孝于亲、慈于众，则民必忠于我；善者我则举之，不善者我则教之，则民自有所劝而乐于为善。方其端庄孝慈，举善教不能，不是要民如此而后为。做得自己工夫，则民不期然而然者。"先生云："也是如此。"

或问子奚不为政章

○ 问："'施于有政'，是使一家人皆孝友否？"曰："'刑于寡妻，至于兄弟，以御于家邦'，是也。政，一家之事也，固不止是使之皆孝友耳。然孝友为之本也。"一之。

○ "推广此心，以为一家之政"，便是齐家。缘下面有一个"是亦为政"，故不是国政。又云："在我者孝则人皆知孝，在我者弟则人皆知弟，其政岂不行于一家？”<u>明作</u>。

○　又问：“或人问夫子何故不仕，夫子告以<u>书</u>所以谓‘孝友于兄弟’、‘施于有政’，盖谓人若能孝于亲、友于兄弟，推此心以为一家之政，则是亦为政矣。何必在位而后为政？此盖夫子难以不仕之意告或人，故托以告之。然使夫子得时得位，其为政之本也只就人伦上做将去。”先生云：“<u>文振</u>看文义看得好，更宜涵泳。”又问：“<u>子张</u>问‘十世可知’之章，圣人告以百世可知之理。盖三纲五常是自然之理，自天子以至于庶人所恃以有立者，不可一日而废。<u>夏商周</u>相继，只得因而行之，不敢少变。若其文章制度行之既久，其间须有少过不及处，不得不随时损益。初无害于礼之大体，皆是已然之迹，可得而知之。若以推之，自今以往，虽百世之远，所因所革，亦不外是，皆可得而前知也。”先生云：“三纲五常，虽衰乱大无道之世亦即在。（世）〔且〕如继周者<u>秦</u>，是大无道之世。毕竟是<u>始皇</u>为君，<u>李斯</u>等为臣；<u>始皇</u>为父，<u>胡亥</u>为子。三纲五常地位占得大了，便是损益亦不多。至<u>秦</u>欲尊君，便至不可仰望；抑臣，使臣十分卑屈。此段〔重〕地在‘因’字，损益只些子。”

子曰人而无信章

○　问“人而无信，不知其可也”。先生曰：“人而无真实诚心，则所言皆妄，今日所言要往东，明日走在西去，这便是言不可行。”<u>卓</u>。

○　问：“‘人而无信’章，先生但谓‘车无此二者则不可以行，人而无信亦犹是也’，而不及信之所以不可行，何也？”曰：“人若无信，语言无实，何处行得？处家则不可行于家，处乡党则不可行于乡党。”曰：“此则与‘言不忠信，虽州里行乎哉’之意同尔。”曰：“然。”<u>广</u>。

子张问十世可知章

○ 行夫问三统。答曰:"诸〔儒〕之说为无据。某看只是当天地肇判之初,天始开,当子位,故以子为天正;其次地始辟,当丑位,故以丑为地正;惟人最后方生,当寅位,故以寅为人正。即邵康节十二会之说。当寅位则有所谓开物,当戌位则有所谓闭物。闭物,便是天地之间都无了。看他说,便须天地翻转数十万年。"贺孙。

○ 问:"子、丑、寅之建正如何?"曰:"此是三阳之月。若秦用亥为正,直是无谓。大抵三代更易,须着如此改易一番。"又问:"忠、质、文,本汉儒之论。今伊川亦用其说,如何?"曰:"亦有此理。忠是忠朴,君臣之间一味忠朴而已。才说质,便与文对矣。"又问"五运"之说。曰:"本起于五行。万物离不得五行,五运之说亦有理。如三代已前事,经书所不载者甚多。"又问:"五运之说,不知取相生否?相克否?"曰:"取相生。"又问:"汉承秦水德之后,而以火德继之,是如何?"先生曰:"或谓秦是闰位。然事亦有适然相符合者。如我太祖以归德军节度即位,即是商丘之地,此火德之符也,事与高祖赤帝子一般。"祖道。谟同。

○ 忠、质、文。忠只是朴实头白直做将去,质则渐有形质制度而未及于文采,文则就制度上事事加文采。然亦天下之势自有此三者,非圣人欲尚忠、尚质、尚文也。夏不得不忠,商不得不质,周不得不文。彼时亦无此名字,后人见得如此,故命此名。僴。

○ 致道问:"夫子继周而作,则忠、质损益之宜如何?"曰:"孔子有作,则并将前代忠、质而为之损益,却不似商只损益得夏,周只损益得二代。"又问："<u>孔子</u>监前代而损益之，及其终也，能无弊否？"曰："恶能无弊！"<u>贺孙</u>。

○ <u>贺孙</u>问："其所阙者宜益，其所多者宜损，固事势之必然。但圣人于此处得恰好，其他人则损益过差了。"曰："圣人便措置一一中理。如周末文极盛，故<u>秦</u>兴必降杀了。<u>周</u>恁地柔弱，故<u>秦</u>必变为强戾；<u>周</u>恁地纤悉周致，故<u>秦</u>兴一向简易无情、直情径行，皆事势之必变，但<u>秦</u>变得过了。<u>秦</u>既恁地暴虐，<u>汉</u>兴定是宽大，故云'独<u>沛公</u>素宽大长者'。<u>秦</u>既鉴封建之弊改为郡县，虽其宗族，一齐削弱。至<u>汉</u>遂大封同姓，莫不过制。<u>贾谊</u>已虑其害，<u>晁错</u>遂削一番，<u>主父偃</u>遂以<u>谊</u>之说施之<u>武帝</u>诸侯王，只管削弱。自<u>武帝</u>以下直至<u>魏</u>末，无非划削宗室，至此可谓极矣。<u>晋武</u>起，尽用宗室，皆是因其事势，不得不然。"<u>贺孙</u>问："本朝大势是如何？"曰："本朝监<u>五代</u>，藩镇之弊遂尽削，藩镇兵也收了，赏罚刑政一切都收了。然（朔）〔州〕郡一齐困弱，<u>靖康</u>之祸，寇盗所过莫不溃散，亦是失斟酌所致。又如<u>熙宁</u>变法，亦是当苟且惰弛之余，势有不容已者，但变之自不中道。"<u>贺孙</u>。

○ <u>叔蒙</u>问十世所因损益。曰："纲常千万年磨灭不得。只是盛衰消长之势自不可已，盛了又衰，衰了又盛，其势如此。圣人出来，亦只是就这上损其余，益其不足。圣人做得来自是恰好，不到有悔憾处。三代以下做来不恰好，定有悔憾。虽做得不尽善，要亦有损益前人底。虽是人谋，要是大势不得不出此。但这纲常自要坏灭不得，世间自是有父子，有上下。羔羊跪乳，便有父子；蝼蚁统属，便有君臣；或居先，或居后，便有兄弟；犬马牛羊成群连队，便有朋友。<u>始皇</u>为父，<u>胡亥</u>为子；<u>扶苏</u>为兄，<u>胡亥</u>为弟。这个也泯灭不得。"<u>器之</u>问："三代损益，如衣服、器用、制度，损益却不妨。如正朔是天时之常，却要改，如何？"先生曰："一番新民观听合如此。如新知县到任便变易号令一番，住持入院改换行者名次相似。"

○ 所因之礼是天做底，万世不可易；所损益之礼是人做底，故随时更变。焘。

○ 所因，谓大体；所损益，谓文为制度。那大体是变不得底。〔虽如秦之绝灭先王礼法，然依旧有君臣、有父子、有夫妇，依旧废这个不得。〕义刚。

○ 问"子张问十世可知也"。先生云："此一章'因'字最重。所谓损益者亦是要扶持个三纲五常而已。如秦之继周，虽损益有所不当，然三纲五常终变不得。君臣依旧是君臣，父子依旧是父子，只是安顿得不好尔。圣人所谓可知者，亦只是知其相因者也。譬如四时之运，春后必当是夏，夏后必当是秋，其间虽寒暑不能无缪戾，然四时之运终改不得也。"因举康节诗云："'千世万世，中原有人'，与此意合。"时举。此条"论秦"与上"孝友"章一条同，凡条载两章者，不敢离为二，后放此。

○ "子张问：'十世可知也。'子曰：'殷因于夏礼，所损益可知也；周因于殷礼，所损益可知也；其或继周者，虽百世可知也。'"先生曰："这一段，诸先生说得'损益'字，不知更有个'因'字不曾说。'因'字最重。程先生也只衮说将去。三代之礼大概都相因了，所损也只损得这些个，所益也只益得这些个，此所以'百世可知'也。且如秦最是不善继周，酷虐无比，然而所因之礼，如三纲五常，竟灭不得。"因举马氏古注曰："'所因，谓三纲五常；损益，谓质文三统。'此说极好。"銖。

○ "继周百世可知。"秦，继周者也，安得为可知？然君臣父子夫妇依旧，只是在不能尽其道尔。淳。

○　先生谓："'继周百世可知'，诸公看继周者是秦，果如夫子之言否？"皆对以为秦不能继周，故所因所革皆不可考。先生曰："若说秦不能继周，则夫子之言不是始得。夫子分明说'百世可知'。看秦将先王之法一切扫除了，然而所谓三纲五常，这个不曾泯灭得。如尊君卑臣，损周室君弱臣强之弊，这自是有君臣之礼。如立法说父子、兄弟同室内息者皆有禁之类，这自是有父子、兄弟、夫妇之礼。天地之常经，自商继夏、周继商、秦继周以后，皆变这个不得。秦之所谓损益，亦只见得周末许多烦文缛礼如此，故直要损其太过，益其欠处，只是损益太甚者。然亦是事势合到这里，要做个直截世界，做个没人情底所为。你才犯我法便死，更不有许多劳劳攘攘。如议亲、议贤、议能、议功之类，皆不消如此，只是白直做去，他亦只为苟简自便（讨）〔计〕。到得汉兴，虽未尽变亡秦之政，如高文之宽仁恭俭，皆是因秦之苛刻骄侈而损益其意也。大纲恁地宽厚，到后便易得废弛，便有强臣篡夺之祸。故光武起来，又损益前汉之制，事权归上，而激厉士大夫以廉耻。"贺孙。

子曰非其鬼而祭之章

○　"非其鬼而祭之"，如天子祭天地，诸侯祭山川，大夫祭五祀，庶人祭其先，上得以兼乎下，下不得以兼乎上也。庶人而祭五祀，大夫而祭山川，诸侯而祭天地，此所谓"非其鬼"也。僩。

○　问："'非其鬼而祭之，谄也'，如诸侯僭天子、大夫僭诸侯之类。又如士庶祭其旁亲远族，亦是非其鬼否？"曰："是。又如今人祭甚么庙神，都是非其鬼。"问："如用僧尼道士之属，都是非其鬼。"曰："亦是。"问："祭旁亲远族不当祭者，无后者则如之何？"曰："这若无人祭，只得为他祭。自古无后者合当祭于宗子之家，今何处讨宗子？看古礼今无存者，要一一行之也难。"<u>贺孙</u>。

○　贺孙问："'见义不为无勇'，莫是连上章意否？"曰："不须连上。自说凡事见得是义，便着做，不独说祭祀也。"<u>贺孙</u>。

○　子善问"见义不为无勇也"。曰："此且说眼前事。若见得合做底事，且须勇决行之。若论本原上看，则只是知未至。若知至，则当做底事自然做将去。"<u>恪</u>。

○　子善问："'见义不为无勇'，这亦不为无所见，但为之不力，所以为无勇也。"曰："固是见得。见义而为之不力，然也是见得未分明。若已见得分明，则行之自有力。这般处着两下并看：就'见义不为'上看，固见得知之而不能为；若从源头上看下来，乃是知之未至，所以为之不力。"<u>贺孙</u>。

朱子语类卷第二十五
论语七

八佾篇

孔子谓季氏章

○ 季氏八佾止是添人多数，未有明文，故夫子就其事责之。若三家雍彻则分明歌天子之诗，故夫子引其诗以晓之。人杰。

○ 孔子谓季氏八佾舞于庭。为人臣子者，只有一个尊君敬上之心，方能自安其分而不忍少萌一毫僭差之意，乃是天伦之正。今季氏以陪臣而僭天子之佾尚忍为之，则是已绝灭天理。虽悖逆伦乱之事，亦必忍为之矣。

○ 问："是可忍也，孰不可忍也！"先生云："季氏初心也须知其为不安，然见这八佾人数热闹，便自忍而用之。这便是遏绝天理，失其初心也。"时举。

○ 子升兄问："'季氏舞八佾'章，集注中两说不同。"曰："如今亦未见圣人之言端的是如何。如后说之意亦自当存，盖只此便是天理发处。圣人言语固是旨意归一。后人看得有未端的处，大率意义长者录在前，有当知而未甚稳者录在后。如'放于利而行多怨'，或者又说求利而不得，则自多怨天尤人。此意亦自是，但以章旨观之，人怨之说为分晓，故只从一说。"<u>木之</u>。

○ 居父问："'是可忍也'，后说恐未安。圣人气象似不如此暴露。"曰："前日见<u>赵子钦</u>亦疑此，亦是。但圣人亦自有大段叵耐人处。<u>孔子作春秋</u>，是大段〔叵〕耐忍不得处。"<u>贺孙</u>。

三家者以雍彻章

○ 天子宗庙之祭，歌雍诗以彻其俎令，三家亦歌此以祭，圣人但举雍诗之辞以讥之曰："汝之祭亦有诸侯之助乎？亦有天子穆穆深远之容乎？既无此事，奚用此义？"此见三家全懵然不晓义理，而妄为僭窃之事。

○ 问"三家者以雍彻"。先生云："这个自是不当用，更无可疑。"又问："是<u>成王</u>赐<u>周公</u>在？"先生曰："便是<u>成王</u>赐<u>周公</u>，也是<u>成王</u>不是。若<u>武王</u>赐之，也是<u>武王</u>不是。公（便）〔道〕是<u>成王</u>赐，便不敢道是不是了？<u>雍</u>诗自是<u>武王</u>之乐，余人自是用他不得。<u>武</u>〔<u>成</u>〕<u>王</u>已自用不得了，何况更用之于他人。"<u>卓</u>。

○ "三家者以雍彻。子曰：'相维辟公，天子穆穆。'奚取于三家之堂？'"问："<u>范氏</u>以<u>成王</u>赐<u>鲁</u>以天子礼乐，惟用以祀<u>周公</u>于太庙，非使<u>鲁</u>君亦得以用之也。不如<u>伊川</u>断然便道<u>成王</u>不当赐，<u>伯禽</u>不当受。"先生曰："然。<u>范先生</u>说书，大抵言语宽，所以至此。"<u>銤</u>。

人而不仁如礼何章

○　童蜚卿问："'人而不仁如礼何，人而不仁如乐何'，此是无恻隐之心，则礼乐皆为虚文。"曰："此仁是指全体而言，不是指恻隐。"〔可学。〕

○　或问"人而不仁"注下数语。曰："'其如礼乐何哉'，只是奈他不下。礼乐不为之用也，是不为我使，我使他不得。虽玉帛交错，不足以为礼；虽钟鼓铿锵，不足以为乐。虽有礼而非礼，虽有乐而非乐。"因言"季氏，当初成王不赐，伯禽不受，则后人虽欲僭亦无样子，他也做不成"。又曰："观天子之礼于鲁宋。宋是三王后，有天子之礼。当时诸侯皆不识天子之礼，皆于鲁宋观之。"节。

○　或问"人而不仁如礼何，人而不仁如乐何"。曰："如礼乐〔何〕，谓其不奈礼乐何也。'心中斯须不和不乐，则鄙诈之心入之；外貌斯须不庄不敬，而慢易之心入之。'既不和乐，不庄敬，如何行得礼乐！譬如不善操舟，必不奈一舟何；不善乘马，必不奈一马何。"又问："礼乐是玉帛钟鼓之文否？"曰："看其文势，却是说玉帛钟鼓之礼乐也。"人杰。

○　问"人而不仁如礼何，人而不仁如乐何"。先生曰："中心斯须不庄不敬，则暴慢之心入之矣；斯须不和不乐，则鄙诈之心入之矣。不庄不敬、不和不乐，便是不仁，暴慢、鄙诈，则无如礼乐何矣。"又问："此'礼乐'二字莫是指钟鼓玉帛而言否？"先生曰："此政指钟鼓玉帛而言。譬如有船在此，自家不是撑驾底人，则无奈此船何也。"儒用。

○ 问"人而不仁如礼何，人而不仁如乐何"。先生曰："'人而不仁'，则其心已不是。其心既不是，便用之于礼乐也则是虚文，决然是不能为。心既不正，虽有钟鼓玉帛亦何所用！"卓。

○ 希真问："'人而不仁'与'不能以礼让为国'皆曰'如礼何'。其意同否？"曰："'人而不仁'是以仁对礼乐言，'不以礼让'是以礼之实对礼之文言。能以逊让为先，则人心感服，自无乖争凌犯之风。"恪。

○ 亚夫问："'人而不仁如礼何'一章，集注云'礼乐不为用'是如何？"先生曰："不仁之人浑是一团私意，自不奈那礼乐（是）何？礼乐须是中和温厚底人便行得。若不仁之人，与礼乐自不相关了。譬如无状之人去读语、孟、六经。语、孟、六经自是语、孟、六经，与他即无干涉，又安得为之用！"时举。

○ 问"人而不仁如礼何，人而不仁如乐何"之说，因言："三家舞八佾，歌雍彻，果何取哉？"先生曰："不必如此，但是人心既失其正，所存者皆是人欲，则凡有礼乐，虽非僭乱，亦无自以用之也。"处谦。

○ 问："人而不仁如礼何，人而不仁如乐何。"先生曰："人既不仁，自是与那礼乐不相管摄。礼乐虽是好底事，心既不在，自是呼唤他不来，他亦不为吾用矣。心既不仁便是都不醒了，（自与礼乐不相干事。）〔如人身体麻木，都不醒了，自是与礼乐不相干事。所以孟子说："学问之道无他，求其放心而已矣。"只是一个求放心，更别无工夫。或曰："初求放心时，须是执持在此，不可令他放。"曰："也不用擒捉他，只是要常在这里。"或曰："只是常常省察照管得在便得，不可用心去把持擒捉他。"曰:"然。只知得不在,才省悟便在这里。"或曰:"某人只恁擒制这心,少间倒生出病痛,心气不定。"曰:"不是如此。只是要照管常在此便得。"〕价。

○ "仁者,天下之正理",只是泛说,不是以此说仁体。若曰"义者,天下之正理",也得。义刚。

○ 节问:"程子曰:'仁者,天下之正理',何如?"答曰:"此说太宽。如义,亦可谓天下之正理;礼,亦可谓天下之正理。"又问:"仁是合知觉与理而为之与,舍知觉而为之与?"曰:"仁自是知觉。"又问:"知觉是仁中之一件否?"久之,曰:"生底是仁。"又曰:"仁、义、礼、智是四个根子,恻隐、羞恶、恭敬、是非是根上所发底苗。"又曰:"生是元,长是亨,收敛是利,藏是贞,只是一气。理无形,故就气上看理也是恁地。"次日,又曰:"仁是根,爱是苗。"又曰:"古人言仁,多以慈祥恺悌。易则曰:'安土敦乎仁,故能爱。'何尝以知觉为仁!"又曰:"程子曰'仁是理',此说太宽。如曰'偏言则一事,专言则包四者',此说却是紧要底。"节问:"仁如何包四者?"答曰:"易便说得好:'元者,善之长。'义礼知莫非善,这个却是善之长。"又曰:"义礼知无仁则死矣,何处更讨义礼知来?"又曰:"如一间屋分为四段,仁是中间紧要一段。孟子言'仁人心,义人路',后不言义者,包义在其中。如'克己复礼为仁'亦是恁地。"节。

○ 问:"'人而不仁如礼何'。仁者,心之德也。不仁之人,心德既亡,方寸之中绝无天理。平日运量酬酢,尽是非僻淫邪之气,无复本心之正。如此等人,虽周旋于玉帛交错之间,钟鼓铿锵之际,其于礼乐判为二物,如猿狙衣周公之服一般,其如礼乐何!伊川先生所谓'仁者,天下之正理。失正理,则无序而不和'。所谓正理即心之德也。若天理不亡，则见得礼乐本意皆是天理中发出来，自然有序而和。若是胸中不有正理，虽周旋于礼乐之间，但见得私意扰扰，所谓升降揖逊、铿锵节奏为何等物？不是礼乐无序与不和，是他自见得无序与不和，而礼乐之理（只）〔自〕在也。"先生云："只是如此。"〔南升。〕

○ 问："'人而不仁如礼乐何'。据<u>李氏</u>之说，则指在外之礼乐言之，如玉帛钟鼓之类。<u>程先生</u>所谓'无序而不和'，却是主在内者言之，如何？"曰："两说只是一意，缘在我（却）〔者〕无序而不和，故在外之礼乐亦不为我用。"又问："仁义礼智皆正理也，而<u>程子</u>独以仁为天下之正理，如何？"曰："便是<u>程子</u>之说有太宽处，此只是且恁宽说。"曰："莫是以其专言者言之否？"曰："也是如此。"<u>广</u>。

○ 问："'人而不仁如礼何，人而不仁如乐何'。集注举三说：若<u>游氏</u>则言心，<u>程氏</u>主理，<u>李氏</u>谓'待人而后行'。"曰："所疑者何？"曰："以今观之，则前二说与后说不相似。"先生顾<u>道夫</u>，曰："仲思以为如何？"<u>道夫</u>曰："此正'苟非其人，道不虚行'之意。盖心具是理，而以存是心者，则在乎人也。"曰："如恁地看则得之。"<u>道夫</u>。

○ "子曰：人而不仁如礼何，人而不仁如乐何。"问："<u>吕氏</u>曰'礼乐之情皆出于仁'，此语似好。"先生曰："大概也只是如此。"问："<u>游氏</u>曰'人而不仁，则人心亡矣'，如何？"曰："此说好。"问："曾见先生说'仁者，心之德'。义、礼、智皆心之德否？"曰："都是。只仁是个大底。"问："<u>谢氏</u>曰：'未能颠沛造次由于是，故如礼何！未能不忧，故如乐何！'似说得宽。"先生曰："他只似做时文用故事也。"问："<u>程先生</u>〔<u>尹先生</u>皆〕以仁为正理，如何？"曰："只是正当底道理。"<u>僩</u>。

林放问礼之本章

○　淳问："'丧与〔其〕易也宁戚'，注易为治，何也？"曰："古人做物滑净，无些碍处，便是易。在礼，只是太滑熟了。生固无诚实，人才太滑熟，亦便少诚实。"曰："夫子何故只以俭戚答礼之本？"曰："初头只是如此，未有后来许多文饰，文饰都是后来事。丧初头只是戚，礼初头只是俭。当初亦未有那俭，俭是对后来奢而言之，盖追说耳。如尧土阶三尺，当初只是恁地，不是为俭，后来人称为俭尔。东坡说忠、质、文，谓当初亦未有那质，只是因后来文，便称为质。孔子曰：'从先进。'周虽尚文，初头已自有些质在。"曰："三纲五常亦礼之本否？"曰："初头亦只有个意耳。如为君臣者，亦只是个诚敬而已，未有许多事。"淳。

○　问："'林放问礼'章，先生谓'得其本，则礼之全体无不在其中'，如何是礼之全体？"曰："兼文质本末言之。"曰："后面只以质为礼之本，如何又说文质皆备？"曰："有质则有文，有本则有末。徒文而无质，如何行得？譬如树木必有本根，则自然有枝叶华实。若无本根，则虽有枝叶华实，随即萎落矣。"广。

○　〔问：丧，与其易也宁戚。曰：其他冠昏祭祀皆是礼，故皆可谓与其奢也宁俭。〕惟丧礼独不可，故圣人言"丧，与其易也宁戚"。易者，治也，言治丧之礼至于习熟也。丧者，人情之所不得已。若习治其礼有可观，则是乐于丧而非哀戚之情也，故礼云："丧事欲其惚惚尔，吉事欲其提提尔。"卓。

○　林闻一问："'林放问礼之本'，而孔子并以丧告之，何也？"

曰："丧亦是礼。奢底是礼之吉者，丧是礼之凶者。冠昏丧祭皆是礼。"^芟。

○ 辛适正问："'林放问礼之本'，何故只以丧礼答之？"曰："礼不过吉、凶二者而已。上句是泛以吉礼而言，下句是专指凶礼而言。然此章大意不在此，须看问答本意。孔子只是答他问礼之本，然俭戚亦只是礼之本而已。及其用也，有当文时，不可一向以俭戚为是，故曰'品节斯，斯之谓礼'，盖自有个得中恰好处。"^淳。

○ 又问："'林放问礼之本'。盖周室既衰，为礼者事繁文而失其本意。林放独能拔出流俗而问礼之本，孔子所以大其问。'礼与其奢也宁俭'，夫礼贵得中，奢则过于文，俭、戚则不及而质，皆未为合礼。然质乃礼之本，过于文则去本已远。且礼之始，本诸饮食，'污樽而抔饮，蒉桴而土鼓'，岂不是俭？今若一向奢而文，则去本已远，〔故宁俭而质。丧主于哀戚，故立衰麻哭踊之数以节之。今若一向治其礼文，而无哀戚之意，则去本已远，〕故宁戚而质，乃礼之本。"先生云："也只是如此。"〔南升。〕

○ "林放问礼之本。子曰：'大哉问。礼与其奢也宁俭，丧与其易也宁戚。'"问："易，乃慢易，如何范氏以为'丧易而文'？"先生曰："易也近文。'易'字训治，不是慢易、简易之'易'。若是慢易、简易，圣人便直道不好了，如何更下得'与其'字？只此可见。"^銍。

夷狄之有君章

○ "子曰：夷狄之有君，不如诸夏之亡也。"问："范氏 吕氏皆以为夷狄有君而无礼义，不如诸夏之无君而有礼义，恐未当。"先生曰：
"不知他如何恁地说。且如圣人恁地说时便有甚好处？不成中国无君恰
好？"问："亡，莫只是有无君之心否？"曰："然。"<u>榦</u>。

季氏旅于太山章

○　问"<u>季氏</u>旅于<u>太山</u>"一段。先生曰："天子祭天地，诸侯祭其国
之山川，只缘是他属我，故我祭得他。若不属我，则气便不与之相感，如
何祭得他。"因举太子<u>申生</u>"<u>秦</u>将祀予"事。<u>时举</u>。事见<u>僖公</u>十一年<u>狐突</u>云云。

君子无所争章

○　问："'君子无所争'，惟于射则有胜，是有所争也。然方其射
也，揖而升堂；既射也，揖而降。众耦既皆降，胜者乃揖不胜者升而
饮，揖逊如此。其争也，乃是君子气象，岂若小人之争乎！"先生曰：
"'君子无所争'，必于射见之。言射有胜负，是相争之地，而犹若此，
是不争也。语势是如此。"〔<u>南升</u>。〕

○　问："'其争也君子'，只是<u>横渠</u>说，争为辞逊底否？"曰："然。
毕竟是为君子之争，不为小人之争。"<u>榦</u>。

巧笑倩兮章

○　"素以为绚"，不知是何诗。若以为今<u>硕人</u>诗，则章句不合。且

此一句最有理，亦不应删去。因说"古人绘事，未必有今人花巧。如'云'字、'雷'字，见笔谈"。螢。〔去伪同。〕

○ 螢问："'素以为绚'，诸说不同。伊川云'美质待礼以成德，犹素待绘以成绚'，却似有质须待礼，有素须待绚。"先生曰："不然。此质却重。"螢。

○ 又问："'巧笑倩兮'诗人之意。"谓："'巧笑倩兮，美目盼兮'，言人之美质如此，犹画者有此粉素之质，可以为采饰之地也。子夏却疑'素为绚兮'恐是只以素为采饰。子曰绘画之事在素地之后，言先有粉素之地而后可加以采画，犹人先有美质，而后可加以文采。子夏却悟曰：'礼后乎？'言人以忠信为质而后可以学礼乎？不有粉素之质则采色无所施，人不诚实，如何学礼？"又问："天之所以赋于人，人之所受于天，有许多道理皆在身上分，若懵然不知落着，便是枉过一生，死则与草木俱腐。若能知得此理之当然及其所以然，便见得此生浑是道理，有无不顺，虽夕死亦可者。缘是已得天地所以赋予我者，虽死亦安，无有遗恨。先生云死亦是道理，便待做尧行舜趋。□□□□画者脱空诈伪。子夏因论诗而知学礼，可谓得于言意之表，故夫子以为启发我之意，今而后可与之谈诗矣。"先生云："若皆看得如此分明，也不须久相聚。"又云："未必看得便都便是心与书相通矣。"

夏礼吾能言之章

○ 问："'夏礼吾能言之'，所谓礼，是说制度文章，不是说三纲五常，如前答子张所问者否？"先生曰："这也只是说三纲五常。"问："'吾能言之'，是言甚事？"曰："圣人也只说得大纲，须是有所证方端的。

'足则吾欲证之。'证之，须是杞宋文献足方可证，然又须是圣人方能取之以证其言。古礼今不复存。如周礼自是纪载许多事，当时别自有个礼书，如云'宗伯掌邦礼'，这分明自有礼书、乐书，今亦不可见。"贺孙。

○ "子曰：夏礼吾能言之，杞不足征也；殷礼吾能言之，宋不足征也。文献不足故也，足则吾能征之矣。"问"文、献"。曰："只是典籍、贤人。若以献作法度，却要用这'宪'字。"问："'征'字训'成'字如何？"曰："也有一义如此，只是证成之，故魏徵字'玄成'。"又曰："这一段，中庸说得好，说道'有宋存焉'，便见得杞又都无了。如今春秋传中宋犹有（此）〔些〕商礼在。"銤。

○ 问"夏礼吾能言之"一章。"圣人自谓夏商之礼我皆能言之，以圣人聪明睿智，无所不知，岂不能言夏商之礼？但杞宋二国典籍既已不备，又无贤者可以询问，故无所考证，虽欲言而不可得。使文献若足，则我能取之以证吾言矣。盖叹夏商既远，典礼失坠，而无所稽考也。"

○ 或问："孔子能言夏殷之礼而无其证。是时文献不足，孔子何从知得？"曰："圣人自是生知聪明，无所不通。然亦是当时'贤者识其大，不贤者识其小'，孔子广询博问，所以知得。杞国最小，所以文献不足。观春秋所书，杞初称侯，已而称伯，已而称子。盖其土地极小，财赋不多，故宁甘心自降为子、男之国，而其朝觐贡赋，率以子、男之礼从事。圣人因其实书之，非贬之也。"偰。

禘自既灌而往者章

○ 禘，只祭始祖及所自出之帝。祫乃合群庙皆在。当以赵匡之说

为正。从周。〔方子录云："所自出之帝无庙。"〕

○ "程先生说（得）：'禘是禘其始祖之所自出，并群庙之主皆祭之。祫则止自始祖而下，合群庙之主皆祭之。'所谓禘之说，恐不然。故论语集解中取赵伯循之说，谓'主者既立始祖之庙，又推始祖所自出之帝，祀之于始祖之庙，而以始祖配之也'。观'禘祫'两字之义亦可见。"又曰："禘，只是王者既立始祖之庙，又请他那始祖之尊长来相热乐相似。"广。

○ 因说"诚者物之终始"，曰："且如'禘自既灌而往不欲观'，是方灌时诚意存焉，即有其祭祀之事物矣；及其诚意一散，则虽有升降威仪，已非所以为祭祀之事物矣。"大雅。〔闳祖录云："不诚，虽有物犹无物，如禘自既灌，诚意一散如不祭一般。"〕

○ 〔仁父〕问："'禘自既灌而往者，吾不欲观之'，集注有两意。"曰："这其实也只说既灌而往不足观。若'不王不禘'时，合自着恁地说将来。其实这一句只说灌以后不足观。"又云："'观，盥而不荐，有孚颙若，下观而化也。'这盥自与灌不同：灌自是以秬鬯之酒灌地以降神，这盥只是洗手。凡祭祀数数盥手，一拜则掌拊地，便又着洗。"伊川云："人君〔正〕其表仪，以为下民之观，当庄严于始盥之初，勿使诚意少散如既荐之后。"〔某〕看观卦意思不是如此。观义自说圣人〔至〕德出治，天下自然而化，更不待用力，而下莫不观感而化，故取义于盥。意谓积诚信之实，但且盥涤而不待乎荐享，有孚已自颙若，故曰"下观而化也"。蔡季通因云："'盥而不荐，有孚颙若'，言其理也；'下观而化'，究其德也。"贺孙。

○ 问："禘之说，诸家多云鲁跻僖公于闵公之上，昭穆不顺，故圣人不欲观之。如何？"先生曰："禘是于始祖之庙推所自出之帝，每虚位以祀之，而以始祖配，即不曾序昭穆。故周禘帝喾，以后稷配之。王者有禘有祫，诸侯只有祫而无禘，此鲁所以为失礼也。"时举。

○ "子曰：禘自既灌而往者，吾不欲观之矣。"问："吕氏以未盥之前，诚意交于神明，既灌而后，特人事耳。如何？"曰："便是有这一说，道是灌以前可观，以后不必观。圣人制礼要终始皆尽诚，不必如此说。"贺。

○ 李公晦问："知其说者之于天下也，其如示诸斯乎！"曰："此尚明得，何况其他！此尚感得，何况其他！"节。

○ 器之问："禘之说，治天下如指诸掌，恐是至诚感动之意。"曰："禘是祭之甚远甚大者。若其他四时之祭及祫祭，祭止于太祖。若禘，又祭其祖之所自出，如祭后稷，又推后稷上一代祭之，周人禘喾是也。'礼，不王不禘'，禘者，祭其祖之所自出，而以祖配之。盖无庙而祭于祖庙，所以难以答或人。固是鲁禘非礼，然事体大，自是难说。若主祭者须是极其诚意，方可以感格。"贺孙。

○ 又问："'或问禘之说'，孔子答以不知，又继之以知其说者。非圣人真不知，盖此事有难言者。其一是鲁之禘为非礼，圣人当为尊者讳；其一是报本追远之意莫深于禘。'非仁孝诚敬之至，不足以与此'，何也？盖祭祀之事，以吾身而交于鬼神，最是大事。惟仁则不死其亲，惟孝则笃于爱亲。又加之诚敬，以聚集吾之精神，精神既聚，所谓'祖考精神，便是吾之精神'，岂有不来格者！故曰：'知此说者，则理无不明，诚无不格，其治天下不难矣。'"先生云："看得文字皆好。"贺孙。

○ "禘之说。""禘是追远之中又追远，报本之中又报本。盖人之于近亲曾奉养他底，则诚易感格，如思其居处言笑，此尚易感。若太远者，自非极其至诚不足以格之，所以难下语答他。此等处极要理会，在论语中为大节目。"又曰："圣人制祭祀之意深远，非常人所能知。自祖宗以来千数百年，元是这一气相传。德厚者流尊，德薄者流卑。但说有止处，所以天子只得七庙，诸侯五，大夫三。此是当如此。然圣人之心犹不满，故又推始祖所自出之帝，以始祖配之。然已自无庙，只是祔于始祖之庙。然又惟天子得如此，诸侯以下不与焉。故近者易感，远者难格。若薄俗粗浅之人，(也)〔他〕诚意如何得到那里！不是大段见得义理分明底，如何推得圣人报本反始之意如此深远！非是将这事去推那事，只是知得此说，则其人见义尽高，以之观他事，自然沛然，治天下不难也。"<u>明作</u>。

○ 〔叔共〕问禘之说。曰："寻常祭祀犹有捉摸，到禘时则甚眇茫。盖推始祖之所自出者，而祭之于始祖之庙，以始祖配之，其所禘者无庙无主，便见圣人追远报本之意，无有穷也。若非诚敬之至，何以及此！故'知禘之说，则诚无不格'，此圣人所以难言也。"〔时举。〕

○ 子升兄问禘之说。曰："禘之意最深长。如祖考与自家身心未相辽绝，祭祀之理亦自易理会。至如今郊天祀地，犹有天地之显然者，不敢不尽其心。至祭其始祖，已自大段阔远，难尽其感格之道。今又推其始祖之所自出而祀之，苟非察理之精微，诚意之极至，安能与于此哉？故知此则于治天下不难也。"<u>木之</u>。

○ 问："集注云'知禘之说，则理无不明'，如何？"曰："幽明只是一理。若是于那眇茫幽深之间知得这道理，则天下之理皆可推而明之矣。"<u>恪</u>。<u>去伪</u>录同。

○ 问："或问'禘之说'章，先生谓'知禘之说，则理无不明，诚无不格，治天下不为难矣'。先王报本反始之意，虽莫深于禘，如何才知其说，便能于理无所不明？"曰："此是理之至大者，盖人推至始祖则已极矣，今又推始祖所自出之帝而祀焉，则其理可谓穷深极远矣。非仁孝诚敬之至，何以及此！能知此，则自然理无不明，诚无不格，于治天下不为难矣。"<u>广</u>。

○〔<u>仁父</u>〕问："集注云'知禘之说，则理无不明，诚无不格，治天下不难'。意思如何？"曰："天地、阴阳、生死、昼夜、鬼神只是一理。若明祭祀鬼神之理，则治天下之理不外于此。'七日戒，三日斋，必见其所祭者'，故'郊焉则天神格，庙焉则人鬼享'。此可谓至微而难通者。若能如此，到得治天下，以上感下，以一人感万民，亦初无难者。这鬼神生死之理，却（怕）〔惟〕<u>上蔡</u>先生见得。看他'吾之精神，即祖考之精神'，这说得有道理。如说'非其鬼而祭之'一段，亦说得好。"<u>贺孙</u>。

○ 问："知禘之说，何故治天下便易？"曰："禘，诸公说得也多头项，而今也见不得，<u>集注</u>中且〔依〕约如此说。"或问："以<u>鲁</u>人僭，故<u>孔子</u>不说否？"曰："也未必是如此。不知，只是不敢知。"或曰："只是知得报本否？"曰："亦不专是如此。<u>中庸</u>'明乎禘尝之义，治国其如示诸掌'，亦如此说。盖禘是个大祭，那里有君臣之义，有父子之亲，知得则大处是了，便也自易。"<u>淳</u>曰："恐此只是既知得报本，又知得名分，又知得诚意否？"曰："是如此。<u>游氏</u>说得好。<u>祭统</u>中说'祭有十伦'亦是好，子细看方知得不是空言。"<u>淳</u>。<u>集义</u>。

祭如在章

○ 问："'祭如在'，人子固是尽诚以祭，不知其可使祖宗感格否？”曰：“上蔡言：‘自家精神，即祖考精神。’这里尽其诚敬，祖宗之气便在这里，只是一个根苗来。如树已枯朽，近傍新根即接续这正气来。”〔寓。〕

○ 问“祭如在，祭神如神在”。先生曰：“祭先主于孝，祭神主于敬。虽孝敬不同，而如在之心则一。圣人万一有故而不得与祭，虽使人代之，若其人自能极其恭敬，固无不可，然我这里自欠少了，故如不祭。”时举。

○ “祭如在，祭神如神在。”此是孔子弟子平时见孔子祭祖及祭外神之时，致其孝敬以交鬼神也。孔子当祭祖先之时孝心纯笃，虽死者已远，因时追思，若声容可以接，得以竭尽其孝心以祀之也。祭外神，谓山林溪谷之能兴云雨者，此孔子在官时也。虽神明若有若亡，圣人但尽其诚敬，俨然〔如〕神明之来格，得以与之接也。“吾不与祭，如不祭”，此孔子自谓当祭之时，或有故而不得祭，使人摄之，礼虽不废，然不得自尽其诚敬，终是不满于心也。范氏所谓“有其诚则有其神，无其诚则无其神”。盖神明不可见，惟尽其心。尽其诚敬，专一在于所祭之神，便见得“洋洋然如在其上，如在其左右”。然则神之有无，皆在于此心之诚与不诚，不必求之恍忽之间也。〔南升。〕

○ 问：“祭祀之理，还是有其诚则有其神，无其诚则无其神否？”曰：“鬼神之理，即是此心之理。”恪。

○ 问：“‘祭神如神在’，何谓也？”曰：“如天地、山川、社稷、五祀之类。”问：“如范氏谓‘有其诚则有其神，无其诚则无其神’，只是心诚则能体得鬼神出否？”曰：“诚者，实也。有诚则凡事都实有，无诚则凡事都无。如祭祀有诚意，则幽明便交；无诚意，便都不相接了。”

问："如非所当祭而祭，则为无是理矣。若有是诚心，还亦有神否？"
曰："神之有无不可必，然此处是以当祭者而言。若非所当祭底，便待
有诚意，然这个都已错了。"淳。

○ 子（美）〔善〕问鬼神："范氏解'祭如在'云：'有其诚则有
其神，无其诚则无其神。'虚空中无非气。死者既不可得而求矣，子孙
尽其诚敬，则祖考即应其诚。还是虚空之气自应吾之诚，还是气只是吾
身之气？"曰："只是自家之气，盖祖考之气与己连续。"贺孙。

与其媚于奥章

○ "王孙贾问曰：'与其媚于奥，宁媚于灶。何谓也？'子曰：'不
然。获罪于天，无所祷也。'"先生曰："王孙贾之意，欲夫子媚己。紧
要是'媚'字不好。如夫子事君尽礼也，何尝是媚！他见夫子当时事君
尽礼，便道夫子媚奥，故夫子都不答他，只道是不如此。'获罪于天，
无所祷也'，何为媚奥？亦何为媚灶！逆理而动，恐获罪于天。"问：
"此两句恐是时人有此语，故问曰：'何谓也？'"先生曰："恐是如
此。"銤。

○ 问："集注云：'天即理也。其尊无对，非奥灶之可比也。逆理
则获罪于天矣。'人若顺理而行，则心平气和而自然安裕。若悖理伤道，
非必有所谓天祸人刑，而胸次错乱，乖气充积，此即是获罪于天？"答
曰："固是如此，也不消说道心气和平。这也只〔见〕有为恶幸免者，
故有此说。然也不必说道有无人祸天刑。即是才逆理，便自获罪于天。"
贺孙。

○ 因说"与其媚于奥，宁媚于灶"，问："祭五祀皆有尸，祀灶则以谁为尸？"先生曰："今亦无可考者，但如墓祭则以冢人为尸，以此推之，则祀灶之尸必是膳夫之类，祀门之尸必是阍人之类，又如祀山川，则是虞衡之类。"问尸之坐立。曰："<u>夏</u>立尸，<u>商</u>坐尸，<u>周</u>旅酬之尸。<u>后</u><u>稷</u>之尸不旅酬。"问祭妣之尸。曰："妇人不立尸，却有明文。"又曰："古者以先王衣服藏之庙中，临祭则出以衣尸。如<u>后稷</u>之衣到<u>周</u>时恐已不在，亦不可晓。"<u>元秉</u>。

周监于二代章

○ 夫子得志，大概从<u>周</u>处多。<u>道夫</u>。

○ 问"吾从周"。曰："<u>孔子</u>为政自是从<u>周</u>处多。盖法令自略而日入于详，详者，以其弊之多也。既详，则不可复略。今法令明备，犹多奸宄，岂可更略？略则奸宄愈滋矣。"<u>侗</u>。

子入太庙章

○ "子入太庙，每事问"，知底更审问，方见圣人不自足处。<u>贺孙</u>。

○ "'子入太庙，每事问'，宗庙朝廷重事自用谨，虽知亦问。"曰："是当然。必有差失处，每常思量，行事所以错处多是有忽之之心。且如使人做一事，丁宁谆复，其中已有意以为易晓而忽之不嘱者，少间事之差处都由那忽处生。"<u>侗</u>。

○ 问"子入太庙，每事问"。"此是始仕之时入而助祭也。孔子聪明睿智，无所不知，但能知其理而已，若其器数之末，乃掌之有司者，圣人前此未之见，安得而尽知之？若□曾经讲究讨论，见得礼之器物与登降拜跪等事合是如此，方今及见之，亦须问一番方为审谛。"或曰："孰谓邹人之子知礼乎？盖孔子自少以知礼闻，今或人见其每事而问，故以是讥之。鄹人之子则知孔子少时也。孔子言是礼者，谓即此便是礼也。盖礼以敬为主，虽知亦问。况孔子方入太庙，其间有未知，当每事而问，乃是敬谨之至也。"先生云："虽是有司之事，孔子亦须理会。但其器物须有人家无者，故见不得。今入宗庙方及见之，亦须问方得。"

射不主皮章

○ 圣人谓古人之射不主皮者，为人之力有强弱不同科等也。盖射礼栖革于侯以为鹄，若有强力者，必能贯革，然古人不贵也。古之人射但主于中。若有容体比于礼，其节比于乐，则中必多，当于此观德可也。孔子言古之道者，以见春秋争强之时尚多贯革之射，无复观德之射，故言古之道以正今之失。先生曰："古人用之战斗，须用贯革之射。若用之于礼乐，则观德而已。武王克商，散军郊射，而贯革之射息，则是前此用兵之时，须用贯革之射，今则不复用矣。"又曰："郭先生云：'弓弩之制，被神宗改得不好。'高宗亦尝如此说。"又曰："郭先生谓古人射法易学，今人射法难学，渠须理会得。郭先生论弓弩及马甚精。"黄直卿云："是冲晦否？"先生曰："然。"〔南升。〕

○ 问："'射不主皮'，是绝不取于贯革？"先生曰："先王设射，谓'弧矢之利，以威天下'，岂不愿射得深中？如'不失其驰，舍矢如破'，又如'发彼小犯，殪此大兕'之类，皆是要得透，岂固以不主皮为贵？而但欲略中而已。盖乡射之时皆是习礼容，然习礼容之人，未必皆是勇敢之夫，故圣人谓若以贯革为贵，则失所以习礼义之意。故谓若有人体直心正，持了弓矢又审固，若射不贯革，其礼容自可取，岂可必责其贯革哉！此所以谓'为力不同科'也。"_{时举。}

○　或问："'射不主皮，为力不同科。'正甫之意，大段全说贯革底不是。"先生举易"弧矢之利，以威天下"，又举诗"舍矢如破"之本意："也是要得贯革。只是大射之礼主于观德，却不全是裸股肱决射御底人。只要'内志正，外体直'，取其中，不专取其力尔。"〔倪。植同。〕

○　"子曰：射不主皮，为力不同科，古之道也。"问："明道先生说：'此与为力而射者不同科。'伊川先生曰：'功力非一端，苟有可取，不必同科。'此二说都就本文上添了字多，方解得，恐未稳。"先生曰："便是如此，这处自是甚分明。"又问："明道曰'射不专以中为善'，如何？"曰："他也只是一时间恁地说，被人写放册子，便有碍。如'内志正，外体直'，只要个中。不要中了，更要甚底！"问："'主皮'如何说？"曰："'皮'字看来只做个'贯革'字了；主，便是主于贯革。"因问："古人射要如何用？"曰："其初也只是修武备，圣人文之以礼乐。"_{螯。集义。}

子贡欲去告朔之饩羊章

○　居父问："'饩羊'，注云：'特羊。'"曰："乃专特之'特'，非牛也。'特牲'、'用特'，皆是特用一牛，非指特为牛也。"问"五祀皆设主而祭于所，然后迎尸而祭于奥"。曰："譬如祭灶，初设主于灶陉。陉非可做好安排，故又祭于奥以成礼。凡五祀皆然，但此处亦有不可晓者。若被人问第二句，便晓未得。问以何人为尸，便晓不得。五祀各有主，未祭及祭毕，不知于何处藏，是无所考也。"贺孙。

○　或问论语数段。曰："依文解义，只消如此说，只是更要看他圣人大底意思。且如适间公说'爱礼存羊'一段，须见得圣人意思大。常人只是屑屑惜那小费，圣人之心却将那小费不当事，所惜者是礼，他所存者大。更看得这般意思出方有益，自家意思方宽展，方有个活动长进处。"僴。

事君尽礼章

○　"拜下，礼也，今拜乎上"，孔子必拜乎下，此见尽礼处。铢。

君使臣以礼章

○　或说："'君使臣以礼，臣事君以忠'，讲者有以先儒谓'君使臣以礼，则臣事君以忠'为非者。其言曰：'君使臣不以礼，则臣可以事君而不忠乎！君使臣不以礼，臣则有去而已矣。事之不以忠，非人臣之所宜为也。'"先生曰："此说甚好，然只说得一边。尹氏谓'君使臣以礼，则臣事君以忠'，此亦有警君之意，亦不专主人臣而言也。如孟子言：'君之视臣如犬马，则臣视君如寇雠！'此岂孟子教人臣如此哉！正以警其君之不以礼遇臣下尔。为君当知为君之道，不可不使臣以礼；为臣当尽为臣之道，不可不事君以忠。君臣上下两尽其道，天下其有不治者哉！乃知圣人之言本末两尽。"祖道。谟录同。

关雎乐而不淫章

○ 淳问："'关雎乐而不淫，哀而不伤'，是诗人情性如此，抑诗之词意如此？"曰："是有那情性，方有那词气声音。"淳。

○ 问："关雎乐而不淫，哀而不伤，于诗何以见之？"曰："忧止于'辗转反侧'，若忧愁哭泣，则伤矣；乐止于'钟鼓琴瑟'，若沉涵淫泆，则淫矣。"僩。

○ 关雎"乐而不淫，哀而不伤"，其忧也，至于"辗转反侧"而已，是不伤也；其乐也，至于"琴瑟钟鼓"而止，是不淫也，是诗人得性情之正也。僩。

○ 问："关雎之义，诗言后妃之德宜配君子，故托辞以见意。谓求之未得则不能无寤寐反侧之忧，求之而得则宜有琴瑟钟鼓之乐，是哀乐之发而见于辞者。然常人之乐易至于淫，淫者，乐之过而失其正也；常人之哀易至于伤，伤者，哀之过而害于和也。惟关雎之诗，乐虽盛而不失其正，忧虽深而不害于和。其得情性之正如此。学者须是'玩其辞，审其音'，而后知之。"先生云："只玩其辞便见得，若审其音也难。关雎是乐之卒章，故曰'关雎之乱'。乱者，乐之卒章也，故楚辞有'乱曰'是也。前面须更有，但今不可考耳。"〔南升。〕

○ 又："讲关雎'乐而不淫，哀而不伤'有引明道之说为证者，'哀窈窕，思贤才，而无伤善之心焉'。此言'无伤善'与所谓'哀而不伤'者，如何？讲云为其相似，故明道举以为证否？"先生曰："不然。'无伤善'与'哀而不伤'两般。'乐而不淫，哀而不伤'只是言〔哀〕

乐中节，谓'不伤'为'无伤善之心'，则非矣。"谟。

哀公问社于宰我章

○ 问："'古者各树其所宜之木以为社'，不知以木造主，还便以树为主？"曰："看古人意思，只以树为社主，使神依焉，如今人说神树之类。"问："不知周礼载'社主'是如何？"曰："古人多用主命，如出行大事，则用绢帛就庙社请神以往，如今说魂帛之类。社只是坛。若有造主，何所藏之？古者惟丧国之社屋之。"贺孙。

○ 〔尧卿问："社主平时藏在何处？"曰："向来沙随说，以所宜木刻而为主。某尝辨之，后来觉得却是。但以所宜木为主，如今世俗神树模样，非是将木来截作主也。以木名社，如栎社、枌榆社之类。"又〕问社稷之神。先生曰："说得不同。或云稷是山林原隰之神，或云是谷神，看来谷神较是。社是土神。"问："社何以有神？"先生曰："能生物便是神。"〔又曰："周礼，亡国之神却用刑人为尸。一部周礼却是看得天理烂熟也。"〕夔孙。

○ 木之问："'哀公问社于宰我'，宰我所言尚未见于事，如何不可救？"曰："此只责他易其言，未问其见于事与未见于事。所谓'驷不及舌'，'斯言之玷，不可为也'。盖欲使谨于言耳。"木之。

○ 问："'成事不说，遂事不谏，既往不咎'，三句有别否？"曰："亦有轻重，然社也无说话。便待 (冉有)〔宰我〕当初答得好，也无说话。况'使民战栗'之语，下面又将启许多事邪！"〔淳。〕

○ 问："'哀公问社于宰我'，对以'三代之社，各植其土之宜木以为主'。此是据实而言也。又却推求其义，妄以为'周人以栗'者乃是'使民战栗'。当春秋之时，诸侯方以杀伐为心，岂可妄告以'使民战栗'之说？此宰我之妄对也，故孔子再三责之曰'成事、遂事、既往'者，盖谓宰我言已出诸口，今不复说以救其过，此责之之辞也。此三句大概相似，再三言之，不杀其辞者，所以深责之也。"先生曰："然。"

○ 或问："'哀公问社'一节，讲者有以'使民战栗'为哀公之言者。"先生曰："诸家多如此说，却恐未然。'使民战栗'，恐只是宰我之辞。上有一'曰'字者，宰我解'周人以栗'之义，故加一'曰'字以发其辞耳。'子闻之曰："成事不说，遂事不谏，既往不咎。"'盖云'驷不及舌'，言岂可以轻发邪！言出宰我之口，入哀公之耳矣，岂可更谏而追之哉！"祖道。

管仲之器小哉章

○ "'管氏有三归'，不是娶三姓女。若此，却是僭。此一段意，只举管仲奢处以形容他不俭。下段所说乃形容他不知礼处，便是僭。窃恐未可做三娶说。"明作。

○ 问："'管仲之器小哉？'集注云：'度量褊浅，规模卑狭。'"曰："度量褊浅是他容受不去了。容受不去则富贵能淫之，贫贱能移之，威武能屈之矣。规模是就他施设处说。"僩。

○ 〔林闻一〕问："'管仲之器小哉'，集注云：'度量褊浅，规模卑狭',只是一意否?"曰:"某当时下此两句,便是有意。"因令坐间朋友各说其意。叔重云:"'度量褊浅',言容纳不得也。董铢录无"度量"以下十字。管仲志于功利,功利粗成,心已满足,此便器小处。董录"此便器小处"五字作"此所谓度量褊浅"。盖不是从反身修德上做来,故规模卑狭。奢而犯礼,器小可知。器大则自知礼矣。"时举云:"管仲以正天下、正诸侯为莫大之功,却不知有'行一不义,杀一不辜'底事更大于此。此其所以为小也。"先生曰:"必兼某上面两句,方见得它器小。盖奢而犯礼便是它里面着不得,见此些小功业便以为惊天动地,所以肆然犯礼无所忌也。亦缘他只在功利上走,所以施设不过如此。才做到此,便不觉自足矣。古人论王、伯,以为王者兼有天下,伯者能率诸侯。此以位论,固是如此。然使其正天下、正诸侯,皆出于至公而无一毫之私心,则虽在下位,何害其为王道?惟其'搂诸侯以伐诸侯'者,皆假仁义以为之,欲其功尽归于己,故四方贡赋皆归于其国,天下但知有伯而不复知有天子。此其所以为功利之心,而非出于至公也。在学者身体之,凡日用常行应事接物之际,才有一毫利心便非王道,便是伯者之习,此不可不省察也。"或云:"王、伯之分固是如此。然邵康节多说皇、王、帝、伯之道,不知皇、帝与王又有何异同?此是时使之然耶?"先生曰:"此亦是其德有厚薄,皇与帝终是自然。然黄帝亦曾用兵战斗,亦不是全然无所作为也。"时举。

○ 问:"'管仲之器小哉',莫只是以资质言之否?"曰:"然。""若以学问充之,则小须可大?"曰:"固是。"曰:"先生谓'器小'言其'度量褊浅,规模卑狭',此二句还尽得器小之义否?"曰:"前日亦要改'度量'作'识量',盖才说度量便只去宽大处看了,人只缘见识小故器量小。后又思量亦不须改,度量是言其资质,规模是言其所为。惟其器小,故所为亦展拓不开。只欲去后面添说,所以如此者,只缘不知学以充之之意。管仲只缘器量小,故才做得他这些功业便包括不住,遂至于奢以犯礼。奢与犯礼便是那器小底影子。若是器大者，自然不至如此，看有甚功业，处之如无。<u>胡文定公</u>春秋传却只以执辕涛涂一事为器小，此太拘泥。"因言："<u>管仲</u>相（威）〔桓〕公以伐楚，只去问他'包茅'与'昭王南巡不返'二事，便见他只得如此休。据<u>楚</u>当时，凭陵<u>中夏</u>，僭号称王，其罪大矣！如何不理会？盖才说着此事，<u>楚</u>决不肯服，便事势自然住不得。故只寻此年代久远已冷底罪过及它些小不供贡事去问，它见无大利害决不深较，只要他稍稍退听便收杀了。此亦是器小之故，才是器小自然无大功业。"<u>广</u>。

○　问"管仲之器小哉"。"此是<u>孔子</u>说<u>管仲</u>胸中所蕴蓄及其所施设处，将'器小'两字断尽了。盖当时之人只见<u>管仲</u>有九合之功，将谓它大故大了。<u>孔子</u>却见它一生全无本领，只用私意小智做将出来，仅能以功利自强其国，若是王佐之才必不如此，故谓之'器小'。或曰：'<u>管仲</u>俭乎？'或人必是个流俗底人，平日但知有<u>管仲</u>，忽见<u>孔子</u>有'器小'之说，不知所以，却问器小莫是俭否？<u>孔子</u>谓<u>管仲</u>有三归之台，家臣能备其官，安得谓之俭？或人又不晓，恐筑台与备官是知礼否？<u>孔子</u>告之僭礼。盖奢与僭便是器小之人方肯做，然亦只是器小底人，一两件事看得来。<u>孔子</u>'器小'两字，是包括<u>管仲</u>一生，自本至末是个褊浅卑狭底人。"先生云："<u>管仲</u>固是用私意小智做出来。今为<u>管仲</u>思量，看今当做如何方得？公须（知）〔如〕<u>孟子</u>告<u>齐梁</u>之君，若不可，则〔休〕。"先生云："是时<u>周</u>室犹未衰，此事是难事，合当为它思量。"<u>直卿</u>云："<u>胡文定公</u>云'当上告天王，〔下〕告方伯'。是时天王又做不起，（威）〔桓〕公系是方伯了，也做不得。是时<u>楚</u>强大，几无<u>周</u>室。若非（威）〔桓〕公出来，也可虑。但<u>管仲</u>须相（威）〔桓〕公伐<u>楚</u>了，却令（威）〔桓〕公入相于<u>周</u>，辅助天子。"先生云："是时有<u>毛</u>、<u>韩</u>诸公皆为天子三公，岂肯便信得（威）〔桓〕公过，便放（威）〔桓〕公入来。"又云："若率诸侯以朝王，如何？"先生曰："也恐诸公未肯放（威）〔桓〕公率

许多诸侯入国来。此事思量是难事，又也难说。"〔南升。〕

○ 〔萧景昭〕说"管仲之器小哉"，举杨氏曰："道学不明，而王、伯之略混为一涂，故闻管仲之器小，则疑其为俭；以不俭告之，则又疑其知礼。"先生曰："恐'混为一涂'之下，少些曲折。盖当时人但见有个管仲，更不敢拟议他，故疑器小之为俭，又疑不俭之为知礼。"时举。

○ 问管仲小器。先生曰："只为他本领浅，只做得'九合诸侯，一（正）〔匡〕天下'之功。扬雄说得极好：'大器其犹规矩准绳乎？规矩准绳，无施不可。'管仲器小，只做得这一件事。及三归反坫等事，用处皆小。上蔡说得来太小，如曰：'则其得君而专政，夫岂以天下为心哉？不过济耳目之欲而已。'管仲岂止如此。若如此，则又岂能'九合诸侯，一匡天下'？大凡自正心、诚意以及乎天下，则其本领便大。今人只随资禀去做。管仲资禀极高，故见得天下利害都明白，所以做得许多事。自刘汉而下，高祖太宗亦是如此，都是自智谋功力中做来，不是自圣贤门户中做来，不是自自家心地义理中流出。使高祖太宗当汤武，固自不得；若当桓文，尚未可知。"问："使二君与桓文同时，还在其上，还在其下？"曰："桓公精密，做工夫多年。若文公只是〔六年〕〔一作"疏浅"。〕，已自甚快。但管仲作内政，尽从脚踏底做出，所以独盛于诸侯。汉高从初起至入秦，只是虏掠将去，与项羽何异？但宽大，不甚杀人耳。秦以苛刻亡，故高祖不得不宽大；隋以拒谏失国，故太宗不得不听人言。是皆他天资高，见得利害分明，稍不如此，则天下便叛而去之。至如太宗从谏，甚不得已，然当时只有这一处服得人。"又曰："汉唐与齐晋之时不同。汉唐甚仓猝。"又问："谢氏却言子云之说不然。"先生曰："他缘是快，只认得至浅底意思，便说将去：'夫无所往而不利，无所适而不通，无所为而不成，无所受而不可。以之为心，则和而平；以之为公，则顺而祥；以之为天下，则无所施而不可。'

'富贵不能淫，贫贱不能移，威武不能屈'，要知大器之人，即此便是。
如上蔡只认得个'富贵不能淫'。"道夫。集义。

子语鲁太师乐章

○　问："'子语鲁太师乐'者，缘是时礼乐废坏，虽有太师之官，
只是具位，乐之音与义皆不能知，故孔子呼而教之。'始作翕如也'，谓
乐之初作，五声六律合同而奏，故曰翕如，言一齐奏作也。'从之，纯
如'，从者放也，言声音发扬出来，清浊高下，相济而和。'皦如也'，
既是清浊高下相济而和了，就中又各有条理，皦然而明，不相侵夺。
'绎如也，以成'，既有伦理，故其声相连续而遂终其奏，言自始至终皆
有条理如此。"先生云："此亦是据夫子所说如此。古乐既亡，无可考
处。但是五声六律翕然同奏了，其声音又纯然而和，更无一声参差，若
有一声参差便不成乐。且如一宫只得七声，若黄钟一宫合得姑洗等七
声。或少一声也不得，或多一声也不得。"〔南升。〕

仪封人请见章

○　问："古人相见皆有将命之词，而论语独载仪封人之说，及出，
即便说'二三子何患于丧乎'，是他如何便见得？"曰："某尝谓这里尽
好看。如何'从者见之'后，便见得夫子怎地？这里也见得仪封人高
处。据他仪封人谓'君子之至于斯，吾未尝不得见'，他大段见得好人
多，所以一见之顷便见得圣人出。大抵当周之末，尚多有贤人君子在，
故人得而见之。"至之云："到孟子时事体又别。如公都子告子万章之
徒尚不知孟子，况其他乎！"曰："然。"道夫。

○　又问："仪封人谓乱极当治，天必将使夫子得位，振文教于天下，此亦是据理而言。若其得位失位，则非所及知也。"先生曰："仪封人与夫子说话皆不可考，但此人辞气最好，必是个贤有德之人。一见夫子，其观感之间必有所见，故为此言。前辈谓'作者七人'，以仪封人处其一，以此。"〔南升。〕

子谓韶尽美矣章

○　或问韶、武美善。曰："德有浅深。舜性之，武王反之，自是有浅深。又舜以揖逊，武以征伐，征伐虽是应天顺人，自是有不尽善处。今若要强说舜武同道也不得，必欲美舜而贬武也不得。"又曰："舜武不同，正如孟子言伯夷伊尹之于孔子不同。至谓'百里之地而君之，皆能以朝诸侯，有天下；行一不义，杀一不辜而〔得天下〕，不为。〔是则同也〕'，〔舜武同异正如此。故武之德虽比舜自有深浅，而治功亦不多争。〕韶、武之乐正如圣人一个影子，要得因此以观其心。大凡道理须宽心看，使各自开去。打叠了心胸，安顿许多道理在里面，高者还他高，下者还他下，大者还他大，小者还他小，都历历落落，是多少快活！"道夫。

○　叔蒙问韶尽美尽善，武尽美未尽善。曰："意思自不同。观礼记所说武王之舞：'始而北出'，〔周在南，商在北，〕便做个向北意思；'再成而灭商'，须做个伐商意思；'三成而南，四成而南国是疆，五成而分周公左、召公右'，又分六十四个做两处。看此舞可想见乐音须是刚，不似韶纯然而和。武须有些威武意思。"又问："尧舜处汤武之时，宜如汤武所为否？"曰："圣德益盛，使之自服耳。然到得不服，若征伐也免不得，亦如征有苗等事，又如黄帝大段用兵。但古人用兵与后世不同，古人只趱将退便是赢。那曾做后世样杀人，或十五万，或四十万，某从来不信。谓之多杀人，信有之，然指定杀四十万，必无此理。只如今安顿四十万人，亦自大段着地位。四十万人也须会走，也须争死，如何掘个窟去埋得许多！<u>贺孙</u>。

○　子善问"韶尽美矣"一章。曰："后世所谓<u>文</u><u>武</u>之舞，亦是就<u>韶</u>、<u>武</u>舞变出来。<u>韶</u>舞不过是象那'地平天成，六府三事允治'，天下恁地和平底意思。<u>武</u>舞不过象当时伐商底意思。<u>详见乐记</u>。此二个意思自是有优劣，但若论其时，则当时聚一团恶人为天下害，不能消散，<u>武王</u>只得去伐。若使<u>文王</u>待得到<u>武王</u>时，他那旧习又不消散，<u>文王</u>也只得伐。<u>舜</u>到这里，也着伐。但恐<u>舜</u>文德盛，其徒或自相叛以归之，亦未可知，但<u>武王</u>之时只得如此做。'<u>尧舜</u>性之也，<u>汤武</u>身之也'，性是自有底，身是从身上做得来，其实只是资禀略有些子不相似处耳。"<u>时举</u>。

○　问："<u>孔子</u>称<u>舜</u>之<u>韶</u>、<u>武王</u>之<u>武</u>，皆谓之尽美者，言其声音之盛也。盖王者功成作乐，<u>舜</u>绍<u>尧</u>以致治，<u>武王</u>伐<u>纣</u>以救民，其功皆盛，故其声乐亦然。故皆谓之尽美。然就其尽美之中而求其美之实，则有不同者。盖乐以象德，<u>舜</u>之德性之，而又以揖逊得天下，不惟声音之盛，而其所以播于声音者又尽善也。<u>武王</u>之德反之，又以征伐得天下，犹如<u>汤</u>之有惭德焉，乃圣人之不幸，而非其所欲为者，故其乐之盛虽与<u>舜</u>同，而其所以盛之实则与<u>舜</u>异，故曰未尽善。"先生云："<u>韶</u>与<u>武</u>，今皆不可考，但书所谓'正德、利用、厚生惟和。九功惟叙，九叙惟歌。戒之用休，劝之以九歌'，此便是作<u>韶</u>乐之本也，所谓'九德之歌，九<u>韶</u>之乐'是也。看得此歌（来），〔本〕是下之人作歌，不知当时如何取之以为乐，却以此劝在下之人。<u>武王</u>之<u>武</u>，看乐记便见得，盖〔是象伐<u>纣</u>之事。其所谓北出者，乃是自南而北伐<u>纣</u>也，看得乐〕气象便不恁地和。<u>韶</u>乐只是和而已。故<u>武</u>所以未尽善。"又云："乐声也易得亡失。如

唐太宗破阵乐，今已不可考矣。"〔南升。〕

○ 问："'韶武'章，先生解曰：'美者，声容之盛；善者，美之实也。'如何是美之实？"曰："据书中说韶乐云：'德惟善政，政在养民，水、火、金、木、土、谷惟修，正德、利用、厚生惟和。九功惟叙，九叙惟歌。'此是韶乐九章。看他意思是如何？到得武乐，所谓'武始而北出，再成而灭商，三成而南，四成而南国是疆，五成而分周公左、召公右，六成而复缀以崇'，与夫'总干而山立，武王之事也；发扬蹈厉，太公之志也'，其意思与韶自是不同。"广。

○ "善者，美之实"，实只是事，是武王之事不称也。舜之德性之，武王反之，是他身上事，与揖逊、征伐不相干，但舜处武王时必竟又别。明作。

○ 问："子谓'韶尽美矣'，何以谓'善者美之实'？"曰："实是美之所以然处。且如织出绢与布，虽皆好，然布终不若绢之好。"问："'性之、反之'，似此精微处，乐中如何见得？"曰："正是乐上见。只是自家不识它乐，所以见不得。"佃。

○ 问："'武未尽善'，注云'善者美之实'，何也？"曰："美是言功，善是言德。如舜'九功惟叙，九叙惟歌'，与武王仗大义以救民，此其功都一般，不争多。只是德处，武王便不同。"曰："'未尽善'，亦是征伐处未满意否？"曰："善只说德，武王身上事，不干征伐事。"曰："是就武王反之处看否？"曰："是。"谢教，曰："必竟揖逊与征伐也自是不同，征伐是个不得已。"曰："亦在其中，然不专就此说。"淳曰："既征伐底是了，何故又有不得已意？"曰："征伐固是，必竟莫如此也好。所以孔子再三诵文王至德，其意亦可见矣。乐便是圣人影子，这处

'未尽善'便是那里也有未满处。"淳。

○　或问韶〔武〕善美之别。曰："只就世俗论之，美如人生得好，善则其中有德行耳。以乐论之，其声音节奏与功德相称，可谓美矣，善则是那美之实。"又问："或说武王之心与舜一般，只是所行处与心相反，所以有'尽善'、'未尽善'之别。"曰："圣人固无两心，乌有心如此而所行相反者？且如尧之末年，水土之害如此，得舜承当了，天下遂极治。纣之时天下大乱，得武王仗仁义，诛残贼，天下遂大治。以二圣人之功业论之，皆可谓尽美矣，然其美之实有尽、未尽者，只是舜较细，武王较粗些。然亦非圣人实要如此，只是所遇之时不同耳。"㒜。

○　问："尧舜在汤武时，还做汤武事否？"先生曰："尧舜且做尧舜看，汤武且做汤武看。看得其心分明，自见得。"可学。

○　问："征伐固武王之不幸。使舜当之，不知如何？"曰："只恐舜是生知之圣，其德盛，人自归之，不必征伐耳。不然，事到头也住不得。如文王亦然。且如'殷始咎周，周人乘黎。祖伊恐，奔告于受'，这事势便自是住不得。若曰'奔告于受'，则商之忠臣义士何尝一日忘周？自是〔纣〕昏迷尔。"道夫问："〔吴〕氏〔棫〕传谓书序是后人傅会，不足信。"曰："亦不必序，只经文谓'祖伊恐，奔告于王曰："天子，天既讫我殷命！"'则是已交手争竞了。纣固无道，然亦是武王事势不相安，住不得了。仲虺告成汤曰：'肇我邦于有夏，若苗之有莠，若粟之有秕，小大战战，罔不惧于非辜。'则仲虺分明言事势不容住，我不诛彼，〔则彼〕将图我矣。后人多曲为之说以讳之。要之，自是避不得。"道夫。

○　汤武之征伐，只知一意恻怛救民而已，不知其他。僩。

○　问"武未尽善"。先生曰："若不见得他'性之'、'反之'不同处，又岂所谓'闻其乐而知其德'乎！或曰舜与武王固不待论。今且论汤武，则其反之至与未至，虽非后学所敢议，然今细读其书，恐亦不待闻乐而知之也。"请问。先生曰："以书观之，汤必竟反之，工夫极细密，但以仲氏称汤处观之，如'以礼制心，以义制事'等语，又自谓'有惭德'，觉见不是，往往自此益去加功。如武王大故疏，其数纣之罪，辞气暴厉。如汤，便都不如此。"赐。

○　或问"武未尽善"一段。先生以所答示诸友云："看得如何？"皆未有所答。次问祖道。答曰："看来汤武也自别。如汤自放桀归来，犹做工夫，且如'从谏弗咈'，'改过不吝'，'昧爽丕显，旁求俊彦'，刻盘铭，修人纪，如此之类，不敢少纵。武王自伐纣归来，建国分土，散财发粟之后，便只垂拱了。又且如西旅之獒，费了太保许多气力。以此见得武王做工夫不及成汤甚远。先生所谓'观诗、书可见'者，愚窃以为如此。"先生笑曰："然。某之意正如此。"祖道。

○　问："'子谓韶尽美矣'一章，程子曰'尧舜汤武，其揆一也'。征伐非其所欲，所遇之时然耳，使舜遇汤武时，不知如何？"答曰："只怕舜德盛，人自归之。若是大段负固不服者，不得已也着征伐，如三苗是也。"时举。

○　"子谓韶尽美矣，又尽善也；谓武尽美矣，未尽善也。"问："范公以为德不同，谢氏以为时不同，游氏以为事不同。三者孰是？"曰："毕竟都有些子，如何得同？杨氏曰：'武之武，非圣人之所欲。'横渠亦曰：'征伐岂其所欲！'此说好。"幹。集义。

居上不宽章

○ 子升问"居上不宽"。"'宽'字难识。盖有政教法度,而行之以宽耳,非废弛之谓也。如'敬敷五教,在宽',盖宽行于五教之中也。"木之。

○ "居上不宽"三句,句末(是)三字是本。有其本,方〔可〕就其本上看他得失厚薄。若无其本,更看个甚么? 明作。

○ "居上而不宽,为礼而不敬,临丧而不哀",更无可据以为观者矣。盖宽也,敬也,哀也,所谓本也。其本既亡,则虽有条教法令之施、威仪进退之节、擗踊哭泣之数,皆无足观者。若能宽,能敬,能哀了,却就它这宽、敬、哀中然后去考量他所行之是否。若不宽、不敬、不哀,则纵其他有是处,皆不在论量之限矣。如醋须是酸,方就它酸之中看那个醲、那个淡。若只似水相似,更论量个甚么? 无可说矣。佃。

○ 希真问"吾何以观之哉"一章。曰:"如宽便有过不及,哀便有浅深,敬便有至不至。须是有上面这个物事,方始就这上见得他得失。若无这个物事,却把甚么观得他!"恪。

朱子语类卷第二十六
论语八

里仁篇上

里仁为美章

○ 或问："里仁一篇，自首至'观过斯知仁矣'都是说仁。'里仁为美'是指言仁厚之俗，'观过斯知仁'是指言慈爱底仁。其他则皆就心德上说。"曰："虽是如此，然统体便都只是那个仁。如里有仁厚之俗，便那一里之人这心不大故走作，所以有仁厚之俗。'观过斯知仁'，便也是这心。"侗。

○ 淳问："'里仁为美'，论语、孟子注不同，如何？"曰："论语本文之意只是择居，孟子引来证择术，又是一般意思。言里以仁者为美，人之择术岂可不谨？然亦不争多。"问："美，是里之美？抑仁之美？"曰："如云俗美一般。如今有个乡村，人淳厚，便是那乡村好；有个乡村，人不仁，无廉无耻者多，便是那乡村不好。这章也无甚奥义，只是择居而已。然'里仁'字也差异。"淳。

○ 问："'里仁为美'，孟子引用，自要说下文'安宅'。谢氏说：

'论语本意不是如此。'"曰："若这般说话，也要认得本旨是了。若如**孟子**说也无害，如**谢氏**也无害。"_{贺孙}。

○ **寓**问："此章**谢氏**引**孟子**择术为证，如何？"曰："圣人本语不是说择术。古人居必择乡，游必就士，是合着事。"**刘**问："今人数世居此土，岂宜以他乡俗美而遽迁邪？"曰："古人'危邦不入，乱邦不居'。近而言之，若一乡之人皆为盗贼，吾岂可不知所避？圣人言语说得平正，必欲求奇说令高远如何？今人说文字，眼前浅近底，他自要说深；在外底，他要说向里；本是说他事，又要引从身上来；本是说身上事，又要引从心里来。皆不可。"_寓。

不仁者不可以久处约章

○ **叔蒙**问："'不仁者不可以久处约，不可以长处乐。'不仁之人，本心已亡，才处约必滥，才处乐必淫，何待于长久。"曰："亦自有乍能勉强一时者。"_{贺孙}。

○ 仁者温淳笃厚，义理自然（是）〔具〕足，不待思而为之，而所为自怡怡地皆是义理，所谓仁也。智者知有是非，而取于义理，以求其是而去其非，所谓智也。_{升卿}。

○ 仁、智虽一，然世间人品所得自有不同：**颜子曾子**得仁之深者也，**子夏子贡**得智之深者也。如**程门**之**尹氏**则仁胜，**上蔡**则智胜。_{升卿}。

○ **至之**问"仁者安仁"。曰："仁者便是仁，早是多了一'安'

字。'知者利仁',未能无私意,只是知得私意不是着脚所在,又知得无私意处是好,所以在这里千方百计要克去个私意,这便是利仁。"时举。偱录同。

○ 刘潜夫问:"何以为'安仁'、'利仁'之别?"曰:"安仁者不知有仁,如带之忘腰、屦之忘足。利仁者是见仁为一物,(则)就之则利,去之则害。"处谦。

○ 晞逊问:"所谓利仁者,莫是南轩所谓'有所为而为'者否?"曰:"'有所为而为'不是好底心,下与'智者利仁'不同。'仁者安仁',恰似如今要做一事,信采做将去,自是合道理,更不待逐旋安排。如孟子说:'动容周旋中礼者,盛德之至也。哭死而哀,非为生者也;言语必信,非以正行也;经德不回,非以干禄也。'这只顺道理合做处便做,更不待安排布置。待得'君子行法以俟命而已',便与上不同。"又云:"有为而为之,正是说'五霸假之也'之类。"贺孙。

○ 或问"仁者心无精粗内外远近之间"。曰:"若有便成两段。此句为'仁者安仁'设。"节。

○ 问:"安仁者,'心无内外远近精粗之间'。性之未动,既皆至理所存;情之既发,无非至理所著。利仁固是审于既发,莫更着谨于未发否?"曰:"未发时,自着不得工夫。未发之时,自尧舜至于涂人,一也。"问:"原宪'克、伐、怨、欲不行',惟是他许多不好物事都已发了,只白地壅遏得住,所以非独不得为仁,亦且非求仁之事。"曰:"是如此。"贺孙。

○ 寓问:"谢氏之说'不能无远近精粗之间',如何?"曰:"亦只是内外意思。'吾心浑然一理，无内外远近精粗'，这段分别说极通透。<u>上蔡</u>寻常说有过当处，此却他人说不到。"先生再三诵"安仁则一，利仁则二"之句，以为解中未有及此者，因叹云："此公见识直是高。利仁，贪利为之，未要做远底，且就近底做；未要做精底，且就粗底做。"问："'安仁者非<u>颜</u><u>闵</u>以上不知此味'，便是圣人之事乎?"曰："是。须知'非<u>颜</u><u>闵</u>以上不知此味'，到<u>颜</u><u>闵</u>地位知得此味，犹未到安处也。"〔寓。〕

○ <u>萧景昭</u>问："而今做工夫，且须利仁。"曰："唯圣人自诚而明，合下便自安仁。若自明而诚，须是利仁。"<u>铢</u>。

惟仁者能好人能恶人章

○ 问"唯仁者能好人，能恶人"，<u>程子</u>所谓"得其公正"是也。曰："今人多连看'公正'二字，其实公白是公，正自是正，这两个字相少不得。公是心里公，正是好恶得来当理。苟公而不正，则其好恶必不能皆当乎理；正而不公，则切切然于事物之间求其是，而心却不公。此两字不可少一。"<u>偁</u>。

○ 问："<u>集注</u>引<u>程子</u>'得其公正'四字，如何?"曰："只是好恶当理，便公正。<u>程子</u>只着个'公正'二字解，某恐人不理会得，故以'无私心'解这'公'字，'好恶当于理'解'正'字。有人好恶当于理，而未必无私心；有人无私心，而好恶未〔必〕皆当于理。惟仁者既无私心，而好恶又皆当于理也。"<u>时举</u>。

○ 问："'惟仁者能好〔人〕，能恶人'。好善而恶恶，天下之同情。若稍有些子私心，则好恶之情发出来便失其正。惟仁者心中浑是正理，见人之善者则好之，见不善者则恶之。或好或恶皆因人之有善恶，而吾心廓然大公，绝无私系，故见得善恶十分分明，而好恶无不当理，故谓之'能好能恶'。"曰："程子之言约而尽。公者，心之平也；正者，理之得也。一言之中，体用备矣。"〔南升。〕

苟志于仁章

○ 问："'苟志于仁矣，无恶也。'切谓学者有志于仁，虽有趋向已正，而心念未必纯善而无过差。才有过差便即是恶，岂得言无？"答曰："志于仁，则虽有过差，不谓之恶。惟其不志于仁，是以至于有恶。此'志'字不可草草看。"人杰。

○ 先生问学者："'苟志于仁矣，无恶也'，与'士志于道，而耻恶衣恶食者，未足与议也'，前面说志于仁则能无恶，此段说志于道而犹有此病。其志则一，而其病不同，如何？"诸友言不合。曰："仁是最切身底道理。志于仁，大段是亲切做工夫底，所以必无恶。志于道，则说得来阔，凡人有志于学皆志于道也。若志得来泛泛不切，则未必无耻恶衣恶食之事。又耻恶衣食亦有数样。今人不能甘粗粝之衣食，又是一样。若耻恶衣恶食者，则是也吃着得，只是怕人笑，羞不如人而已，所以不足与议。"侗。

富与贵是人之所欲章

○ 〔文振〕问"富与贵"一章。答曰："'富与贵，不以其道得之’，若曰是诡曲以求之，此又是最下等人。所谓得之者，便设有自到我面前者，吾知其有一毫不是处，也不可处。譬如秀才赴试，有一人先得试官题目将出来卖，只要三两贯钱便可买得，人定是皆去买。惟到这里见得破方是有学力。圣人言语岂可以言语解过一遍便休了？须是实体于身，灼然行得，方是读书。”时举。

○　问：“贫贱，如何是不当得而得之？”曰：“小人放僻邪侈，自当得贫贱。君子履仁行义，疑不当得贫贱，然却得贫贱，这也只得安而受之。不可说我不当得贫贱，而必欲求脱去也。今之人大率于利虽不当得，亦泯此理受之；有害，则必以为不当得而求去之矣。君子则于富贵之来，须是审而处之；于贫贱则不问当得与不当得，但当安而受之，不求去也。”问：“此二节语，犹云‘恐有言无不雠，而德无不报’之意否？”曰：“然。盖于富贵则有所不处，于贫贱则必受之而不辞也。”僩。

○　问：“君子当得富贵，以利泽生人者也。所谓不当得而得者，乃人君不能用其言，徒欲富贵之，君子宁辞去而不居也。所谓不当得贫贱而贫贱者，以君子抱负大有为之志，而反不得位以行之，亦安时处顺，不汲汲于势位以求行其志也。君子之所以不汲汲于富贵、戚戚于贫贱者，盖胸中天理素明，惟知存养此理，无敢违去。达则行此理于天下，穷则藏此理于吾身。如或贪富贵而厌贫贱，则是违去此理而无君子之实矣，何以号为君子乎？‘君子无终食之间违仁’以下，又言君子不但富贵贫贱取舍之间不违去其仁，盖无时无处而违仁也。‘无终食之间违仁’是无时而不仁也。‘造次’、‘颠沛必于是’，无处而不仁也。盖缘取舍之分明，富贵贫贱不足以动其心，故能存养得纯熟，良心常在如此。”先生曰：“富贵不以道得之，不但说人君不用其言，只富贵其身。如此说，却说定了。凡是富贵贫贱有不当得而得者，皆不处不去。如‘孔子主于卫卿可得’之类，亦是不当得之富贵。须且平说，不要执定

一事。又云终食、造次、颠沛一句〔密似一句〕，虽至倾覆流离之际，亦不违仁也。"〔南升。〕

○〔或问："富贵不处，是安于义；贫贱不去，是安于命。"曰："此语固是。但须知如何此是安义，彼是安命。盖吾何求哉？求安于义理而已。〕不当富贵而得富贵，则害义理，故不处。不当贫贱而得贫贱，则自家义理已无愧，居之何害！富贵人之所同欲，若不子细便错了。贫贱人之所同恶，自家既无愧于义理，若更去其中分疏我不当贫贱，便不是。张子韶'审富贵而安贫贱'，极好。"正卿。

○"君子去仁"如"孟子去齐"之"去"，我元有此仁而自离去之也。音去声则是除却了，非也。明作。

○子善问此一章。曰："且如不处、不去，若是资质好底，所见稍明，便于这里也能见得，只是未必到无终食不违底意思。不处、不去，乃是立脚处好了，细密工夫方下得。若上面无立（处脚）〔脚处〕了，其他可见。圣人之意不独是教人于富贵贫贱处做工夫，须是到终食不违、颠沛造次都用工方可。"一本"其它可见"作"下面工夫无缘可见"。恪。

○先生因寓看里仁篇，云："前面几段更好熟看，令意脉接续。"因问："造次是'急遽苟且之时'。苟且，莫是就人情上说否？"曰："苟且是时暂处。苟可以坐，苟可以立，令此心常存，非如大宾大祭时也。"问："曾子易箦，莫是苟且时否？"曰："此正是颠沛之时。那时已不可扶持，要如此坐也不能得。"寓。

○敬之问："富贵贫贱，圣人教人，要得分别取舍到个真切处，便随道理做去。有一般昏弱之人都只是人欲上行，便是不识痛痒底人。"
先生曰："圣人这处恰似说得疏。学问工夫尽多，圣人去富贵贫贱〔上
做工夫，不是处富贵贫贱〕时节，又如何做工夫？终不成闲过了这处！
圣人且立个大界限，先要人分别得个路头。君子若去仁，便是不成个君
子。看圣人说得来似疏，下面便说到细密处。须是先说个粗，后面方到
细处。若不是就粗处用功，便要恁地细密也不得。须知节节有工夫，剥
了一重又一重，去了一节又一节。"敬之云："此章说此三句，可谓紧
切。虽然，只说存养，未说仁处，要是教人自体认看。"先生笑曰："公
又如此。所见这里未是极处，要更去言外讨道理，如何得？圣人这处正
是说筑底处，正是好着力处，却如此轻说过了。众人是这个心，圣人也
只是这个心，存得心在这里，道理便在这里。从古圣贤只是要理会这个
物事。保养得这个在，那事不从这里做出！"〔寓。〕

○ "富与贵，贫与贱"，方是就至粗处说。后面"无终食之间违
仁"，与"造次、颠沛必于是"，方说得来细密。然先不立得这个至粗底
根脚，则后面许多细密工夫更无安顿处，更无可得说。须是先能于富贵
不处，于贫贱不去，立得这个粗底根脚了，方可说上至细处去。若见利
则趋，见便则夺，这粗上不曾立得定，更说个甚么！正如"贫而无谄，
富而无骄"，与"贫而乐，富而好礼"相似。若未能无谄无骄，如何说
得乐与好礼！却是先就粗处说上细上去。僩。

○ "富贵贫贱，不处不去，此一节且说个粗底，方是个君子皮壳，
里面更多有事在。然先会做这事，方始能不去其仁。既把得定，然后存
养之功自此渐渐加密。如孟子言'善、利之间'，须从'间'字上看，
但孟子之言勇决，孔子之言详缓，学者须就这上着力。今之学者都不济
事，才略略有些利害，便一齐放倒了。某常向朋友说，须是就这上立得
脚住，方是离得泥水。若不如此，则是在泥里行，才要出又堕在泥里

去，纵说得道理也没安顿处。如<u>大学</u>所谓‘诚其意者，毋自欺也’。毋自欺有多少事，他却只就‘小人闲居为不善，见君子而后厌然，揜其不善而著其善’处说。为甚先要去了这个？盖不切则磋无所施，不琢则磨无所措矣。”又曰：“‘审富贵’是义，‘安贫贱’是命。”<u>赐</u>。

○ <u>伯丰</u>问<u>明道</u>云“不以其道得去富贵，如患得之”及文义如何。曰：“‘如患得之’，将此‘得’字解上‘得’字。”〔<u>必大</u>。〕<u>集义</u>。

我未见好仁者章

○ 问：“好仁即便会恶不仁，恶不仁便会好仁，今并言好仁者、恶不仁者，如何？”曰：“固是好仁能恶不仁。然有一般天资宽厚温和底人，好人之意较多，恶人之意较少；一般天资刚毅奋发底人，恶人之意较多，好人之意较少。‘好仁者，无以尚之。恶不仁，不使不仁者加乎其身’，这个便是好恶样子。”问：“此处以成德而言，便是<u>颜子</u>‘得一善拳拳服膺’，<u>曾子</u>‘任重而道远’与启手足处，是这地位否？”曰：“然。”<u>寓</u>。

○ 问此一章。曰：“好仁者与恶不仁者虽略有轻重，然恶不仁者到‘不使不仁加乎其身’，便亦是仁了。二者以资禀言之，其宽弘静重者便是好仁底人，其刚毅特立者便是恶不仁底人。”<u>时举</u>曰：“利仁者即是好仁者否？”曰：“好仁，恶不仁，皆利仁者之事。”<u>时举</u>曰：“‘盖有之矣，我未之见也’，也是言未见用力底人，还是未见用力而力不足之人？”曰：“此意圣人只是言其用力者之难得。用力之好者固未之见，到资禀昏弱、欲进而不能者亦未之见，可见用力者之难得也。”<u>时举</u>

○ 问："好仁、恶不仁，是有优劣不？"曰："略有之。好仁者，自有一般人资质较宽和温厚；恶不仁者，自是有一般人资禀较刚果决裂，然而皆可谓之成德。横渠言'好仁、恶不仁，只是一人'，说得亦好，但不合。圣人言两'者'字，必竟是言两人也。"

○ 问："好仁、恶不仁，有轻重否？"曰："也微有些轻重。好仁，是他资质宽和厚重；恶不仁，是刚毅方正。好仁，则于仁与礼上多些；恶不仁，则于义与智上多些。好仁，只知有仁，而不见那不仁来害他；恶不仁，是曾知得这病痛，惟恐来害他。略与'安行、强行'相似。好仁，是康强底人，平生未尝病，亦不知有病痛；恶不仁，是曾被病害，知得病源，惟恐病来侵着。恶不仁终是两件，好仁却浑沦了。学者未能好仁，且从恶不仁上做将去，庶几坚实。"僩。

○ 问："好仁者如颜子，恶不仁者似孟子否？"曰："好仁者与恶不仁者本无优劣，只是他两个资质如此。好仁底人是个温柔宽厚底资质，只见得好仁处好，不甚嫌那不仁底，他只见得好仁路上熟。恶不仁者便是个刚劲峭直底资质，心里真个是恶那不仁底事。好仁底较强些子，然好仁而未至，却不及那恶不仁之切底。盖恶不仁底真是壁立千仞，滴水滴冻，做得事成！"僩。

○ 好仁者、恶不仁者，把做两人看也得，一人看也得。有那个好仁底人，也有那个恶不仁底人。如伯夷便是恶不仁底，柳下惠便是好仁底。淳。

○ "'好仁者无以尚之'，只是将无以加之来说，此与'恶不仁'一段相对。既是好仁，便知得其他无以如此。若是说我好仁，又却好那好色，物皆有好，便是不曾好仁。若果是好仁，便须天下之物皆无以过

之。亦有解作无一物可以易其所好者。盖只是好仁一件，方可谓之好
仁，所以言'我未见好仁者'。"徐元震问："恶不仁如何？"曰："只谓
恶不仁，本〔不〕是仁。只'不使不仁者加乎其身'便是仁了。"〔璘。〕

○　贺孙问："集注云：'好仁者，真知仁之可好，故举天下之物无
以加。恶不仁者，真知不仁之可恶，故其所以为仁者必能绝去不仁之
事，而不使少有及于吾身。'此亦只是利仁事否？"曰："然。"问："上
蔡谓：'智者谓之有所见则可，有所得则未可。'如此，则是二者乃方用
功底人，圣人何以为未之见？"曰："所谓未有得者，言已见得仁如此好
了，贪心笃好，必求其至。便唤做有所得，未可。"问："集注于'好
仁、恶不仁'云：'皆成德之事，所以难得而见。'若说未得，如何又
谓之成德？"曰："若真是好仁、恶不仁底人，已是大段好了，只是未唤
做得仁。"问："这虽说是成德，莫亦未是十全否？"曰："虽未是十全，
须已及六七分了。"璘。

○　寓问："'我未见好仁者，恶不仁者'，集注云：'是成德之事。'
如何？"曰："固是。便是利仁之事。"问："这处地位便是在安仁之次，
而利仁之熟也。"曰："到这里是熟，又未说到安仁。安仁又别。"

○　寓问："集注前后说不同：前说能用力于仁，未见其力有不足
者。后说有用力而力不足者。既曰用力，亦安有昏弱欲进而不能者？"
曰："有这般人，其初用力非不切至，到中间自是欲进不能。夫子所谓
'力不足者，中道而废'，正说此等人。冉求力可做，却不自去着力耳。
间或有曾用力而力不足底人，这般人亦为难得。某旧只说得'有能一日
用其力'一句，后知其未稳，大段费思量，一似蚁钻珠模样，钻来钻
去，语脉却是如此，方见得两个'未见'字不相碍。"寓。

○　敬之问"富与贵是人之所欲"。又问："'好仁、恶不仁'，至'我未之见也'，此不出两端：好仁、恶不仁者，是真知得分明，此身常在天理上。下面说有能一日用力及力不足者，皆是正当分别天理人欲处着工夫。"又说："里仁前面所说都只是且教人涵养，别须更有下工夫处。"曰："工夫只是这个。若能于此涵养，是甚次第！今看世上万物万事，都只是这一个心。"又曰："今夜说许多话最要紧。所谓讲学者，讲此而已；所谓学者，学此而已。"贺孙。

○　问："好仁、恶不仁，虽不可得，果能一旦奋然用力，不患力之不足。"曰："须是立志为先，这气便随他。敬义夹持，上达天德。"问："'一日用其力'，将志气合说如何？"曰："用力说气较多，志亦在上面了。'志之所至，气必至焉。'这志如大将一般，指挥一出，三军皆随。只怕志不立，若能立志，气自由我使。'夫志，气之帅也；气，体之充也。'人出来恁地萎萎衰衰，恁地柔弱，亦只是志不立。志立自是奋发敢为，这气便生。志在这里，气便在这里。"因举手而言曰："心在这手上，手便暖；在这脚上，脚便暖。志与气自是相随。若真个要求仁，岂患力不足！圣人又说道，亦有一般曾用力而力不足之人，可见昏弱之甚。如这般人也直是少。"敬之问："这章，圣人前面说个向上底，中间说个能用力而无不足底，又说到有用力而力不足底，有许多次第，所以深警学者否？"曰："也不是深警学者，但言成德之事已不可见，而用力于仁者亦如之。"〔寓。〕

○　问："夫子自言'我未见好仁者、恶不仁者'，盖成德之士有此两样人。好仁者是成就得浑厚人，真知仁之可好而笃好之；恶不仁者是成就得刚毅人，凡有不仁之事则疾恶之。皆是得好恶之正也。好仁者无以尚之，盖好仁者惟在于存养天理，见得此理至尊至贵，举天下之物无以加吾此理也；恶不仁者，凡视听言动或有非理皆恶之而不为，则其克去己私，保守天理，必不使不仁之事少加于其身。此皆成德之士，故以为难得而见也。‘有能一日用其力于仁矣乎？’言好仁、恶不仁者既不可得而见，今若人一旦奋然用力于仁，言便真实下工夫做去，未有力不足者。‘志之所至，气亦至焉’，第恐志不至矣，岂有理在吾身而不可以？盖有之矣，其间恐亦有用力而气质昏弱、欲进而不能者，圣人不绝人以不能故，疑亦有之，但今亦未之见。盖叹不惟成德之士为难见，虽真实做工夫底人亦难得也。”先生云：“大概亦说得好。”

○　一日，诸生讲论语至此章，有引范氏之言者曰：“恶不仁者，不若好仁者之为美也。”又援吕氏之说，以为恶不仁者劣于好仁者，盖谓孔子以“好仁无以尚之”，故以恶不仁者之为劣也。先生曰：“恶不仁者，亦不易得，但其人严厉可畏，不如好仁者之和易也。正不须将好仁、恶不仁分优劣如此。圣人谓‘好仁者无以尚之’，非以好仁者为不可过也。谓人之好仁‘如好好色’，更无以尚之者，此诚于好仁者也。其曰‘恶不仁者，其为仁矣，不使不仁加乎其身’者，恶不仁‘如恶恶臭’，唯恐恶臭之及吾身也。其真个恶他如此，非是且如此恶他，后又却不恶他也。”祖道。人杰、谟并同。

人之过也章

○　“观过斯知仁”，此“仁”字是指慈爱而言。〔淳。〕

○　问“观过斯知仁”。曰：“先儒说得仁来大了。学者只管逐句爱说深，不知此‘仁’字说较浅，不是‘仁者安仁’之‘仁’。如有好底人无私意而过，只是理会事错了，便也见得仁在。不好底人有私意，便待无过，也不敢保他有仁。如礼记谓‘仁者之过易辞’。仁者之过，只是理会事错了，无甚蹉蹊，故易说。不仁之过是有私意，故难说。此亦是'观过'知仁意。"<u>淳</u>。

○ 或问："'观过斯知仁'，这'仁'字说得较轻。"曰："也（则）〔只〕是此理。所以<u>伊川</u>云：'君子常失于厚，过于爱。''厚'字、'爱'字便见得仁。<u>湖南</u>诸公以知觉做仁，说得来张大可畏！某尝见人解'麒麟之于走兽'云：'麒麟，狮子也。'某尝以为似<u>湖南</u>诸公言仁。且麒麟是不践〔生草不食〕生物，多少仁厚！他却唤做狮子，却是可畏！但看圣人将'仁'字与'义'字、'礼'字相同说便见。"〔<u>南升</u>。〕

○ 圣人之言宽舒，无所偏失。如云"观过斯知仁"，犹曰观人之过，足知夫仁之所存也。若于此而欲求之仁体，则失圣人本意矣。<u>礼记</u>"与（人）〔仁〕同过"之言说得太巧，失于迫切。<u>人杰</u>。

○ <u>植</u>问此章。曰："所谓君子过于厚与爱者，虽然是过，然亦是从那仁中来，血脉未至断绝。若小人之过于薄与忍，则与仁之血脉已是断绝，其谓之仁，可乎？"<u>时举</u>。

○ 问："各于其党，观过斯知仁矣。"曰："党，类也，偏也。君子过于厚，小人过于薄，观此则仁与不仁可知。君子过于厚，厚虽有未是处，终是仁人。"或问："过莫是失否？"曰："亦是失也。"<u>祖道</u>。<u>谟录同</u>。

○ 问："人不能无过，有过亦可即其过而观之。若是君子只是过于厚，小人只是过于薄；君子只是过于爱，小人只是过于忍。君子小人之过，各于其类如此。过于厚与爱，虽未为中理，然就其厚与爱处看得来，便见得是君子本心之德发出来。若是过于薄与忍，便见得小人失其

本心矣。"先生云:"厚与爱,毕竟是仁上发来,其苗脉可见。"〔南升。〕

○ 此段也只是论仁。若论义则当云"君子过于公,小人过于私;君子过于廉,小人过于贪;君子过于严,小人过于纵。观过斯知义矣"方得。这般想是因人而发,专指仁爱而言也。倜。

○ 问:"伊川谓:'人之过也各于其类,君子常失于厚,小人常失于薄;君子过于爱,小人伤于忍。'愚谓此与'礼与其奢也宁俭'同意。"曰:"近之。"人杰。

○ 或问:"伊川此说,与诸家之说如何?"曰:"伊川之说最善。以君子之道观君子,则君子常过于爱,失于厚;以小人之道观小人,则小人常过于忍,失于薄。如此观人之过,则人之仁与不仁可知矣。"又问:"南轩谓:'小人失于薄,伤于忍,此岂人之情也哉!其所陷溺可知矣。'此云'陷溺',如何?"答曰:"他要人自观,故下'陷溺'二字。知所陷溺,则知其非仁矣。"又问:"南轩作韦斋记,却以党为偏,其说以谓:'偏者,过之所由生也。观者,用力之妙也。觉吾之偏在是,从而观之,则仁可识矣。'此说如何?"曰:"此说本平易,只被后来人说得别了。"祖道。

朝闻道章

○ 问:"'朝闻道,夕死可矣',道是如何?"曰:"道只是眼前分明底道理。"贺孙。

○ 问:"集注云:'道者,事物当然之理。'果尔,则道非一杳杳冥冥昏默底物，使人闻之则超脱解悟，如佛氏之说也。然尝思道之大者，莫过乎君臣、父子、夫妇、朋友之伦，而其有亲、有义、有别、有信，学者苟致一日之知，则孰不闻焉？而即使之死，则亦觉未甚济得事。然而所谓道者，果何处真切至当处？又何以使人闻得而遂死亦无憾？"曰："道诚不外乎日用常行之间耳。但公说未甚济事者，第恐知之或未真耳。若是知得真实，必能信之笃，守之固。幸而未死，则可以充其所知，为圣，为贤。万一即死，则亦不至昏昧过了一生，如禽兽然。是以为人必以闻道为贵也。"曰："所谓闻者，莫是大而天地，微而草木，幽而鬼神，显而人事，无不知否？"先生曰："亦不必如此，大要知得为人底道理则可矣。其多与少又在人学力也。"曰："看得此章，圣人非欲人闻道而必死，但深言道之不可不闻耳。若将此二句来反之曰：'若人一生而不闻道，虽长生亦何为！'便自明白。"先生曰："然。若人而闻道，则生也不虚，死也不虚。若不闻道，则生也枉了，死也枉了。"<u>处谦</u>。

○ <u>恪</u>问："'朝闻道'，如何便'夕死可矣'？"曰："物格、知至则自然理会得这个道理，触处皆是这个道理，无不理会得。生亦是这一个道理，死亦是这一个道理。"<u>季札</u>。

○ 问"朝闻道，夕死可矣"。先生曰："所谓夕死可者，特举其大者而言耳。盖苟得闻道，则事无小大皆可处得，富贵贫贱无所往而不可，故虽死亦有死之道也。"〔此说与<u>集注</u>少异，读者详之。〕<u>时举</u>。

○ <u>㝢</u>问："朝闻道而可夕死，莫须是知得此理之全体，便可以了足一生之事乎？"曰："所谓闻道，亦不止知得一理，须是知得多，有个透彻处。至此，虽便死也不妨。<u>明道</u>所谓'非诚有所得，岂以夕死为可乎！'须是实知有所得方可。"<u>㝢</u>。

○ "道只是事物当然之理，只是寻个是处。大者易晓，于细微曲折，人须自辨认取。若见得道理分晓，生固好，死亦不妨。不然，生也不济事，死也枉死。"又云："所谓闻者，通凡圣而言，不专谓圣贤，然大率是为未闻道者设。且如昨日不曾闻，今日闻之，便是。程子所谓'人知而信者为难，非诚有所得，岂以夕死为可乎！'知后须要得，得后方信得笃。'夕死可矣'，只是说便死也不妨，非谓必死也。"明作。

○ 守约问："伊川解'朝闻道，夕死可矣'，'死得是也'，不知如何？"曰："'朝闻道'，则生得是，死便也死得是。若不闻道，则生得不是，死便也恁地。若在生仰不愧，俯不怍，无纤毫不合道理处，则死如何不会是！"贺孙。

○ 先生顾程安卿曰："伊川说'实理'，有不可晓处。云'实见得是，实见得非'，恐是记者之误，'见'字上必有漏落。理自是理，见自是见。盖物物有那实理，人须是实见得。"义刚曰："理在物，见在我。"曰："是如此。"义刚。〔淳录云："实理与实见不同。盖有那实理，人须是见得。见得恁地确定便是实见，若不实见得又都闲了。"〕

○ 贺孙问："闻道自是闻道，也无间于死生。"曰："如何是无间于死生？"曰："若闻道，生也得，死也得。"曰："若闻道而死，便方是死得是，死得是则在生也都是。若不闻道，在生也做不是，到死也不是。吾儒只是要理会这道理，生也是道理，死也只是这道理。佛家却说被这理劳攘，百端费力，要扫除却这理教无了。一生被这理挠，一生被这心挠。"问："伊川说此一段，及吕氏说'动容周旋中礼，盛德之至'，'君子行法俟命'，是此意否？"曰："这是两项。'动容周旋中礼'，这是圣人事，闻道自不足以言之。自与道为一了，自无可得闻。'行法以俟命'，是见得了，立定恁地做。"问："伊川云：'得之于心，是为有得，

不待勉强。学者须当勉强。'是如何?"曰:"这两项又与上别。这不待
勉强,又不是不勉而中,从容中道。只是见得通透,做得顺,便如所谓
乐循理底意思。"问:"曾子易箦,当时若差了这一着,唤做闻道不闻
道?"曰:"不论易箦与不易箦,只论他平日是闻道与不闻道。平日已是
闻道,那时万一有照管不到,也无奈何。"问:"若果已闻道,到那时也
不到会放过。"曰:"那时是正终大事。既见得,自然不放过。"〔贺孙。〕

士志于道章

○ 问:"'志于道,而耻恶衣恶食者。'既是志道,如何尚如此?"
曰:"固有这般半上半落底人,其所谓志,也是志得不力。只是名为志
道,及于物来诱,则又变迁了。这个最不济事。"义刚。

○ 前面说志于仁则能无恶,此段说志于道而犹有此病。先生曰:
"仁是最切身底道理。志于仁,大段亲切做工夫底,所以必无恶。志于
道,则说得来阔,凡人有志于学者,皆志于道也。若志得来泛泛不切,
则未必无耻恶衣恶食之事。"佊。此段详见苟志于仁章。

君子之于天下也章

○ 文矩问"君子之于天下也"一章。曰:"义是吾心所处之宜者。
见事合恁地处则随而应之,更无所执也。"时举。

○ "南轩说'"无适无莫",适,是有所必;莫,是无所主',便见
得不安。程氏谓'无所往,无所不往,且要义之与比处',便安了。"答

曰:"但古人训释字义,无用'适'字为'往'字者。此'适'字当如'吾谁适从'之'适',音的,是端的之意。言无所定亦无所不定尔。<u>张钦夫</u>云'吾儒无适、无莫,<u>释氏</u>有适、有莫',此亦可通。"<u>大雅</u>。

○ "义之与比",非是我去与义相亲,义自是与比。<u>谟</u>。

○ <u>敬之</u>问:"'义之与比',是我这里所主者在义。"曰:"自不消添语言,只是无适无莫,看义理合如何。'处物为义',只看义理合如何区处他。义当富贵便富贵,义当贫贱便贫贱,当生则生,当死则死,只看义理合如何。"<u>贺孙</u>。

○ 问:"<u>谢上蔡</u>所谓'于无可无不可之间,有义存焉,则君(臣父)子之心果有所倚乎?'凡事皆有一个合宜底道理,须是见得分明,虽毫发不差,然后得是当。"曰:"义即宜也,但须〔处〕得合宜,故曰'处物为义'。"〔<u>南升</u>。〕

君子怀德章

○ "'君子怀刑',如礼记所谓'畏法令',又如'肃政教'之类,皆是"。或谓:"如'问国之大禁而后敢入',是否?"曰:"不必如此说。只此'怀刑'一句亦可为善。如违条碍贯底事不做,亦大段好了。"<u>明作</u>。

○ 问:"所贵乎君子者,正以其无所待于外而自修也。刑者,先王所以防小人,君子何必以是为心哉?"先生默然良久曰:"无慕于外而自为善,无畏于外而自不为非,此圣人之事也。若自圣人以降,亦岂不假于外以自修饬！所以能'见不善如探汤','不使不仁者加乎其身',皆为其知有所畏也。"仆因思集注言："君子小人趋向不同，公私之间而已。"只是小人之事莫非利己之事，私也。君子所怀在德，则不失其善。至于刑，则初不以先王治人之具而有所憎疾也，亦可借而自修省耳。只是一个公心。且如伊川却做感应之理解，此一章文义虽亦可通，然论语上言君子小人，皆是对举而并言，此必不然也。先生又言："如汉举孝廉，必曰'顺乡里，肃政教'。'肃政教'之云，是亦怀刑之意也。"仆因思得此所谓君子者，非所谓成德之人也。若成德之人，则诚不待于怀刑也，但言如此则可以为君子，如此则为小人，未知是否？处谦。

○ 又问："君子之心乐善，故其思念惟在于固有之德；小人之心偷安，故其思念惟在于固所安之地。君子之心恶不善，故其思念惟在于畏法；小人之心务得，故其思念惟在于贪利。乐善、恶不善，是此心公正处，所以为君子。偷安务得，切切于己私，所以为小人。只有一心，趋向一差，贤否遂判。"先生云："此段也分明。"又云："'怀刑'只是'恶不善'，不使不善之事加乎一身。"〔南升。〕

○ "此是君子小人相对说着，尹子之说得之。若一串说底，便添两个'则'字，'惠'字下又着添字。"又问"怀刑"。曰："只是君子心常存法。大抵君子便思量苦底，小人便思量甜底。又有一说，'怀刑'作'恤刑'，'怀德'作'施德'。要之，不如好善而恶不仁者是。"螘。

放于利而行多怨章

○ "放于利而行多怨"，只是要便宜底事。凡事只认自家有便宜处做，便不恤他人，所以多怨。〔南升。〕

○ 才有欲顺适底意思便是利。<u>祖道</u>。

○ <u>吴仁父</u>问此章。曰："放于义而行，只据道理做去，亦安能尽无怨于人？但识道理者须道是'虽有怨者，如何恤得他！'若放于利，则悖理徇私，其取怨之多必矣。"<u>闳祖</u>。

○ "放利多怨。"或问："青苗亦自便民，何故人怨？"曰："青苗便是要利息，所以人怨。"<u>明作</u>。

能以礼让为国章

○ 问"能以礼让为国"。曰："让是那礼之实处。苟徒跪拜俯伏而以是为礼，何足取信于人！让者，譬凡事宁就自家身上抉出些子辞尊居卑、辞多受少底意思，方是礼之实。"<u>赐</u>。

○ <u>贺孙</u>问："集注云'让者，礼之实也'。莫是辞让之端发于本心之诚然，故曰'让是礼之实'？"曰："是。若是玉帛交错，固是礼之文；而擎跽曲拳，升降俯仰，也只是礼之文，皆可以伪为。惟是辞让方是礼之实，这却伪不得。既有是实，自然是感动得人心。若以好争之心，而徒欲行礼文之末以动人，如何感化得他！"问："'如礼何'一句，从来诸先生都说得费力。今说'让是礼之实'，则此句尤分明。""前辈于这般处也自阔略，才被说得定了便只是是也。"<u>贺孙</u>。

○ "不能以礼让为国"，是虽徒能进退可观、容止可度，及到紧要处却不能让。虽有这繁文末节处亦无用，亦不得谓之礼。<u>侗</u>。

○ 又问:"礼者,自吾心恭敬至于事为之节文,兼本末而言也。'让者,礼之实',所为恭敬辞逊之心是也。君子欲治其国,亦须是自家尽得恭敬辞逊之心,方能以礼为国。所谓'一家让,一国兴让',则为国何难之有! 不能尽恭敬辞逊之心,则是无实矣。虽有礼之节文,亦不能行,况为国乎!"先生曰:"且不奈礼之节文何,何以为国!"〔南升。〕

○ 问:"'不能以礼让为国,如礼何',诸家解义,却是解做如国何了。"曰:"是如此。如诸家所说则便当改作'如国何'。大率先王之为礼让,正要朴实头用。若不能以此为国,则是礼为虚文尔,其如礼何!"谟。

不患无位章

○ "不患莫己知,求为可知也。""不患人之不己知,患不知人也。"如这个,须看圣人所说底语意,大意只是教人不求知,但尽其在我之实而已。看圣人语意了,又看今人用心,也有务要人知者。只是看这语意差,便要如此。所谓求为可知,只是尽其可知之实;非是要做些事,便要夸张以期人知,这须看语意。如"居易以俟命",也只教人依道理平平做将去,看命如何。却不是说关门绝事,百样都不管,安坐以待这命。〔贺孙。〕

朱子语类卷第二十七
论语九

里仁篇下

子曰参乎章

○ <u>道夫</u>因读"吾道一以贯之",窃谓:"夫子之道如太极,天下之事如物之有万。物虽有万而所谓太极者则一,〔太〕极虽一而所谓物之万者未尝亏也。至于<u>曾子</u>以忠恕形容一贯之妙,亦如今人以性命言太极也。不知是否?"曰:"太极便是一,到得生两仪时,这太极便在两仪中;生四象时,这太极便在四象中;生八卦时,这太极便在八卦中。"<u>道夫</u>。

○ 一是一心,贯是万事。看有甚事来,圣人只是这个心。<u>从周</u>。

○ 一底与贯底只是一个道理。如将一贯已穿底钱与人及将一贯散钱与人,只一般用得,一贯如用一条钱贯一齐穿了。<u>泳</u>。

○ 问"一贯"之说。曰:"须是要本领是。本领(者)〔若〕是,事事发出来皆是;本领(者)〔若〕不是,事事皆不是也。"<u>时举</u>。

○ 忠是根本，恕是枝叶。泳。

○ "一以贯之"，犹言以一心应万事。"忠恕"是一贯底注脚，一是忠，贯是恕底事。寿仁。

○ "忠恕，一以贯之"，一者，忠也；以贯之者，恕也。体一而用殊。人杰。

○ 一是忠，贯是恕。道夫。

○ 忠〔只〕是一个忠，做出百般千万般个恕来。闳祖。

○ 忠恕一贯。忠在一上，恕则贯乎万物之间。只是一个一，分着便各有一个一。"老者安之"是这个一，"少者怀之"亦是这个一，"朋友信之"亦是这个一，莫非忠也。恕则自中而出，所以贯之者也。谟。

○ 先生因说"忠恕一贯"，令杨通老说，曰："公看未甚亲切，所以说过接处费力。忠是一，恕是贯。忠只是一个真实。自家心下道理直是真实。事事物物接于吾前，便只把他这个真实应副将去。自家若有一毫虚伪，事物之来，要去措置他，便都不实，便都不合道理。若自家真实，事物之来，合小便小，合大便大，合厚便厚，合薄便薄，合轻便轻，合重便重，一一都随他面分应副将去，无一事一物不当这道理。"贺孙。

○ "一，譬如元气；八万四千毛孔无不通贯，是恕也。"又曰："'一以贯之'，只是万事一理。伊川谓：'〔言〕仁义亦得，盖仁是统体，义是分别。'某谓言礼乐亦得，'乐统同，礼辨异'。"言毕，复抗声而诵曰："天高地下，万物散殊，而礼制行矣；流而不息，合同而化，而乐兴焉。"<u>道夫</u>。

○　忠、恕只是体、用，便是一个物事；犹形影，要除一个除不得。若未晓，且看过去，却时复潜玩。忠与恕不可相离一步。<u>道夫</u>。

○　说忠恕。先生以手向自己是忠，却翻此向外是恕。<u>泳</u>。

○　主于内为忠，见于外为恕。忠是无一毫自欺处，恕是"称物平施"处。<u>德明</u>。

○　忠因恕见，恕由忠出。<u>闳祖</u>。

○　天地是无心底忠恕，圣人是无为底忠恕，学者是求做底忠恕。〔<u>僩</u>。〕

○　问："或云忠恕只是无私心，不责人。"答曰："此说可怪。自有六经以来，不曾说不责人是恕。若<u>中庸</u>，也只是说'施诸己而不愿，亦勿施于人'而已，何尝说不责人！不成只取我好，别人不好，更不管他！于理合管，如子弟不才，系吾所管者，合责则须责之，岂可只说我是恕便了？<u>论语</u>只说'躬自厚而薄责于人'，谓之薄者，如言不以己之所能，必人之如己，随材责任耳，何至举而弃之！"<u>大雅</u>。

○　在圣人，本不消言忠恕。<u>广</u>。

○　<u>曾子</u>忠恕，与<u>子思</u>忠恕不同。<u>曾子</u>忠恕是天，<u>子思</u>忠恕尚是人在。<u>泳</u>。

○ 圣人是不犯手脚底忠恕，学者是着工夫底忠恕，不可谓圣人非忠恕也。<u>闳祖</u>。

○ 论恕，云："若圣人，只是流出来，不待推。"<u>芝</u>。

○ 圣人之恕无辙迹。学者则做这一件是当了，那一件便把这样子去做，那一件又把这样子去做，十件、百件、千件都把这样子去做，便是推。到下梢都是这个样子，便只是一个物。<u>淳</u>。

○ 忠近诚，恕近仁，一贯以圣人言之。<u>祖道</u>。

○ 问："'夫子之道忠恕。'就忠、恕两字言：忠是体，恕是用。若就<u>曾子</u>这一句言，<u>曾子</u>当初是就夫子道体处拨出两字来，抑就用处拨出来？"曰："亦不必如此。尽己为忠，推己为恕。忠恕本是学者事，<u>曾子</u>特借来形容夫子一贯道理。今且粗解之，忠便是一，恕便是贯。有这忠了，便做出许多恕来。圣人极诚无妄便是忠。"问："圣人之忠即是诚否？"曰："是。"问："圣人之恕即是仁否？"曰："是。"问："在学者言之，则忠近诚，恕近仁。"曰："如此则已理会得好了。若<u>中庸</u>所说便正是学者忠恕，所谓'道不远人'者是也。'忠恕违道不远，施诸己而不愿，亦勿施于人'，只是取诸己而已。"问："<u>明道</u>以'天地变化，草木蕃'为充扩得去底气象，此是借天地之恕以形容圣人之恕否？"曰："是。'维天之命，於穆不已'，一身之气流行不息，动处便是恕。"<u>淳</u>。

○ 问："<u>曾子</u>何必待<u>孔子</u>提醒？"曰："他只见得一事一理，不知只是一理。"曰："使<u>孔子</u>不提之，久还自知否？"曰："知。"<u>可学</u>。

○ 忠是（大）〔本〕根，恕是枝叶。非是别有枝叶，乃是本根中

发出枝叶，枝叶即是本根。曾子为于此事皆明白，但未知圣人是总处发
出，故夫子语之。可学。

　　○　曾子已前是一物格，一知至。到忠恕时是无一物不格，无一知
不至。圣人分上着"忠恕"字不得。借为此说。方子。

　　○　今有一种学者，爱说某自某月某日有一个悟处后，便觉不同。
及问他如何地悟，又却不说。便是曾子传夫子一贯之道也须可说，也须
有个来历，因做甚么〔工夫闻什么〕说话方能如此。今若云都不可说，
只是截自甚月甚日为始，已前都不是，已后都是，则无此理。已前也有
是时，已后也有不是时。盖人心存亡之决只在一息之间，此心常存则皆
是，此心才亡便不是。圣贤教人亦只据眼前便着实做将去。孟子犹自说
个存心、养性。若孔子则亦不说此样话，但云"学而时习之"，"入则
孝，出则悌，谨而信，泛爱众而亲仁"，"君子食无求饱，居无求安，敏
于事，慎于言，就有道而正焉"。颜渊问仁，则曰："非礼勿视，非礼勿
听，非礼勿言，非礼勿动。"仲弓问仁，则曰："出门如见大宾，使民如
承大祭。己所不欲，勿施于人。"司马牛问仁，则曰："仁者其言也讱。"
据此一语，是司马牛已分上欠阙底。若使他从此着实做将去，做得彻时
亦自到他颜冉地位。但学者初做时固不能无间断，做来做去，做到彻
处自然纯熟，自然光明。如人吃饭相似，今日也恁地吃，明日也恁地
吃，一刻便有一刻工夫，一时便有一时工夫，一日便有一日工夫。岂有
截自某日为始，前段都不是，后段都是底道理！又如曾子未闻一贯之说
时亦岂全无是处？他也须知得"为人臣，止于敬；为人子，止于孝；为
人父，止于慈；与国人交，止于信"。如何是敬，如何是孝，如何是慈，
如何是信，件件都实理会得了，然后件件实做将去。零零碎碎，煞着了
工夫，也约摸得个影了，只是争些小在。及闻一贯之说，他便于言下将
那实心来承当得，体认得平日许多工夫，许多样事，千头万绪皆是此个

实心做将出来。恰如人有一屋钱散放在地上，当下将一条索子都穿贯了。而今人元无一文钱，却也要学他去穿，这下穿一穿又穿不着，那下穿一穿又穿不着，似恁为学，成得个甚么边事！如今谁不解说"一以贯之"？但不及曾子者，盖曾子是个实底"一以贯之"；如今人说者，只是个虚底"一以贯之"耳。"诚者物之终始，不诚无物。"孔子曰："言忠信，行笃敬，虽蛮貊之邦行矣；言不忠信，行不笃敬，虽州里行乎哉？立则见其参于前也，在舆则见其倚于衡也，夫然后行。"只此是学，只争个做得彻与不彻耳。孟子曰："服尧之服，诵尧之言，行尧之行，是尧而已矣；服桀之服，诵桀之言，行桀之行，是桀而已矣。"广。

○〔淳有问目段子，先生读毕，曰："大概说得也好，只是一样意思。"义刚录云：'先生曰："末梢自反之说，说'大而化之'做甚么？何故恁地优佣！"'又曰："公说道理只要撮那头一段尖底，末梢便要到那'大而化之'极处，中间许多都把做查滓不要理会。相似把个利刃截断，中间都不用了。这个便是大病。曾点、漆雕开不曾见他做工夫处，不知当时如何被他遄见这道理。然就二人之中，开却是要做工夫。'吾斯之未能信'，'斯'便是见处，'未能信'便是下工夫处。曾点有时是他做工夫但见得未定，或是他天资高后被他瞥见得这个物事，亦不可知。虽是恁地，也须低着头随众从博学、审问、谨思、明辨、笃行底做工夫，衬贴起来方实，证验出来方稳，不是悬空见得便了。博学、审问五者工夫，终始离他不得。只是见得后做得不费力也。"〕曾子平日用功极是子细，每日三省只是忠信传习底事，何曾说着"一贯"？又观曾子问一篇都是问丧、祭变礼微细处。想平日经礼圣人已说底都一一理会，只是变礼未说，也须逐一问过。"一贯"之说，夫子只是谩提醒他。纵未便晓得，且放缓亦未紧要，待别日因话更一提之。只是曾子当下便晓得，何曾只管与他说！如论语中百句未有数句说（些）〔此〕。孟子自得之说亦只是说一番，何曾全篇如此说！今却是悬虚说一个物事，只要那一去贯，不要从贯去到那一。如不理会那散钱，只管要去讨索来穿。如中庸只消"天命之谓性"一句及"无声无臭至矣"一句便了，中间许多达孝、德、九经之类都掉却，不能耐烦去理会。如"礼仪三百，威仪三千"，只一个道理都包了，更不用理会中间许多节目。今须是从头平心读那书，许多训诂名物度数一一去理会。如礼仪须自一二三四数至于三百，威仪须自一百二百三百数至于三千，逐一理会过，都恁地通透始得。若只悬虚不已，恰似僧、道说无宗旨底禅、做无宗旨底颂，也胡乱去得，到烧化也有舍利子，只是不济事。淳。

○ 曾子一贯，是他逐事上做得到，及闻夫子之言，乃知只是这一片实心所为。如一库散钱得一条索穿了。方子。

○ 问："曾子于孔子一贯之道，若不便悟，先来是未晓也。"曰："曾子先于孔子之教者，日用之常，礼文之细，莫不学来，惟未知其本出于一贯耳，故闻一语而悟。其他人于用处未曾用许多工夫，岂可遽与语此乎！"大雅云："观曾子问一篇，许多变礼皆理会过，直如此细密，想见用工多。"大雅。

○ "'忠恕'，'一以贯之'。曾子假'忠恕'二字以发明一贯之理，盖曾子平日无所不学，看礼记诸书，曾子那事不理会来？但未知所以一，故夫子于此告之，而曾子洞然晓之而无疑。"贺孙问："告子贡'一以贯之'章，集注云：'彼以行言，此以知言。'是就二子所到上说，如何？"曰："看上下语脉是如此。夫子告曾子，曾子只说：'夫子之道，忠恕而已矣。'这就行上说。夫子告子贡乃云：'汝以予为多学而识之者与？'这是只就知上说。"贺孙因举大学或问云："'心之为物，实主于身，其体则有仁、义、礼、智之性，其用则有恻隐、羞恶、恭敬、是非之情，浑然在中，随感而应。以至身之所具、身之所接，皆有当然之则而自不容已，所谓理也。'元有一贯意思。"曰："然。施之君臣则君臣义，施之父子则父子亲，施之兄弟则兄弟和，施之夫妇则夫妇别，都只由这个心。如今最要先且理会此心。"又云："通书一处说'阴阳五行，化生万物，五殊二实，二本则一'，亦此意。"又云："如千部文字，万部文字，字字如此好，面面如此好，人道是圣贤逐一写得如此。圣人告之曰，不如此，我只是一个印板印将去，千部万部虽多，只是一个印板。"又云："且看论语，如乡党等处，待人接物，千头万状，是多少般。圣人只是这一个道理做出去。明道先生说忠恕，当时最录得好。"贺孙。

○　节问："'一以贯之'，只是其用不同，其体则一。一本贯许多末。"先生问节曰："如何是末？"节对曰："孝弟忠信，居处有礼，此是末。"曰："今人只得许多名字，其实不晓。如孝弟忠信，只知得这壳子，其实不晓，也只是一个空底物事。须是逐件零碎理会。如一个桶，须先是将木来做成片子，却将一个箍来箍敛，令全然盛水不漏。曾子零碎处尽晓得了，夫子便告之曰：'参乎！吾道一以贯之。'他便应之曰：'唯！'贯，如散钱；一，是索子。曾子尽晓得许多散钱，只是无这索子，夫子便把这索子与他。今人钱也不识，是甚么钱？有几个孔？"良久，曰："公没一文钱，只有一条索子。"又曰："不愁不理会得'一'，只愁不理会得'贯'。理会'贯'不得便言'一'时，天资高者流为佛老，低者只成一团鹘突物事在这里。"又曰："孔门许多人，夫子独告曾子，是如何？惟曾子尽晓得许多道理，但未知其体之'一'。"节复问："已前闻先生言，借学者之事以明之，甚疑'忠恕'对'一以贯之'不过。今日忽然看得来对得极过。'一以贯之'即'忠恕'，'忠恕'即'一以贯之'。如忠是尽己，推己出为恕，也只是一个物事。推出去做许多，即'一以贯之'。节于此中又见得学者亦有'一'以贯。夫子固是'一以贯之'，学者能尽己而又推此以及物，亦是'一以贯之'。所以不同者，非是事体不同。夫子以天，学者用力。"曰："学者无'一以贯之'。夫子之道似。〔此处疑有阙误。〕学者只是这个忠恕推出来。'乾道变化'，如一株树，开一树花，生一树子，里面便自然有一个生意。"又曰："忠者天道，恕者人道。天道是体，人道是用。'动以天'之'天'，只是自然。"芝。

○　周公谨问："尽己之谓忠，推己之谓恕。忠是竭尽中心无一毫不尽；恕是即推中心之所欲以与人，所不欲不以与人。在内为忠，在外为恕。忠即体，恕即用。"答曰："忠恕是如此。夫子曰'吾道一以贯之'，何故曾子曰'忠恕而已矣'？"公谨曰："是曾子晓得一贯之道，故以忠恕名之。"先生又曰："且去一贯上看忠恕，公是以忠恕解一贯。"公谨曰："一贯只是一理，其体在心，事父即为孝，事君即为敬，交朋友即为信，此只是一贯。"先生曰："大概亦是。公更去子细玩味，治国、平天下有许多条目，夫子何故只说'吾道一以贯之'？"公谨次日复问："'吾道一以贯之。'圣人之道，见于日用之间，精粗小大，千条万目，未始能同，然其通贯则一。如一气之周乎天地之间，万物散殊虽或不同，而未始离乎气之一。"先生又曰："别又看得甚意思出？"公谨曰："夫子之告曾子，直是见他晓得，所以告他。"先生曰："是也。所以告曾子时，无他，只缘他晓得千条万目。他人连个千条万目尚自晓不得，如何识得一贯？如穿钱，一条索穿得方可谓之'一贯'。如君之于仁，臣之于忠，父之于慈，子之于孝，朋友之于信，皆不离于此。"问："门人，是夫子之门人否？"答曰："是也。夫子说一贯时未有忠恕，及曾子说忠恕时未有体用，是后人推出来。忠恕是大本，所以为一贯。"公谨复问："莫是曾子守约，故能如此？"先生曰："不然。却是曾子件件曾做来，所以知。若不曾躬行践履，如何识得！"公谨复问："是他用心于内，所以如此？"答曰："只是朴实头去做了。夫子告人，不是见他不曾识所以告他。曾子只是曾经历得多，所以告他；子贡是识得多，所以告他。忠如瓶中之水，恕如瓶中泻在盏中之水。忠是洞然明白，无有不尽；恕是知得为君推其仁以待下，为臣推其敬以事君。"泳。

○ 或问："一贯如何却是忠恕?"曰："忠者，诚实不欺之名。圣人将此放顿在万物上，故名之曰恕。一犹言忠，贯犹言恕。若子思忠恕，则又降此一等。子思之忠恕，必待'施诸己而不愿'，而后'勿施诸人'，此所谓'违道不远'。若圣人则不待'施诸己而不愿'，而后'〔勿〕施诸人'也。"或问："曾子能守约，故孔子以一贯语之。"曰："非也。曾子又何曾守约来! 且莫看他别事，只如礼记曾子问一篇，他甚底事不曾理会来! 却道他守约则不可。只缘孟子论三子养勇，将曾子比北宫黝与孟施舍，则曾子为守约者尔。后世不悟，却道曾子之学专一守约，别不理会他事。如此则成甚学也! 是他曾子学力到圣人地位，故孔子以一贯语之尔。不可道为他只能守约，故与语此也。"祖道。人杰录同。

○ 问忠恕一贯。曰："不要先将忠恕说，且看他一贯底意思。如尧之'克明俊德，黎民于变时雍'，夫子'立之斯立，动之斯和'，这须从里面发出来方会如此。曾子工夫已到，如事亲从兄，如忠信讲习，千条万绪，一身亲历之。圣人一点他便醒得来，只从一个心中流出来，如夜来守约之说。只是曾子所为实，每事必反诸身，所谓孝，所谓礼，必穷到底。若只守约，却没贯处。忠恕本末是说一贯，缘圣人告以一贯之说，故曾子借此二字以明之。忠恕是学者事，如欲子之孝于我，必当先孝于亲；欲弟之弟于我，必当先敬其兄；如欲人之不慢于我，我须先不慢于人；欲人不欺我，我须先不欺于人。圣人一贯，是无作为底；忠恕，是有作为底。将个有作为底，明个无作为底。"又曰："曾子是事实上做出，子贡是就识上见得。看来曾子从实处做，一直透上去；子贡虽是知得，较似滞在知识上。"〔寓。〕

○ 敬之问"一贯"。答曰:"一贯未好便将忠恕压在上说。"因及器之夜来所问,云:"曾子正不是守约。这处只见圣人许多实行,一一做工夫得到。圣人度得如此,遂告以吾只是从这心上流出,只此一心之理,尽贯众理。"贺孙。

○ "曾子答门人说忠恕,只是解'一以贯之',看本文可见。忠便贯恕,恕便是那忠里面流出来底。圣人之心浑然一理。盖他心里尽包这万理,所以散出于万物万事,无不各当其理。"履之问:"'忠者天道,恕者人道。'盖忠是未感而存诸中者,所以谓之'天道';恕是已感而见诸事物,所以谓之'人道'。"曰:"然。"或曰:"恐不可以忠为未感。"曰:"恁地说也不妨。忠是不分破底,恕是分破出来底,仍旧只是这一个。如一碗水分作十盏,这十盏水依旧只是这一碗水。"又曰:"这事难。如今学者只是想象笼罩得是如此,也想象得个万殊之所以一本、一本之所以万殊。如一源之水,流出为万派;一根之木,生为许多枝叶。然只是想象得个意思如此,其实不曾见得。如'曾点浴沂'一段,他却是真个见得这道理。而今学者只是想象得这一般意思,知底又不实去做。及至事上做得细微紧密、盛水不漏底,又不曾见得那大本。圣人教人都是教人实做,将实事教人。如格物、致知以至洒扫应对,无非是就实地上拈出教人。"僴。

○ 问忠恕。曰:"解此处大段用力,一个是天然底,一个是人为底。譬如把假花来形容生花一般,为是生花难说,故把假花形容,引他意思出来。然此章一项说天命,须说圣人,一项说学者。要之,只是一个道理。"赐。

○ 子贡平日自敏入道,故夫子警之曰云云。盖言吾虽多识,不过一理尔。曾子寻常践履,故夫子警之曰云云。盖言女平日之所行者皆一理耳。惟曾子知之，故曰"忠恕而已"。以吾夫子之道无出于此，盖本（言）〔末〕体用也。人杰。

○　夫子于子贡，见其地位，故发之。曾子已能行，故只云："吾道一以贯之。"子贡未能行，故云："赐，汝以予为多学而识之？"〔可学。〕

○　问："曾子'一贯'以行言，子贡以知言，何也？"曰："曾子发出忠恕，是就行事上说。孔子告子贡，初头说'多学而识之'，便是就知上说。曾子是就原头上面流下来，子贡是就下面推上去。"问："曾子未闻一贯之前已知得忠恕未？"曰："他只是见得圣人千头万绪都好，不知都是一心做来。及圣人告之，方知得都是从这一个〔大〕本中流出。如千枝万叶都好，都是从这根上生气流注去贯也。"林问："枝叶便是恕否？"曰："枝叶不是恕，生气流注贯枝叶底是恕。信是枝叶受生气底，恕是夹界半路来往底。信是定底，就那地头说，发出忠底心便是信底言。无忠便无信了。"淳。谟录云："曾子'一贯''忠恕'是他于事物上各当其理，日用之间这个事见得一道理，那个事又见得一道理，〔只〕是未曾凑合得。圣人知其用力已到，故以'一贯'语之。"问："曾子于零碎曲折处都尽得，只欠个'一以贯之'否？"曰："亦未都尽得，但是大概已得，久则将自到耳。"问："'君子之道费而隐'，曾子于费处已尽得，夫子以隐处点之否？"曰："然。"问："曾子笃实，行处已尽。圣人以'一贯'语之，曾子便会，曰：'忠恕而已矣。'子贡明敏，只是知得。圣人以'一贯'语之，子贡尚未领略，曰：'然。非与？'是有疑意。"曰："子贡乃是圣人就知识上问语之，曾子就行上语之，语脉各不同。须是见得夫子曰'吾道一以贯之'意思，先就多上看，然后方可说一贯。此段'恕'字却好看，方沿流以溯其源。学者宁事事先了得，未了得'一'字，却不妨。莫只悬空说个'一'字作大罩了，逐事事都未曾理会，却不济事。所以程子道：'"下学而上达"，方是实。'"又云："如人做塔，先从下面大处做起，到末梢自然合尖。若从尖处做，如何得！"

○　曾子父子相反，参合下不曾见得，只从日用间应事接物上积累
做去，及至透彻，那小处都是自家底了。点当下见得甚高，做处却又欠
阙。如一座大屋，只见厅堂大概，里面房室元不曾经历，所以夷考其行
而有不掩，卒归于狂。元秉。

○　颜子聪明，事事了了。子贡聪明，工夫粗，故有阙处。曾子
鲁，却肯逐一用工捱去。捱得这一件去，便这一件是他底，又捱一件
去。捱来捱去，事事晓得，被孔子一下唤醒，云"吾道一以贯之"，他
便省得。盖他平日事理每每被他看破，事事到头做，便晓得一贯之语是
实说也。今大学致知、格物等说便是这工夫，非虚谩也。大雅。

○　蕫卿问颜曾之学。曰："颜子大段聪明，于圣人地位未达一
间，祇争些子耳。其于圣人之言无所不晓，所以圣人道：'回也，非助
我者也，于吾言无所不悦。'曾子迟钝，直是辛苦而后得之，故闻一贯
之说忽然猛省，谓这个物事元来只是恁地。如人寻一个物事不见，终岁
勤动，一旦忽然撞着〔，遂至惊骇〕。到颜子，只是平铺地便见，没恁
地差异。"道夫。

○　问"一以贯之"。曰："且要沉潜理会，此是论语中第一章。若
看未透，且看后面去，却时时将此章来提省，不要忘却，久当自明耳。"
时举。

○　问"一贯"。曰："恁地泛看不济事，须从头理会，章章理会。
夫子三千门人，一旦惟呼曾子一人而告以此，必是他人承当未得。今自
家却要便去理会这处，是自处于孔门二千九百九十九人头上，如何而
可！"道夫。

○ 问："圣人之道，自其心之本体浑全包函，无不备具，随所发用，本体具见，体用未尝相离，故一以贯之。曾子于心之发用处，盖能察识端倪，随事精审而力行之，但未知其理之一尔。夫子知其真积力久必将有得，故呼而告之，欲使之知体用一源也。曾子果能默识其指，应之□□□。疑盖亦是工夫到此，故能实晓得此理也。子出，门人问，曾子曰'忠恕而已矣'。此乃曾子因门人问，以忠恕形容一贯之妙也。尽己之谓'忠'，推己之谓'恕'，能尽其在己者，便是于本体至实无妄之理已能尽得。又推以及物，使物亦莫不如是，是之谓'恕'。恕乃所以行乎忠，即此心之用也。忠者体，恕者用，以此形容一贯，可谓善形容矣。然在圣人分上，乃以尽己、推己言，何也？盖此乃曾子就学者分上亲切处借言以明体用之一，且示学者以用力之方也。若言圣人之忠恕，更不消说尽己之忠即是至诚无息，更不消说推己之恕即是万物各得其所。所谓至诚无息而万物各得其所者，乃是至实无妄之理，五常百行之本，浑然一心之体。及其泛应曲当，虽万变不同，而此理不可见，如上天之载无声无臭，而动静阖辟之机未尝止息；四时行焉，百物生焉，而一物各具一理。故程子云：'维天之命，於穆不已，忠也；乾道变化，各正性命，恕也。'此又因曾子之言忠恕，故即天道以明圣人之极致也。"先生曰："说得也详备，但尚有呼唤不来处，更宜玩味。"

○ 寓因问："'一贯'处，注言：'盖已随事精察而力行之，但未知其体之一耳。''未知其体之一'，亦是前所说乎？"曰："'参也以鲁得之'，他逐件去理会。曾子问丧礼，到人情委曲处无不讲究。其初见一事只是一事，百件事是百件事。得夫子一点醒，百件事只是一件事，许多般样只一心流出，曾子至此方信得是一个道理。"问："自后学言之，便道已知此是一理。今曾子用许多积累工夫，方始见得是一贯，后学如何便晓得一贯？"曰："后人只是想象说，正如矮人看戏一般，见前面人笑，他也笑。他虽眼不曾见，想必是好笑，便随他笑。"又曰："曾点所

见不同，方当侍坐之时，见三子言志，想见有些下视他几个，作而言曰
'异乎三子者之撰'。看其意有凤凰翔于千仞底气象。庄子中说孟子反、
子琴张丧侧或琴或歌，点亦只是此辈流。渠若不得圣人为之依归，须一
向流入庄老去!"

○　先生问坐间学者云："'吾道一以贯之'，如何是'曾子但未知
体之一处'?"或答云："正如万象森然者，是曾子随事精察力行处。至
于一元之气所以为造化之妙者，是曾子未知体之一处。"先生曰："何故
曾子既能随事精察，却不晓所以一处?"答云："曾子但能行其粗而未造
其精。"曰："不然。圣人所以发用流行处皆此一理，岂有精粗? 政如水
相似，田中也是此水，池中也是此水，海中也是此水。不成说海水是
精，他处水是粗，岂有此理! 缘他见圣人用处皆能随事精察力行，不过
但见圣人之用不同，而不知实皆此理流行之妙。且如事君忠是此理，事
亲孝也是此理，交朋友也是此理，以至精粗小大之事，皆此一理贯通
之。圣人恐曾子以为许多般样，故告之曰：'吾道一以贯之。'曾子真积
力久，工夫至到，遂能契之深而应之速。云'而已矣'者，竭尽无余之
词。所以集注说'自此之外，固无余法'，便是那竭尽无余之谓。圣人
只是个忠，只是个恕，更无余法。学者则须推之，圣人则不消如此，只
是个至诚不息、万物各得其所而已，这一个道理从头贯将去。如一源之
水，流出为千条万派，所谓下流者，无不是此一源之水也。人只是一个
心。如事父孝也是这一心，事君忠、事长弟也只是这一心，老者安、少
者怀、朋友信皆是此一心。精粗本末以一贯之，更无余法。但圣人则皆
自然流行出来，学者则须是'施诸己而不愿'，而后'勿施于人'，便用
推将去；圣人则动以天，贤人则动以人耳。"又问："尽己之忠，圣人同
此忠否?"曰："固是。学者与圣人所争，只是这些个自然与勉强耳。圣
人所行皆是自然坚牢。学者亦有时做得如圣人处，但不坚牢，又会失
却。程子说：'孟子为孔子事业尽得，只是难得似圣人。如剪彩为花，

固是相似，只是无造化功。'龟山云：'孔子似知州，孟子似通判权州。'
譬得好。"又问："先生解忠恕，谓借学者尽己推己之目。如程子说忠恕
一以贯之，则又自是圣人之忠恕。如何？"先生曰："这里便自要理会
得。〔若晓得某说，则晓程子之说矣。〕"又云："忠是一，恕是所以贯之。
中庸说'忠恕违道不远'，是'下学上达'之义，即学者所推之忠恕，
圣人则不待推。然学者但能尽己以推之于人，推之既熟，久之自能见圣
人不待推之意，而'忠恕'二字有不足言也。"明作。处谦录云："问一贯之
旨。先生曰：'何故曾子能每事精察而力行，却未知其体之一？'赵兄曰：'曾子但见
粗处，未见精处。'先生曰：'若说"精粗"二字，便坏了一贯之理。譬之水泻在大
江中，固是此水；流为池沼，则亦只是此水；流为沟壑，则亦只是此水。若曰池沼
沟壑别是水之粗，而大江中乃是水之精者，其可哉！夫子之道，施之事父则为孝，
事君则为忠，交朋则为信。曾子见其事事曲当如此，遂疑有许多般样，而未知天下
只是一个大道理，虽于事上有千般百绪，只共是这一个大道理。曾子之所未达者，
尚有此耳。一是忠，所贯者恕。忠是一个实心，万法万事皆自此出。圣人只有这两
端，外此更无余事。但圣人不待推，学者须每事推去，但为之既熟，则久之自能见
圣人不待推之意，而"忠恕"(一)〔二〕字即不足言也。'"

○　问："集注云'曾子于其用处，盖已随事精察而力行之，但未
知其体之一尔'。用自体出，体用之不相离，于其用处既已精察，何故
未知其体之一？"曰："是他偶然未知。曾子于九分九厘上皆透彻了，独
此一厘未透。今人只指个见〔成〕底'体用'字来说，却元不曾下得工
夫。"又问："曾子有见于此而难言之，故借学者尽己、推己之目而著明
之，欲人之易晓也。"曰："这个道理譬如一枝天然自在底花，为人不
识，故作一枝假底花出来形容，欲人识得个模样。"又曰："此章一项说
天命，一项说学者，只是一个道理。"又曰："圣人是自然底忠恕，学者
是使然底忠恕。"元秉。

○　曾子真积力久。若海。

○ "忠恕违道不远",此乃略下教人之意,"下学而上达"也。"尽己之谓忠,推己及物之谓恕","忠恕"二字之义,只当如此说。曾子说夫子之道,而以忠恕为言,乃是借此二字绽出一贯。一贯乃圣人公共道理,尽己、推己不足以言之。缘一贯之道,难说与学者,故以忠恕晓之。贺孙。

○ 问:"'尽己之谓忠'与'推己之谓恕',如何推己只是忠中流出?"曰:"方流出来,可谓之尽?"曰:"'尽物之谓信',是物实得此理,故曰'尽物'。"曰:"然。"可学。

○ 曾子忠恕。一是忠,贯是恕。譬如一泓水,圣人自然流出,灌溉百物,其他人须是推出来灌溉。此一贯所以为天。至子思忠恕,只是人,所以说"违道不远"。"尽己之谓忠,推己之谓恕",才是他人,便须是如此。泳。

○ 〔仲思问:"如何是'发己自尽'?"曰:"发于己而自尽其实。"先生因足疾,举足言曰:"足有四分痛便说四分痛,与人说三分,便不是发己自尽。"又问"循物无违"。曰:"亦譬之足。实是病足,行不得便说行不得,行得便说行得。此谓循其物而无违。"杨举伊川言"尽己之谓忠,以实之谓信"。曰:"伊川之说简洁明通,较又发越也。"寓因问:"忠信,实有是事故、实有是言,则谓之忠信。今世间一等人不可与露心腹处,只得隐护其语,如此亦为忠信之权乎?"曰:"圣人到这处却有个义存焉。有可说与不可说,又当权其轻重。如不当说而说,那人好杀,便与说这人当杀,须便去杀他始得!'信近于义,言可复也',信不近义岂所谓信!"因说:"伊川讲解一字不苟。如论语中一项有四说,极的当:'一心之谓诚,尽心之谓忠,存于中之谓孚,见于事之谓信。'直是不可移易。如忠恕处,前辈说甚多,惟程先生甚分晓。"因〕问:

"集注说忠恕，谓'尽己之谓忠，推己之谓恕'，此借学者之事以明之。在圣人则'至诚无息'，而'万物各得其所'是也。如此则忠恕却有两用，不知如何？"曰："皆只是这一个。学者是这个忠恕，圣人亦只是这个忠恕，天地亦只是这个忠恕。圣人熟，学者生。圣人自胸中流出，学者须着勉强。然看此'忠恕'二字本为学者做工夫处设，子思所谓'违道不远'正谓此也。曾子惧门人不知夫子之道，故引学者之事以明之，是即此之浅近而明彼之高深也。"寓。

○ 〔叔器〕问圣人之忠恕与学者之忠恕。曰："这不是说一贯便是忠恕，忠恕自是那一贯底注脚。只是曾子怕人晓那一贯不得，后将这言语来形容，不是说圣人是忠恕。今若晓得一贯便晓得忠恕，晓得忠恕便晓得一贯。今且说那浑全道理便是忠，那随事逐物敛来底便是恕。今若要做那忠恕去凑成圣人忠恕，做那忠恕去凑成一贯，皆不是。某分明说，此只是曾子借此以推明之。"义刚。

○ 问："到得忠恕已是道，如何又云'违道不远'？"曰："仁是道，忠恕正是学者着力下工夫处。'施诸己而不愿，亦勿施于人'，子思之说，正为下工夫。'夫子之道，忠恕而已矣'，却不是恁地。曾子只是借这个说'维天之命，於穆不已'。'乾道变化，各正性命'，便是天之忠恕；'纯亦不已'，'万物各得其所'，便是圣人之忠恕；'施诸己而不愿，亦勿施于人'，便是学者之忠恕。"贺孙。

○ "忠恕而已矣"，不是正忠恕，只是借"忠恕"字贴出一贯底道理。人多说人己物我，都是不曾理会。圣人又几曾须以己度人！自然厚薄轻重无不适当。"忠恕违道不远"乃是正名正位。闳祖。

○ 以一心贯万事。忠，一本；恕，万殊。闳祖。

○ 问"一贯"章,"一本万殊",曰:"一本是统会处,万殊是流行处。在天道言之,一本则是元气之于万物,有昆虫草木、日月星辰之不同,而只是一气之所生;万殊则是昆虫草木、日月星辰之所得,而生一个自是一个模样。在人事言之,则一理之于万事万物,有君臣、父子、兄弟、朋友,动息、洒扫、应对之不同,而只是此理之所贯;万殊则是君臣、父子、兄弟、朋友之所当于道者,一个自是一个道理,其实只是一本。"卓。

○ "而今不是一本处难认,是万殊处难认,如何就万殊上见得皆有恰好处。"又云:"到这里只见得一本万殊,不见其他。"卓。

○ 问"如心为恕"。曰:"如此也比自家心推将去。仁之与恕,只争些子。自然底是仁,比而推之便是恕。"道夫。

○ 〔蜚卿〕问:"'恕'字,古人所说有不同处。如'己所不欲,勿施于人',便与大学之'絜矩'、程子所谓'推己'都相似。如程子所引'乾道变化,各正性命',及大学中说'有诸己而后求诸人',却兼通不得,如何?"曰:"也只是一般,但对副处别。子细看便可见,今人只是不曾子细看。某当初似此类都逐项写出,一字对一字看。少间纸上底通,心中底亦脱然。且如'乾道变化,各正性命','各正性命'底便如'乾道变化'底,所以为恕。"直卿问:"程子言'如心为恕',如心之义如何?"曰:"万物之心便如天地之心,天下之心便如圣人之心。天地之生万物,一个物里面便有一个天地之心。圣人于天下,一个人里面便有一个圣人之心。圣人之心自然无所不到,此便是'乾道变化,各正性命',圣人之忠恕也。如'己所不欲,勿施于人',便是推己之心求到那物上,贤者之忠恕也。这事便是难。且如古人云:'不废困穷,不虐无告',自非大无道之君,孰肯废虐之者!然心力用不到那上,便是自家废虐之。须是圣人方且会无一处不到。"又问："'以己及物，仁也；推己及物，恕也。'上句是圣人之恕，下句是贤者之恕否？"曰："上个是圣人之恕，下个是贤者之仁。圣人之恕便是众人之仁，众人之仁便是圣人之恕。"道夫。

○　植再举曾子"忠恕一贯"及子贡"问一贯"二章。曰："大概也是如此。更须依曾子逐事经历做过方知其味。"先生继问〔或人〕："理会得所举忠恕否？"陈答曰。因问集注中举程子第一段。先生云："明道说此一段甚好，非程子不能道得到。自'忠恕一以贯之'以后说忠（数）〔恕〕语至'达道也'住，乃说'一以贯之'之忠恕。其曰'此与违道不远异者，动以天尔'，如何？盖此数句乃动以天尔。如'推己及物'，'违道不远'则动以人尔。"又问："如此则有学者之忠恕？"曰："圣人不消言忠恕，故集注中云借学者之事而言。"植。

○　谟问："'忠恕而已矣'与'违道不远'、'己所不欲'等处不同，而程先生解释各有异意，如何？"曰："先理会'忠恕而已'一句。如明道说'动以天'之类，只是言圣人不待勉强，有个自然底意思。如'己所不欲，勿施于人'，'施诸己而不愿，亦勿施诸人'，着个'勿'字便是禁止之辞。故明道曰：'以己及物，仁也；推己及物，恕也。'正是如此分别。"或曰："南轩解此云：'圣人全乎此，天之道也，曾子称夫子忠恕是矣。贤者求尽夫此，人之道也，子思称忠恕是矣。'"先生曰："此亦说得好。诸友却如何看？"某曰："集注等书所谓'尽己为忠'，道之体也；'推己为恕'，道之用也。忠为恕体，是以分殊而理未尝不一；恕为忠用，是以理一而分未尝不殊。此固甚明矣。"先生曰："夫子只说'吾道一以贯之'，曾子说此一句正是〔下〕个注脚，如何却横将忠恕入来解说'一贯'字？程子解此又如何曰'以己及物为仁，推己及物为恕'，又却继之曰：'此与"违道不远"异者，动以天尔。'如此，却是剩了'以己及物'一句，如何？"㽦曰："莫是合忠恕而言便是仁否？"
先生称善。某曰："只于集注解第二节处得之。如曰'圣人至诚无息，
而万物各得其所'，便是合忠恕是仁底意思。"先生曰："合忠恕正是仁。
若使曾子便将仁解'一贯'字，却失了体用，不得谓之'一贯'尔。如
此讲'贯'方尽。"㽦。

○ 问论语、中庸言忠恕不同之意。答曰："'尽己之谓忠，推己之
谓恕'，中庸言'忠恕违道不远'是也。此是学者事，然忠恕功用到底
只如此，曾子取此以明圣人一贯之理耳。若圣人之忠恕，只说得'诚'
与'仁'字。圣人浑然天理，则不待推，自然从此中流出也。'尽'字
与'推'字圣人自不用得，若学者则须推，故明道云：'以己及物，仁
也；推己及物，恕也，"违道不远"是也。'自是两端。伊川说中庸，则
只说是'下学上达'，又说是'子思掠下教人'。明道说论语则曰："'一
以贯之'，大本达道也，与"违道不远"异者，动以天耳。'伊川曰：
'"维天之命，於穆不已"，忠也；"乾道变化，各正性命"，恕也。'此规
模又别。"大雅云："程先生说：'忠恕形容一贯之理，在他人言则未必
尽，在曾子言之必是尽。'"答曰："此说得最好。然'一'字多在忠
上？多在恕上？"大雅云："多在忠上。"曰："然。程子说得其分明，复
将元说成段看。后来多被学者将元说拆开分布在他处，故意散乱不全，
难看。"大雅。

○ 杨问："忠恕，明道言'以己及物，仁也；推己及物，恕也。'
'以己''推己'之辨，何如？"先生反问："公以为如何？"答曰："'以
己'是自然底意思，'推己'是反思底意思。"先生曰："然。'以己'是
自然流出，如孔子'老者安之，朋友信之，少者怀之'。'推己'便有折
转意思，如'己欲立而立人，己欲达而达人'。"寓因问："忠恕，程子
以'推广得去，则天地变化，草木蕃；推广不去，天地闭，贤人隐'，

如何?"曰:"亦只推己以及物。推得去则物我贯通,自有个生生无穷底意思,便有'天地变化,草木蕃'气象。天地只是这样道理。若推不去,物我隔绝,欲利于己,不利于人;欲己之富,欲人之贫;欲己之寿,欲人之夭。似这气象全然闭塞隔绝了,便似'天地闭,贤人隐'。"〔寓。〕

○ 问:"'以己及人为仁,推己及人为恕',何谓'以己'、'推己'之辨?"曰:"'以己'是自然,'推己'是着力。'己欲立而立人,己欲达而达人',是以己及人也。'近取诸身',譬之他人,自家欲立,知得人亦欲立,方去扶持他使立;自家欲达,知得人亦欲达,方去扶持他使达,是推己及人也。"淳。

○ 胡问:"'以己及物',何谓'以'字之义?"曰:"'以己及物'是大贤以上圣人之事。圣人亦是因我这里有那意思,便去及人,亦自不妨。如未饥,未见得天下之人饥;未寒,未见得天下之人寒。因我之饥寒便见得天下之饥寒,自然恁地去及他,便是以己及物。如贤人以下知得我既是要如此,想人亦要如此,而今不可不教他如此,三反五折,便是推己及物。〔只是争个自然与不自然。〕"淳。

○ 或问:"曾子一'唯'处如何?"曰:"曾子平日用功得九分九厘九毫都见得了,只争这些子,一闻夫子警省之便透彻了也。"又问:"未唯之前如何?"曰:"未唯之前,见一事止是一个理;及唯之后,千万个理只是一个理。"又问:"'以己及物,恕也',是如何?"曰:"在圣人都谓之仁,在学者只是忠恕而已。'己欲立而立人,己欲达而达人',则是圣人之仁;'能近取譬',便是学者之恕。一个是天然底道理,一个是人为底道理。曾子以天然底难说,只得把人为底说与他,教他自此做得到尽处,便是天然底。所以如此说者,要使当时问者晓得。譬如将做底花去比生成底花，自有优劣。要之，这一项说天命，一项说圣人，一项说学者，其至只是一个道理也。欲为逐一字说如何是圣人底，如何是学者底，一向训解未免有抵牾。学者须是自体认始得。"或曰："然则'忠恕'字如何看？"先生曰："如此等字难为一一分说，且去子细看得此样四五个字透彻，看他落在何界分，将轻重参较，久久自见。今只说与，终不济事。且如看地盘一般，识得甲寅丙辰壬子，逐一字挨将去，永不差互。"久之，又曰："要好时，将此样十数个字排在面前，将前贤所说逐一细看，教心通意会，便有所得也。"<u>祖道</u>。

○ 问："明道言'忠者天道，恕者人道'，何也？"曰："忠是自然，恕是随事应接，略假人为，所以有天人之辨。"<u>处谦</u>。

○ "'忠者天道，恕者人道'，此'天'却与'人'对之'天'，若'动以天也'之'天'，即是理之自然。"又曰："圣贤之言：夫子言'一贯'，<u>曾子</u>言'忠恕'，<u>子思</u>言'小德川流，大德（弘）〔敦〕化'，<u>张子</u>言'理一分殊'，只是一个。"<u>卓</u>。

○ 问："<u>明道</u>所谓天道、人道，初非以优劣言。自其浑然一本言之则谓之天道，自其与物接者言之则谓之人道耳。"曰："然。此与'诚者天之道，诚之者人之道'，语意自不同。"<u>闳祖</u>。

○ "'维天之命，於穆不已'，不其忠乎！"此是不待尽而忠也。"'乾道变化，各正性命'，不其恕乎！"此是不待推而恕也。<u>广</u>。

○ <u>曾子</u>所言只是一个道理，但假借此以示门人。如程子所言"维天之命，於穆不已"、"乾道变化，各正性命"，此天地无心之忠恕；"夫子之道一贯"乃圣人无为之忠恕；尽己、推己乃学者着力之忠恕。固是一个道理，在三者自有三样。且如天地何尝以不欺不妄为忠，其化生万物何尝以此为恕？圣人亦何尝以在己之无欺无妄为忠，若泛应曲当亦何尝以此为恕？但是自然如此。故程子曰："天地无心而成化，圣人有心而无为。"此语极是亲切。若晓得曾子意思，欲即是"忠恕"二字而发明一贯之旨昭然，但此语难说，须自意会。若只管说来说去，便拖泥带水。侗。

○　义刚问："忠虽已发而未及接物。侯氏释'维天之命，於穆不已'，乃云：'春生冬藏，每岁如此，不误万物，是忠。'如何？"曰："天不春生冬藏时合有个心。公且道天未春生冬藏时有个心在那里？这个是天之生物之心，无停无息，春生冬藏，其理未尝间断。到那万物各得其所时，便是物物如此。'乾道变化，各正性命'，〔各正性命〕是那一草一木各得一理，变化是个浑全底。"义刚。

○　〔刘〕问"忠恕"。曰："忠即是实理。忠则一理，恕则万殊。如'维天之命，於穆不已'，亦只以这实理流行，发生万物。牛得之〔而〕为牛，马得之而为马，草木得之而为草木。"卓。

○　问程子云"'维天之命，於穆不已'，忠也；'乾道变化，各正性命'，恕也"。曰："'恕'字正在两隔界头。只看程子说'尽己之谓忠，推己之谓恕'，便分明。恕是推以及物，使各得其所处。'尽物之谓信。'"人杰。

○　忠贯恕，恕贯万事。"'天地变化，草木蕃'，不其忠乎"，是不忠之忠。"'乾道变化，各正性命'，不其恕乎"，是不恕之恕。天地何尝道此是忠，此是恕？人以是名其忠与恕，故圣人无忠恕。所谓"己所不欲，勿施于人"，乃学者之事。土毅。

○ 〔徐仁父〕问："明道云'充广得去则天地变化，草木蕃；充广不去则天地闭，贤人隐'，如何？"曰："只管充广将去，则万物只管各得其分。只就'己所不欲，勿施于人'上面广充将去。若充之于家，家得其所；充之于国，国得其所。无施而不可得其所宜，便是'天地变化，草木蕃'。若充扩不去，则这里面出门便行不得，便窒塞了，如何更施诸人！此便是'天地闭，贤人隐'底道理。"卓。〔贺孙录同。〕

○ 吴仁父问："'充广得去则天地变化，草木蕃；充广不去则天地闭，贤人隐。'是气象如此？"曰："似恁地恕只是推得去。推不去底人，只要理会自己，不管别人，别人底事便说不关我事。今如此人，便为州为县，亦只理会自己，百姓尽不管他，直是推不去。"又问："'恕'字恁地阔？"曰："所以道：'一言而可以终身行之者，其恕乎！'"又曰："也须是忠。无忠，把甚么推出来！"〔芟。〕

○ "草木蕃"，如说"草木畅茂"。人杰。

○ 忠恕是工夫，公平则是忠恕之效，所以谓"其致则公平"。致，极至。道夫。

○ 问："'吾道一以贯'，程伊川云：'多在忠上。'看得来都在忠上，贯之却是恕。"曰："虽是恕，却是忠流出贯之。"可学。

○ 器之问"一贯"云云。曰："亦是如此。人问伊川：'"一"字在忠上，在恕上？'伊川曰：'在恕上较多。'自今看来却全在忠上，都从这里贯将出去。忠是一，恕便是贯。"按此引程子问误，前条是集义云："或问：'多在忠上，多在恕上？'伊川曰：'多在忠上。'"

论语九 里仁篇下 |

○ 胡讲"一贯"之义。先生曰:"将孔子说做一项看,将曾子说做一项看,将程子说又做一项看。"淳。

○ 夜来说忠恕,论着忠恕名义,自合依子思"忠恕违道不远"是也。曾子所说却是移上一阶,说圣人之忠恕。到程子又移上一阶,说天之忠恕。其实只一个忠恕,须自看教有许多等级分明。佣。

○ "忠恕一贯。圣人与天为一,浑然只有道理,自然应去,不待尽己方为忠,不待推己方为恕,不待安排,不待忖度,不待睹当。如水源滔滔流出,分而为支派,任其自然,不待布置入那沟,入这渎。故云曾子怕人晓不得一贯,故借忠恕而言。某初年看不破,后得侯氏所收程先生语方晓得。"又云:"自孔子告曾子,曾子说下在此,千五百年无人晓得,待得二程先生方得明白。前前后后许多人说,今看来都一似说梦。"子善云:"初晓'忠者天道,恕者人道'不得,后略晓得。因以二句解之云:'天道是自然之理〔具〕,人道是自然之理行。'"直卿云:"就圣人身上说,忠者天之天,恕者天之人;就学者身上说,忠者人之天,恕者人之人。"曰:"要之,只是个'小德川流,大德敦化'意思。"贺孙。

○ 晏亚夫问"忠恕而已矣"。曰:"此曾子借道为忠恕以明一贯之妙。盖一贯自是难说得分明,惟曾子将忠恕形容得极好。学者忠恕,便待推方得,才推便有比较之意。圣人更不待推,但'老者安之,少者怀之,朋友信之'便是。圣人地位,如一泓水在此,自然分流四出。借学者忠恕以形容一贯,犹所谓借粗以形容细。"赵至道云:"如所谓'尧舜之道孝弟'否?"曰:"亦是,但孝弟是平说。曾子说忠恕,如说'小德川流,大德敦化'一般,自有交关好处。当时门弟想亦未晓得,惟孔子与曾子晓得。自后千余年更无人晓得,惟二程说得如此分明。

其门人更不晓得，惟<u>侯氏</u>、<u>谢氏</u>晓得。某向来只推见<u>二程</u>之说得，如<u>胡籍溪</u>、<u>范直阁</u>说，二人皆不以为然。及后来见<u>侯氏</u>说得元来如此分明，但诸人不曾子细看尔。"<u>黄直卿</u>云："圣人之忠是天之天，圣人之恕是天之人。忠恕只是学者事，不足以言圣人，只是借言尔。犹云'亹亹<u>文王</u>'，<u>文王</u>自是'纯亦不已'〔，亹亹不足以言之。然亹亹便有'纯亦不已'〕意思。"〔又云："忠犹木根，恕犹枝叶条干。"〕〔<u>南升</u>。〕

○〔<u>方叔</u>〕问："忠恕一理，却似说个'中和'一般。"答曰："和是已中节了，恕是方施出处。且如忠恕如何是一贯？"对曰："无间断便是一贯。"答曰："无物，如何见得无间断？盖忠则一，才推出去便贯了，此忠恕所以为一以贯之，盖是<u>孔子</u>分上事。如'老者安之，朋友信之，少者怀之'，此<u>孔子</u>之忠恕，余人不得与焉。忠恕一也，然亦有分数。若<u>中庸</u>所谓忠恕，只是'施诸己而不愿，亦勿施于人'，此则是贤人君子之所当力者。<u>程子</u>观之亦精矣，然<u>程</u>门如<u>尹氏</u>辈亦多理会不曾到此。若非<u>刘质夫</u>、<u>谢上蔡</u>、<u>侯师圣</u>之〔徒〕记得如此分晓，则切要处都黑了。"<u>大雅</u>。

○一贯之旨，忠恕之说。<u>程先生</u>门人中亦只<u>上蔡</u>领略得他意思，余皆未晓之。<u>广</u>。

○忠便是一，恕便是贯。自一身言之，心便是忠，应于事者便是恕。<u>龟山</u>之说不然。某旧时与诸公商量此段，都说道："<u>龟山</u>便是<u>明道先生</u>说。"某深以为不然，更无路得分疏。后来把<u>程先生</u>说自看来看去，乃大分明。以此知听说话难，须是心同意契，才说便领略得。<u>龟山</u>说得恁地差了，不是他后来说得差，是他当初与<u>程先生</u>对面说时领略不得这意思。如今诸公听某说话，若不领略得，茫然听之，只是徒然。<u>程先生</u>

那一段是<u>刘质夫</u>记，想他须是领略得。兼此段可笑。旧时语录元自分而为两，自"以己及物"至"'违道不远'是也"为一段，自"吾道一以贯之"为一段。若只据上文，是看他意不出。然而后云"此与'违道不远'异者，动以天尔"，自说得分明，正与"'违道不远'是也"相应。更一段说某事，亦散而为三。<u>贺孙</u>。

○ 问"'维天之命，於穆不已'，不其忠乎！"曰："今但以人观天，以天观人，便可见。在天便是忠。要之，便是至诚不息。"因论集义诸家忠恕之说，曰："若诸家所言，却是<u>曾子</u>自不识其所谓'一贯'；夫子之道却是二以分之，不是'一以贯之'。"<u>道夫</u>。

君子喻于义章

○ 问："'君子喻于义'者，天理之所宜。凡事只看道理之所宜为，不顾以私者，义也。利者，人情之所欲得。凡事只任私（事）〔意〕，但取其便于己则为之，不复顾道理如何者，皆利也。君子胸中晓得义理分明，故每事灼然见得义之所在，所以为义之从。小人只是理会己私，故每每见得，便于己底事亦甚分晓。"先生曰："义利也未消说得如此重。义利犹顾头尾然。义者，宜也。君子见得这事合当如此，那事合当如彼，但裁处其宜为之，则何不利之有？君子只理会义，下一截利处更不理会。小人只理会〔下一截〕利，上一截义处全然不顾。盖是君子之心虚明洞彻，见得义分明。小人只管计较利，虽丝毫底利也自理会得。"〔<u>南升</u>。〕

○ 〔<u>文振</u>〕问此一段。曰："义、利只是个头尾。君子之于事，见得是合如此处，处得其宜则自无不利矣，但只是理会个义，却不曾理会下面一截利。小人却见得下面一截利，却不理会事之所宜。往往两件都有利，但那一件事之利稍重得分毫，便去做那一件。君子之于义见得委曲透彻，故自乐为。小人之于利亦是于曲折纤悉间都理会得，故亦深好之也。"_{时举}。

○ "君子喻于义，小人喻于利。"君子只知得个当做与不当做，当做处便是合当如此。小人则只计较利害，如此则利，如此则害。君子则更不顾利害，只看天理当如何。"宜"字与"利"字不同，子细看。_僩。

○ 问"喻于义"章。曰："小人之心只晓会得那利害，君子之心只晓会得那义理。见义理底不见得利害处，见利害底不见得义理处。"_卓。

○ "喻义喻利，不是气禀如此。君子存得此心，自然喻义。小人陷溺此心，故所知者只是利。若说气禀定了，则君子小人皆由生定，学力不可变也。且如有金在地，君子便思量不当得，小人便认取去。"又云："'父母之年不可不知，一则以喜，一则以惧。'正如喻义喻利，皆是一事上有两段。只此一物，君子就上面自喻得义，小人只是利了。父母之年，孝子之心既喜其寿，又惧其衰。君子小人只共此一物上面有取，有不取。"_{明作}。

○ 居父问"君子喻于义，小人喻于利"。曰："这只就眼前看。且如今做官须是恁地廉勤。自君子为之，只是道做官合着如此。自小人为之，他只道如此做可以得人说好，可以求知于人处。昨有李某，当寿皇登极之初上一书，极说道学恁地不好。那时某人在要路，故以此说投之，即得超升上州教官。前日某方赴召到行在，忽又上一书，极称道学之美。他便道某有甚势要，便以此相投，极好笑。"贺孙。

○　喻义喻利，只是这一事上，君子只见得是义，小人只见得是利。如伯夷见饴，曰："可以养老。"盗跖见之，曰："可以沃户枢。"盖小人于利，他见这一物便思量做一物事用，他计较精密更有非君子所能知者，缘是他气禀中自元有许多尘糟恶浊底物，所以才见那物事便出来应他。这一个穿孔，便对那个穿孔。君子之于义亦是如此。或曰："伊川云：'惟其深喻，是以（为）〔笃〕好。'若作'惟其笃好，是以深喻'，也得。"曰："陆子静说便是如此。"佣。

见贤思齐焉章

○　问："见人之贤者，知其德行之可尊可贵，则必思我亦有是善，天之所赋未尝亏欠，何以不若于人？必须猛勇精进，求其必至于可尊可贵之地；见不贤者，则知是彼情欲汩没所以至此，必须惕然省察，恐己亦有是恶潜伏于内，不自知觉将为小人之归。此言君子当反求诸身如此。"先生云："此一段说得意思好。"少刻又举似与坐间众人说："文振适来说'见贤思齐'一段有意思。"又云："说得有来历。"

事父母几谏章

○　问"几谏"。曰："'几，微也。'只是渐渐细密谏，不恁峻暴，硬要阑截。内则'下气、怡色、柔声以谏'，便是解此意。"淳。

○　问："'事父母几谏'，'几，微也'。微，还是见微而谏，还是

'下气、怡色、柔声以谏'?"曰:"几微,只得做'下气、怡色、柔声以谏'。且如今人做事亦自蓦地做出来,那里去讨几微?若要做见几而谏,除非就本文添一两字始得。"贺孙。

○ 寓问:"集注举内则'与其得罪于乡党州闾,宁孰谏',将来说'劳而不怨'。礼记说'劳'字,似作劳力说,如何?"曰:"谏了又谏,被挞至于流血,可谓劳矣。所谓'父母喜之,爱而不忘;父母恶之,劳而不怨',劳,只是一般劳。"

○ 问:"'事父母有几谏','几,微也'。微谏者,'下气、怡色、柔声以谏'也。见得孝子深爱其亲,虽当谏过之时,亦不敢伸己之直,而辞色皆婉顺也。'见志不从,又敬不违',(不)〔才〕见父母心中不从所谏,便又起敬孝使父母欢悦,不(违)〔待〕父母有难从之辞色而后起敬起孝也。若或父母坚不从所谏,甚至怒而挞之流血,可谓劳苦,亦不敢疾怨,愈当起敬起孝。此圣人教天下之为人子者,不惟平时有愉色、婉容,虽遇谏过之时亦当如此,甚至劳而不怨,乃是深爱其亲也。"先生云:"推得也好。"又云:"'又敬不违'者,上不违微谏之意,切恐唐突以触父母之怒;下不违欲谏之心,务欲置父母于无过之地。其心心念念只在于此。若见父母之不从,恐触其怒,遂止而不谏者,非也;欲必谏,遂至触其怒,亦非也。"〔南升。〕

○ 问:"自'几谏'章至'喜惧'章,见得事亲之孝四端具焉,但觉得仁爱之意分外重,所以'孝弟为仁之本','立爱自亲始'。"曰:"是如此。惟是初发见是爱,故较切。所以告子见得不全,便只把仁做中出,便一向把义做外来看了。"贺孙。

○ 问:"谢氏说'几谏'章,曰'以敬孝易,以爱孝难',恐未安。"曰："圣人答人问孝，多就人资质言之。在<u>子夏</u>则少于爱，在<u>子游</u>则少于敬，不当遂断难易也。如<u>谢氏</u>所引两句，乃是<u>庄子</u>之说。此与<u>阮籍</u>居丧饮酒食肉及至恸哭呕血，意思一般，蔑弃礼法、专事情爱故也。"<u>人杰</u>。

父母在章

○ 问"父母在，不远游，游必有方"。答曰："为人子，须是以父母之心为心。父母爱子之心未尝少置，人子爱亲之心亦当跬步不忘。若是远游，不惟父母思念之切，人子去亲庭既远，温清定省之礼自此间阔，所以不远游。如或有事势须当游，亦必有定所。欲亲知己之所在而无忧，召己则必至而无失。"

三年无改于父之道章_无

父母之年章

○ 问"父母之有寿，人子之所喜也"。"寿愈高则亲日以衰，而奉养之日愈短，孝子之所惧也。故孝子爱日者当记忆父母之年，喜其寿而惧其衰，惟恐奉养之日不久，是以孝敬之心日常切。"

○ "一则以喜，一则以惧"，只是这一事上。既喜其寿，只这寿上又惧其来日之无多。注中引"既喜其寿，又惧其衰"，微差些，如此却是两事矣。<u>僴</u>。

古者言之不出章

○ "古者言之不出,耻躬之不逮也。"此章紧要在"耻"字上。若是无耻底人,未曾做得一分,便说十分矣。侃。

○ 人之所以易其言者,以其不知空言无实之可耻也。若耻,则自是力于行,而言之出也不敢易矣。这个只在耻上。侃。

○ 集注引范氏说最好。只缘轻易说了,便把那行不当事。非践履到底,乌能言及此! 明作。

以约失之者鲜矣章

○ 问:"'以约失之者鲜。'凡人须要检束令入规矩准绳,便有所据守,方少过失。或自侈然自肆,未有不差错。"先生云:"说得皆分明。"〔南升。〕

○ "'以约失之者鲜矣。'凡事要约,约底自是少失矣。或曰恐失之吝啬,如何?"曰:"这'约'字又不如此,只凡事自收敛。若是吝啬,又当放开。这个要人自称量看便得。如老子之学全是约,极而至于杨氏不肯拔一毛以利天下,其弊必至此。然清虚寡欲,这个又是他好处。文景之治汉、曹参之治齐便是用此,本朝之仁宗元祐亦是如此。事事不敢做,兵也不敢用,财也不敢用,然终是少失。如熙丰不如此,便多事。"侃。

君子欲讷于言章

○ 问："'君子欲讷于言敏于行。'凡事言时易，行时难。言惧其易故欲讷。讷者，言之难出诸口也。行惧其难故〔欲〕敏。敏者，力行而不惰也。"曰："然。"〔南升。〕

德不孤章

○ 问："'德不孤，必有邻。'邻是朋类否?"曰："然。非惟君子之德有类，小人之德亦自有类。"侗。

○ "德不孤"，以理言；"必有邻"，以事言。侗。

○ 〔论语中〕"德不孤"是"同声相应，同气相求"者。〔吉〕人为善便自有吉人相伴，凶德者亦有凶德同之，是"德不孤，必有邻"也。易中"德不孤"，谓不只一个德，盖内直而外方，内外皆是德，故"不孤"是训爻辞中"大"字。若有敬而无义，有义而无敬，即孤矣。蝇。

○ 又问："'德不孤，必有邻。'有德之人必有亲近之者。盖理义，人心之所同，既有成德之人如此，则天下谁无秉彝好德之心? 必以类应矣。然德之所以不孤者，乃在于'敬以直内，义以方外'。方其主敬，则其中无一毫私曲，及其随事裁处，则事事物物截然有定理而不易。敬义既立则内外德备，所以不孤而有邻也。"曰："此处恐不消得引易中来说。语所说'德不孤，必有邻'，只云有如此之德必有如此之类应。如小人为不善，必有不善之人应之。易中言'敬以直内'须用'义以方外'，'义以方外'须用'敬以直内'。孤，犹偏也。敬义既立则德不偏孤，言德盛。若引易中来说，恐将论语所说搅得没理会。"〔南升。〕

○ 问："语云'德不孤，必有邻'，是与人同。〔饶本作"是说人之相从"。〕易云'敬义立而德不孤'，却是说德不孤吝。〔饶本作"德之大"。〕明道却指此作'与物同'，如何？"曰："亦未安。"可学。

○ "德不孤"，是善者以类应。谢杨引系辞简易之文，说得未是。只用伊川说，伊川言"德不孤，必有邻"，是事之验。㙊。

事君数章

○ 问："集注引胡氏一段，似专主谏而言。恐交际之间如谄媚之类亦是数，不止是谏。"曰："若说交际处烦数，自是求媚于人，则索性是不好底事了，是不消说。以谏而数者，却是意善而事未善耳，故圣人特言之以警学者。"雉。

○ 又问："君臣朋友皆以义合，故事君者谏不行、言不听，则当去。若或言语烦数而不知去，非惟无益，乃取辱也。交友之道，但忠告而善道之，不可则止。若或言语烦数而不知止，是求亲而反疏也。"曰："然。"

朱子语类卷第二十八

论语十

公冶长篇上

子谓公冶长章

○　问："'子谓公冶长可妻',而长之为人无可考,但观孔子称其可妻时,必有以取之矣。又言其虽尝陷于缧绁之中而非其罪,不害其可妻也。盖有罪无罪在我而已,岂以外至为荣辱? 若是有罪,虽不遭刑戮,乃是幸免;若是无罪,虽不幸而遭刑戮,何足为辱?"曰:"'子谓公冶长可妻',必有以取之矣。'虽在缧绁之中',特与而举之,非谓以非罪而陷缧绁为可妻也。"〔南升。〕

○　寓问:"公冶长可妻,伊川以'避嫌之事,贤者不为,况圣人乎'。自今人观之,闺门中安知无合着避嫌处?"曰:"圣人正大,道理合做处便做,何用避嫌!"问:"古人'门内之治恩掩义,门外之治义断恩'。寓恐闺门中主恩,怕亦有避嫌处?"曰:"固是主恩,亦须是当理方可。某看公浙人,多要避嫌。程子所谓'年之长幼,时之先后',正是解或人之说,未必当时如此。大抵二人都是好人,可托。或先是见公冶长,遂将女妻他;后来见南容亦是个好人,又把兄之女妻之。看来文势，恐是<u>孔子</u>之女年长，先嫁；兄之女少，在后嫁，亦未可知。<u>程子</u>所谓'凡人避嫌者皆内不足'，实是如此。"<u>寓</u>。

　　○　<u>叔蒙</u>问<u>程子</u>避嫌之说。曰："合当委曲，便是道理当如此。且如避嫌亦又不能无。如做通判，与太守是亲戚，也合当避嫌。<u>第五伦</u>之事非不见得如此，自是常有这心在，克不去。今人这样甚多，只是徇情恁地去，少间将这个做正道理了，大是害事。所以古人于诚意、正心上更着工夫，正怕到这处。"<u>寓</u>。

子谓南容章

子谓子贱章

　　○　问"<u>鲁无君子，斯焉取斯</u>"。答曰："居乡而多贤，其老者，吾当尊敬师事以求其益；其行辈与吾相若者，则纳交取友、亲炙渐磨以涵养德性、薰陶气质。"<u>贺孙</u>。

　　○　又问："<u>子贱</u>之为人，圣人以君子称之，成德之士也。又言若<u>鲁</u>无君子，则此人何所取以成就此德？以见<u>子贱</u>之成德，乃在于尊贤取友，又以见<u>鲁</u>取友多君子。故<u>苏氏</u>曰：'称人之善，必本于父兄师友，厚之至也。'<u>子贡</u>见夫子之称<u>子贱</u>，故以己为问。夫子谓之'瑚琏'，乃宗庙盛黍稷之器，又饰之以玉，乃器之可贵重而华美者，则知<u>子贡</u>亦非寻常有用之才。"曰："看来圣人以<u>子贱</u>为'君子哉若人'，此君子亦是大概说。如'<u>南宫适出，子曰"君子哉若人"</u>'一般。大抵论语中说君子有说得最高者，有大概说，如言贤者之类。若言<u>子贱</u>为'君子哉'，

子贡未至于不（如）〔器〕，恐子贱未能强似子贡。又子贱因鲁多君子而后有所成就，不应鲁人强似子贡者如此之多。"〔南升。〕

子贡问赐也何如章

○ 子贡（问）〔是〕器之贵者，可以为贵用。虽与贱者之器不同，然必竟只是器，非不器也。明作。

○ 叔蒙问："子贡通博明达，若非止于一能者，如何却以器目之？莫是亦有穷否？"曰："毕竟未全备。"贺孙。

○ 寓问："子贡得为器之贵者，圣人许之。然未离乎器，而未至于不器处，不知子贡是合下无规模，抑是后来欠工夫？"曰："也是欠工夫，也是合下禀得偏了。一般人资禀疏通明达，平日所做底工夫都随他这疏通底意思去。一般人禀得恁地驯善，自是随这驯善去。恰似人吃药，五脏和平底人吃这药自流注四肢八脉去。若是五脏中一处受病受得深，吃这药都做那一边去，这一边自胜了，难作效。学者做工夫，正要得专去偏处理会。"

雍也仁而不佞章

○ "仁而不佞"，时人以佞为贤。"屡憎于人"，是他说得大惊小怪，被他惊吓者岂不恶之。明作。

○ 佞，只是捷给辩口者，古人所说皆如此，后世方以"谄"字解之。祖道。

○ 佞是无实之辩。道夫。

○ 林一之问："孔子于仲弓'不知其仁'，如何?"曰："孔子既不保他，必是也有病痛。然这一章是不佞要紧。佞，不是谄，是个口快底人。事未问是不是，一时言语便抵当得去。'子路使子羔为费宰，子曰："贼夫人之子!"子路曰："何必读书，然后为学?"子曰："是故恶夫佞者!"'子路未问是与不是，临时撰得话来也好，可见是佞。"窝。

子使漆雕开仕章

○ 漆雕开"吾斯之未能信"，"斯"是甚底? 他是见得此个道理了，只是信未及。他眼前看得阔，只是践履未纯熟。他是见得个规模大，不入这小底窠坐。曾晳被他见得高，下面许多事皆所不屑为，到他说时便都恁地脱洒。想见他只是天（姿）〔资〕高，便见得恁地，都不曾做甚工夫，却与曾子相反。曾子便是着实步步做工夫，到下梢方有所得。曾晳末流便会成庄老。想见当时圣人亦须有言语敲点他，只是论语载不全。贺孙。

○ 或问："'吾斯之未能信'，如何?"曰："'斯'之一字甚大。漆雕开能自言'吾斯之未能信'，则其（他）〔地〕已高矣。'斯'，有所指而云，非只指诚意、正心之事。事君以忠，事父以孝，皆是这个道理。若自信得及，则虽欲不如此做，不可得矣。若自信不及，如何勉强做得! 欲要自信得及，又须是自有所得无遗，方是信。"祖道。谟录同。

○ 又问"子使漆雕开仕。对曰'吾斯之未能信'"。"斯者,此理也。漆雕开能指此理而言,便是心目之间已有所见。未能信者,未能真知其实然,而自保其不叛。以此见'漆雕开已见大意',方欲进进而不已。盖见得大意了,又要真知到至实无妄之地,它日成就,其可量乎?此夫子所以悦其笃志也。"祖道。

○ 〔陈仲卿〕问"子使漆雕开仕"一章。曰:"此章当于'斯'字上看。'斯'是指个甚么?'未之能信'者,便是于这个道理见得未甚透彻,故信未及。看他意思便把个仕都轻看了。"时举。

○ "吾斯之未能信",(也)〔他〕是不肯更做小底。所谓"有天民者,达可行于天下而后行之者也"。道夫。

○ 〔立之〕问"吾斯之未能信"。曰:"漆雕开已见得这道理是如此,但信得未及。所谓信者,真见得这道理是我底,不是问人假借将来。譬如五谷可以饱人,人皆知之,须是五谷灼然曾吃得饱,方是信得及。今学者尚未曾见得,却信个甚么!若见人说道这个善,这个恶,若不曾自见得,都不济事,亦终无下手处矣。"时举。

○ 或问"吾斯之未能信"。曰:"知得深便信得笃。理合如此者必要如此,知道不如此便不得〔如此〕,只此是信。且如人孝,亦只是大纲说孝,谓有些小不孝处亦未妨。又如忠,亦只是大纲说忠,谓便有些小不忠处亦未妨。即此便是未信。此是漆雕开心上事,信与未信,圣人何缘知得?只见他其才可(任)〔仕〕,故使之仕。他揆之于心,有一毫未得,不害其为未信,仍更有志于学,圣人所以说之。"又问:"谢氏谓'其器不安于小成',何也?"曰:"据他之才已自可仕,只是他不伏如此,又欲求进。譬如一株树,用为椽桷已自可矣,他不伏做椽桷,又要做柱，便是不安于小成也。"文蔚。

○　敬之问此〔章〕。曰："也不是要就用处说。若是道理见未破，只且理会自身己，未敢去做他底。亦不是我信得了，便定着去做。道理自是如此，这里见得直是分晓，方可去做。"寅因问："明道所言'漆雕开、曾点已见大意'，二子固是已见大体了。看来漆雕见得虽未甚快，却是通体通用都知了。曾点虽是见得快，恐只见体，其用处未必全知也。"先生以为然。问寅有何说，寅曰："开之未信，若一理见未透，即是未信。"曰："也不止说一理。要知信不过，不真知，决是如此。'行一不义，杀一不辜，得天下不为。'须是真见得有不义不辜处，便不可以得天下。若说略行不义，略杀不辜，做到九分也未甚害，也不妨，这便是未信处。这里更须玩味省察、体认存养，亦会见得决定恁地而不可不恁地。所谓脱然如大寐之得醒，方始是信处耳。"问："格物穷理之初，事事物物也要见到那里了。"曰："固是要见到那里。然也约摸是见得，直到物格知至，那时方信得及。"〔寅。〕

○　"（知不知）〔知只是一个知〕，只是有浅深，须是知之深方信得及，如漆雕开'吾斯之未能信'是也。若说道别有个不可说之知，便是释氏之所谓悟也。"问："张子所谓'德性之知不萌于闻见'是如何？"曰："此亦只是说心中自晓会得后，又信得及耳。"广。

○　问："'曾点、漆雕开已见大意。'如何是'已见大意'？"曰："是他见得大了，〔谦之录云："是大底意思。"〕便小合杀不得。论语中说曾点处亦自可见。如漆雕开只是此一句，如何便见得他〔已见〕大意处？然工夫只在'斯'字与'信'字上。且说'斯'字如何？"螢等各以意对。曰："斯，只是这许多道理见于日用之间，君臣、父子，仁义、忠孝之理。信，是虽已见得如此，却自断当恐做不尽，不免或有过差，尚自保不过。虽是知其已然，未能决其将然，故曰'吾斯之未能信'。"铨。

○ 王景仁问："程子言'曾点与漆雕开已见大意'，何也？"曰："此当某问公，而公反以问某邪？此在公自参取。"既而曰："所谓'斯之未信'，斯者，非大意而何？但其文理密察，则二子或未之及。"又问："大意竟是如何？"曰："若推其极，只是'惟皇上帝降衷于下民'。"处谦。

○ 问："'漆雕开已见大意'，如何？"曰："大意便是本初处。若不见得大意，如何下手作工夫？若已见得大意而不下手作工夫，亦不可。孔门如曾点、漆雕开皆已见大意。"某问："开自谓未能信，孔子何为使之仕？"曰："孔子见其可仕，故使之仕。它隐之于心，有未信处。"可学。

○ 或问："曾晳言志，既是知得此乐便是如颜子之乐同。曾晳行又不掩，何也？"曰："程子说'曾点、漆雕开已见大意'，他只是见得这大纲意思，于细密处未必便理会得。如千万兵马，只见得这个，其中队伍未必知。如佛氏，不可谓他全无所见，但他只见得个大浑沦底道理，至于精细节目则未必知。且君臣、父子、夫妇、兄弟，他知道理发出来，然至于'为人君止于仁，为人臣止于敬，为人子止于孝'之类，却未必知也。"植。

○ 寓问："注谓信是'真知其如此，而无毫发之疑'，是如何？"曰："便只是'朝闻道'意思，须是自见得这道理分明方得。"问："是见得吾心之理，或是出仕之理？"曰："都是这个理，不可分别。漆雕开却知得，但知未深耳，所以未敢自信。"问："程子云'曾点、漆雕开已见大意',如何?"曰:"也是见得这意思。漆雕开,想见他已知得八分了。"因说:"物格、知至,他只有些子未格、有些子未至耳。伊川尝言虎伤人,曾经伤者神色独变,此为真见得、信得。凡人皆知水蹈之必溺,火蹈之必焚,今试教他去蹈水火,定不肯去。无他,只为真知。"寓。贺孙录同。

○ 问:"程氏说'曾点、漆雕开已见大意',恐漆雕开见处未到曾点。"曰:"曾点见虽高,漆雕开却确实。观他'吾斯之未能信'之语可见。"又问:"程氏言'子路只是不达为国以礼道理,若达便是曾点气象'。莫是子路无曾点从容意思否?"曰:"子路见处极高,只是有些粗。缘他勇,便粗。若不是勇又不会变得如此快,这勇却不曾去得。如人得这个药去病,却不曾去得药毒。若去得尽即达'为国以礼'道理。"顾文蔚曰:"子路与冉有、公西华如何?"文蔚曰:"只是小大不同。"曰:"二子终无子路所见。"问:"何以验之?"曰:"观他平日可见。"文蔚。

○ 问:"漆雕开循守者乎?"曰:"循守是守一节之廉,如原宪之不容物是也。漆雕开却是收敛近约。"伯羽。

○ 问曾点、漆雕开。曰:"曾记胡明仲说'禹、稷、颜回同道'。其意谓禹、稷是就事上做得成底,颜子见道,是做未成底,此亦相类。开是着实做事,已知得此理。点见识较高,但却着实处不如开。开却进未已,点恐不能进。"铢。

○ 直卿问程子云云。曰:"开更密似点,点更规模大。开尤缜密。"道夫。

○ 曾点"已见大意",却做得有欠缺。漆雕开见得不如点透彻,而用工却密。<u>点</u>天资甚高，见得这物事透彻。如一个大屋，但见外面墙围周匝，里面间架却未见得，却又不肯做工夫。如<u>邵康节</u>见得恁地，只管作弄。又曰："<u>曾子</u>父子却相反。<u>曾子</u>初间却都不见得，只从小处做去。及至一下见得大处时，他小处却都曾做了。"_赐。

○　"<u>曾点</u>漆雕开已见大意。"若论见处，<u>雕</u>未必如<u>点</u>透彻；论做处，<u>点</u>又不如<u>开</u>着实。<u>邵尧夫</u>见得恁地，却又只管作弄去。_{元秉}。

○　"<u>曾点</u>只从高处见破，却不是次第做工夫。"曰："某以为与<u>庄</u>、<u>列</u>之徒相似。"_{希逊}。

○　<u>时举</u>问<u>程子</u>谓"<u>曾点</u>、<u>漆雕开</u>已见大意"。曰："<u>漆雕开</u>，想是灰头土面，朴实去做工夫，不求人知底人。虽见大意，也学未到。若<u>曾皙</u>，则只是见得，往往却不曾下工夫也。"_{时举}。

○　<u>曾点</u>、<u>漆雕开</u>不曾见他做工夫处，不知当时如何被他〔逴〕见这道理。然就二人之中，<u>开</u>却是要做工夫。"吾斯之未能信"，"斯"便是见处，"未能信"便是下工夫处。<u>曾点</u>有时是做工夫，但见得未定，或是他天资高，后被他瞥见得这个物事，亦不可知。虽是恁地，也须低着头，随众从"博学之，审问之，谨思之，明辨之，力行之"底做工夫，称贴起来方实，证验出来方稳，不是悬空见得便了。博学、审问、谨思、明辨、力行五者工夫，终始离他不得，只是见（他）〔得〕后做得不费力也。_{黄义刚}。

○　或问："子说<u>开</u>意如何？"曰："<u>程明道</u>云：'<u>曾点</u>、<u>漆雕开</u>已见大意。'又云：'<u>孔子</u>与<u>点</u>，盖与圣人之志同，便是<u>尧舜</u>气象。'看这语意是如何？看得此意方识得圣人意。"〔_{贺孙。}〕

○ 曾点见得甚高，却于工夫上有疏略处。漆雕开见处不如曾点，然有向进之意。曾点与曾参正相反。曾参却是积累做去，千条万绪，做到九分八厘，只有这些子未透。既闻夫子一贯之旨，则前日之千条万绪，皆有着落矣。"忠恕而已矣"，此是借学者之忠恕，以影出圣人自然之忠恕也。人杰。

○ 问："漆雕开与曾点孰优劣？"曰："旧看皆云曾点高。今看来，却是开着实，点颇动荡。"可学。

○ 曾点开阔，漆雕开深稳。方子。

○ 问四子言志。曰："曾点与三子只是争个粗细，点与漆雕开只是争个生熟。曾点说得惊天动地，开较稳贴。三子在孔门岂是全不理会义理？只是较粗，不如曾点之细。"又曰："子路使民，非若后世之孙、吴；冉有足民，非若后世之管、晏。"赐。

○ 或问："'吾斯之未能信'，注云：'未有以真知其实然，而保其不叛也。'圣门弟子虽曰有所未至，然何至于叛道？"曰："如此，则曾子临终更说'战战兢兢，如履薄冰'做甚么？"或曰："起居动作有少违背，便是叛道否？"曰："然。"集注与今定本文不同。僩。

○ 问"吾斯之未能信"。曰："信是于这个道理上见得透，全无些疑处。他看得那仕与不仕全无紧要。曾点亦然，但见得那日用都是天理流行，看见那做诸侯卿相不是紧要，他却不是高尚要恁地说，只他自看得没紧要。今人居乡只见居乡利害，居官只见居官利害，全不见道理。他这见得道理大小大了，见那利害居官都没紧要，仕与不仕何害！"〔植。〕原宪不能容物，近于狷。开却是收敛近约。道夫。

道不行章

○ 夫子浮海，假设之言，且如此说，非是必要去。所以谓子路勇，可以从行，便是未必要去。明作。

○ 又问："'道不行，乘桴浮于海'，伤天下之无贤君，不可以行斯道。子路勇于义，故谓其能从己，圣人岂真是欲与子路浮海者？乃是假托以见意。子路以为实然，而喜夫子予己，故夫子曰：'由也，好勇过我。'言我方言欲浮海，而子路便与我同行，岂非勇于我乎？但不能裁度事理以适于义，岂有圣人以道不行，而真浮海以绝去中国之理乎？"曰："皆是如此。"

孟武伯问子路仁乎章

○ 孟武伯问三子仁乎，夫子但言三子才各有所长，若仁则不是易事。夫子虽不说三子无仁，但言"不知其仁"，则无在其中矣。仁是全体不息。所谓全体者，合下具此心，更无一物之杂。不息，则未尝收息置之无用处。全体似个卓子，四脚便是全。不息，是常用他。或置之僻处，又被别人将去，便是息。此心具〔十分〕道理在，若只见得九分，亦不是全了。所以息者，是私欲间之。无一毫私欲方是不息，乃"三月不违"以上地位。若违时，便是息。不善底心固是私，若一等闲思虑亦不得，须要照管得此心常在。明作。

○ 〔林〕问子路不知其仁处。曰："仁，譬如一盆油一般，无些子夹杂方唤做油，有一点水落在里面便不纯是油了。浑然天理便是仁，有一毫私欲便不是仁了。子路之心不是都不仁，'仁，人心也'。有发见之时，但是不纯，故夫子以'不知'答之。"卓。

○　仲由可使治赋，才也。"不知其仁"，以学言也。升卿。

○　问"孟武伯问三子之仁，而圣人皆不之许，但许其才"云云。曰："大概是如此。"又问："虽全体未是仁，苟于一事上能当理而无私心，亦可谓之一事之仁否？"曰："不然。盖才说个'仁'字，便用以全体言。若一事上能尽仁，便是他全体是仁了。若全体有亏，这一事上必不能尽仁。才说个'仁'字便包尽许多事，无不当理无私了。所以三子当不得这个'仁'字，圣人只称其才。"〔佣。〕

○　问："孔门之学，莫大于为仁。孟武伯见子路等皆孔门高第，以为尽得仁道，故直问子路仁乎，子曰不知也。仁道之大，非全体而不息者不足以当之，颜子尚不能不违于三月之后，圣人尚不以之许仲弓，况子路之于仁盖日月至焉者，心之或在或亡，不能必其有无，故以'不知'告之。孟武伯不晓其意，又问孔子云云。三子者，皆许其才而不许其仁，则仁道之大可知也。"曰："何故许其才不许其仁？"对以："三子之才，虽各能（辨）〔办〕事，但未知做得来能无私心否？"曰："然。圣人虽见得他有驳杂处，若是不就这里做工夫，便待做得事业来，终是粗率，非圣贤气象。若有些子偏驳，便不是全体。"〔南升。〕

○　子升兄问："圣人称由也千乘之国可使治其赋，求也可使为之宰。后来求乃为季氏聚敛，由不得其死。圣人容有不能尽知者。"曰："大纲也只称其材堪如此，未论到心德处。看'不知其仁'之语，里面却煞有说话。"木之。

女与回也孰愈章

○　问："'回赐孰愈'一段，大率比较人物，亦必称量其斤两之相
上下者。如子贡之在孔门，其德行盖在冉闵之下，然圣人却以之比较
颜子，岂以其见识敏悟，虽所行不逮，而所见亦可几及与？"曰："然。
圣人之道大段用敏悟，晓得时方担荷得去。如子贡虽所行未实，然他却
极是晓得，所以孔子爱与他说话。缘他晓得，故可以担荷得去。虽所行
有未实，使其见处更长一格，则所行自然又进一步。圣门自曾颜而下
便用还子贡，如冉闵非无德行，然终是晓得不甚，担荷圣人之道不去。
所以孔子爱呼子贡而与之语，意盖如此。"僩。

○　居父问："回也'闻一知十'，'即始见终'，是如何？"曰："知
十，亦不是闻一件定知得十件，但言知得多，知得周遍。"又问："圣人
生知，其与颜子不同处是如何？"曰："圣人固生知，终不成更不用理
会，但圣人较之颜子又知得多。今且未要说圣人，且只就自家地位看。
今只就这一件事闻得，且未能理会得恰好处，况于其他！"贺孙。

○　胡问："回'闻一知十'，是'明睿所照'，若孔子则如何？"
曰："孔子又在明睿上去，耳顺心通，无所限际。古者论圣人都说聪明，
如尧'聪明文思'，'惟天生聪明时乂'，'亶聪明作元后'，'聪明睿智，
足以有临也'。圣人直是聪明。"淳。

○　问："颜子'明睿所照'，合下已得其全体，不知于'金声玉
振'体段俱到否？"曰："颜子于'金声'意思却得之，但于'玉振'意
思却未尽。"贺孙问："只是做未到，却不是见未到？"曰："是他合下都
自见得周备，但未尽其极耳。"贺孙。

○ 问集注"知二""知十"之别。曰:"'明睿所照',如个明镜在此,物来毕照。'推测而知',如将些子火光逐些子照去推寻。"侗。

○ "颜子明睿所照,子贡推测而知",此两句当玩味,见得优劣处。颜子是真个见得彻头彻尾。子贡只是暗度想象,恰似将一物来比并相似,只能闻一知二。颜子虽是资质纯粹,亦得学力,所以见得道理分明。凡人有不及人处,多不能自知,虽知亦不肯屈服。如子贡自屈于颜子,可谓高明,夫子所以与其弗如之说。明作。

宰予昼寝章

○ 问:"宰我当昼而睡。夫君子进德修业,须是志能帅气,方终日乾乾。若当昼而睡,便是志气昏惰,不敬莫大焉。虽有教,无所施,故以朽木、粪墙深责之。"又问:"'始吾于人听其言而信其行',必是宰予平日说得做工夫道理,及下手做时却昏惰如故。圣人自言而今而后当听言观行,乃是因宰予而致此。夫圣人观人洞见眉睫之间,不待是而后能。言此者既以重警宰予,又使学者谨言敏行。"曰:"皆是如此。"

枨也欲章

○ "枨也欲。"欲者,溺于爱而成癖者也。人杰。

○ 或问:"刚与悻悻何异?"曰:"刚者,外面退然自守而中不诎于欲,所以为刚。悻悻者,外面有崛强之貌,便是有计较胜负之意,此便是欲也。"〔时举〕

○ 黄问："吾未见刚者。"曰："无欲便是刚，真难得。拖泥涉水不是刚，壁立万仞便是刚。"胡问："好仁、恶不仁有刚底意思？"曰："刚能好、恶，不可把好、恶作刚，好恶又是一件。"又问："刚有勇决意？"曰："刚能决，不可唤决作刚。如铜铁能割，不可唤割作铜铁。刚与勇又不同。"淳。

○ 问"枨也欲焉得刚"，曰："上蔡这处最说得好：'为物掩之谓欲，故常屈于万物之下。'今人才要贪这一件物事，便被这物事压得头低了。申枨想只是个悻悻自好底人，故当时以为刚。然不知悻悻自好只是客气如此，便有以意气加人之意，只此便是欲也。"时举。

○ 问集注云"刚者勇之体，勇者刚之发"。曰："春秋传云'使勇而无刚者尝寇'，则勇者发见于外者也。"人杰〔谓〕："以五常揆之，则专言勇者，勇属于义；言刚柔，则刚属于仁。"曰："便是这个物事，看他用处如何，不可以一定名之。扬子云说'君子于仁也柔，于义也刚'，亦只是一说。"人杰谓："'以仁为柔'、'以义为刚'，（上）〔止〕说得个情状体段耳。"曰："然。"人杰。

我不欲人之加诸我章

○ 至之问此章。曰："正在'欲'字上，不欲时便是全然无了这些子心。且如所不当为之事，人若能不欲为其所不当为，便是这个心都无了，是甚地位？未到这地位便自要担当了，便不去做工夫。圣人所以答他时且要它退一步做工夫。只这不自觉察便是病痛。"恪。〔可疑。〕

○ "子贡'欲无加诸人'，夫子教之'勿施于人'，何以异？"答曰："异处在'无'字与'勿'字上。伊川说'仁也'、'恕也'，看得精。"大雅。

○ 子贡曰"我不欲人之加诸我也，吾亦欲无加诸人"，未能忘我故也。颜渊曰"愿无伐善，无施劳"，能忘我故也。子路曰"愿车马，衣轻裘，与朋友共，敝之而无憾"，未能忘物也。"一箪食，一瓢饮，在陋巷，人不堪其忧，回也不改其乐"，能忘物也。镐。〔此条可疑。〕

○ 熟底是仁，生底是恕；自然底是仁，勉强底是恕；无计较、无睹当底是仁，有计较、有睹当底是恕。方子。

○ 问："此如何非子贡所能及?"曰："程先生语录中有解此数段，终是未剖判，唯伊川经解之言是晚年仁熟，方看得如此分晓，说出得如此分明。两句所以分仁恕，只是生熟、难易之间。"洽。

夫子之文章可得而闻章

○ 问："性与天道何以别?"曰："天道流行，是一条长连底，人便在此天道之中各得一截尔。"方子。

○ 甘吉甫问性与天道。曰："譬如一条长连底物事，其流行者是天道，人得之者为性。乾之'元亨利贞'，天道也，人得之则为仁义礼智之性。"盖卿。

○ "性与天道"，性是就人物上说，天道是阴阳五行。僩。

○ 自"性与天道"言之，则天道者，以天运而言。自"圣人之于天道"言之，则天道又却以性分而言。这物事各有个顿放处。人杰。

○ 问："集注谓'天道者，天理自然之本体'，如何？"曰："此言天运，所谓'继之者善也'，即天理之流行者也。性者，着人而行之。"人杰。

○ 问"性与天道"。曰："'天有四时，春夏秋冬，风雨霜露，无非教也。地载神气，神气风霆，风霆流形，庶物露生，无非教也。'此可以观性与天道。"雉。

○ 问："孔子'言性与天道不可得而闻'，而孟子教人乃开口便说性善，是如何？"曰："孟子亦只是大概说性善，至于性之所以善处也少得说。须是如说'一阴一阳之谓道，继之者善也，成之者性也'处，方是说性与天道尔。"时举。

○ 子贡"性与天道"之叹，见得圣门之教不躐等。又见其言及此，实有不可以耳闻而得之者。道夫。

○ 寓问："集注说，性以人之所受而言，天道以理之自然而言。不知性与天道亦只是说五常，人所固有者，何故不可得闻？莫只是圣人怕人躐等否？"曰："这般道理自是未消得理会。且就它威仪、文辞处学去，这处熟，性、天道自可晓。"又问："子贡既得闻之后，叹其不可得闻，何也？"曰："子贡亦用功至此方始得闻。若未行得浅近者，便要知得他高深作甚么！教圣人只管说这般话亦无意思。天地造化阴阳五行之运，若只管说，要如何？圣人于易方略说到这处。'子罕言利，与命，与仁'，只看这处便见得圣人罕曾说及此。"又举"子所雅言，诗、书、执礼皆雅言也"。"这处却是圣人常说底。后来孟子方说那话较多。"

○　问："'夫子之文章可得而闻'者，凡圣人威仪、言辞皆德之著见于外者，学者所共闻也。至于性与天道乃是此理之精微，圣人教人不躐等，学者工夫未到此，圣人不以语之，恐失其下学之义。盖性者，是人所受于天，有许多道理，为心之体者也。天道者，谓自然之本体，所以流行而付与万物，人物得之以为性者也。圣人不以骤语学者，故学者不得而闻。然子贡却说得性与天道如此分明，必是子贡可以语此，故夫子从而告之。子贡获闻至论，不觉叹美，以为学者不得闻而己得闻，但不明言之尔。"曰："文振看得文字平正又浃洽。若看文字，须还他平正，又须浃洽无亏欠，方得好。"南升。

○　问："子贡是因文章中悟性、天道，抑后来闻孔子说邪？"曰："是后来闻孔子说。"曰："文章亦性、天道之流行发见处？"曰："固亦是发见处，然他当初只是理会文章，后来是闻孔子说性与天道，今不可硬做是因文章得。然孔子这般也罕言。如'一阴一阳之谓道，继之者善也，成之者性也'，因系易方说此，岂不是言性与天道？又如'鼓万物而不与圣人同忧'，'大哉乾元，万物资始'，岂不是言性与天道？"淳。

○　器之问："夫子之言性与天道，（言）子贡始得闻而叹美之。旧时说，性与天道便在这文章里，文章处即是天道。"曰："此学禅者之说。若如此，孟子也不用说性善，易中也不须说'阴阳不测之谓神'。这道理也着知。子贡当初未知得，到这里方始得闻耳。"〔寓。〕

○　胡叔器问："谢氏文章性、天道之说，先生何故不取？"曰："程先生不曾恁地说。程先生说得实，他说得虚。"陈安卿问："先生不取谢氏说者，莫是为他说'只理会文章，则性、天道在其间否'？"曰：

"也是性、天道只在文章中，然圣人教人也不恁地。<u>子贡</u>当时不曾恁地说。如'天命之谓性'，便是分明指那性。'大哉乾元，万物资始'，便是说天道。'一阴一阳之谓道，继之者善也，成之者性也'，便是说性与天道。只是不遮头便恁地说。"<u>义刚</u>。

公冶长篇下

子路有闻章

○　问："'子路有闻，未之能行，惟恐有闻'，因举子路事数件，以明子路好学如此，而仕卫之出处如彼。不知如何？"先生曰："今只当且就'子路有闻'一段上考究，不须如此牵二三说。子路'未之能行，惟恐有闻'，却缠做子路仕卫不是处去，不知要就此处学子路'未之能行，惟恐有闻'，还只要求子路不是处也？如此看恐将本意处失了。就此言之，见得子路勇于为善处，他这处直是见得如此分明。到得闻其正名处却鹘突。学者正要看他这处，在卫又是别项说话也。"又曰："可见古人为己之实处。子路急于为善，唯恐行之不彻。譬如人之饮食有珍羞异馔，须是吃得方好。若吃不透，亦是徒然。子路却不急于闻而急于行。今人惟恐不闻，既闻得了，写在册子上便了（着），不去行处着工夫。"又曰："文字可汲汲看，悠悠不得。急看方接得前面看了底，若放慢，则与前面意思不相接矣。"先生因自谦曰："莫学某，看文字看到六十一岁方略见得通透。今老矣，看得做甚？使学某，不济事，公宜及早向前。"贺孙。〔寓录略。〕

孔文子何以谓之文也章

○ 问孔文子之谥。曰："古人有善虽多而举一以为谥。如有十事皆善，只举一善可以包之。如九事不善，只有一善，则亦可以一善为谥。皆无一善而后名之曰'幽'、'厉'。凡二字谥，非礼也。如'贞惠文子'、'睿圣武公'，皆是饶两字了。周末王亦有二字谥。"淳。

○ 问："文如何经天纬地？"答曰："如织布绢，经是直底，纬是横底。"或问："文之大者，莫是唐虞成周之文？"答曰："'裁成天地之道，辅相天地之宜'，此便是经天纬地之文。"问："文只是发见于外者为文？"答曰："处事有文理，是处是文。"〔芝。〕

○ 甘吉甫问："'孔文子何以谓之文？'某不晓所谓经天纬地之文理。"先生曰："经天纬地，是有文理。一横一直皆有文理，故谓之'文'。孔文子之文是其小者，如本朝杨文公之属，亦谓之'文'。"盖卿。

○ "孔文子何以谓之文也"，此一段专论谥，故注云："非经天纬地之'文'也。"周礼，谥只有二十八字。如"文"字，文王谥曰"文"，周公亦谥为"文"，今孔文子亦谥为"文"，不成说孔文子与文王一般？盖人有善多者，则摘其尤一事为谥。亦有只有一善则取一善为谥而隐其他恶者，如孔文子事是也。〔佃。〕

○ 问："孔文子'敏而好学'，与颜子之好学，如何？"曰："文子与颜子所以不同者，自是颜子所好之学不同，不干'以能问于不能'事。使文子'以能问于不能'，亦只是文子之学。"伯羽。

子产有君子之道四焉章

○ 问："子产温良慈恺，莫短于才否？"曰："孔子称子产'有君子之道四'，安得谓短于才？子产政事尽做得好，不专爱人，做得不是，他须以法治之。孟子所言'惠而不知为政'者，偶一事如此耳。"僩。

○ 问："孔子谓子产'有君子之道四'：'其行己也恭'，谓逊让；'其事上也敬'，谓谨恪；'其养民也惠'，谓有爱利及民；'其使民也义'，如'都鄙有章，上下有服，田有沟洫，庐井有伍'之类，谓为之裁处得是当，使之得其定分也。'有君子之道四'者，必是其他犹有所未至，故特举此四事以称之。若能尽君子之道，则无所不善矣。"先生云："'义'字说得未是。'义'字有刚断之意。其养民则惠，使民则义。'惠'字与'义'字相反，便见得子产之政不专在于宽。就'都鄙有章'处看，见得'义'字在子产上，不在民上。"〔南升。〕

○ 节问："'使民也义'，是教民以义？"先生应。节。

○ 甘吉甫问"都鄙有章，上下有服"。先生曰："'有章'是有章程条法，'有服'是贵贱衣冠有其制度。郑国谓'取我田畴而伍之，取我衣冠而褚之'，是子产为国时衣服有定制，不敢着底皆收之囊中，故曰'取而褚之'。"从周。

○ 甘吉甫问"都鄙有章，上下有服"。先生曰："'有章'是一都一鄙各有规矩，'有服'是衣冠服用皆有等级高卑。故郑人歌曰'取我衣冠而褚之'。"〔盖卿。〕

臧文仲居蔡章

○ 先生云："'山节藻棁'，为藏龟之室，以渎鬼神，便是不智。古人卜筮之事固有之，但一向靠那上去便是无（智意）〔意智〕了。如祀爰居，是见一鸟飞来便去祀他，岂是有意知？看他三不知，皆是渎鬼神之事。山节藻棁不是僭，若是僭时，孔子当谓之不仁。臧文仲在当时既没，其言立，人皆说是非常底人，孔子直是见他不是处。此篇最好看，便见得圣人'微显阐幽'处。"〔南升。〕

○ 臧文仲无大段善可称，但他不好处，论语中言居蔡之事，左氏言"不仁不智者三"，却占头项多了。然他是个会说道理底人，如教行父事君之礼；如宋大水，鲁遣使，归言宋君之意，臧曰："宋其兴乎！成汤罪己，其兴也勃焉；桀纣罪人，其亡也忽焉。"皆是他会说。焘。

令尹子文章

○ 三仕三已所以不得为（仕）〔仁〕，盖不知其事是如何。三仕之中是无有合当仕否？三已之中又不知合当已否？明作。

○ 问："令尹子文之事，集注言：'未知皆出于天理而无人欲之私，故圣人但以忠许之。'切详子文告新令尹一节，若言徒知有君而不知有天子，徒知有国而不知有天下，推之固见其不皆出于天理也。至于三仕无喜，三已无愠，分明全无私欲。先生何以识破他有私处？"先生曰："也不曾便识破，但是夫子既不许之以仁，必是三仕三已之间犹或有未善也。"处谦。

○ 问："令尹子文之忠，若其果无私意，出于至诚恻怛，便可谓之仁否？"曰："固是，然不消泥他事上说，须看他三仕三已还是当否。以旧政告新令尹，又须看他告得是否。只缘他大概既不是了，故其小节有不足取。如管仲之三归、反坫，圣人却与其仁之功者，以其立义正也。故管仲是天下之大义，子文是一人之私行。且譬如伏节死义之人，视坐亡而立化者，虽未必如他之翛然，然大义却是。彼虽去得好，却不足取也。"时举。

○ 履之说令尹子文与陈文子。先生曰："公推求得二子太苛刻，不消如此说。某注中亦说得甚平，不曾如公之说。据圣人之语，本自浑然，不当如此搜索他后手。今若有个人能三仕三已无喜愠，也是个甚么样人！这个强不得，若强得一番无喜愠也，第二番定是动了。又如有马（千）〔十〕乘，也自是个巨室有力量人家，谁肯弃而违之！陈文子却脱然掉了去，也自是个好人，更有多少人挤舍去不得底，所以圣人亦许其忠与清，只说'未知，焉得仁'。圣人之语本自浑然，不当如此苛刻搜人过恶，兼也未消论到他后来在。"偘。

○ 〔黄先之〕问子张问令尹子文、陈文子一节。先生曰："今人有些小利害便至于头红面赤，令尹子文却三仕三已略无喜愠。有些小所长，便不肯轻以告人，而子文乃尽以旧政告之新尹。此岂是容易底事！其地位亦甚高矣。今人有一毫系累便脱洒不得，而陈文子有马十乘，乃弃之如敝屣然。此亦岂是易事，常人岂能做得！后人因孔子不许他以仁，便以二子之事为未足道，此却不可。须当思道，二子所为如此高绝而圣人不许之以仁者，因如何未足以尽仁。就此处子细看，便见得二子不可易及，而仁之体段实是如何，切不可容易看也。"时举。

○ 问："令尹子文章，先生谓'当理而无私心则仁矣'，先言当理而后言无私心者，莫只是指其事而言之欤？"曰："然。"<u>广</u>。

○ 问："集注论忠、清与本文意似不同。"先生曰："二子忠、清
而未甚当理，故止可谓之忠、清，而未得为仁。此是就其事上着实研究
出来，若不如此即不知忠、清与仁有何分别。此须做个题目人思议始
得，未易如此草草说过。"<u>赐</u>。

○ 问："令尹<u>子文</u>之忠、<u>陈文子</u>之清，何如曰'未知，焉得仁'？"
曰："此只就二子事上说，若<u>比干</u>、<u>伯夷</u>之忠、清是就心上说。若论心
时，<u>比干</u>、<u>伯夷</u>已是仁人，若无让国、谏纣之事，亦只是仁人，盖二子
忠、清元自仁中出。若<u>子文</u>、<u>文子</u>，夫子当时只见此两件事是清与忠，
不知其如何得仁也。"又曰："夫欲论仁，如何只将一两件事便识得此人
破！须是尽见得他表里，方识得破。"<u>祖道</u>。

○ "令尹<u>子文</u>、<u>陈文子</u>等是就人身上说仁。若识得仁之统体，即
此等不难晓矣。"或曰："<u>南轩</u>解此，谓'有一毫私意皆非仁。如令尹<u>子
文</u>、<u>陈文子</u>以终身之事求之，未能无私，所以不得为仁'。"先生曰：
"<u>孔子</u>一时答他，亦未理会到他终身事。只据<u>子张</u>所问底事，未知是出
于至诚恻怛，未知是未能无私，<u>孔子</u>皆不得而知，故曰'未知，焉得
仁'。非是以仕已无愠喜，与弃而违之为非仁也。这要在心上求。然以
心论之，令尹<u>子文</u>之心胜<u>陈文子</u>之心。只是心中有些小不慊快处，便不
是仁。"<u>文蔚</u>曰："所以<u>孔子</u>称<u>夷</u>、<u>齐</u>曰：'求仁而得仁，又何怨！'"
曰："便是要见得到此。"<u>文蔚</u>。

○ 问："令尹<u>子文</u>若能止僭王猾夏，<u>陈文子</u>去就若明，是仁否？"
曰："若此却是以事上论。"曰："<u>注</u>中何故引此？"曰："但见其病耳。"
<u>可学</u>。

○　夷、齐之忠、清是本有底，故依旧是仁。子文、文子之忠、清，只得唤做忠、清。赐。

○　"三仁"只且据他去就、死生论之，然以此一事推及其他，则其所为之当理〔无私〕亦可知。闳祖。

○　五峰说令尹子文、陈文子处，以知为重。今知言中有两章，在两处，一章说令尹，一章说文子。说令尹处云："楚乃古之建国，令尹为相，不知首出庶物之道。"若如此，则是谓令尹为相，徒使其君守僭窃之位，不能使其君王于楚耳。南轩谓恐意不如此。然南轩当（晓）〔时〕，与五峰相与往复亦只是讲得大体。南轩只做识仁体认，恐不尽知五峰意耳。五峰疑二子之说，周遮全不分晓。若是恁地分疏二子，划地沉沦，不能得出！砺。五峰谓子文辅佐楚成，不知首出庶物之道，安于僭窃，侵陵诸夏，与齐晋争衡，务强大以济私欲而已，可谓知乎？故曰："未知，焉得仁！"又谓仁者处斯，出必思有以易天下，因污隆而起变化，无可无不可也。文子不然，几至无所容其身，则可谓有知乎？故曰："未知，焉得仁！"

季文子三思而后行章

○　问"季文子三思而后行"一章。先生曰："思之有未得者，须着子细去思。到思而得之，这方是一思。虽见得已是，又须平心更着思一遍。如此则无不当者矣。若更过思，则如秤子秤物相似，推来推去，轻重却到不定了。"时举。

○　问："看雍也，更有何商量处？"贺孙曰："向看公冶长一篇，如'微生高''季文子三思'二章，觉得于人情未甚安。"曰："是如何未安？如今看得如何？"曰："向者时，如乞醯事也道是着如此委曲，三思事也道是着如此审细。如今看来乃天理、人欲相胜之机。"曰："便是这般所在本是平直易看，只缘被人说得支蔓，故学者多看不见这般所在。如一件物事相似，自恁地平平正正，更不着得些子跷欹。是公乡里人去说这般所在，却都劳攘了。凡事固是着审细，才审一番，又审一番，这道理是非已自分晓。少间才去计较利害，千思百算，不能得了，少间都衮得一齐没理会了。"问："这差处是初间略有些意差，后来意上生意，不能得了。""天下事那里被你算得尽！才计较利害，莫道三思，虽百思也只不济事。如今人须要计较到有利无害处，所以人欲只管炽，义理只管灭。横渠说：'圣人不教人避凶而趋吉，只教人以正信胜之。'此可破世俗之论。这不是他看这道理洞彻，如何说得到这里。若不是他坚劲峭绝，如何说得到这里。"又云："圣人于微处一一指点出来教人。他人看此二章也只道匹似闲。"又云："看文字且须平帖看他意，缘他意思本自平帖。如夜来说'不迁怒，不贰过'，且看不迁、不贰这是如何。颜子到这里直是浑然，更无些子查滓。'不迁怒'如鉴悬水止，'不贰过'如冰消冻释。如'三月不违'，又是已前事。到这里已自浑沦都是天理，是甚次第！"问："'过'字是指已前底说否？"曰："然。"问："过是逐事上见得，如何？"曰："固是逐事上见。也不是今日有这一件不是，此后更不做；明日又是那一件不是，此后更不做。只颜子地位高，才是见一不善不为，这一番改时，其余是这一套须顿消了。当那时须顿进一番。他闻一知十，触处贯通。他觉得这一件过，其余若有千头万绪，是这一番一齐打并扫断了。"贺孙云："如此看'不贰过'，方始见得是'三月不违'以后事。"曰："只这工夫原头，却在'非礼勿视，非礼勿听，非礼勿言，非礼勿动'上面。若是'不迁怒'时，更无这形迹，但初学如何硬要教他'不迁怒，不贰过'得？这也便要如此不得，只是克己工夫。孔子不以告其他门人，却独以告颜子，可见是难事，不是颜子担当不得这事，其他人也只逐处教理会。道无古今，且只将克己事时时就身己检察，下梢也便会到'不迁怒，不贰过'地位，是亦颜子而已。须是子细体认他工夫是如何，然后看他气象是如何，方看他所到地位是如何。如今要紧只是个分别是非：一心之中便有是有非，言语便有是有非，动作便有是有非，以至于应接宾朋、看文字都有是有非。须着分别，教无些子不分晓始得。中心思虑才起，便须见得那个是是，那个是非。才去动作行事，也须便见得那个是是，那个是非。应接朋友交游，也须便见得那个是是，那个是非。看文字，也须便见得那个是是，那个是非。日用之间，若此等类须是分别教尽，毫厘必计始得。孔子曰：'三人行，必有我师焉。择其善者而从之，其不善者而改之。'且如今见人行事，听人言语，便须着分别个是非。若是他做不是，说不是，虽不可诵言之，自家是非须先明诸心始得。若只管恁地鹘突不分别，少间一齐都衮做不好处去，都不解知。孟子亦说道：'我知言：诐辞知其所蔽，淫辞知其所陷，邪辞知其所离，遁辞知其所穷。'这不是分别得分明，如何得胸次恁地了然！天下只是个分别是非。若见得这个分明，任你千方百计，胡说乱道，都着退听，缘这个是道理端的着如此。如一段文字，才看也便要知是非。若是七分是，还他七分是；三分不是，须还他三分不是。如公乡里人议论只是要酌中，这只是自家这里不曾见得道理分明。这个也〔似〕是，那个也似是，且捏合做一片，且恁地过。若是自家见得是非分明，看他千度万态都无遁形。如天下分裂之时，东边称王，西边称帝，似若不复可一。若有个真主出来，一齐即皆退听，不朝者来朝，不服者归顺，不贡者入贡。如太祖之兴，所谓刘李孟钱终皆受并，天下混一。如今道理个个说一样，各家自守以为是，只是未得见这公共道理是非。前日曾说见道理不明。如'居天下之广居，立天下之正位，行天下之大道'，是（必）〔大〕丈夫，非若后车千乘、传食诸侯唤做大丈夫也。"问："是非本吾心之固有，而万物万事是非之理莫不各具。所以是非不明者，只缘本心先蔽了。"曰："固是。若知得事物上是非分明，便是自家心下是非分明。程先生所以说'才明彼，即晓此'。自家心下合有许多道理，事物上面各（家）〔各〕也有许多道理，无古今，无先后。所以说'先圣后圣，其揆则一'，下又说道'若合符节'。如何得恁地？只缘道理只是一个道理。一念之初，千事万事，究竟于此。若能（光）〔先〕明诸心，看事物如何来，只应副将去。如尺度、如权衡设在这里，看甚么物事来，长底短底，小底大底，只秤量将去，可使不差毫厘。世上许多要说道理，若各家理会得是非分明，少间事迹虽不一一相合，于道理却无差错，一齐都得如此，岂不甚好！这个便是（其）真同。只如今诸公都不识所谓真同，各家自理会得半截便道是了，做事都不敢尽，且只消做四五分。这边也不说那边不是，那边也不说这边不是，且得人情不相恶，且得相和同，这如何会好？此乃所以不同。只是要得自家道理分明也不是易，须是常常检点，事事物物要分别教十分分明，是非之间有些子鹘突也不得。只管会恁地，这道理自然分明。分别愈精则处事愈当，故书曰'惟精惟一，允执厥中'。尧舜禹数圣人出治天下是多多少少事，到末后相传之要却只在这里。只是这个'精一'直是难。"〔贺孙。〕

○ 又问"乞醯"及"三思"章。曰："三思是乱了是非。天下事固有难易。易底，是非自易见。若难事，初间审一审未便决得是非，更审一审，这是非便自会分明。若只管思量利害，便纷纷杂杂不能得了。且如只是思量好事，若思得纷杂，虽未必皆邪，已自是不正大，渐渐便入于邪僻。况初来原头自有些子私意了。如乞醯，若无便说无，若恁地曲意周旋，这不过要人道好，不过要得人情。本是要周旋，不知这心下都曲小了。若无便说无，是多少正大！至若有大恁急难，非己可成，明告于众，以共济其急难，这又自不同。若如乞醯，务要得人情，这便与孟子所谓'可与言而不与之言，不可与言而与之言，是皆穿（喻）〔窬〕之类也'同意。易比之九五云：'显比。王用三驱，失前禽。邑人不诚，吉。'圣人之于人，来者不拒，去者不追。如前一一要曲意周旋，才恁地便滞于一偏，况天理自不如此。”贺孙。

甯武子邦有道则知章

○ 问甯武子。先生曰："此无甚可疑。邦有道，〔安〕分做去，故无事可称。邦无道，则全身退听非难，人皆能如此。惟其不全身退听，却似愚。然又事事处置得去，且不自表著其能，此所以谓'其愚不可及也'。"赐。

○ 问："甯武子'邦有道则知'，言能明晓事理，分别是非。'无道则愚'，言能沉晦以远害。然就其智与愚而观之，武子尝仕于卫文公有道之时，无所建明、无事可见，若此之知，人皆可得而及也。惟于卫成公无道之时，武子周旋其间，毕心竭力，不避险难。虽智巧之士所深避而不肯为者，武子能不露圭角以济其事，卒使其身不陷于患难。若此之愚，人不可得而及也。"先生云："武子不可不谓知，但其知，时人可得而及。"

○ 或谓："孔子称'其愚不可及也'如何？"先生曰："此孔子称赞甯武子之辞。"人杰。

○ 通老问："甯武子所以谓之愚如何？"先生曰："愚，非愚鲁之谓，但是有才不自暴露。观卫侯为晋文公所执，他委曲调护，此岂愚者所能为！故文公以为忠而免之。忠岂愚之谓！当乱世而能如此，此其所以免祸也。"可学。

○ 问："甯武子'其愚不可及'，如何？"先生曰："他人于邦无道之时，要正救者不能免患，要避患者又却偷安。若甯武子之愚，既能韬晦以免患，又自处不失其正，此所以为不可及。”因举晋人有送酒者云："'可力饮此，勿预时事。'如此之愚，则人皆能之也。"<u>人杰</u>。

○ 问"甯武子，邦有道则智，邦无道则愚。其智可及也，其愚不可及也"。先生曰："甯武子当<u>卫成公</u>出奔时，煞曾经营着力来。愚，只是沉晦不认为己功，故不可及。若都不管国家事，以是为愚，岂可以为不可及也！"<u>祖道</u>。

○ <u>器之</u>问："甯武子，'邦无道则愚'。当卫之无道，武子却不明进退之义，而乃周旋其间，不避艰险，是如何?"曰："武子九世公族，与国同休戚，要与寻常无干涉人不同。若无干涉人，要去也得，住也得。若要去时，须早去始得。到那艰险时节却要去，是其道理！"〔寓。〕

○ <u>木之</u>问甯武子愚处。曰："盖不自表暴而能周旋成事，伊川所谓'沉晦以免患'是也。"<u>木之</u>。

○ 问："甯武子世臣，他人不必如此。"曰："然。又看事如何。若羁旅之臣，见几先去则可。若事已尔，又岂可去！此事最难，当权其轻重。"<u>可学</u>。

○ 问："<u>程子</u>曰：'甯武子，邦无道，沉晦以免祸，故曰不可及也。亦有不当愚者，<u>比干</u>是也。'<u>比干</u>何以不当愚?"先生曰："世间〔事〕做一律看不得。圣人不是要人人学甯武子，但如武子亦自可为法。<u>比干</u>却是父族，微子既去之后，<u>比干</u>不容于不谏而死，乃正也。人当<u>武子</u>之时则为<u>武子</u>，当<u>比干</u>之时则为<u>比干</u>，执〔一〕不得也。"<u>时举</u>。

○ 问："甯武子'无道则愚'，先生谓武子仕成公无道之君，至于失国，而武子周旋其间，尽心竭力，不避艰险。凡其所处皆智巧之士所深避而不肯为者，而能卒保其身以济其君，此其愚之不可及也。后面又取程子之说曰：'邦无道，能沉晦以免患，故曰"不可及也"。亦有不当愚者，比干是也。'若所谓'亦有不当愚者'，固与先生之意合。若所谓'沉晦以免患'者，却似与先生意异。"曰："武子不避艰险以济其君，（忠）〔愚〕也。然卒能全其身者，知也。若当时不能沉晦以自处，则为人所害矣，尚何君之能济哉！故当时称智，又称其（忠）〔愚〕也。"广。

子在陈章

○ 问："孔子在陈曰：'归欤！归欤！'此盖夫子历聘诸国，见当时不能行其道也，故欲归而传之门人。'狂简'者，立高远之志，向慕圣人之道，但简率不精细，其躬行践履多有疏略处。'斐然成章'，谓其言行之间亦自粲然有条理可观。但其过高而忽略，恐其流于异端，不知割正以归于中道。故子思归，将以裁正之也。"先生云："孟子谓'不忘其初'，（使）〔便〕是只管一向过高了。"又曰："文振说文字，大故细。"〔南升。〕

○ "子在陈，曰：'归欤！归欤！吾党之小子狂简，斐然成章。'"当时从行者朝夕有商量，无可忧者。但（做）〔留〕在鲁国之人，惟其狂简，故各自成章，有头有尾，不知裁度。若异端邪说，佛老之学，莫不自成一家，此最害义。如坐井观天，彼自以为所见之尽。盖窟在井里，所见自以为足，及到井上，又却寻头不着。宁可理会不得，却自无病。人杰。

○ 先之问："孔子在陈，小子狂简，欲归而裁之。然至后来曾皙
之徒吊丧而歌，全似老庄。不知圣人既裁之后，何故如此？"曰："裁之
在圣人，而听不听在他也。"时举。

○ "斐然成章"，也是自成一家了，做得一章有头有尾。且如狂
简，真个了得狂简底事，不是半上落下。虽与圣贤中道不同，然必竟是
他做得一项事完全，与今学者有头无尾不同。圣人不得中道者与之，故
不得已取此等狂狷之人，尚有可裁节，使过不及归于中道。不似如今人
不曾成得一事，无下手脚裁节处。且如真个了得一个狂简地位，已自早
不易得。释老虽非圣人之道，却被他做得成一家。明作。

○ 成章，是做得成片段，有文理可观。盖他狂也是做得个狂底人
成，不是做得一上又放掉了。狷也是他做得这个狷底成，不是今日狷，
明日又不狷也。如孝真个是做得孝成，忠真个是做得忠成。子贡之辩、子
路之勇都是真个做得成了，不是半上落下，今日做得，明日又休也。僩。

○ 问："先生解'斐然成章'云：'斐，文貌。成章，言其文理成
就，有可观者。'不知所谓文，是文辞邪？亦指事理言之邪？"曰："非
谓文辞也，言其所为皆有文理可观也。"又问："狂简既是'志大而略于
事'，又却如何得所为成章？"曰："随他所见所习，有伦有序，有首有
尾也。便是异端，虽与圣人之道不同，然做得成就底，亦皆随他所为，
有伦序，有首尾可观也。"广。

不念旧恶章

○ "伯夷 叔齐不念旧恶"，要（也）〔见〕得他胸中都是义理。寿仁。

○ 文振问"不念旧恶,怨是用希"。先生曰:"此与颜子'不迁怒'意思相似。盖人之有恶,我不是恶其人,但是恶其恶耳。到他既改其恶,便自无可恶者。今人见人有恶便恶之,固是。然那人既改其恶,又从追而恶之,此便是因人一事之恶而遂恶其人,却不是恶其恶也。"时举。

○ 问:"'伯夷叔齐不念旧恶,怨是用希',观孟子说:'伯夷叔齐不立于恶人之朝,不与恶人言。立于恶人之朝,与恶人言,如以朝衣朝冠坐于涂炭。'极是个清介底人,宜若为人所怨。然以其不念旧恶,故人亦不甚怨之。不念旧恶者,所恶之人能改即止,此见其心公平广大。寻常清底人便是迫窄。今其心如此,故伊川以为此乃清者之量。"先生曰:"此与'不迁怒'一般。其所恶者,因其人之可恶而恶之,而所恶不在我。及其能改,又只见他善处。圣贤之心皆是如此。"〔南升。〕

○ "不念旧恶",非恶其人也,恶其人之无状处。昨日为善,今日为恶,则恶之而不好矣;昨日为恶,今日为善,则好之而不恶矣,皆非为其人也。圣人大率如此,但伯夷平日以隘闻,故特明之。闳祖。

○ 寓问:"'伯夷叔齐不念旧恶,怨是用希',苏氏言:'二子之出,意其父子之间有违言焉,若申生之事欤!''不念旧恶',莫是父子之间有违言处否?"曰:"然。"问:"孟子所言伯夷事自是如此孤洁,谏武王伐商处又都是伯夷,而叔齐之事不可得见,未知其平时行事如何,却并以'不念旧恶'称之。"先生曰:"让国,二子同心,度其当时,必是有怨恶处。"问:"父欲立叔齐,不立伯夷,在叔齐何有怨恶?"先生曰:"孤竹君不立伯夷而立叔齐,想伯夷当时之意亦道:'我不当立,我弟却当立。'叔齐须云:'兄当立不立,却立我!'兄弟之间自不能无此意。"问曰:"兄弟既逊让,安得有怨?"先生曰:"只见得他后来事。当其初岂无怨恶之心？夫子所以两处皆说二子无怨。"问曰："某看'怨是用希'之语，不但是兄弟间怨希。这人孤立，易得与世不合，至此无怨人之心，此其所以为伯夷叔齐欤？"曰："是如此。"〔寓。〕

○　问："'伯夷叔齐不念旧恶'章，苏氏'父子违言'之说，恐未稳否？"曰："苏氏之说为己怨，而'希'字有些怨。〔然所谓'又何怨'，则绝无怨矣，又不相合。〕只得从伊川说，怨是人怨。旧恶，如'衣冠不正，望望然去'之类。盖那人有过，自家责他，他便生怨。然闻过能改即止，不复责他，便不怨矣。其所怨者，只是至愚无识、不能改过者耳。"淳。

○　问："'不念旧恶'，苏氏违言之说如何？"先生曰："伯夷既长且贤，其父无因舍之而立叔齐，此必有故，而苏氏且疑之，观子贡问'怨乎'之意似亦有此意。然不足疑，但看后来'求仁得仁便无怨'处，则可以见圣贤之心，便有甚死雠亦只如此消融了。"僩。

孰谓微生高直章

○　问"孰谓微生高直，或乞醯焉，乞诸其邻而与之"。先生曰："醯，至易得之物，尚委曲如此，若临大事如何？当有便道有，无便道无。才枉其小便害其大，此皆不可谓诚实也。"祖道。谟、人杰录同。

○　问："微生高以直得名，圣人谓，微生高安得为直？尝有人问他乞醯，有则言有，无则言无，便是直。今乃不言无，却转而求诸邻以与之，此其心果何为？不过是'曲意徇物，掠美市恩'而已。所枉虽小，害直甚大。圣人观人，每于微处便察见心术不是。"先生曰："所谓

'曲意徇物，掠美市恩'，其用心要作甚?"〔南升。〕

○ 问："看孔子说微生高一章，虽一事之微，亦可见王霸心术之异处：一便见得皦皦气象，一便见得欢虞气象。"曰："然。伊川解'显比'一段，说最详。"贺孙。"显比"谓当显明其比，道诚意待之。亲己与否在人，而己不可巧言令色，曲从苟合，以求人之比己也。

○ 寅问："微生高乞醯，范氏言'千驷万钟，从可知焉'，莫是说以非义而予，必有非义而取否?"曰："不是说如此予，必如此取。只看他小事尚如此，到处千驷万钟亦只是这模样。微生高用心也是怪，醯有甚难得之物！我无了，那人有，教他自去求可矣。今却转乞与之，要得恩归于己。若教他自就那人乞，恩便归那人了，此是甚心术！〔淳录云："若是紧要底物，我无则求与之犹自可。"〕若曰宛转济人急难，则犹有说。今人危病，转求丹药之类则有之。"问曰："'取予'二字有轻重否？寅以为宁过于予，必严于取，如何?"曰："如此却好，然看'一介不以与人，一介不以取人'，本不分轻重。今看予，自是予他人，不是入己，宁过些不妨，却不干我事。取，则在己取之，必当严。"杨问："文中子言'轻施者必好夺'，如何?"曰："此说亦近人情。"人杰。

○ 问："'孰谓微生高直'一章，张子韶有一片论乞醯不是不直，上蔡之说亦然。"曰："此无他，此乃要使人回互委曲以为直尔。噫！此乡原之渐，不可不谨。推此以往，而不为'枉尺直寻'者几希！"大雅。

○ 行夫问"微生高"此章。曰："人煞有将此一段做好说，谓其不如此抗直，犹有委曲之意。自张子韶为此说，今煞有此说。昨见戴少望论语讲义亦如此说道。这一段下连'巧言、令色、足恭'都是一意。

当初孔门编排此书，已从其类。只自看如今有人来乞些醯，亦是闲底事，只是与他说自家无，邻人有之，这是多少正大，有何不可！须要自家取来，却做自底与之，是甚气象！这本心是如何？凡人欲恩由己出皆是偏曲之私，恩由己出则怨将谁归！"贺孙。

巧言令色章

○ "巧言令色足恭"，"足"，去声读，求足恭也，是加添之意。盖能恭则礼已止矣，若又欲去上面加添些子，求足乎恭，便是私欲也。僩。

○ 或问"巧言令色足恭，左丘明耻之，丘亦耻之；匿怨而友其人，左丘明耻之，丘亦耻之"。先生曰："巧言、令色、足恭与匿怨，皆不诚实者也。人而不诚实，何所不至！所以可耻，与上文乞醯之义相似。"谟。人杰、去伪录同。

○ 又问："'巧言、令色、足恭'，是既失本心而外为谄媚底人。'匿怨而友其人'，是内怀险诐而外与人相善底人。此二样人皆是心术不正，故古之人有左丘明者甚耻之，我亦耻之。言丘明亦'窃比老彭'之意，且使学者以此为戒而立心以直。"先生云："门人记此二事相连。若是微生高之心，弄来弄去，便做得这般可耻事出来。"〔南升。〕

○ 问："左丘明，谢氏以为'古之闻人'，则左传非丘明所作。"先生曰："左丘，是古有此姓。名明，自是一人。作传者乃左氏，别自是一人。是抚州邓大著名世，字元亚。如此说，他自作一书辨此。"义刚。

颜渊季路侍章

○ 问："'施劳'之'劳'是张大示夸意否?"曰:"然。"淳。

○ 问:"安老怀少,恐其间多有节目。今只统而言之,恐流兼爱。"答云:"此是大概规模,未说到节目也。"人杰。

○ 或问:"'老者安之'一段,集注云'安于我,怀于我,信于我',何也?"曰:"如大学'君子贤其贤而亲其亲,小人乐其乐而利其利'一般,盖无一物不得其所也。老者,我去安他,他便安于我;少者,我去怀他,他便怀于我;朋友,我去信他,他便信于我。"又问颜子子路所答。曰:"此只是各说身己上病痛处。子路想平日不能与朋友共裘马,颜子平日未能忘伐善施劳,故各如此言之。如新病安来说方病时事,譬如说我今日病较轻得些,便是病未曾尽去,犹有些根脚,更服药始得。彼云'愿'则犹有未尽脱然底意思。又如人病起时说愿得不病,便是曾病来。然二子如此说时,便是去得此病了,但尚未能如夫子自然而已。如夫子则无此等了,旷然如太空,更无些滞碍。其所志但如此耳,更不消着力。"又曰:"古人拣己偏重处去克治。子路是去得个'吝'字,颜子是去得个'骄'字。"祖道。

○ 问或问集注"安之,安我也;信之,信我也;怀之,怀我也"。先生曰:"此只谓老者安于我,朋友信于我,少者怀于我。犹'君子贤其贤而亲其亲,小人乐其乐而利其利'。"元秉。

○ 旧或说"老者安之"一段,谓老者安于我,朋友信于我,少者怀于我。此说较好,盖老者安于我,则我之安之必尽其至;朋友信于我，则我之为信必无不尽；少者怀于我，则我之所以怀之必极其抚爱之道。却是见得圣人说得自然处。<u>义刚</u>。

○ 问："'老者安之'，一说：'安之，安我也。'<u>恭父</u>谓两说只一意。"先生曰："语意向背自不同。"<u>贺孙</u>云："若作安老者说，方是做去。老者安我说，则是自然如此了。"先生曰："然。"因举<u>史记鲁世家</u>及<u>汉书地理志</u>云："'鲁道之衰，<u>洙泗</u>之间断断如也。'谓先鲁盛时，少者代老者负荷，老者即安之。到后来少者亦知代老者之劳，但老者自不安于役少者，故道路之间只见逊让，故曰'闾闾如也'。注云：'和悦而诤也。'"<u>贺孙</u>。

○ 问："'老者安之，朋友信之，少者怀之。'<u>孔子</u>只举此三者，莫是朋友则其等辈，老者则是上一等人，少者则是下一等，此三者足以该尽天下之人否？"曰："然。"<u>广</u>。

○ <u>子路</u>有济人利物之心，<u>颜子</u>有平物我之心，夫子有万物得其所之心。<u>道夫</u>。

○ <u>恪</u>问"<u>子路颜子</u>言志"章。曰："<u>子路</u>如此做工夫，毕竟是疏。是有这个车马轻裘，方做得工夫；无这车马轻裘，不见他做工夫处。若<u>颜子</u>，则心常在这里做工夫，然终是有些安排在。"<u>季札</u>。

○ "<u>颜子</u>言志是治个'骄'字，<u>子路</u>言志是治个'吝'字。"又曰："二子言志恰如新病起人一般，虽是去得此病了，但须着服药堤防，愿得不再发作。若圣人之志，则旷然大空，无一物。"又曰："古人为学大率体察自家病痛，就上面克治将去。"<u>元秉</u>。

　　○　颜渊子路只是要克去"骄"、"吝"二字。如谢氏对伊川云，知矜之为害而改之，然谢氏终有矜底意。如解"孟之反不伐"，便着意去解。人杰。

　　○　"颜渊季路侍"一段，子路所以小如颜子者，只是工夫粗，不及颜子细密。工夫粗，便有不周遍隔碍处。又曰："子路只是愿车马、衣服与人共，未有善可及人也。"〔僩。〕

　　○　问"愿车马、衣轻裘与朋友共"。曰："这只是他心里愿得如此。他做工夫只在这上，岂不大段粗。"又曰："子路所愿者粗，颜子较细向里来，且看他气象是如何。"僩。

　　○　节问"'颜渊季路侍'一章，颜子、子路优劣如何分？"曰："子路粗，用心常在外。愿车马之类亦无意思，若无此，不成不下工夫？然却不私也。颜子念念在此。"节复问："颜季皆是愿，夫子则无'愿'字。"曰："夫子也是愿。"又曰："子路底收敛，也可以到颜子；颜子底纯（粹）熟，可以到夫子。"节。

　　○　问"颜渊季路侍"一章。曰："子路与颜渊固均于无我，然子路做底都向外，不知就身己上自有这工夫。如颜子'无伐善，无施劳'，只是就自家这里做。"恭甫问："子路后来工夫进，如'衣弊缊袍，与衣狐貉者立而不耻'，这却见于里面有工夫。"曰："他也只把这个做了。自着破弊底，却把好底与朋友共，固是人所难能，然亦只是就外做。较之世上一等切切于近利者，大不同。"贺孙。

　　○　子路"愿车马、衣轻裘与朋友共"，以朋友有通财之义。然子路底较小又浅，能舍得车马轻裘，未必能舍得劳善。有善未必不伐，有劳未必不施。若能退后省察则亦深密，向前推广则亦太阔。颜子是就理义上做，深潜缜密，自别。子路是就意气上做，有些战国侠士气象。学者亦须如子路恁地割舍得。士而怀居，不足以为士矣。若今人恁地畏首畏尾、瞻前顾后、粘手惹脚，如何做得事成！淳。

○ 问颜渊、季路、夫子言志。先生曰："今学者只从子路比上去，不见子路地位煞高。是上面有颜子底一层，方见子路地位低了。更有夫子一层，又见颜子低了。学者望却子路地位，如何（如）会做得〔他〕底。他这气象煞大，不如是，何以为圣门高弟！"〔植。〕

○ 文振问颜渊、季路侍一章。先生曰："子路是不以外物累其心，方剥得外面一重粗皮子去。颜渊却又高一等，便是又剥得一重细底皮去，犹在躯壳子里。若圣人，则超然与天地同体矣。"时举。

○ 亚夫问子路言志处。先生曰："就圣人上看，便如日出而爝火息，虽无伐善无施劳之事，皆不必言矣。就颜子上看，便见得虽有车马衣裘共敝之善，既不伐不施却不当事了，不用如子路猛着力去做。然子路虽不以车马轻裘为事，然毕竟以此为一件功能。此圣人、大贤气象，所以不同也。"时举。

○ 吴伯英讲及子路、颜渊与夫子言志。先生因问众人曰："颜子、季路所以未及圣人者何？"众人未对。先生曰："子路之所言，只为对着一个不与朋友共敝之而有憾在。颜子之所言，只为对着一个伐善施劳在。非如孔子之言，皆是循其理之当然，初无待乎有所惩创也。子路之志，譬如一病人之最重者，当其既苏，则曰'吾当谨其饮食起居也'。颜子之志，亦如病之差轻者，及其既苏，则曰'吾当谨其动静语默也'。夫出处起居动静语嘿之知所谨，盖由不知谨者为之对也。曾不若一人素

能谨护调摄，浑然无病，问其所为则不过曰饥则食而渴则饮也。此二子
之所以异于圣人也。至就二子而观之，则又不容无优劣。季路之所志者
不过朋友而已，颜子之志则又广矣。季路之所言者粗，颜子之所言者细
也。"处谦。

○ 子路、颜渊、夫子言志。曰："伊川诸说固皆至当，然二子之所
以异于夫子者更有一意。子路曰'愿车马衣轻裘与朋友共，敝之而无
憾'，此对憾而言也。颜渊曰'愿无伐善，无施劳'，此对伐施而言也。
二子日前想亦未免此病，今方不然。如人病后，始愿不病，故有此言。如
夫子则更无惩创，不假修为，此其所以异也。"闳祖。按此条与前条一时所闻。

○ 子路、颜渊、孔子言志，须要知他未言时如何。读书须迎前
看，不得随后。所谓"考迹以观其用，察言以求其心"。且如公说从仁
心上发出，所以忘物我，言语也无病，也说得去，只是尚在外边。程先
生言"不私己而与物共"，是三段骨体。须知义理不能已之处，方是用
得。大抵道理都是合当〔恁地，不是过当〕。若到是处，只得个恰好。
"事亲若曾子可也。"从周。

○ 文蔚问："'颜渊、季路侍，子曰："盍各言尔志。"'伊川谓
'孔子安仁，颜子不违仁，子路求仁'。'孔子安仁'，固无可言。'颜子
不违仁'乃是已得之，故不违，便是'克己复礼'底事。子路方有与物
共之志，故曰'求仁'。"答曰："然。"又曰："这般事，如今都难说。
他当时只是因子路说出那一段，故颜子就子路所说上说，便见得颜子是
个已得底意思。孔子又就颜子所说上说，皆是将己与物对说。子路便是
个舍己忘私底意思。今若守定他说，曰此便是求仁，不成子路每日都
无事，只是如此！当时只因子路偶然如此说出，故颜子、孔子各就上面
说去，其意思各自不同。使子路若别说出一般事，则颜子孔子又自就

他那一般事上说，然意思却只如此。"<u>文蔚</u>。

○ 问："<u>仲由</u>愿车马、衣轻裘共敝，何以见其求仁?"曰："他人于微少物事尚恋恋不肯舍，<u>仲由</u>能如此，其心广大而不私己矣，非其意在于求仁乎?"<u>升卿</u>。

○ <u>叔蒙</u>问"夫子安仁，<u>颜子</u>不违仁，<u>子路</u>求仁"。先生曰："就<u>子路</u>、<u>颜子</u>、圣人，只是见处有浅深大小耳，皆只是尽我这里底。<u>子路</u>常要得车马轻裘与朋友共，据他煞是有工夫了。轻财重义，有得些小泼物事与朋友共，多少是好! 今人计较财物，这个是我底，那个是你底，如此见得<u>子路</u>是高了。<u>颜子</u>常要得无伐善施劳，<u>颜子</u>工夫是大段细密，就<u>颜子</u>分上正恰好了，也只得如此。到圣人是安仁地位。大抵<u>颜子</u>'无伐善，无施劳'，也只与愿车马轻裘与朋友共敝相似;夫子安老、怀少、信朋友，也与'无伐善，无施劳'相似，但有浅深大小不同。就<u>子路</u>地位更收敛近里，便会到'无伐善，无施劳'处;就<u>颜子</u>地位更极其精微广大，便到安老、怀少、信朋友尔。"<u>文蔚</u>。

○ 问："<u>子路</u>'愿车马、衣轻裘与朋友共，敝之而无憾'。看此气象是轻富贵而薄势利，其志尚可谓高远，岂物欲所能累系者? 颜渊不欲夸其能，不欲张大其功，其气象又广大。盖其性分上工夫已到，故不私其己而无矜大之意。至<u>孔子</u>则老者养之以安，朋友与之以信，少者怀之以恩，皆因其当然而使之当其分，如天地之于万物，使之各得其所。观<u>子路</u>、<u>颜子</u>、<u>孔子</u>之志，皆是与物共者也，才与物共便是仁，然有小大之别。故<u>子路</u>，求仁者也;<u>颜子</u>，不违仁者也;<u>孔子</u>，安仁者也。〔<u>子路</u>〕是有志于此理，故其气象高远，可以入道，然犹自车马轻裘上做工夫。<u>颜子</u>则就性分上做工夫，能不私其己，可谓仁矣。然未免于有志，只是不违仁气象。若<u>孔子</u>则不言而行，不为而成，浑然天理流行而不见其迹，此安仁者也。"先生曰："说得也稳。大凡人有己则有私。子路'愿车马、衣轻裘与朋友共'，其志可谓高远，然犹未离这躯壳里。颜子不伐其善，不张大其功，则高于子路。然'愿无伐善，无施劳'，便是犹有此心，但愿无之而已，是一半出于躯壳里。孔子则离了躯壳，不知那个是己，那个是物。凡学，学此而已。"〔南升。〕

○　问"'夫子安仁，颜渊不违仁，子路求仁'，如何?"曰："伊川云：'孔子、二子之志皆与物共者也，有浅深小大之间耳。'子路底浅，颜子底深。二子底小，圣人底大。子路底较粗，颜子底较细腻。子路必待有车马轻裘方与物共，若无此物又怎么生? 颜子便将那好底物事与人共之，见得那子路底又低了，不足为，只就日用间无非是与人共之事。颜子底尽细腻，子路底只是较粗。然都是去得个私意了，只是有粗细。子路譬如脱得上面两件尘糟底衣服了，颜子又脱得那近里面底衣服了，圣人则和那里面贴肉底汗衫都脱得赤骨立了。"僴。

○　颜子之志，不以己之长方人之短，不以己之能愧人之不能，是与物共。道夫。

○　寓问："'子曰：盍各言尔志'，伊川言：'子路勇于义者，观其志，岂可以势利拘之哉!'"曰："能轻己之所（者）〔有〕以与人共，势利之人岂肯如此! 子路志愿正学者事。"〔寓。〕

○　问："浴沂地位恁高。程子称'子路言志，亚于浴沂'，何也?"曰："子路学虽粗，然他资质也高。如'人告之以有过则喜'，'有闻未之能行，惟恐有闻'，见善必迁，闻义必徙，皆是资质高; 车马轻裘都不做事看，所以亚于浴沂。故明道谓：'子路只为不达"为国以礼"道理，若达，便是这气象也。'"淳。

○ 木之问："颜渊、季路言志章，看子路车马轻裘与朋友共，亦常人所能为之事。子路举此而言，却似有车马衣裘为重之意，莫与气象煞辽绝否？"曰："固则是。只是如今人自有一等鄙吝者，直是计较及于父子骨肉之间，或有外面勉强而中心不然者，岂可与子路同日而语！子路气象非富贵所能动矣。程子谓：'岂可以势利拘哉！'"木之。

○ 子路知识甚高，若打叠得些子过，谓粗。便是曾点气象。〔升卿。〕

○ 或问："有人于此，与朋友共，实无所憾，但贫乏不能复有所置，则于所敝未能恝然忘情，则如之何？"曰："虽无憾于朋友，而眷眷不能忘情于己敝之物，亦非贤达之心也。"道夫。

○ 问："子路欲车马、衣轻裘与朋友共敝之，此是子路有志求仁、能与物共底意思，但其心不为车马衣裘所累耳，而程子谓其'亚于浴沂'。据先生解，曾点事煞好，子路只此一事，如何便亚得他？"曰："子路是个资质高底人，要不做底事便不做。虽是做工夫处粗，不如颜子之细密，然其资质却自甚高。若见得透，便不干事。"广。

○ 问："'愿闻子之志'，虽曰（此）〔比〕子路、颜子分明气象不同，然观曾点言志一段，集注盛赞其虽答言志之问，而初实未尝言其志之所欲为，以为曾点但知乐所乐而无一毫好慕之心、作为之想，然则圣人殆不及曾点邪？"先生曰："圣人之言虽有及物之意，然亦莫非循其理之自然，使物各得其所而己不劳焉，又何害于天理之流行哉！盖曾点所言却是意思，圣人所言尽是事实。"处谦。

○ 寓问："施劳与伐善意思相类？"曰："是相类。"问："看来善自其平生之所能言，（施）劳以其一时之功劳言。"曰："亦是。劳是就事业上说。"问:"程子言:'不自私己,故无伐善;知同于人,故无施劳。'看来'不自私己'与'知同于人'亦有些相似。"曰:"不要如此疑。以善者,己之所有不自有于己,故无伐善;以劳事,人之所惮,知同于人,故无施劳。"<small>寓。</small>

○ 问:"孔子、颜子、季路言志一章,集注说:'圣人之心,犹天地之化工付与万物。'又云:'羁靮,以御马而不以制牛。'这个只是天理自合如此。"〔<small>炎录云:"天下事合恁地处,便是自然之理。"</small>〕"如'老者安之',是他自带得安之理来;'朋友信之',是他自带得信之理来;'少者怀之',是他自带〔得〕怀之理来。圣人为之,初无形迹。季路、颜子便先有自身了方做去。如穿牛鼻、络马首都是天理如此,恰似他生下便自带得〔此理来。又如放龙蛇、驱虎豹也是他自带得驱除之理来。如剪灭蝮虺也是他自带得〕剪灭之理来。若不驱除剪灭便不是天理,所以说道'有物有则'。不问好恶底物事,都自有个则子。"又云:"子路更修细密便是颜子,颜子若展拓发开便是孔子地位。子路只缘粗了。"又问:"集注云:'皆与物共者也,但有小大之差耳。'"曰:"这道理只为人不见得全体,所以都自狭小了。最患如此。圣人如何得恁地大!人多不见道理,形骸之隔,而物我判为二义。"又云:"'强恕而行,求仁莫近焉。'若见得'万物皆备于我',如何不会开展!"又问:"颜子恐不是强恕意思。子路却是强恕否?"曰:"颜子固不是强恕,然学者须是强恕始得。且如今人有些小物事,有个好恶,自定去把了好底,却把恶底与人。这般意思如何得开阔?这般在学者正宜用工,渐渐克去,便是求仁矣。"<small>贺孙。</small>

○ 胡叔器问:"先识圣贤气象,如何?"曰:"也不要如此理会。圣贤等级自分明了,如子路定不如颜子,颜子定不如夫子,只要看如何做到这里。且如'愿车马、衣轻裘,敝之无憾',自家真能如此否?

有善真能无伐否？有劳真能无施否？今不理会圣贤做起处，〔义刚录作：
"今不将他做处去切己理会，体认分明着。"〕只去想他气象，则精神却只在
外，自家不曾做得着实工夫。须是'切问而近思'。向时朋友只管爱说
曾点、漆雕开优劣，亦何必如此，但当思量何缘得到漆雕开田地，何缘
得到曾点田地。若不去学他做，只管较他优劣，〔义刚录作："如此去做，
将久便解似他。他那优劣自是不同，何必计较。"〕便较得分明，亦不干自己
事。如祖公年纪自是大如爷，爷年纪自是大如我，只计较得来也无益。"
淳。〔义刚同。〕

已矣乎章

○ 时可问："'吾未见能见其过而内自讼者也。'伊川云：'自讼不
置，能无改乎！'譬如人争讼，一讼未决，必至于再，必至于三，必至
于胜而后已。有过则亦必当改，责己不已，必至于改而后已。不知是如
此否？"曰："伊川先生怕人有过只恁地讼了便休，故说教着力。看来世
上也自有人徒恁地讼，讼了便休。只看有多少事来，今日又恁地自讼，
明日又恁地自讼，今年又恁地自讼，明年又恁地自讼。看来依旧不曾改
变，只是旧时人。他也只知个自讼是好事，只是不诚于自讼。"贺孙。

十室之邑章

○ 或问："美底资质固多，但以圣人为生知，不可学，而不知好
学？"曰："亦有不知所谓学底。如三家村里有好资质底人，他又那知所
谓学，又那知圣人如何是圣人，又如何是生知，尧如何是尧，舜如何是
舜。若如此，则亦是理会不得底了。"焘。

雍也篇一

雍也可使南面章

○　问"雍也可使南面"。曰:"以仲弓有宽洪简重之度也。"

○　榦问:"子曰'雍也可使南面',伊川先生曰'仲弓才德可使为政也',尹氏曰'南面谓可使为政也'。右第一章凡五说,今从伊川、尹氏之说。范氏曰'仲弓可以为诸侯',似不必指诸侯为'南面',不如'为政'却浑全。谢氏曰'"仁而不佞",其才宜如此',杨氏亦曰'雍也仁矣'。据'仁而不佞',乃或人之问。夫子曰'不知其仁',则与'未知,焉得仁'之语同,谓仲弓为仁矣。不知两说何所据,恐'仁'字圣人未尝轻许人。"先生曰:"南面者,人君听政之位,言仲弓德度简严,宜居此位。不知其仁,故未以仁许之,然谓仲弓未仁,则下语太重矣。"榦。

仲弓问子桑伯子章

○ 诸生问"雍也可使南面"以下章，先生云："仲弓见圣人称之，故因问子桑伯子如何。想见仲弓平日也疑此人，故因而发问。夫子所谓'可也'者，亦是连上面意思说也。仲弓谓'居敬而行简'，固是居敬后自然能简，然亦有居敬而不行简者。盖居敬则凡事严肃，却要亦以此去律事。凡事都要如此，此便是居敬而不行简也。" 时举。

○ 问："'仲弓问子桑伯子，子曰："可也简。"仲弓曰："居敬而行简。"'盖圣人若居之以敬，则自治甚严，而此心不至于走失，自然静虚而动直。凡事自有一个条理，不至繁曲细碎。若居之以简，是不做工夫，但听其疏略，帅意而行。以此治民，必至于无法度，故为太简。"先生云："仲弓为人简重，见夫子许其可以南面，故以子桑伯子亦是一个简底人来问孔子看如何。夫子云此人亦可者，以其简也。然'可'乃仅可而有未尽之辞，故仲弓乃言'居敬行简'，夫子以为然。"〔南升。〕

○ 徒务行简，老子是也，乃所以为不简。子桑伯子，或以为子桑户。升卿。子桑户事见庄子大宗师篇。

○ 行夫问"仲弓问子桑伯子，子曰'可也简'"。答曰："行简，是就临民上说。此段若不得仲弓下面更问一问，人只道'可也简'便道了，也是利害。故孔子复之曰'雍之言然'，这亦见仲弓地步煞高，是有可使南面之基，亦见得他深沉详密处。论来简已是好资禀，较之繁苛琐细，使人难事，亦（然）〔煞〕不同。然是居敬以行之方好。"贺孙。

○ 芦问："'居敬行简'之'居'，如'居室'之'居'？"先生应。

节复问："何谓简?"曰："简是凡事据见定。"又曰："简静。"节复问：
"'简者不烦之谓'，何谓烦?"曰："烦是烦扰。"又曰："居敬是所守正
而行之以简。"节。

○　居敬、行简，是两件工夫。若谓"居敬则所行自简"，则有偏
于居敬之意。人杰。

○　问"居敬而行简"。曰："这个是两件工夫。如公所言，则只是
居敬了自然心虚理明，所行自简。这个只说得一边。居敬固是心虚，心
虚固能理明。推着去固是如此，然如何会居敬了便自得他理明? 更有几
多工夫在? 若如此说，则居简行简底又那里得来? 如此则子桑伯子大故
是个居敬之人矣。世间有那居敬而所行不简，如上蔡说吕进伯是个好
人，极至诚，只是烦扰，便是请客也须临时两三番换食次，又自有这般
人。又有不能居敬而所行却简易者，每事不能劳攘得，只从简径处行。
如曹参之治齐专尚清静，及至为相，每日酣饮不事事，隔墙〔卜〕〔小〕
吏酣歌叫呼，参亦酣饮歌呼以应之，何有于居敬〔耶〕! (非)据〔仲〕
雍之言，自是两事，须子细看始得。"又曰："须是两头尽，不只偏做一
头。如云内外，不只是尽其内而不用尽其外；如云本末，不只是致力于
本而不务乎其末。居敬了又要行简，圣人教人为学皆如此，不只偏说一
边。"偁。

○　问："居敬则内直，内直则外自方。居敬而行简，亦犹内直而
外方欤? 若居简而行简，则是喜静恶动、怕事苟安之人矣。"曰："程子
说'居敬而行简'只作一事，今看得来恐是两事。居敬是自处以敬，行
简是所行得要。"〔广。〕

○　贺孙问："'居简而行简'章，伊川说：'居敬则心中无物而自

简。'意觉不同。"曰："是有些子差，但此说自不相害。若果能居敬，则理明心定，自是简。这说如一个物相似，内外都贯通。行简是外面说，居敬自简又就里面说。看这般所在，固着知得命文与本文少异，又着知得与本文全不相妨。"<u>贺孙</u>。

○ 居敬行简，是有本领底简；居简行简，是无本领底简。此是<u>仲弓</u>因<u>子桑伯子</u>之简而言之。<u>程子</u>云："居敬则所行自简。"此是<u>程子</u>之意，非<u>仲弓</u>本意也。<u>人杰</u>。

○ <u>寓</u>问："'<u>仲弓问子桑伯子</u>'，<u>注</u>言：'自处以敬，则中有所主而自治严'。<u>程子</u>曰：'居敬则心中无物，故所行自简。'二说不相碍否？"先生又问："为如何？"<u>寓</u>曰："看<u>集注</u>是就本文说，<u>伊川</u>就居简处发意。"先生曰："<u>伊川</u>说有未尽。"<u>寓</u>。

○ <u>胡</u>问："'居敬行简'，何谓行简？"曰："所行处简要，不恁烦碎。烦碎，则在下者如何奉承得？故曰'临下以简'，须是简。<u>程子</u>谓敬则自然简，只说敬中有简底人。亦有人自处以敬，而所行不简，却说不及。圣人所以曰居敬，曰行简，二者须要周尽。"<u>淳</u>。

○ 问："'<u>仲弓问子桑伯子</u>，子曰："可也简。"<u>仲弓</u>曰："居敬而"止"雍之言然"。'<u>伊川先生</u>曰：'内主于敬而简则为要直，内存乎简则为疏略。<u>仲弓</u>可谓知旨者。'但下文曰：'<u>子桑伯子</u>之简，虽可取而未尽善，故夫子云可也。'恐未必如此。'可也简'止以其简为可尔，想其他有未尽善，特有简可取，故曰可也。<u>游氏</u>曰：'<u>子桑伯子</u>之可也，以其简。若（上）〔主〕之以敬而行之，则简为善。'<u>杨氏</u>曰：'<u>子桑伯子</u>为圣人之所可者，以其简也。'夫主一之谓敬，居敬则其行自简，但下文'简而廉'一句，举不甚切。今从<u>伊川</u>、<u>游氏</u>、<u>杨氏</u>之说。<u>伊川</u>第二第三说皆曰，居简、行简乃所以不简，先有心于简，则多却一简。恐推说太过。既曰疏略，则太简可知，不必云'多却一简'。如所谓'乃所以不简'，皆太过。范氏曰：'敬以直内，简以临人，故尧舜修己以敬，而临下以简。'恐敬、简不可太分说。'居'字只训'主'字，若以为主之敬而行之简则可，以为居则敬而行则简则不可。若云'修己''临下'则恐分了，仲弓不应下文又总说'以临其民也'。"又曰："子桑伯子其处己亦若待人。据夫子所谓'可也简'，乃指子桑伯子说。仲弓之言乃发明'简'字，恐非以子桑伯子为居简行简也。尹氏亦曰：'以其居简，故曰可也。'亦范氏之意。吕氏以为引此章以证前章之说，谢氏以为因前章以发此章之问，皆是旁说，然于正说亦无妨。谢氏又曰：'居敬而行简，举其大而略其细。'于'敬'字上不甚切，不如杨氏作'主一而简自见'。"先生曰："'可也简'，当从伊川说。'剩却一"简"字'，正是解太简之意。'乃所以不简'之说，若解文义则诚有剩语，若以理观之恐亦不为过也。范固有不密处，然敬、简自是两事，以伊川语思之可见。据此文及家语所载，伯子为人亦诚有太简之（语）〔病〕。谢氏'因上章而发明'之说是。"坳。

问弟子孰为好学章

〇　内有私意而至于迁怒者，志动气也；有为怒气所动而迁者，气动志也。伯恭谓："不独迁于他人为迁，就其人而益之便是迁。"此却是不中节，非迁也。〔道夫。〕

〇　问"不贰过"。曰："过只是过。不要问他（太）〔是〕念虑之过与形见之过，只消看他不贰处。既能不贰，便有甚大底罪过也自消磨了。"时举。

○ 颜子"不迁怒，不贰过"。寻常解"不贰过"者，多只说"过"字，不曾说"不贰"字。所谓不贰者，"有不善未尝不知，知之未尝复行也"。如颜子之克己，既克己私，便更不萌作矣。<u>人杰</u>。

○ 问："颜子能克己，不贰过，何为三月之外有违仁处？"曰："<u>孔子</u>言其'有不善未尝不知'，便须亦有不善时。"又问："<u>颜子</u>之过如何？"曰："<u>伊川</u>复卦所言自好。未到'不勉而中，不思而得'，犹常用力，便是心有未顺处。只但有纤毫用意处，便是<u>颜子</u>之过。"<u>螚</u>。

○ "不迁怒，不贰过。"据此之语，怒与过自不同。怒，却在那不迁上。过，才说是过便是不好矣。<u>佢</u>。

○〔<u>敬之</u>〕问："颜子'不迁怒，不贰过'，莫只是静后能如此否？"先生曰："圣贤之意不如此。如今卒然有个可怒底事在眼前，不成说且教我去静！盖颜子只是见得道理透，故怒于甲时，不欲迁于乙。既知有过自不复然。如人错吃乌喙，才觉了自不复吃。若专守虚静，此乃<u>释老</u>之谬学，将来和怒也无了，此成甚道理？圣贤当怒自怒，但不迁耳。见得道理透，自不迁不贰。所以<u>伊川先生</u>谓<u>颜子</u>之学，'必先明诸心，知所往，然后力行以求至'，盖欲见得此道理透也。"<u>立之</u>因问："〔<u>明道</u>云〕'能于怒时遽忘其怒，而观理之是非'。又是怎生？"先生曰："此是<u>明道</u>为学者理未甚明底说，此语言于怒时且权停阁这怒，而观理之是非，少间自然见得当怒不当怒。盖怒易发难制，如水之澎涨。能权阁这怒，则如水渐渐归港。若<u>颜子</u>分上，不消悫地说，只见得理明，自不迁不贰矣。"<u>时举</u>。

○ 问："圣人称<u>颜子</u>好学，特举'不迁怒，不贰过'二事，若不相类，何也？先生曰：'圣人因见其有此二事，故从而称之。'<u>柄窃</u>谓喜怒发于当然者，人情之不可无者也，但不可为其所动耳。过失则不当然而然者，既知其非则不可萌于再，所谓‘频复之吝’也。二者若不相类，而其向背实相对待。"先生云："圣人虽未必有此意，但能如此看亦好。"<u>栖</u>。

○ <u>敬之</u>问："‘不迁怒，不贰过’，<u>颜子</u>多是静处做工夫。"曰："不然，此正是交头。<u>颜子</u>此处无他，只是看得道理分明。且如当怒而怒，到不当怒处要迁自不得。不是处便见得，自是不合贰。"<u>敬之</u>又问："<u>颜子</u>深潜纯粹，所谓不迁不贰，特其应事之陈迹。"曰："若如此说，当这时节，此心须别有一处安顿着。看公意，只道是不应事接物方存得此心。不知圣人教人多是于动处说，如云‘出门如见大宾，使民如承大祭’，又如告<u>颜子</u>‘克己复礼为仁’，正是于视听言动处会。公意思只是要静，将心顿放在黑卒卒地，说道只于此处做工夫。这不成道理，此却是佛家之说。佛家高底也不如此，此是一等低下底如此。这道理不是如此。人固有初学未有执守，应事纷杂，暂于静处少息，也只是略如此。然做个人，事至便着应。如何事至且说道待自家去静处？当怒即怒，当喜即喜，更无定时。只当于此警省如何是合理，如何是不合理。如何要将心顿放在闲处得？事父母便有事父母许多酬酢，出外应接便有出外许多酬酢。"<u>贺孙</u>。

○ <u>贺孙</u>问："‘今也则亡，未闻好学’，觉语意上句重，下句宽，恐有引进后人意否？"曰："如今看文字，且要将他正意平直看去，只要见得正道理贯通，不须滞在这般所在。这两句意只同。与<u>哀公</u>言，亦未有引进后学意，此意要紧只在‘不迁怒，不贰过’六字上。看道理要得他如水相似，只要他平直滔滔流去。若又且去看偏旁处，如水流时，这边壅一堆泥，那边壅一堆沙，这水便自不得条直流去。看文字且把着要紧处，平直看教通透，十分纯熟。见得道理，如人一身从前面直望见背后，从背后直望见前面，更无些子遮蔽方好。"贺孙。

○ 贺孙问："前夜承教，以'不迁怒，不贰过'乃颜子极至处，又在'三月不违仁'之后。据贺孙看，若'不贰'是逐事不贰，不是统体说，而'三月不违'乃是统说。前后浅深，殊有未晓。"先生曰："不须泥这般所在。某那夜是偶然说如此，实亦不见得甚浅深，只一个是死后说，一个是在生时说。读书且要理会要紧处。如某旧时专拣切身要紧处理会，若偏旁有窒碍处只恁地且放下。如看这一章，只认取'不迁怒，不贰过'意思是如何，自家合如何，便是会做工夫。如射箭要中红心，他贴上面煞有许多圈子，善射者不须问他外面圈子是白底，是黑底，是朱底，只是一心直要中红心始得。'不贰过'，不须看他已前，只看他不贰后气象。颜子固是于念虑处少差辄改。而今学者未到颜子地位，只须逐事上检点。过也不论显微，如大雷雨也是雨，些子雨也是雨，无小大都唤做过。只是晴明时节，青天白日，便无些子云翳，这是甚么气象！"贺孙。

○ "看文字，且须平帖看他意，缘他意思本自平帖。如夜来说'不迁怒，不贰过'，且看不迁不贰这是如何。颜子到这里，直是浑然，更无些子查滓。'不迁怒'如鉴悬水止，'不贰过'如冰消冻释。如'三月不违'，又是已前事。到这里已自浑沦，都是天理，是甚次第！"问："'过'字是指已前底说否？"曰："然。"问："过是逐事上见得，如何？"曰："固是逐事上见。也不是今日有这一件不是，此后更不做；明日又是那一件不是，此后更不做。只颜子地位高，才是见一不善不为，这一番改时，其余是这一套须顿消了。当那时须顿进一番。他闻一知十，触处贯通。他觉得这一件过，其余若有千头万绪，是这一番一齐打并扫断了。"贺孙云："如此看'不贰过'，方始见得是'三月不违'以后事。"曰："只这工夫原头却在'非礼勿视，非礼勿听，非礼勿言，非礼勿动'

上面。若是'不迁怒'时更无形迹，但初学如何须要教他'不迁怒，不贰过'得？这也便要如此不得，只是克己工夫。孔子不以告其他门人，却独以告颜子，可见是难事，不是颜子担当不得这事。其他人也只逐处教理会。道无古今，若只将克己事时时就身己检察，下梢也便会到'不迁怒，不贰过'地位，是亦颜子而已。须是子细体认他工夫是如何，然后看他气象是如何，方看他所到地位是如何。"贺孙。

○ 或问："'不迁怒，不贰过'，看集注说'乃是颜子克己工夫到后，其效验自然如此'。"曰："颜渊克己之学，'非礼勿视听言动'到纯熟处后自然如此。"人杰。

○ 又曰："不迁不贰，非言用功处，言颜子到此地位，有是效验耳。若夫所以不迁不贰之功，不出于非礼勿视、勿听、勿言、勿动四者耳。"伯羽。〔谟录云："此平日克己工夫持养纯熟，故有此效。"〕

○ 行夫问颜子"不迁怒，不贰过"。先生曰："此是颜子好学之效验如此，却不是只学此二件事。颜子学处专在非礼勿视听言动上。至此纯熟，乃能如此。"时举。

○ 颜子自无怒。因物之可怒而怒之，又安得迁！

○ 义刚呈问目曰："人之迁怒亦非是故意欲迁，但是义理未明而血气未曾消释。当未接物时已有个怒底种子在里面了，又物来触拨动着则自遏不住，所以乘此血气之动，惟好恶之怒不能得休歇，而至于有所移也。若颜子，则是磨得心地光明，而无一毫物事杂在其间，或喜或怒皆是物之当喜当怒，随其来而应之；而在我初无容心，及事过则又便忘了，更不留在胸中，故不至以此动其血气而至于有所迁也。但此是颜子克己工夫到后方如此，却不是以此方为克己工夫也。不知恁地说得近否？伏乞指教。"先生批云："夫子当时说时也是从他克己效验上说，但克己工夫不到时也须照管。不成道我工夫不到那田地，而迁怒、贰过只听之邪！"<u>义刚</u>。

○ 恭父云："<u>颜子</u>工夫尽在'克己复礼'上。"曰："'<u>回虽不敏，请事斯语矣</u>'，是他终身受用只在这上。"<u>贺孙</u>。

○ 问："'不迁怒'是见得理明，'不贰过'是诚意否？"曰："此二者拆开不得，须是横看。他这个是层层趲上在，一层了又一层。'不迁怒，不贰过'是工夫到处。"又曰："<u>颜子</u>只是得孔子说'克己复礼'，终身受用只是这四个字。'不违仁'也只是这个，'不迁怒，不贰过'也只是这个，'不改其乐'也只是这个。'克己复礼'，到得人欲尽、天理明，无些查滓，一齐透彻，日用之间都是这道理。"<u>贺孙</u>。

○ 贺孙问："不迁不贰，是<u>颜子</u>十分熟了如此否？"曰："这是夫子称他，是他终身到处。"问："若非礼勿视听言动，这是克己工夫。这工夫在前，分外着力，与不迁不贰意思不同。"曰："非礼勿视听言动，是夫子告<u>颜子</u>，教他做工夫。要知要紧工夫却只在这上。如'无伐善，无施劳'是他到处，'不迁怒，不贰过'也是他到处。"问："就不迁不贰上看，也似有些浅深。"曰："这如何浅深？"曰："'不迁怒'是自然如此，'不贰过'是略有过差，警觉了方不复行。"曰："这不必如此看。只看他'不迁怒，不贰过'时心下如何。"<u>贺孙</u>。

○ 植问："<u>颜子</u>'不迁怒'，<u>集注</u>'怒不在血气则不迁'，只是不为血气所动否？"曰："固是。"因举公厅断人，而自家元不动。又曰："只是怒平。"<u>植</u>。

705

○ 问："'不贰过'乃是略有便止。如韩退之说'不贰之于言行'，却粗了。"曰："自是文义不如此。"又问："'不贰过'却有过在，'不迁怒'已至圣人，只此一事到。"曰："才云不迁，则与圣人之怒亦有些异。"曰："如此，则程先生引舜事且借而言。"曰："然。"可学。伊川云："如舜诛四凶，怒在四凶，舜何与焉！盖因人有可怒之事而怒之，圣人之心本无怒也。"

○ 问："'不迁怒，不贰过'，伊川曰：'颜子地位岂有不善！所谓不善，只是微有些差失。才有差失便能知之，才知之便更不萌作。（才有差失便能知之，才知之便更不萌作。）'"先生曰："如今学者且当理会'不迁'、'不贰'字，便不迁不贰也难。"元秉。

○ 陈后之名易，泉州人。问："颜子'不迁怒'，伊川说得太高，浑沦是个无怒了。'不贰过'又却低。"曰："'喜怒哀乐发而皆中节'，'天下之达道'，那里有无怒底圣人！只圣人分上着'不迁'字不得。颜子'不迁怒'便尚在夹界处，如曰'不改其乐'然。"问："'不贰过'，只是此过不（曾）〔会〕再生否？"曰："只是不萌于再。"淳。

○ 问："黎兄疑张子谓颜子'不贰过'是'慊于己者，不使萌于再'，云：'夫子只说"知之未尝复行"，不是说其过再萌于心。'广疑张子之言尤更精密。至于程子说'更不萌作'，则兼说'行'字矣。"曰："萌作亦只是萌动，盖孔子且恁大体说。至程子、张子又要人理会得分晓，故复如此说到精极处。只管如此分别，便是他不会看，枉了心力。"广。〔士毅录云："程子、张子怕后人小看了，故复说到精极处，其实则一。"〕

○ 问颜子"不迁怒，不贰过"处。先生曰："这处便好看，程先生颜子所好何学论，其间说得条理，只依此学便可以尽其心也。"立之因问："先生前此云：'不迁怒、贰过，是"克己复礼"底效验。'今又以为学即在此，何也？"曰："为学是总说，'克己复礼'又是所学之目也。"又云："天理人欲相为消长，克得人欲乃能复礼。颜子之学只在这上理会。仲弓从庄敬持养处做去，到透彻时也则一般。"时举问："曾子为学工夫比之颜子如何？"曰："曾子只是个守。大抵人若能守得定，不令走作，必须透彻。"时举云："看来曾子所守极是至约。只如守一个'孝'字，便后来无往而不通，所谓'推而放诸四海而准'。与夫居处、战阵，无不见得是这道理。"曰："孝者，百行之源，只为他包得阔故也。"时举。

○ 蔡元思名念诚，江州人。问："好学论似多头项。"曰："伊川文字都如此多头项，不恁缠去，其实只是一意。如易传'包荒便用冯河，不遐遗便朋亡'，意只是如此。他成四项起，不缠说，此论须做一意缠看。'其本也真而静'，是说未发。真，便是不杂，无人伪；静，便是未感。'觉者约其情，使合于中，正其心，养其性'，方是大纲说。学之道'必先明诸心，知所往，然后力行以求至'，便是详此意。一本作'知所养'。恐'往'字为是，'往'与'行'字相应。淳。

○ 问："'天地储精'，如何是储精？"曰："储谓储蓄。天地储蓄得二气之精聚，故能生出万物。"广。

○ 节问："'天地储精，得五行之秀者为人，其本也真而静'，何谓储精？"曰："储，储蓄；精，精气。精气流（过）〔通〕，若生物时栏定。'本'是本体，'真'是不杂人伪，'静'是未发。"节复问："上既言静，下文又言未发，何也？"曰："叠这一句。"节复问："下文'明诸心，知所养'，一本作'知所往'，孰是？"曰："'知所往'是，应得力行求至。"陈与叔录云："'真'是不杂人伪，'静'是未感。"节。

○ 问程子云"情既炽而益荡，其性凿〔矣。性上如何说凿〕"。"〔性固不可凿，但人不循此理，任意妄作，去伤了他耳。凿〕与孟子所谓凿一般，故孟子只说'养其性'。养，谓顺之而不害。"〔广。〕

○ 问："颜子之所学者，盖人之所生五常之性浑然一心之中。未感物之时寂然不动而已，而不能不感于物，于是喜怒哀乐七情出焉。既发而易纵，其性始凿。故颜子之学见得此理分明，必欲约其情以合于中，刚决以克其私。私欲既去，天理自明，故此心虚静，随感而应。或有所怒，因彼之可怒而怒之，而己无与焉。怒才过，而此心又复寂然，何迁移之有？所谓过者，只是微有差失。张子谓之'慊于己'，只是略有些子不足于心便自知之，即随手消除，更不复萌作。为学工夫如此，可谓真好学矣。不幸死矣。盖颜子地位去圣人只一息，若天假之年，则化矣。自颜子之没，真个就心性上做工夫以求复其初者，未有其人也。"先生曰："所谓学者，只是学此而已。伊川所谓'性〔其〕情'，大学所谓'〔明〕明德'，中庸所谓'天命之谓性'，皆是此理。"〔南升。〕

○ 程先生云"明诸心，知所往"，穷理之事也。"力行求至"，践履之事也。穷理，非是专要明在外之理。如何而为孝弟，如何而为忠信，推此类通之，求处至当，即穷理之事也。〔人杰。〕

○ 问："圣人无怒容否？"曰："怎生无怒容？合当怒时必也形见于色。如要去正邪人之罪，自为笑容则不可。"曰："如此则恐涉忿厉之气否？"曰："天之怒，雷霆也震。舜诛'四凶'，当其时也须怒。但当怒而怒便中节，事过便消了，更不积。"澶。

○ 问"不迁怒，不贰过"。先生曰："重处不在怒与过上，只在不迁不贰上。而今不必问过之大小，怒之浅深。只不迁不贰是甚力量！便见工夫。佛家所谓'放下屠刀，立地成佛'。若有过能不贰，直是难。贰，如贰官之'贰'，言有一个又添一个也。"又问"守之也，非化之也"。先生曰："圣〔人〕则都无这个。颜子则疑于迁贰与不迁贰之间。"赐。〔祖道录云："贰不是一二，是长贰之贰。"余同。〕

○ 圣人无怒，何待于不迁？圣人无过，何有于不贰？所以不迁不(怒)〔贰〕者，犹有意存焉，与"愿无伐善，无施劳"之意同，犹今人所谓愿得不如此。是固当如此，而今且得其不如此也。此所谓"守之，非化之也"。人杰。

○ 文振再说"颜子好学"一章，因说程先生所作好学论。先生曰："此是程子二十岁时已做得。这文好，这个说话便是所以为学之本，惟知所本然后可以为学。若不知大本上理会，只恁地茫茫然，却要去文字上求，恐也未得。"时举。

○ 问："颜子短命是气使然。刘质夫所录一段又别。"曰："大纲如此说。"可学。明道曰："颜子短命，以一人言之，颜之不幸，可也。以大目观之，天地之间如一家有子五人焉，三人富且贵，而二人贫且贱，以二人言之则不足，以父母言之则美且多矣。以孔子之至德而又处乎盛位，则是化工之全尔。以孔颜言之，于一人有所不足；以尧舜禹汤文武周公群圣人言之，天地之间亦云富有也。"

○ 问："吕与叔引横渠说解迁怒事，又以'三月不违'为气不能守，恐是张子、吕氏皆是以己之气质论圣人之言。"先生云："不须如此说。如说这一段，且只就这一段平看。若更生枝节，又外面讨一个意思横着，都是病。"人杰因曰："须从这里过一番，既闻教诲，可造平淡。"先生云："此说又是剩了。"〔人杰。〕

○ "'哀公问弟子孰为好学'一章。伊川曰：'颜子之怒在物不在己，故不迁。有不善未尝不知，知之未尝复行，不贰过也。'游氏曰：'不迁怒者，怒适其可而止，无溢怒之气也。'传所谓'怒于室而色于市'者，迁其怒之甚也。不迁怒则发而中节矣。喜怒哀乐不能无也，要之，每发皆中节之为难耳。不贰过者，一念少差而觉之早，不复见之行事也。盖惟圣人能寂然不动，故无过。颜子能非礼勿动而已，故或有不善始萌于中，而不及复行，是其过在心，而行不贰焉。但其间正心、修身之说，若以不贰过作正心，不迁怒作修身，恐不必如此分。右第三章凡八说，今从伊川、游氏之说。伊川外五说大率相类，其说皆正，故不尽录，然亦不出第一说之意。横渠第一第二说皆曰：'怒于人者，不使迁乎其身。'吕氏亦曰：'不使可怒之恶反迁诸己，而为人之所怒。'此说恐未安。如此，只是不贰过之意。圣人何以既曰'不迁怒'，又曰'不贰过'？若使不迁诸己，则只说得'不贰过'。又横渠曰：'慊于己者不使萌于再。''萌'字说太深，不如游氏作'行不贰'，伊川作'未尝复行'，乃正。范氏曰：'不迁怒者，性不移于怒也。'此说不可晓。若谓性不移于怒而后能不迁怒，却稳，与伊川'怒不在己'之说同。若谓不迁怒则性不移于怒，恐未当。以'移'字训'迁'字则说太深，余说亦宽。谢氏曰：'不患有过，盖不害其为改。'其说又太浅。颜子不应有过而后改，特知之未尝复行尔。又与横渠不萌之说相反，皆未为当。杨氏不放心之说无甚差，但稍宽尔。其他皆解得，何止不放心而已。又说'今也则亡'一句作'无'字说，不知合训'无'字，合作死亡之'亡'？若训'无'字，则与下句重，若作死亡之'亡'，则与上句重，二句未知孰是。尹氏用伊川说，故不录。"先生曰："游说不贰过，乃韩退之之意，与伊川不同。伊川意却与横渠同。外书第五卷有一段正如此，可更思之。须见游氏说病处。横渠迁怒之说固未然，然与贰过殊不相似。亡，即无也，或说当读作无。"銴。

朱子语类卷第三十一
论语十三

雍也篇二

子华使于齐章

○ 子升兄问："子华使齐，冉子为请粟，圣人不与之辨而与之、益之之意。"曰："圣人宽洪，'可以予，可以无予'，予之亦无害，但不使伤惠耳。"木之。

○ 行夫问"冉子请粟"。曰："'冉子与之粟五秉'，圣人亦不大段责他，而原思辞禄，又谓'与尔邻里乡党'，看来圣人与处却宽。"〔恪。〕

○ 张子曰："于斯二者，可见圣人之用财。"虽是小处，也莫不恰好，便是"一以贯之"处。夔孙。〔义刚录云："圣人于小处也区处得恁地尽，便是'一以贯之'处。圣人做事着地头。"〕

○ "子华使齐"至"原思为之宰"一段。范氏曰："夫子之道，循理而已，故'周急，不继富'，以为天下之通义，使人可继也。"游氏曰："'饩廪称事'，所以食功也。今原思为之宰而辞禄不受，则食功之义废矣。盖义所当得，则虽万钟不害其为廉。借使有余，犹可以及邻里乡党。"盖邻里乡党有相赒之义。尹氏曰："'赤之适齐也，乘肥马，衣轻裘'，而冉求乃资之。'与之釜'者，所以示不当与也。求不达其意而请益，与之五秉，故夫子非之。"又曰："原思为之宰，使其禄苟有余，则分诸邻里乡党者，凡取予一适于义而已。"右第四章凡七说，今从范氏 游氏尹氏之说。伊川谓："师使弟子，不当有所请。"其说虽正，然恐非本意。据冉求乃为其母请，其意欲资之也。使冉求为子华请，则犹可责之以弟子之礼；若为其母请，则止欲附益之，故责之以继富。恐或外生一意，非夫子责冉求之意。范氏第二说与杨氏、谢氏之说，大率以辞受取舍顺理合义为文，只说大纲，其间曲折详备则不如尹氏之深切。吕氏曰："富而与人分之，则廉者无辞于富。"造语未尽，不能无差。向使不义之富可以分人，廉者所必辞也。富之可辞与不可辞在于义不义，而不在于分人也。谢氏曰："'与之釜'，'与之庾'，意其禄秩所当得者。"此说恐未稳。使禄秩当得，夫子不待冉子之请而与之。禄有常数，夫子何心轻重于其间哉！"为其母请粟"，观其文势，非禄秩也明矣。曰"为其母请"，即为子华请也。吕氏说只据原（宪）〔思〕辞禄而言，非谓不义之富也。鳌。

犁牛之子骍且角章

○ 问："子谓仲弓曰：'犁牛之子，骍且角。'伊川谓多一'曰'字，意以仲弓为犁牛子也。考之家语，仲弓生于不肖之父。其说可信否？"答曰："圣人必不肯对人子说人父不善。"谟。家语弟子解篇载："仲弓，伯牛之族，生于不肖之父，以德行著名也。"

○ 问："此章前后，作用人不以世类。南轩以仲弓言'焉知贤才'

之故，故孔子教之用人。此说（虽）〔牵〕合，然亦似有理脉。"答曰："横渠言：'大者既立，则其小者所不弃也。'今钦夫此说无他，只是要回互，不欲说仲弓之父不肖尔。何不虚心平气与他看，古人贤底自贤，不肖底自不肖。称其贤可以为法，语其不肖可以为戒。"或曰："恐是因仲弓之父不肖而微其辞。"曰："圣人已是说了，此亦何害。大抵人被人说恶不妨，但要能改过，过而能改则前愆顿释。昔日是不好底人，今日自好，事自不相干，何必要回互？若不能改过，徒与回互，反益其恶尔。至伊川却不回互，然又要除却'曰'字，此'曰'字留亦何害？如'子谓颜渊曰："吾见其进也。"'不成是与颜渊说！况此一篇大率是论他人，不必是与仲弓说也。苏氏却说此乃论仲弓，非是与仲弓言也。"大雅。

回也其心三月不违仁章

○ 义刚说："'回也其心三月不违仁。'集注云：'仁者，心之德。'切推此义，以为天生一人只有一心。这腔子里面更无些子其他物事，只有一个浑全底道理，更无些子欠缺，所谓仁也。天生斯人皆有是心，皆有此德，然自外物有以触其形，则其中动而其情始生，既有此情则私欲由之而长。才有私欲，便是此心杂了其他物事；才是杂了其他物事，则所谓浑全者便为有欠缺；才是有些子欠缺，便不是本来道理而为不仁矣。颜子所以平日用工于'非礼勿视听言动'者，所以禁绝此私意也。惟其用工切近而缜密如此，故其用力之至，至于无纤毫私欲少有间断，而所谓浑全者，不违于心至于如此之久也。"先生曰："莫只将浑全道理说，须要解得那仁字亲切便是，不可只把做一个浑全底物事说了。"义刚。

○ 问："'回也三月不违仁。'心犹谷种也，仁犹生理也，生理所以为谷种之妙，谷种所以为生理之舍，实非二物也。故曰'仁者，心之德'，言心之得乎此理，无有亏欠也。若无私欲，则一心之中生理流行，无有止息。回心三月不违仁者，其久矣。过此只是圣人无有间断。其余门人或日一至，或月一至，盖此心或在或亡。至者，自外而至。此理本在内而为一身之主，今自外至，若为客然，言至而不能久也。"先生云："仁与心本是一物。便被私欲一隔，心便违仁去，却为二物。若私欲既无，则心与仁便不相违，合成一物。心犹镜，仁犹镜之明。镜本来明，被尘垢一蔽遂不明。若尘垢一去，则镜明矣。颜子三个月之久无尘垢。其余人或日一次无尘垢，少间又暗；或月一次无尘垢，二十九日暗。亦不可知。"〔南升。〕

○ 问："'三月不违仁'，如何？"曰："三月，只是言久尔，非谓三月后必违也。此言颜子能久于仁尔，虽念虑之间间有不善处，却能'知之而未尝复行也'。"祖道。谟录同。

○ 又读"回也三月不违仁"一段，云："工夫既能向里，只要常提省此心。心才在这里，外面许多病痛自然不见。"时举。

○ 问："回心三月不违仁，三月后亦有违否？"曰："毕竟久亦有间断。"曰："这间断亦甚微否？"曰："是。如'不贰过'，过便是违仁。非礼勿视听言动四句，照管不到便是过。"淳。

○ 寓问："'回也其心三月不违仁'云云。如何是日至月至？"曰："某旧说作其余人有一日不违仁，有一月不违仁者。近思之，一日不违仁固应有之，若一月不违，似亦难得。近得一说：有一日一番见得到，有一月一番见得到。比之一日，犹胜如一月之远。若颜子方能三月不违，天理纯然，无一毫私伪间杂，夫子所以独称之。"<u>贺孙</u>。

○ 问："'回也其心三月不违仁，其余则日月至焉而已矣。'且如今之学者，一日是几遍存省。当时门人乃或日一至焉，或月一至焉，不应如是疏略。恐仁是浑然天理，无纤毫私欲处。今之学者虽曰存省，亦未到这境界。他孔门弟子至便是至这境界否？"曰："今人能存得，亦是这意思。但触动便不得，被人叫一声便走了。他当那至时，应事接物都不差。又不知至时久近如何，那里煞有曲折。日至者却至得频数，恐不甚久。月至者或旬日，或一二日，皆不可知。"又问："横渠云：'始学之要，当知"三月不违"与"日月至焉"内外宾主之辨，使心意勉勉循循而不能已。过此几非在我者。'文蔚窃谓'三月不违'者，天理为主，人欲为宾；'日月至焉'者，人欲为主，天理为宾。学者工夫只得勉勉循循，以克人欲存天理为事。其成与不成，至与不至，则非我可必矣。"曰："是如此。"<u>文蔚</u>。

○ 问："'回也其心三月不违仁，其余则日月至焉而已矣。'伊川言'不违'是无纤毫私欲，横渠言要知内外宾主之辨。"曰："前后说是如此。"刘仲升云："与久而不息者气象迥别。"大雅云："久而不息，自是圣人事。"曰："'三月不违'是自家已有之物，三月之久，忽被人借去，自家旋即取回了。'日月至焉'，是本无此物，暂时问人借得来，便被人取去了。"<u>大雅</u>。

○ "颜子'三月不违仁，其余则日月至焉而已矣'，此正内外宾主之辨。仁便是人一坐宅子，主人则常常在里面住，到得宾客或一日来一番、一月来一番，不可知。"或问："一日来一番，比一月来一番者，如何？"曰："毕竟不如一日来一番底。"<u>泳</u>。

○ "'其心三月不违仁'者，我为主而常在内也；'日月至焉'者，我为客而常在外也。仁犹屋，心犹我。常在屋中则为主，出入不常为主则客也。'过此几非在我者'，如水涨船行，更无着力处。"铢。

○ 正卿问："集注'不知其仁也'云：'虽颜子之贤，犹不能不违于三月之后。'如何？"曰："不是三月以后一向差去，但其于这道理久后，略断一断便接续去，只是有些子差便接了。若无些子间断，便全是天理，便是圣人。所以与圣人一间者，以此。旧说只做有一月至者，有一日至者，与颜子三月至者有次第。看来道理不如此。颜子地位下比诸子煞有优劣，如'赐也闻一以知二，回也闻一以知十'，此事争多少！此是十分争七八分。张氏内外宾主之辨，这道理譬如一屋子，是自家为主，朝朝夕夕时时只在里面。如颜子三月不能不违，只是略暂出去便又归在里面，是自家常做主。若日至者，一日一番至，是常在外为客，一日一番暂入里面来又便出去。月至者亦是常在外为客，一月一番入里面来又便出去。"又云："'三月不违'者，如人通身都白，只有一点子黑。'日月至焉'者，如人通身都黑，只有一点白。"又云："颜子一身，已自不见其身，日用之间只见许多道理。"贺孙。〔今集注"不知其仁"章无此说。〕

○ "回也三月不违仁"，是在屋底下做得主人多时。"其余则日月至焉而已矣"，是有时从外面入来屋子底下。横渠所谓内外宾主之辨者是也。又曰："学者须是识得屋子是我底始得。"元秉。

○ 问："横渠说：'始学之要，当知"三月不违"与"日月至焉"内外宾主之辨。'若以颜子为内与主，不成其他门人之所学便都只在外？"曰："他身己是都在道外，恰似客一般。譬之一个屋，圣人便常在屋里坐。颜子也常在屋里，只有时误行出门外，然便觉不是他住处，便回来。其他却常在外面，有时入来，不是他活处，少间又自出去了。而今人硬把心制在这里，恰似人在路上做活计，百事都安在外，虽是他自屋舍，时暂入来，见不得他活处，亦自不安，又自走出了。虽然，也须渐渐把捉，终不成任他如何！"又曰："'日月至焉'者，是有一日得一番至，有一月得一番至。"贺孙。

○ 问"日月至焉"一句。曰："看得来日却是久底，月却是暂时底。"因说横渠内外宾主之辨，曰："颜子一似主人，长在家里，三月而后或有出去时节，便会回归。其余是宾，或一日一至，或一月一至。以日较月，月又却疏。"又曰："'不违'者是内，'至焉'者是外。"又问"几非在我者"。曰："舍三月不违去做工夫，都是在外，不在我这里了。"希逊。

○ 问"三月不违仁"章，先生云："只如一室之内，主人便是常常在此室中者。颜子是常在，有时而出外者。其余人只是一日一次至其室者，一月一次至其室者。"卓。

○ 问："张子谓：'始学之要，当知"三月不违"与"日月至焉"内外宾主之辨。'如何是内外宾主之辨?"先生曰："'不违仁'者，仁在内而为主，然其未熟，亦有时而出于外。'日月至焉'者，仁在外而为宾，虽有时入于内而不能久也。"广。

○ "三月不违"，主有时而出；"日月至焉"，宾有时而入。人固有终身为善而自欺者，不特外面，盖有心中欲为善而常有一个不肯底意，便是自欺。从周。

○ "三月不违仁"，则主有时而出；"日月至焉"，则宾有时而入。

"过此几非在我者"，到此则进进不能已，亦无着力处。<u>仁</u>。

○ 问："'三月不违仁'与'日月至焉而已矣'，<u>横渠</u>有内外之说。如何?"曰："譬如一家有二人，一人常在家，一人常在外。在家者出外常少。在外者常不在家，间有归家时，只是在外多。"<u>谟</u>。

○ 问"三月不违仁"。曰："仁即是心。心如镜相似，仁便是个镜之明。镜从来自明，只为有少间隔便不明。<u>颜子</u>之心已纯明了，所谓'三月不违仁'者，只缘也曾有间隔处。"又问："<u>张子</u>谓'使心意勉勉循循而不能已，过此几非在我者'，是如何?"曰："学者只要'勉勉循循而不能已'。才能如此，便后面虽不用工，大段着力也自做去。如推个轮车相似，才推得转了，他便滔滔自去。所谓'学而时习之，不亦说乎'者，正谓说后不待着力而自不能已也。"<u>时举</u>。

○ "<u>张子</u>言'勉勉循循而不能已'，须是见得此心自不能已方有进处。'过此几非在我'，谓过'三月不违'，非工夫所能及，如'末由也已'，真是着力不得。"又云："'勉勉循循'之说，须是真个到那田地，实知得那滋味，方自不能已，要住不得，自然要去。'过此几非在我'，言不由己了。如推车子相似，才着手推动轮子了，自然转运不停。如人吃物，既得滋味，自然爱吃。'日月至焉'者，毕竟也是曾到来，但不久耳。"<u>明作</u>。

○ 或问："<u>张子</u>'几非在我者'一句，如何看?"曰："既有循循勉勉底工夫，自然住不得。'几非在我者'，言不待用力也，如易传中说'过此以往，未之或知也'之意。为学正如推车子相似，才用力推得动了，便自转将去，更不费力。故论语首章只说个'学而时习之，不亦说乎'，便言其效验也，盖学至说处则自不容已矣。"<u>广</u>。

○ 味道问：“‘过此几非在我者’，疑横渠止谓始学之要，唯常知内外宾主之辨，此外非所当知。”曰：“不然。学者只要拨得这车轮转，到循循勉勉处，便无着力处，自会长进去。如论语首章言学只到‘不亦说乎’处便住，下面便不说学了，盖到说时此便活。”因言：“韩退之、苏明允作文，只是学古人声响，尽一生死力为之，必成而后止。今之学者为学，曾有似他下工夫到豁然贯通处否？”可学。

○ 周贵卿问“几非在我者”意义。曰：“如推车子样，初推时须要我着力。及推发了后，却是被他车子移将去，也不由在我了。某尝说‘学而时习之，不亦悦乎’，若是做到这里后，自不肯住了，而今人只是不能得到悦处。”义刚。

○ 问：“横渠言‘始学者当知“三月不违”与“日月至焉”内外之辨。使心意勉勉循循，过此几非在我者’。是如何？”曰：“过此，即是‘过此以往，未之或知’底意思。若工夫到此，盖有用力之所不能及，自有不可已处。虽要用力，亦不能得。”又问：“是内外宾主之辨？”答曰：“‘三月不违’为主，‘日月至焉’为宾。主则常在其中，宾则往来无常，盖存主之时少，在外之时多。‘日月至焉’，为其时暂而不能久。若能致其宾主之辨而用其力，则工夫到后自有不可息者。”寓。

○ 问：“‘始学之要，当知“三月不违”与“日月至焉”内外宾主之辨。使心意勉勉循循而不能已，过此几非在我者。’何谓‘几非在我者’？”曰：“此即‘过此以往，未之或知’之意。盖前头事皆不由我，我也不知前面之分寸，我也不知前面之浅深。我只理会这里工夫，使外内宾主之辨常要分晓，使心意勉勉循循不已。只如此而已，便到颜子‘既竭吾才，如有所立卓尔’之地。‘虽欲从之，末由也已’，然也只恁地。”淳。

○ 问："横渠先生云所谓'使心意勉勉循循而不能已，过此几非在我者'，不审'几非在我'之义是如何？"先生云："非在我，言更不着得人力也。人之为学，不能得心意勉勉循循而不已。若能如是了，如推车子一般，初间着力推得行了，后来只是衮将去。所谓'学而时习之，不亦悦乎'，若得说了，自然不能休得。如种树一般，初间栽培灌溉，及既成树了，自然抽枝长叶，何用人力。"〔南升。〕

○ 子升兄问："'回也三月不违仁'，横渠云'过此几非在我者'，莫是过此则圣人之意否？"曰："不然。盖谓工夫到此，则非我所能用其力而自然不能已。如车已推而势自去，如船已发而缆自行。若不能辨内外宾主，不能循循不已，则有时间断矣。孟子所谓'夫仁，亦在乎熟之而已矣'，此语说得尽了。"木之。

○ 节问"回心三月不违仁"。先生曰："如何是心？如何是仁？"节对云："心是知觉底，仁是理。"曰："耳无有不聪，目无有不明，心无有不仁。然耳有时不聪，目有时不明，心有时不仁。"节问："莫是心与理合而为一？"曰："不是合。心自是仁，然私欲一动便不仁了，所以说'仁，人心也'。学者理会甚么事？只是理会这些子。"节又问："注下张子之说，莫是'三月不违'者是仁常在内，常为主；'日月至焉'者是仁常在外，常为宾？"曰："此倒说了。心常在内，常为主；心常在外，常为客。如这一间屋，主常在此居，客虽在此，不久着去。"节复问："如此则心不违仁者，是心在仁内？"先生曰："不可言心在仁内，略略地是恁地意思。"又曰："便是难说。"节问："'过此几非在我者'，如何？"曰："不用着力，如决江河，水至而舟自浮。如说学，只说到说悦处，以上不用说。至说处则自能寻将上去。不到说处是不曾时习，时习则相将自然说。"又曰："人只是一个不肯学。须是如吃酒：自家不爱吃，硬将酒来吃；相将自然要吃，不待强他。如吃药，人不爱吃，硬强他吃。"芏。

　　○　问："横渠说'过此几非在我者',还莫只见许多道理,不见自身己,如何?"曰:"这只是说循循勉勉便自住不得,便自不由自身己。只是这个关难过,才过得,自要住,住不得,如颜子所谓'欲罢不能'。这个工夫入头都只在穷理,只这道理难得便会分明。"又云:"今学者多端:固有说得道理是却自不着身,只把做言语用了;固有要去切己做工夫,却硬理会不甚进者。"又云:"看得道理透,少间见圣贤言语句句是为自家身己设。"又云:"内外宾主,只是如今人多是不能守得这心。如一间屋,日月至焉者,是一日一番入里面来,或有一月一番入里面来,他心自不着这里,便又出去了。若说在内,譬如自家自在自屋里作主,心心念念只在这里,行也在这里,坐也在这里,睡卧也在这里。'三月不违',是时复又暂出外去,便觉不是自家屋,便归来。今举世日夜营营于外,直是无人守得这心。若能收这心常在这里,便与一世都背驰了。某尝说,今学者别无他,只是要理会这道理。此心元初自具万物万事之理,须是理会得分明。"贺孙。

　　○　至之问："横渠言始学之要,当知'三月不违仁'(此)〔止〕'过此,几非在我者'。"答曰:"且以屋喻之:'三月不违'者,心常在内,虽间或有出时,然终是在外不稳便,才出即便入。盖心安于内,所以为主。'日月至焉'者,心常在外,虽间或有入时,然终是在内不安,才入即便出。盖心安于外,所以为宾。日至者,一日一至此;月至者,一月一至此,自外而至也。不违者,心常存;日月至者,有时而存。此无他,知有至未至,意有诚未诚。知至矣,虽驱使为不善亦不为;知未至,虽轧勒使不为,此意终进出来。故贵于见得透,则心意勉勉循循,自不能已矣。'过此几非在我者',犹云'过此以往,未之或知',言过此则自家着力不得,待他自长进去。"又曰:"'三月不违'之'违',犹白中之黑;'日月至焉'之'至',犹黑中之白。今须且将此一段反覆思量,涣然冰释,怡然理顺,(使)〔便〕自会沦肌浃髓。夫子谓'君子上达,小人下达',只在这些子。学者若拗不转便下达去了。"又曰:"此知如'诚意'章相似。知善之可好而好之极其至焉,知不善之可恶而恶之极其深,以至于慊快充足,方始是好处。"道夫。

○ 问:"'三月不违仁',伊川举'得一善则拳拳服膺'。仁乃全体,何故以善称?"曰: "仁是合众善。一善尚不弃,况万善乎!"〔可学。〕

○ 问:"吕与叔引横渠说解迁怒事,又以'三月不违'为气不能守,恐是张子、吕氏皆是以己之气质论圣人之言。"曰:"不须如此说。如说这一段,且只就这一段平看。若更生枝节,又外面讨个意思横着,都是病。"人杰因曰:"须从这里过一番,既闻教诲,可造平淡。"曰:"此说又是剩了。"人杰。

○ 寓问:"伊川解'三月不违仁','得一善则拳拳服膺而弗失'。看见'不违仁'是此心纯然天理,其所得在内。'得一善则服膺而弗失',恐是所得在外。如何?"曰:"'得一善则服膺弗失',便是'三月不违仁'处。"又问:"是如何?"曰:"所谓善者,即是收拾此心之理。颜子'三月不违仁',岂直恁虚空湛然,常闭门合眼静坐,不应事,不接物,然后为不违仁也?颜子有事亦须应,须饮食,须接宾客,但只是无一毫私欲耳。"道夫。

○ 寓问:"伊川谓:'"日月至焉"与久而不息者所见规模虽略相似,其意味自别。'寓看来日月至与不息者全然自别,伊川言'略相似',何也?"曰:"若论到至处,却是与久而不息底一般。只是日月至者,至得不长久；不息者，纯然无间断。"寓。

○ 问："子曰'回也其心三月不违仁'一章。伊川曰：'三月言其
久，天道小变之节。'盖言颜子经天道之变而为仁如此，其终久于仁也。
又曰：'"三月不违仁"，盖言其久也，然〔非〕成德事。'范氏曰：'回
之于仁，一时而不变，则其久可知。其余则有时而至焉，不若回愈久而
弗失也。夫子之于仁，慎其所以取予人者至矣。"有能一日用其力于仁
矣乎"，犹不得见焉。惟独称颜子三月不违，其可谓仁也已。'谢氏曰：
'回之为人，语其所知，虽出于学，然邻于生知矣；语其成功，虽未至
于从容，亦不可谓勉强矣。"三月不违仁"，仁矣，特未可以语圣也，亦
未达一间之称耳。三月，特以其久故也。古人"三月无君则吊"，去国
三月则复；诗人以"一日不见，如三月兮"；夫子闻韶，"三月不知肉
味"。皆久之意。'右第六章凡九说，今从伊川、范氏、谢氏之说。伊川第一说
以'得一善则服膺弗失'，作'三月不违仁'，未甚切。第二说曰：'三
月言其久，过此则圣人也。'吕氏亦曰：'以身之而未能信，故久则不能
不懈。'又曰：'至于三月之久，犹不能无违。'又曰：'至于三月之久，
其气不能无衰，虽欲勉而不违仁，不可得也。'杨氏曰：'"三月不违
仁"，未能无违也。'侯氏亦曰：'"三月不违仁"，便是不远而复也。过
此则通天通地，无有间断。'尹氏亦曰：'三月言其久，若圣人则浑然无
间矣。'此五说皆同而有未安，惟吕氏为甚。切谓此章论颜子'三月不
违仁'，其立言若曰能久不违仁而已；其余'日月至焉'者，亦若曰至
于仁而不久已。若以为颜子'三月不违'，既过三月则违之，何以为
颜子？此吕氏之说为未安。杨氏亦此意。伊川、侯氏、尹氏之说亦与吕
氏、杨氏相类，特不显言之耳。故愚以三月特以其久，不必泥'三月'
字。颜子视孔子为未至者，圣人则不思不勉，颜子则思勉也。诸子视颜
子为未至者，则以其久近不同耳。若谓颜子三月则违，恐未安。伊川第
三说与横渠同，皆说学者事，但横渠'内外宾主'四字不知如何说。恐

只是以'三月不违'者为有诸己，故曰内、曰主；'日月至焉'者若存若亡，故曰外、曰宾。未审然否？游氏说'仁'字甚切，恐于本文不甚密。"先生曰："能久不违仁，不知能终不违耶，亦有时而违耶？颜子若能终不违仁，则又何思勉之有！易传复之初九爻下有论此处，可更思之。游氏引'仁，人心也'，则仁与心一物矣，而曰'心不违仁'，何也？"幹。易传曰："既未能不勉而中、所欲不逾矩，是有过也。然其明而刚，故一有不善未尝不知，既知未尝不遽改，故不至于悔，乃'不远复'也。"

仲由可使从政章

○ 寓问："季康子问仲由从政，由之果、赐之达可见，不知求之艺可得而闻否？"曰："看他既为季氏聚敛，想见是有艺。"问："龟山解以为'知礼乐射御书数，然后谓之艺'。"曰："不止是礼乐射御书数。"

○ "求也艺"，于细微上事都理会得。缘其材如此，故用之于聚敛必有非他人所及者。惜乎其有才而不善用之也。蕾。

○ "'季康子问仲由可使从政也与'一章。吕氏曰：'果则有断，达则不滞，艺则善裁，皆可使从政也。'右第七章六说，今从吕说。伊川曰：'人各有所长，能取其长，皆可用也。'尹氏亦用此意。若谓从政，则恐非人人可能。范氏惟说三子之失，恐（非）〔就〕本文解则未须说失处。谢氏论季氏之意，以谓'陋儒所短正在此'，亦恐季氏未必有此意。其问至于再三，乃是有求人才之意。使季氏尚疑其短，则其问必不至反覆再三也。杨氏论果、达、艺三德，不如吕氏谨严。"曰："此段所说得之，但破范说非是。"幹。

季氏使闵子骞为费宰章

○　"谢氏曰：'学者能知内外之分，则皆可以乐道而忘势。况闵子亲得圣人为之依归，彼其视季氏不义之富贵不啻犬彘，又从而臣之，岂其心哉？'下文推得亦稳。右第八章五说，今取谢氏之说。伊川、范、杨、尹氏四说大率皆同，只略说大纲。"曰："谢氏固好，然辞气亦有不平和处。"壮。

○　谢氏说得也粗。某所以写放这里，也是可以警那懦底人。若是常常记得这样在心下，则可以廉顽立懦，不至倒了。今倒了底也多。义刚。

伯牛有疾章

○　"'伯牛有疾'一章。侯氏曰：'夫子尝以"德行"称伯牛矣。于其将亡也，宜其重惜之，故再叹曰："亡之，命矣夫！斯人也，而有斯疾也！斯人也，而有斯疾也！"言非可愈之疾，亦不幸短命之意。'尹氏曰：'牖，牖下也。包氏谓有恶疾不欲人知，恐其不然也。'右第九章五说，今从尹氏、侯氏之说。范氏曰：'冉伯牛尽其道而死，故曰命。'杨氏亦曰：'不知谨疾，则其疾有以致之而至者，伯牛无是也，故曰"命矣夫"。'此说于义理正当，但就本文看，说'命矣夫'较深。圣人本意只是惜其死，叹之曰命也，若曰无可奈何而安之命尔。方将问人之疾，情意凄怆，何暇问其尽道与否也？况下文以为'斯人有斯疾'，则以为不当有此疾也。岂有上文称其尽道而死，下文复叹其不当疾而疾？文势亦不相联属。谢氏同，尹氏谨严。"先生曰："此说非是，更思之。"壮。

贤哉回也章

○ 问："颜子'不改其乐'，莫是乐个贫否？"曰："颜子私欲克尽，故乐，却不是专乐个贫事。〔须知他不干贫事，〕元自有个乐，始得。"时举。

○ 伯丰问："颜子之乐不是外面别有甚事可乐，只颜子平日所乐之事是矣。见得既分明了，又无私意于其间，自然而乐。"曰："颜子见得既尽，行之又顺，便有乐底滋味。"瑩。

○ 问："颜子乐处，恐是工夫做到这地位则私意脱落、天理洞然，有个乐处否？"先生曰："未到他地位则如何便能知得他乐处，且要得就他实下工夫处做，下梢亦须会到他乐时节。"寓。

○ 问颜子乐处。曰："颜子之乐亦如曾点之乐，但孔子只说颜子是恁地乐，曾点却说许多乐底事来。点之乐浅而易见，颜子之乐深微而难知。点只是见得如此，颜子是工夫到那里了。从本原上看方得。"赐。

○ "颜子之乐平淡，曾点之乐已劳攘了。至（那）〔邵〕康节云'真乐攻心不奈何'，乐得大段颠蹶。"或曰："颜子之乐，只是心有这道理便乐否？"曰："不须如此说，且就实处做工夫。"〔学蒙。〕

○ 〔问："曾点浴沂气象与颜子乐底意思相近否？"曰："颜子底较恬静，无许多事。曾点是自恁说却也好，若不已便成释老去，所以孟子谓之狂。"〕又曰："颜子是孔子称他乐，（也）〔他〕不曾自说道我乐。大凡人自说乐时便已不是乐了。"淳。

　○　胡问："颜子之乐是到乐天知命地位，便不以贫窭累其心否？"曰："又加却'乐天知命'四字，加此四字又坏了这乐。颜子胸中自有乐地，虽在贫窭之中而亦不以累其心，不是将那不以贫窭累其心底做乐。明道曰：'百官万务，金革百万之众，曲肱饮水，乐亦在其中。'观它有扈游山诗，是甚次第！"淳说："明道那时未有年齿。"曰："亦是他自有个见成底乐。"淳。

　○　问："颜子'不改其乐'，是私欲既去，一心之中浑是天理流行，无有止息。此乃至富至贵之理，举天下之物无以尚之，岂不大有可乐！故颜子虽贫，处之泰然，不以贫窭而害此心之乐也。"先生云："周子所谓至贵至富，乃是对贫贱而言。今引此说恐浅。只是私欲未去，如口之于味，耳之于声，皆是欲。得其欲，即是私欲，反为所累，何足乐！若不得其欲，只管求之，于心亦不乐。惟是私欲既去，天理流行，动静语默日用之间无非天理，胸中廓然，岂不可乐！此与贫窭自不相干，故不以此而害其乐。"黄直卿云："与浩然之气如何？"曰："也是此意，但浩然之气说得较粗。"又云："'说乐道，便不是'，是如何？"曰："才说乐道，只是冒罩说，不曾说得亲切。"又云："伊川所谓'其字当玩味'，是如何？"曰："是元有此乐。"又云："'见其大则心泰'，周先生何故就见上说？"曰："见便是识此味。"叠。

　○　"不改其乐者，仅能不改而已。不能改其乐者，是自家有乐在此，他自无奈自家何"，伊川之说，初看似未甚好，细看甚密。某作六先生赞，吕伯恭云伊川赞尤好。盖某当初见得个意思恁地，所谓"布帛之文，谷粟之味，知德者希，孰识其贵"也。伯恭亦看得好。夔孙。

　○　道夫问："程子云'昔受学于周茂叔，每令寻颜子仲尼乐处所乐何事'，道夫窃意孔颜之学固非若世俗之着于物者，但以为孔颜之乐在于乐道，则是孔颜与道终为二物。要之，孔颜之乐只是私意尽，天理融，自然无一毫私累耳。"曰："然。但今人说乐道说得来浅尔。要之，说乐道亦无害。"道夫曰："观周先生之问，其为学者甚切。"曰："然。"顷之复曰："〔程子云〕人能克己则心广体胖，仰不愧，俯不怍，其乐可知。有息则馁矣。"道夫。

○ 问："濂溪教程子寻孔颜乐处，〔盖自有其乐，然求之亦甚难。〕如何？"曰："先贤到乐处已自成就向上去了，非初学所能求。况今之师非濂溪之师，所谓友者非二程之友，所以说此事却似茫广。不如且就圣贤着实用工处求之，如'克己复礼'，致谨于视听言动之间，久久自当纯熟充达向上去。"贺孙。

○ 恭父问："孔颜之分固不同。其所乐处莫只是一般否？"曰："圣人都忘了身，只有个天理。若颜子犹着照管在。"恪。

○ 行夫问"不改其乐"。曰："颜子先自有此乐，到贫处亦不足以改之。""夫子自言蔬食饮水，乐在其中。其乐只一般否？"曰："虽同此乐，然颜子未免有意，到圣人则（不）〔自〕然。"贺孙。

○ "乐在其中矣，回也不改其乐。"子善谓："夫子之乐虽在饭蔬食饮水之中，而忘其乐。颜子不以箪瓢陋巷改其乐，是外其箪瓢陋巷。"曰："孔颜之乐大纲相似，难就此分浅深。唯是颜子止说'不改其乐'，圣人却云'乐亦在其中'。'不改'字上恐与圣人略不相似，亦只争些子。圣人自然是乐，颜子仅能不改。如云'得'与'不失'，'得'是得了，若说'不失'亦只是得，但说'不失'则仅能不失耳，终不似'得'字是得得稳。此亦有内外宾主之意。"或问："与'不违仁'如何？"曰："仅能不违。"贺孙。

○ （读）〔呈〕"回也不改其乐"与"乐在其中矣"一（般）〔段问目〕。先生曰："说得虽巧，然子细看来，不须如此分亦得。向见张钦夫亦要如此说，某谓不必如此。所谓乐之浅深乃在'〔不〕改'上面。所谓不改，便是方能免得改，未如圣人从来安然。譬之病人，方得无病，比之从来安乐者便自不同。如此看其深浅乃好。"时举。

○ "圣人之乐，且粗言之，人之生各具此理，但是人不见此理，这里都黑窣窣地。如猫子狗儿相似，饥便求食，困便思睡。一得富贵，便是极声色之娱，穷四体之奉；一遇贫贱，则忧戚无聊。所谓乐者，非其所可乐；所谓忧者，非其所可忧也。圣人之心直是表里精粗，无不昭彻，方其有所思，都是这里流出。所谓德盛仁熟，'从心所欲，不逾矩'，庄子所谓'人貌而天'。盖形骸虽是人，其实是一块天理，又焉得而不乐！"又曰："圣人便是一片赤骨立底天理。颜子早是有个物包裹了，但其皮薄，剥去容易。圣人一为指出这是天理，这是人欲，他便洞然都得了。"蘷孙。

○ 问："'回也不改其乐'与'乐在其中矣'，二者轻重如何？"先生曰："不要去孔颜身上问，只去自家身上讨。"敬仲。

○ "颜乐"章近改"非礼勿视听言动"为"博文约礼"，和前面都说，要得备。"非礼勿视听言动"，只是约礼底工夫。若不博文，约那礼也不住。淳。

○ 先生问胡叔器："看文字如何？"对曰："两日方在思量颜子乐处。"先生疾言曰："不用思量！他只是'博我以文，约我以礼'后见得那天理分明，日用间义理纯熟后不〔被〕那人欲来苦楚，自惕地快活。你而今只去博文约礼便自见得。将次思量得人成病，皆只由索之于杳冥无朕之际作去,何处讨这乐处? 而今一部论语说得恁地分明,自不用思量,只要你着实去用工。如前日所说人心、道心便只是这两事。你只去临时思量那个是人心,那个是道心。便颜子也只是使得人心听命于道心后,不被人心胜了道心。你而今便须是常拣择教精,使道心常常在里面如个主人,人心只如客样。常常如此无间断,则便能'允执厥中'。"义刚。

○ 问伊川说"颜子非乐道"。"盖谓非以道为乐,到底所乐只是道。盖非道与我为二物,但熟后便乐也。"祖道。

○ 初八日,留泗洲之驿舍。盖卿问:"昔邹道乡论伊川所见极高处,以谓鲜于侁问于伊川曰:'颜子"不改其乐",不知所乐者何事?'伊川曰:'寻常道颜子所乐者〔何事?〕曰:'不过说颜子所乐者道。'伊川曰:'〕若有道可乐,便不是颜子。'盖卿以为岂非颜子工夫至到,道体浑然与之为一,颜子之(言)〔至〕乐自默于存心,人见颜子之不改其乐,而颜子不自知也。以此而言,未知是否?"先生曰:"正谓世之谈经者,往往有前所说之病:本卑而抗之使高,本浅而凿之使深,本近而推之使远,本明而必使之至于晦。且如'伊尹耕于有莘之野,由是以乐尧舜之道',未尝以乐道为浅也。直谓颜子为乐道,有何不可!"盖卿。

○ 问:"'颜子乐道',伊川谓'使颜子以道为乐而乐之,不足为颜子',如何?"曰:"乐道之言不失,只是说得不精切,故如此告之。今便以为无道可乐,走作了。"问:"如邹侍郎闻此,谓'吾今始识伊川面',已入禅去。"曰:"大抵多被如此看。"因举张思叔问"子在川上",曰:"便是无穷?"伊川曰:"如何一个'无穷'便了得他?"曰:"'无穷'之言固是,但为渠道出不亲切,故以为不可。"可学。

○ 问"回也不改其乐"，鲜于侁言乐道，伊川不然之。曰："说个乐道，便是出头撞了。到得公说，越是死杀了。这个且未要说，留这一段时时看，待久后说。"

○ 刘黼问："'颜子不改其乐'，伊川以为'若以道为乐，不足为颜子'，又却云'颜子所乐者仁而已'。不知道与仁何辨？"曰："非是乐仁，唯仁故能乐尔。是他有这仁，日用间无些私意，故能乐也。而今却不要如此论，须求他所以能不改其乐者是如何。缘能'非礼勿视，非礼勿听，非礼勿言，非礼勿动'，这四事做得实头工夫透，自然至此。"辛。

○ 节问："程子谓：'使颜子以道为乐，则非颜子。'周子通书颜子章又却似言以道为乐。"先生曰："颜子之乐非是自家有个道至富至贵，只管把来弄后乐。见得这道理后自然乐，故曰'见其大则心泰，心泰则无不足，无不足则富贵贫贱处之一也'。"节。

○ 问："'子曰贤哉回也'一章。明道先生曰：'箪瓢陋巷非可乐，盖自有〔其〕乐耳。"其"字当玩味，自有深意。'伊川先生曰：'颜子之乐，非箪瓢陋巷也，不以贫窭累其心而改其所乐也，故夫子称其贤。'又曰：'天下有至乐，惟反身者得之，而极天下之乐不与存焉。'又曰：'颜子箪瓢非乐也，忘也。'吕氏曰：'礼乐悦心之至，不知贫贱富贵可为吾之忧乐。'右第十章八说，今从明道、伊川、吕氏之说。明道第二说，伊川第二、第三、第七说，范氏说，皆是推说，于本文未甚密。伊川第四说答鲜于侁曰：'使颜子以道为乐而乐之，则非颜子矣。'切意伊川之说，谓颜子与道为一矣，若以道为可乐则二矣。不知然否？谢氏曰：'回也心不与物交，故无所欲。'不与物交，恐说太深。游氏用伊川说。杨氏之说亦稳，但无甚紧要发明处。尹氏谓'不以众人之所忧改其乐'，却不如伊川作'不以贫窭累其心而改其所乐'。盖圣人本意,在箪瓢陋巷上见得颜子贤处。'人不堪其忧',特辅一句。伊川之说乃其本意,而尹氏乃取其辅句,说颜子贤处未甚紧。"先生曰:"所论答鲜于侁语,大概得之,而未子细,更就实事上看。'心不与物交',非谓太深,盖无此理,虽大圣人之心,亦不能不交物也。"𡊰。

雍也篇三

冉求曰非不悦子之道章

○ 问："夫子告冉求云：'力不足者，中道而废，今汝画。'所谓力不足者，非干志否？"曰："虽非志，志亦在其中。所见不明，气质昏弱，皆力不足之故。冉求乃自画耳。力不足者，欲为而不能为；自画者，可为而不肯为。"寓。

○ 问冉求自画。曰："如驽骀之马，固不可便及得骐骥，然且行向前去，行不得，死了，没奈何。却不行，便甘心说行不得，如今如此者多。"问："自画与自弃如何？"曰："也只是一般。只自画是就进上说，到中间自住了；自弃是全不做。"贺孙。

○ "'冉求曰非不说子之道'一章。伊川曰：'冉求言："非不说子之道，力不足也。"夫子告以为学为己，未有力不足者。所谓力不足者，乃中道而自废耳。今汝自止，非力不足也。'自废与自止，两"自"字意不同。自废则罪不在己，自止乃己之罪。谢氏曰：'欲为而不能为，是之谓力不足；能为而不欲为，是之谓画。以画为力不足，其亦未知用力与！使其知所以用力，岂有力不足者。其亦未知说夫子之道与！使其知说夫子之道，岂肯画也。'右第十一章，凡六说。伊川、谢氏之说。范氏、杨氏之说亦正，但无甚紧切处。吕氏发明伊川之说，以中道而废作'不幸'字，甚亲切；'废'字作'足废'，太凿。不知伊川只上一'自'字便可见。尹氏用伊川之说，但于'废'字上去一'自'字，便觉无力。"先生曰："伊川两'自'字恐无不同之意。观其上文云'未有力不足者'，则是所谓力不足者，正谓其人自不肯进尔，非真力不足也。此说自与本文不合，而来说必令牵合为一，故失之耳。谢氏与伊川不同，却得本文之说。"整。

汝为君子儒章

○ 问："'子谓子夏曰："汝为君子儒，无为小人儒。"'儒，学者之称也。君子儒于学只欲得于己，小人儒于学只欲见知于人。子夏文学虽有余，而为己工夫有所未至，故夫子以是语之。"曰："今只就面前看便见。君子儒、小人儒，同为此学者也。若不就己分上做工夫，只要说得去，以此欺人，便是小人儒。"〔南升。〕

○ 问孔子诲子夏"勿为小人儒"。曰："子夏是个细密谨严底人，中间忒细密，于小小事上不肯放过，便有委曲周旋人情投时好之弊，所以能流〔于人〕〔入于〕小人之儒也。子游与子夏绝不相似。子游高爽疏畅，意思阔大，似个萧散底道人，观与子夏争'洒扫应对'一段可见。如为武城宰，孔子问：'女得人焉尔乎？'他却说个澹台灭明。及所以取之，又却只是'行不由径，未尝至于偃之室'两句，有甚干涉？可见这个意思好。他对子夏说：'本之则无，如之何？'他资禀高明，须是识得这些意思，方如此说。"又问："子张与子夏亦不同。"曰："然。子张又不及子游。子游却又实。子张空说得个头势太大了，里面工夫都空虚，所以孔子诲之以'居之无倦，行之以忠'，便是救其病。子张较聒噪人，爱说大话而无实。"〔僴。〕

○ 寓问："君子儒、小人儒，谢说：'子夏（之）〔文〕学虽有余，意其远者大者或昧焉。'子张篇中载子夏言语如此，岂得为'远者大者或昧'？"曰："上蔡此说，某所未安。其说道子夏专意文学，未见个远大处，看只当如程子'君子儒为己，小人儒为人'之说。"问："或以夫子教子夏为大儒，毋为小儒，如何？"曰："不须说子夏是大儒小儒，且要求个自家使处。圣人为万世立言，岂专为子夏设！今看此处，正要见得个义与利分明。人多于此处含糊去了，不分界限。君子儒上达，小人儒下达，须是见得分晓始得，人自是不觉察耳。今自道己会读书、看义理、做文章，便道别人不会；自以为说得行，便谓强得人，此便是小人儒。毫厘间便分君子小人，岂谓子夏，决不如此。"问："五峰言：'天理人欲，同体而异用，同行而异情。'先生以为'同体而异用'说未稳，是否？"曰："亦须是实见此句可疑始得。"又曰："今人于义利处皆无辨，只恁鹘突去。是，须还他是；不是，还他不是。若都做得是，犹自有浅深，况于不是？"寓。

○ 问："'子谓子夏曰女为君子儒'一章，谢氏曰：'志于义则大，是以谓之君子；志于利则小，是以谓之小人。君子、小人之分，义（于）〔与〕利之间也。然所谓利者，岂必殖货利之谓？以私灭公，适己自便，凡可以害天理者皆利也。子夏文学虽有余，而意其远者大者或昧焉，是以夫子语之以此。'右第十二章凡五说，今从谢氏之说。伊川、尹氏以为为人为己；范氏以为举内徇外，治本务末；杨氏以义利为君子小人之别。其说皆通，而于浅深之间似不可别。窃谓小人之得名有三，而为人为利，徇外务末，其过亦有浅深。盖有直指其为小人者，此人也，其陷溺必深。有对大人君子而言者，则特以其小于大人君子而得是名耳，与溺者不同。虽均为为人为利，均于徇外务末，而过则有浅深也。夫子告子夏以'无为小人儒'，乃对君子大人而小者耳。若只统说，则与世俗之真小人者无异，尚何以儒为哉？"曰："伊川意可包众说。小人固有等第，然此章之意却无分别。"_僴。

子游为武城宰章

○　又问："'子游为武城宰，子曰：女得人焉耳乎？'为政以得人为先，故孔子以得人为问。曰：'有澹台灭明者，行不由径，非乡饮乡射之类，未尝至于偃之室。'以此二事观之，则灭明之为人，动必由正道而无见小欲速之意，又有以自守而无枉己徇人之私，其正大之情亦可见矣。凡人持身，当以灭明为法，则无苟贱之羞。取人当以子游为法，则无邪媚之惑。"先生云："公事不可知，但不以私事见邑宰，意其乡饮、读法之类也。"〔南升。〕

○　圣人之言宽缓，不急迫。如"焉尔乎"三字是助语。_节。

○　节问："杨氏曰：'为政以人才为先。如子游为武城宰，纵得人，将焉用之？'似说不通。"曰："古者士人为吏，恁地说也说得通。更为政而得人讲论，此亦为政之助，恁地说也说得通。"_节。

○　问："子游喜灭明，集注取杨氏说云：'观其二事之小，而正大之情可见矣。'"曰："看这气象便不恁地猥碎。"问："非独见灭明如此，亦见得子游胸怀也恁地开广，故取得这般人。"曰："子游意思高远，识得大体。"问："与琴张、曾皙、牧皮相类否？"曰："也有曾皙气

象。如与子夏说：'抑末也，本之则无，如之何！'此一着固是失了，只
也见得这人是旷阔底人。如问孝，则答以'今之孝者，是谓能养；不
敬，何以别'，见得他于事亲爱有余而敬不足。又如说'事君数，斯辱
矣；朋友数，斯疏矣'与'丧至乎哀而止'，亦见得他不要如此〔苦
切〕。(若)孔子之武城闻弦歌，子游举'君子学道爱人'等语，君子是
大人，小人是小民。昨日丘子（复）〔服〕出作论题，皆晓不得子游意。
谓君子学道，及其临民则爱民；小民学道，则知分知礼，而服事其上。
所以弦歌教武城，孔子便说他说得是。这也见子游高处。"贺孙问："檀
弓载子游、曾子语，多是曾子不及子游。"曰："人说是子游弟子记，故
子游事详。"问："子游初间甚高，如何后来却不如曾子之守约？"曰：
"守约底工夫实。如子游这般人，却怕于中间欠工夫。"问："子谓子夏
曰：'女为君子儒，无为小人儒。'看子夏煞紧小，故夫子恐其不见大
道，于义利之辨有未甚明。"先生曰："子游与子夏全相反。只子夏洒扫
应对事，却自是切己工夫。如子夏促狭。如子游说：'抑末也，本之则
无，如之何！'是他见得大源头，故不屑屑于此。如孔子答问孝于子夏
曰'色难'，与子游全是两样。子夏能勤奉养，而未知愉色婉容之为
美。"贺孙。

○ 问："'子游为武城宰'一章，谢氏曰：'善观人者，于小事犹
足以观之。如观水之澜可以知其有源也。行不由径，非公事未尝至于偃
之室，亦可以知灭明之贤矣。行不由径，盖其意无欲速。非公事未尝至
于偃之室，盖其意不为呴濡以媚悦人。观此则澹台灭明简易正大之情可
见矣。'右第十三章凡五说。伊川两说。伊川、尹氏解'行不由径'作'动
必从正道'，杨氏谓'直道而行'，皆是疑'行不由径'为非中理。窃意
灭明之为人未至成德，但有一节一行可取。如非公事不至偃室，自成德
者观之，此特其一行尔，而子游尚称之，则'行不由径'亦但以其不欲
速而遵大路可知也。伊川两说，盖权时者之事也。范氏乃就推人君说。"

先生曰："来说得之。"贺孙。

孟之反不伐章

○ 问"孟之反不伐"。曰："孟之反资禀也高，未必是学。只世上自有这般人，不要争功。胡先生说：'庄子所载三子，云孟子反、子桑户、子琴张。子反便是孟之反。子桑户便是子桑伯子，"可也简"底。子琴张便是琴张，孔子所谓"狂者"也。但庄子说得怪诞。'但他是与这般人相投，都自恁地没检束。"贺孙。

○ 立之问"孟之反不伐"一章。先生曰："人之矜伐都从私意上来。才有私意，便有甚好事也做不得。孟之反不伐，便是克、伐不行，与颜子无伐善施劳底意思相似。虽孟之反别事未知如何，只此一节便可为法。人之私意多端，圣人所以言此者，正提起与人看，使人知所自克也。"时举。

○ 又问："军败而殿其后，此功也，乃曰：'非敢后，乃马不进。'以此言自揜其功，乃不伐也。凡人所以矜伐者，其病根在甚处？只为有欲上人之心。才有欲上人之心，则人欲日长，天理日消，凡可以矜己夸人者无所不至。故学者当去其欲上人之心，则天理自明，凡可以矜己夸人者自消矣。此圣人所以称孟之反也。"先生云："欲上人之心便是私欲。圣人四方八面提起向人〔说〕，只要人去得私欲。孟之反其他事不可知，只此一事便可为法也。"〔南升。〕

○ 问："'孟之反不伐。'人之伐心固难克，然若非先知得是合当做底事，则临事时必消磨不去。诸葛孔明所谓'此臣所以报先帝而忠陛下之职分也'。若知凡事皆其职分之所当为，只看做得甚么样大功业，亦自然无伐心矣。"曰："也不是恁地。只是个心地平底人，故能如此。若使其心地不平，有矜伐之心，则虽十分知是职分之所当为，少间自是走从那一边去，遏捺不下。少间便说，我却尽职分，你却如何不尽职分！便自有这般心。<u>孟之反</u>只是个心地平，所以消磨容受得去。"僴。

○ 读"<u>孟之反</u>不伐"章，曰："此与<u>冯异</u>之事不同。盖军败以殿为功，殿于后，则人皆属目其归。他若不恁地说，便是自承当这个殿后之功。若<u>冯异</u>，乃是战时有功，到后来事定，诸将皆论功，他却不自言也。"时举。

○ 问："<u>吕氏</u>谓人之不伐，能不自言而已。<u>孟之反</u>不伐，则以言以事自揜其功，加于人一等矣。右第十四章凡六说，今从<u>吕</u>说。范、杨、侯、尹论其谦让不伐，只统说大纲，于圣人所称<u>孟之反</u>之意有未尽，不如<u>吕氏</u>说得'马不进也'之意出。<u>谢氏</u>说学者事甚紧切，于本文未密。"先生曰："若不自揜，即是自居其功矣。恐不必如<u>吕氏</u>说。"幹。集义。

不有祝鮀之佞章

○ "'不有<u>祝鮀</u>之佞，而有<u>宋朝</u>之美，难乎免于今之世矣。'<u>程伊川</u>曰：'<u>祝鮀</u>佞，所谓口才；<u>宋朝</u>美，所谓令色。当衰世，非此难免。'夫巧言令色，圣人之所深恶，岂遂以为非此不免于世哉？夫佞者，才也。若<u>左氏传</u>所称不佞，皆不才也。<u>卫灵公</u>之无道，得<u>仲叔圉</u>、<u>祝鮀</u>、<u>王孙贾</u>而不丧。然则<u>祝子鱼</u>，<u>卫</u>之贤大夫也。孔子谓其能治宗庙，必忠信诚恪人也，岂巧言者哉？<u>宋公子朝</u>，姿容之美通于<u>南子</u>，实乱<u>卫国</u>。或者谓，使当世不有<u>祝鮀</u>之才而徒有<u>宋朝</u>之美，则<u>灵公</u>将不免于今。其说可从否?”先生曰:“此孔子叹乱也。言衰世好谀悦色,非此不能免,盖深伤之。当只从程先生之说。”谟。

○　问:“此章伊川曰:‘无祝鲍之巧言与宋朝之令色,难乎免于今之世,必见憎疾也。’右第十五章,凡七说。伊川〔三〕说。今从伊川此说。伊川第二、第三说,吕、范、尹之说皆一意,与伊川第一说同,故不录。范氏曰:‘有朝之令色,无鲍之巧言,犹难免于当世。’据范氏主意,乃在疾时之好佞,故曰‘犹难免于当世’。非加一‘犹’字,则其说不通。文意恐不如此。谢氏曰‘善观世之治乱者如此’,乃推说。侯氏曰:‘“而”字疑为“不”字。’说恐未必是文错,或文势如此。”先生曰:“当从伊川说。”銶。

子曰谁能出不由户章

○　问:“‘子曰谁能出不由户’一章,吕氏曰:‘出而不能不由户,则何行而非达道也哉!’杨氏曰:‘道无适而非也,孰不由斯乎?犹之出必由户也,百姓日用而不知耳。’尹氏曰:‘道不可离,可离非道,犹出入必由户。’右第十六章凡六说,今从吕、杨、尹之说。伊川、范氏、谢氏皆正,但伊川‘事必由其道’一句未粹,范、谢说稍宽。”先生曰:“此言人不能出不由户,何故却行不由道?怪而叹之之辞也。伊川虽不如此说,然‘事必由其道’一句不见其失,不可轻议,更宜思之。”銶。

质胜文则野章

○　史,掌文籍之官。如“二公及王乃问诸史”,并周礼诸属,各有史几人。如内史、御史,皆掌文籍之官。秦有御史大夫,亦掌制度文物者也。*㑦*。

○ "质胜文则野，文胜质则史"，是不可以相胜。才胜便不好。龟山云："则可以相胜。""则"字怕误，当作"不"字。*贺孙*。

○ 问："伊川曰：'君子之道，文质得其宜也。'范氏曰：'凡史之事，皆文胜质者也。失其义，陈其数者，史也。国有史记，主于文而已，无取于质也。野人则曰："质而已矣，何以文为？"故野与史，文、质之反也。庶人之在官亦曰史，则与野人异矣。不野不史，然后谓之君子。'右第十七章，凡七说，今从伊川、范公之说。伊川第二说、吕氏说论'史'字皆通。谢氏专指仪容说，恐未当。大纲且论文质，故有野与史之别。若专以为仪容，则说'史'字不通，史无与仪容事。杨氏云：'文犹质也，质犹文也，二者不可以相胜，故文质彬彬，然后君子。然质之胜文，则有其质矣，犹之甘可以受和，白可以受采也；文胜而至于灭质，则其本亡矣，虽有文，将安施乎？然则与其史也，宁野。'自'质之胜文'以下皆推说，与本文不类。尹氏曰：'史文胜而理不足。''理'字未安。如此，则野可谓之理胜也。既谓之胜，则理必不足。野与史，皆可谓之理不足也。"先生曰："史既给事官府，则亦习于容止矣。谢说之失不在此，却是所说全以观人为言，无矫揉着力处，失却圣人本旨。杨说推得却有功。'文胜则理不足'，亦未有病。野，固理胜而文不足也。"*僩*。

子曰人之生也直章

○ 生理本直。人不为直便有死之道，而却生者是"幸而免"也。*夔孙*。

○ <u>程明道</u>曰："生理本直。'罔'，不直也，而亦生者，'幸而免'耳。""罔之生也"之"生"，与上面"生"字微有不同。此"生"字是生存之"生"。人之绝灭天理，便是合死之人。今而不死，盖幸免也。<u>人杰</u>。

○ <u>莭</u>问："<u>或问</u>中：'上"生"字为始生之生，下"生"字为生存之生。虽若不同，而义实相足。'何也?"曰："后日生活之生，亦是保前日之生。所以人死时，此生便绝。"<u>莭</u>。

○ 天地生生之理只是直，才直便是有生生之理。不直则是枉天理，宜自屈折也，而亦得生，是幸而免耳。如木方生，须被折了便不直，多应是死。到得不死，幸然如此。<u>贺孙</u>。

○ 问："'人之生也直。'盖理本直，自本至末皆是直下之正理，无些子私曲，故人受此理以生未有不直者。如此，'罔之生也，幸而免'。若或不直，便是被私意隔了，不见所谓生理，只是一个顽物，故不直而亦生者，特幸而免耳，然与死亦何异?"曰："'生理本直'，顺理而行便是合得生。若不直便是不合得生，特幸而免于死耳。"<u>晏亚夫</u>问："如何是'生理本直'?"曰："如父子，便本有亲；君臣，便本有义。"
〔<u>南升</u>。〕

○ 读"人之生也直"一章，曰："未见所谓'本直'底意思，只玩味<u>程先生</u>'生理本直'四字，便自有味。如见孺子入井便有怵惕之心，只便是直；才有'内交要誉'之意，便是曲了。'仁者先难而后获'，只是无期必之心。"<u>时举</u>。

○ "罔，只是脱空作伪，做人不诚实，以非为是，以黑为白。如不孝于父，却与人说我孝；不弟于兄，却与人说我弟，此便是罔。据此等人，合当用死，却生于世，是幸而免耳。生理本直，如耳之听、目之视、鼻之嗅、口之言、心之思，是自然用如此。若才去这里着些屈曲支离，便是不直矣。"又云："凡人解书，只是这一个粗近底道理，不须别为高远之说。如云不直，只是这个不直。却云不是这个不直，别有个不直，此却不得。所谓浅深者，是人就这明白道理中见得自有粗细，不可说这说是浅底，别求一个深底。若论不直，其粗至于以鹿为马，也是不直；其细推至一念之不实，恶恶不'如恶恶臭'，好善不'如好好色'，也是不直。只是要人自就这个粗说底道理中看得越向里来较细耳，不是别求一样深远之说也。"僴。

○ 问："明道云：'"民受天地之中以生"，"天命之谓性"也。"人之生也直"，亦是此意。'莫微有差别否？"曰："如何有差别！便是这道理。这道理本直，孔子却是为欲说'罔之生也'，所以说个'直'字，与'民受天地之中'义理一般。"僴。集义。

○ 问："伊川曰：'人类之生以直道也，欺罔而免者幸耳。'谢氏曰：'顺理为直，天地人神之所共好也。人有一不慊于理义，则仰不愧，俯不怍，不见非于明，不见责于幽，其血气亦将安佚恬愉，此其所以能生与！罔则不直而生者，不惟内焦劳于血气，亦天地人神之所共怒也，此其不死亦幸矣。'"右第十八章，凡九说，杨氏两说。

○ "今从伊川、谢氏之说。明道曰'生理本直'，范氏曰'人之性善，故其生直'，尹氏曰'直，性也'，此三说者，皆以'生'字作'始生'之'生'，未安。据此章，正如礼所谓'失之者死，得之者生'，乃'生存'之'生'。若以为生本直，性本直，则是指人之始生言之。人之始生，固可谓之直，下文又不当有始生而罔者。下句若作'生存'之

'生'，则上句不应作'始生'之'生'。横渠解'幸而免'，似凿，本文上句却无吉凶莫非正之意。吕氏曰：'罔，如网，无常者也。''罔'字只对'直'字看便可见，似不必深说。谢氏虽诚有未尽，大纲亦正。杨氏曰：'人者，尽人道者。'其意以'人'字作一重字解，似对'罔'字言之，未当。'人'字只大纲说。第二说大略。"先生曰："此两'生'字，上一字是'始生'之'生'，下一字是'生存'之'生'。当从明道之说，则得之矣。"蚵。

知之者不如好之者章

○ "知之者不如好之者。"人之生，便有此理。然被物欲昏蔽，故知此理者已少。及能知之又不如好之者，好之者是知之已至，分明见得此理可（象）〔爱〕可求，故心诚好之。虽能好之，然又不如乐之者，乐之者是好之已至，而此理已得之于己，凡天地万物之理皆具足于吾身，则乐莫大焉。知之者如五谷之可食，好之者是食而知其味，乐之者是食而饱。〔南升。〕

○ 问："若是真知，安得不如好之？若是真好，安得不如乐之？"曰："不说不是真知与真好，只是知得未极至，好得未极至。如数到九数，便自会数（到）〔过〕十与十一去；数到十九数，便自会数过二十与二十一去。不着得气力，自然如此。若方数得六七，自是未易过十；数得十五，自是未易过二十数，这都是未极至处。如行到福州，须行到福州境界极了，方到兴化界这边来；也行尽福州界了，方行到南剑界。若行未尽福州界，自是未到得别州境界。行得尽福州境界了，自会到别州。自南剑行尽南剑界，建宁府自到。'乐则生矣，生则恶可已'也。"贺孙。

○ 问："明道曰：'笃信好学，未如自得之乐。好之者，如游他人园圃；乐之者，则己物耳。然只能信道，亦是人之难能也。'伊川曰：'非有所得，安能乐之？'又曰：'知之者在彼，而我知之也。好之者虽笃，而未能有之。至于乐之，则为己之所有。'右第十九章，凡七说，伊川三说。今从明道、伊川之说。伊川第二说，推说教人事，曰：'知之必好之，好之必求之，求之必得之。古人此个学是终身底事，果能造次颠沛必于是，岂有不得之理？'范氏曰'乐则生矣'，吕氏亦曰'乐则不可已'，皆推说乐以后事。若原其所以乐，则须如伊川之说。吕氏曰：'知之则不惑。'据此章'知'字，只谓好学者耳，未到不惑地位，其说稍深。杨氏曰：'"夫妇之愚，可以与知焉"，则知之非艰矣。'此说'知'字又太浅。人而知学者亦不易得。夫妇之知，习之而不察者耳，未足以为知。二说正相反，吕氏过，杨氏不及。谢氏曰：'乐则无欣厌取舍。'谓之无厌无舍则可，若谓之无所欣，无所取，则何以谓之乐？尹氏大纲与伊川同意，但以'安'字训'乐'字，未紧。"先生曰："所论'知'字甚善，但此亦谓知义理之大端者耳。谢说大抵太过。"<u>僩</u>。_{集义。}

中人以上可以语上章

○ 行夫问"中人以上可以语上"一章。曰："理只是一致。譬之水，也有把与人少者，有把与人多者。随其质之高下而告之，非谓理有二致也。"_{时举。}

○ 寓问："圣人教人，不问智愚高下，未有不先之浅近，而后及其高深。今中人以上之资，遽以上焉者语之，何也？"曰："他本有这资质，又须有这工夫，故圣人方以上者语之。今人既无这资质又无这工夫，所以日趋于下流。"_{寓。}

○ 或说此一段。曰:"正如告颜渊以'克己复礼',告仲弓以'持敬行恕',告司马牛以言之讱。盖清明刚健者自是一样,恭默和顺者自是一样,有病痛者自是一样,皆因其所及而语之也。"侗。

○ 问:"明道曰:'上智高远之事,非中人以下所可告,盖逾涯分也。'横渠曰:'中人以上可与语上,中人以下不可以语上,此只就上、中、下而言也。语,告语之语。上只谓上等之事。下愚者不可以语上,则是人生有不可勉者乎?何有是也!"乃若其情则可以为善矣",其人心愿为善,斯善矣。所以不语上者,为躐等也。下愚进至于中人,由中人然后可以语上也。'〔此说得之吕监庙所编,其说似正,不知载在何集录。〕右第二十章,凡六说。伊川两说,横渠说在外。伊川第二说曰:'"中人以上,中人以下",皆谓才也。'第一说与尹氏之说同。此意谓之才者,其以为禀受然尔。杨氏亦曰:'有中人上、下者,气禀异也。'此三说皆以其上、中、下为系所禀受。范氏则曰:'由学与不学故也。'谢氏亦曰:'特语其操术浅深,非不移之品。'此二说,又以其上、中、下为系于学术。五说正相反。据本文,只大纲论上、中、下,初未尝推原其所以然也。若推原其所以然,则二者皆有之。或以其禀受不同,或以其学术有甚异,不可偏举。"先生曰:"伊川第二说已具二者之意矣。"銤。

樊迟问知章

○ 问:"'敬鬼神而远之',莫是知有其理故能敬,不为他所惑故能远?"曰:"人之于鬼神,自当敬而远之。若见得那道理分明,则须着如此。如今人信事浮图以求福利,便是不能远也。又如卜筮,自伏羲尧舜以来皆用之,是有此理矣。今人若于事有疑,敬以卜筮决之,有何不可?如义理合当做底事却又疑惑,只管去问于卜筮,亦不能远也。

盖人自有人道所当为之事。今若不肯自尽，只管去谄事鬼神，便是不智。"因言："夫子所答樊迟问仁智一段，正是指那中间一条正当路子与人。大凡人于所当做者却不肯去做，才去做时又便生个计获之心，皆是堕于一偏。人能常以此提撕，则心常得其正矣。"<u>广</u>。

○ 问"敬鬼神而远之"。曰："此鬼神是指正当合祭祀者。且如宗庙山川，是合当祭祀底，亦当敬而不可亵近泥着，才泥着便不是。且如卜筮用龟，所不能免，<u>臧文仲</u>却为山节藻棁之室以藏之，便是不智也。"<u>铢</u>。

○ 问："<u>樊迟</u>问知，<u>孔子</u>说'〔务民之义，〕敬鬼神而远之，可谓智矣'，诸家皆作两事说。"先生曰："此两句恐是一意。民者，人也；义者，宜也。如<u>诗</u>所谓'民之秉彝'，即人之义也。此则人之所宜为者不可不务也。此而不务，而反求之幽冥不可测识之间，而欲避祸以求福，此岂谓之智者哉？'先难后获'即<u>仲舒</u>所谓'仁人明道不计功'之意。<u>吕氏</u>说最好，辞约而义甚精。<u>吕氏</u>曰：'当务为急，不求所难知；力行所知，不惮所难为。'此<u>樊迟</u>可进于知与仁之实也。"〔<u>去伪</u>。〕

○ <u>节</u>问："'敬鬼神而远之'，如天地山川之神与夫祖先，此固当敬。至如世间一种泛然鬼神，果当敬否？"曰："他所谓'敬鬼神'，是敬正当底鬼神。'敬而远之'，是不可亵渎，不可媚。如卜筮用龟，此亦不免。如<u>臧文仲</u>山节藻棁以藏之，便是媚，便是不知。"<u>节</u>。

○ 问："<u>程子</u>说鬼神，如<u>孔子</u>告<u>樊迟</u>，乃是正鬼神。如说今人信不信，又别是一项，如何衮同说？"曰："虽是有异，然皆不可不敬不远。"<u>可学</u>。

○ 须"先难而后获"。不探虎穴，安得虎子！须是舍身入里面去，如搏寇雠，方得之。若轻轻地说得，不济事。方子。

○ 又曰："只是我合做底事便自做将去，更无下面一截。才有计获之心，便不是了。"恪。

○ 问"仁者先难而后获"。曰："获，有期望之意。学者之于仁，工夫最难。但先为人所难为，不必有期望之心，可也。"祖道。按周谟录同。

○ 黄问："'先难后获'未是仁，只是仁者之心否？"曰："此等外面恁地，然里面通透也无界限。即'先难后获'便是仁。如'克己复礼'是为仁之事，然即'克己复礼'便是仁。'我欲仁，斯仁至矣'，即'欲仁'便是仁。圣人之言有个阶级底，一句上面说高，下面说低；有平直即说底，若此等句是也。"淳。

○ 亚夫问："'先难而后获'，'先事后得'，莫是因樊迟有计较功利之心，故如此告之？"曰："此是后面道理，而今且要知'先事后得'如何可以崇德。盖做合做底事便纯是天理，才有一毫计较之心便是人欲。若只循个天理做将去，德便自崇。才有人欲，便这里做得一两分，却那里缺了一两分，这德便消削了，如何得会崇！圣人千言万语，正要人来这里看得破。"时举。

○ 因论"先难后获"，有问云："先生解'勿正'字颇有后获之意。"曰："然。颇有此意。"问者云："如此解则于用工者尽有条理。"曰："圣贤之言，条理未尝不精密，但看得不切，错认了他文义，则并与他意而失之耳。"希逊。

○ 问："'仁者先难而后获。'难者，莫难于去私欲。私欲既去，则恻然动于中者，不期见而自见。"曰："仁毕竟是个甚形状？"对云："仁者与天地万物为一体。"曰："此只是既仁之后，见得个体段如此。方其初时仁之体毕竟是如何？要直截见得个仁底表里。若不见它表里，譬犹此屋子，只就外面貌得个模样，纵说得着亦只是笼罩得大纲，不见屋子里面实是如何，要须就中实见得子细方好。"又问："就中间看，只是恻然动于中者，无所系累昏塞，便是否？"曰："此是已动者。若未动时，仁在何处？"曰："未动时流行不息，所谓那活泼泼地便是。"曰："诸友所说仁皆是貌模。今且为老兄立个标准，要得就这上研磨，将来须自有个实见得处。譬之食糖，据别人说甜不济事，须是自食，见得甜时，方是真味。"大雅。

○ 问："樊迟问智，当专用力于人道之所宜，而不惑于鬼神之不可知，此智者之事也。若不务人道之所宜为而亵近鬼神，乃惑也。须是敬而远之乃为智。'先难而后获'，谓先其事之所难，而后其效之所得，此仁者之心也。若方从事于克己，而便欲天下之归仁，则是有为而为之，乃先获也。若有先获之心，便不可以为仁矣。"曰："何故有先获之心，便不可以为仁？"南升云："方从事于仁，便计较其效之所得，此便是私心。"曰："此一句说得是。克己，正是要克去私心，又却计其效之所得，乃是私心也。只此私心便不是仁。"又曰："'务民之义'只是就分明处用力，则一日便有一日之效。不知'务民之义'，亵近鬼神，只是枉费心力。〔今人亵近鬼神，只是惑于鬼神，此之谓不知，如臧文仲居蔡。古人非不用卜筮，今乃亵渎如此，便是不知。吕氏'当务之为急'说得好，'不求于所难知'一句说得鹘突。〕"南升。

○ 常人之所谓知，多求知人所不知。圣人之所谓知，只知其所当知而已。自常人观之，此两事若不足以为知。然果能专用力于人道之宜，而不惑于鬼神之不可知，却真个是知。焘。

○ 问集注"仁之心，智之事"。曰："'务民之义，敬鬼神'，是就事上说。'先难后获'，是就处心积虑处说。'仁'字（就）〔说〕较近里，'智'字说较近外。"夔孙。

○ 古注"先其事之所难而后有所获"，"后"字说得轻了。程先生把"后"字作重说，较有力。"后获"犹"先事后得"及"事君敬其事而后其食"之"后"同。淳。

○ 胡叔器问集注心与事之分。曰："这个有〔甚〕难晓处？事，便是就事上说；心，便是就里面说。'务民之义，敬鬼神而远之'，这是事。'先难后获'，这是仁者处心如此。事也是心里做出来，但心是较近里说。如一间屋相似，说心底是那房里，说事底是那厅上。"义刚。

○ 问："此一章，明道曰：'"先难"，克己也。'伊川曰：'以所难为先而不计所获，仁也。'又曰：'民，亦人也。务人之义，知也。鬼神不敬，则是不知；不远，则至于渎。敬而远之，所以为智。'又曰：'有为而作，皆先获也，如利仁是也。古人惟知为仁而已，今人皆先获也。'右第二十一章，凡七说，明道三说，伊川四说。今从明道、伊川之说。明道第一说曰：'民之所宜者，务之。所欲，与之聚之。'第三说亦曰：'"务民之义"，如项梁立义帝，谓从民望者，是也。'伊川第一说亦曰：'能从百姓之所义者，知也。'尹氏用伊川说。此三说，皆以'务民之义'作从百姓之所宜，〔恐解'知'字太宽。问知，而告以从百姓之所宜，恐圣人告樊迟者，亦不至如是之缓。窃意'民'字不当作'百姓'字解。只伊川第二说曰'民，亦人也'，似稳。所谓'知'者，见义而为之者也。不见义，则为不知。'务'，如'齐不务德'之'务'。然必曰'民之义'

者，己亦民也，通天下只一义耳，何人我之别！所谓'务民之义'者，与务己之义无异。孟子曰'居天下之广居'，则亦与己之广居无异。故伊川谓'民亦人也'，恐有此意。若以'民'字作'百姓'字解，复以'义'字作'宜'字，╯恐说'知'字太缓。伊川第三说鬼神事。范氏作'振民育德'，其说宽。振民之意，亦与明道、伊川从百姓之所宜之意同，皆恐未稳否？吕氏曰：'当务为急，不求所难知。'似将'务民之义，敬鬼神而远之'作一句解。看此两句，正与'非其鬼而祭之，谄也。见义不为，无勇也'相类。两句虽连说，而文意则异。谢氏曰：'"敬鬼神而远之"，知鬼神之情状也。'伊川第三说似未须说到如此深远，正以其推言之耳。杨氏曰：'樊迟学稼圃，务民之事而已，非义也。'莫非事也，而曰事而非义，则不可。但有义不义之异，事与义本无异。"先生曰："民之义，谓人道之所宜也，来说得之。但所谓'"居天下之广居"，与己之广居无异'，则天下只有此一广居，何必更说无人我之异乎？吕氏说，词约而义甚精，但伊川说'非其鬼而祭之'，两说相连却费力。若如范氏说，则可以相因矣。杨氏所引本无意义，然谓事即是义则不可，且如物还可便谓之理否？"螯。

子曰仁者乐山章

○ "'知者乐水，仁者乐山'，不是兼仁智而言，是各就其一体而言。如'仁者见之谓之仁，智者见之谓之智。'"人杰问："'乐'字之义，释曰'喜好'，是智者之所喜好在水，仁者之所喜好在山否？"曰："且看水之为体，运用不穷，或浅或深，或流或激；山之安静笃实，观之尽有余味。"某谓："如仲尼之称水曰：'水哉！水哉！''子在川上曰："逝者如斯夫！"'皆是此意否？旧看伊川说'非体仁智之深者，不能如此形容之'，理会未透。自今观之，真是如此。"曰："不必如此说泛滥，且理会乐水乐山，(真)〔直〕要看得意思穷尽，然后四旁莫不贯通。苟先及四旁，却终至于与本说都理会不得也。"<u>人杰</u>。

○ <u>子善</u>问"智者乐水，仁者乐山"。先生曰："看圣人言须知其味。如今只看'乐山'、'乐水'字，将仁、智来比类，凑合圣言而不知味也。譬如吃馒头只吃些皮，元不曾吃馅，谓之知馒头之味，可乎？且今以智者乐水言之，须要子细看这水到隈深处时如何，到峻处时如何，到浅处时如何，到曲折处时如何。地有不同，而水随之以为态度，必至于达而后已，此可见知者处事处。'仁者乐山'亦以此推之。"〔<u>淯</u>。〕

○ <u>胡</u>问"仁者乐山，知者乐水"章。曰："圣人之言，有浅说底，有深说底，这处只是浅说。仁似今之重厚底人，智似今之灵利底人，亦在人看。"<u>淳</u>。<u>义刚录同</u>。

○ <u>林正卿</u>问："'智者乐水，仁者乐山'，是以气质言之，不知与'仁者安仁，智者利仁'有高下否？"曰："此'仁(者)〔智〕'二字亦说得浅，不可与'安仁利仁'较优劣。如<u>中庸</u>说'智仁勇'，这个'仁智'字是说得煞大。"<u>贺孙</u>。

○ 〔<u>魏</u>〕问"仁者乐山，智者乐水"一章。举<u>东坡</u>之说，曰："此一章只要理会得如何是仁，如何是智。若理会这两个字通透，如动、静等语自分晓。"<u>贺孙</u>。

○ 问："仁智动静之说，与阴阳动静之说同否？"曰："莫管他阳动阴静，公看得理又过了。大抵看理只到这处便休，又须得走过那边看，便不是了。然仁主于发生，其用未尝不动，而其体却静。知周流于事物，其体虽动，然其用深潜缜密，则其用未尝不静。其体用动静虽如此，却不须执一而论，须循环观之。盖仁者一身混然全是天理，故静而乐山，且寿，寿是悠久之意；知者周流事物之间，故动而乐水，且乐，乐是处（当得）〔得当〕理而不扰之意。若必欲以配阴阳，则仁配春，主发生，故配阳动；知配冬，主伏藏，故配阴静。然阴阳动静又各互为其根，不可一定求之也。此亦在学者默而识之。"<u>祖道</u>。

○　问："智者渊深不测而周流无滞，有似于水，故乐水；仁者包藏发育而安重不迁，有似于山，故乐山。各以类相合也。'智者动，仁者静'，动是运动周流，静是安静不迁，此以成德之体而言也。若论仁智之本体，智（则）〔者〕渊深不测，众理于是而敛藏，所谓'诚之复'，则未尝不静；仁者包藏发育，一心之中生理流行而不息，所谓'诚之通'，则未尝不动。今此言'智者动，仁者静'，是就君子成德之体而言也。动而不括自是乐，静而有常则有必得其寿之理，此以效言也。"先生云："知者动意思常多，故以动为主；仁者静意思常多，故以静为主。今夫水渊深不测，是静也；及滔滔而流，日夜不息，故主于动。山包藏发育之意，是动也；而安重不迁，故主于静。今以碗盛水在此，是静也，毕竟它是动物。故知动仁静，是体段模样意思如此也，当以心体之便见。"〔<u>南升</u>。〕

○　通老问："仁（者）〔智〕动静，合二者如何？"曰："何必合？此亦言其多耳。不成仁者便愚，智者便一向流荡！要之，安静中自有一个运动之理，运动中自有一个安静之理方是。"<u>可学</u>。

○　"仁者静"，或谓寂然不动为静，非也。此言仁者之人虽动亦静也。喜怒哀乐皆动也，仁者之人岂无是数者哉！盖于动之中未尝不静也。静，谓无人欲之纷扰，而安于天理之当然耳。若谓仁有静而不动，则智者亦常动而不静乎！<u>谟</u>。

○ 仁智动静。自仁之静、智之动而言，则是“成己，仁也；成物，知也”。自仁之动、智之静而言，则是“学不厌，智也；教不倦，仁也”。恪。

○ 仁静智动。易中说“仁者见之”，阳也；“智者见之”，阴也。这样物事大抵有两样。仁配春，智配冬。中庸说：“成己，仁也；成物，智也。”仁在我，智在物。孟子说：“学不厌，智也；教不倦，仁也。”又却智在我，仁在物。见得这样物事皆有动静。泳。

○ 或问：“‘智者动，仁者静。’如太极图说，则智为静而仁为动，如何？”曰：“且自体当到不相碍处方是。”良久，曰：“这物事直看一样，横看一样。子贡说学不厌为智，教不倦为仁。子思却言成己为仁，成物为智。仁固有安静意思，然施行却有运用之意。”又云：“智是伏藏〔池录作“潜伏”。〕渊深底道理，至发出则有运用。然至于运用各当其理而不可易处，又不专于动。”人杰。

○ 问：“‘仁者静，知者动’，太极图说‘仁是阳动，智是阴静’。如何？”曰：“大兄观书且只就当下玩索文意，不消如此牵引，反生枝蔓。如孟子说‘学不厌，智也；教不倦，仁也’。中庸又却说‘成己，仁也；成物，智也’。道理不可执着，横看是一段，竖看是一段，且逐件理会。”元秉。

○ 问：“‘智者动’，集注以动为知之体；‘智者乐〔水〕’，又云‘其用周流而不穷’，言体、用相类，如何？”曰：“看文字须活着意思，不可局定。知对仁言，则仁是体，智是用。只就知言，则知又自有体、用。如‘乾道成男，坤道成女’，岂得男便都无阴？女便都无阳？这般须〔相〕错看。然大抵仁都是个体，知只是个用。”淳。

○ 问："仁智动静，<u>集注说颇重叠</u>。"曰："只欠转换了一个'体'字。若论来，仁者虽有动时，其体只自静；智者虽有静时，其体只自动。"<u>贺孙</u>。

○ "仁者寿"，是有寿之理，不可以<u>颜子</u>来插看。如"罔之生也幸而免"，罔亦是有死之理。<u>淳</u>。

○ 知者动而不静，又如何处动？仁者静而不动，又死杀了。是则有交互之理，但学者且只得据见在看，便自见得不要如此纷纷也。所举<u>程子</u>曰"非（礼）〔体〕仁智之深者，不能如此形容"，此语极好看，尽用玩味，不是常说。如"子语鲁太师乐处"，亦云"非知乐之深者不能言"，皆此类也。极用子细玩味看。<u>明作</u>。

○ 问："'智者乐水'一章，看截三截却似倒。动静是本体，山水是说其已发，乐寿是指其效。"曰："然。倒因上二句说到他本体上。'智者动'，然他自见得许多道理分明，只是行其所无事，其理甚简；以此见得虽曰动，而实未尝不静也。'仁者静'，然其见得天下万事万理皆在吾心，无不相关，虽曰静，而未尝不动也。动，不是恁地劳攘纷扰；静，不是恁地块然死守。这与'<u>樊迟问仁知</u>'章相连，自有互相发明处。"<u>朱飞卿</u>问是如何。曰："专去理会人道之所当行，而不惑于鬼神之不可知，便是见得日用之间流行运转，不容止息，胸中晓然无疑，这便是智者动处。心下专在此事，都无别念虑系绊，见得那合当做底事，只恁地做将去，这是'先难后获'，便是仁者静。如今人不静时，只为一事至，便牵惹得千方百种思虑。这事过了，许多夹杂底却又在这里不能得了。头底已自是过去了，后面带许多尾不能得了。若是仁者，逐一<u>应去便没事</u>。一事至，便只都在此事上。"飞卿问："先生初说'仁者乐山'，仁者是就成德上说；这'仁者先难后获'，仁者是就初学上说。"

曰："也只一般，只有个生熟。圣贤是已熟底学者，学者是未熟底圣贤。"飞卿问："'先难后获'，意如何？"曰："后，如'后其君，后其亲'之意。'哭死而哀，非为生者；经德不回，非以干禄；言语必信，非以正行'，这是熟底'先难后获'，是得仁底人。'君子行法以俟命'，是生底'先难后获'，是求仁底人。"贺孙问："上蔡所说'先难，谓如射之有志，若跐之视地，若临深，若履薄'，皆其心不易之谓。"曰："说得是。先难是心只在这里，更不做别处去。如上岭，高峻处不能得上，心心念念只在要过这处，更不思量别处去。过这难处未得，便又思量到某处，这便是求获。"贺孙。

○　问："伊川曰：'乐，喜好也。知者乐于运动，若水之通流；仁者乐于安静，如山之定止。知者得其乐，仁者（得）〔安〕其常也。'又曰：'"智者乐"，凡运用处皆乐；"仁者寿"，以静而寿。'又曰：'乐山乐水，气类相合。'范氏曰：'智者运而不息，故乐水；仁者安于山，故乐山。动则能和，故乐；<small>动则自乐，恐不必将"和"作"乐"字。</small>静则能久，故寿。非深于仁智者，不能形容其德。'<small>右第二十二章，凡七说，伊川四说。今从伊川、范氏之说。</small>伊川第二说曰：'乐水乐山与夫动静皆言其体也。'第三章亦曰：'动静，仁智之体也。''体'字只作形容仁智之体段则可，若作体用之体则不可。仁之体可谓之静，则智之体亦可谓之静。所谓体者，但形容其德耳。吕氏乃以为'山水言其体，动静言其用'，此说则显然以为体用之体。既谓之乐山乐水，则不专指体，用亦在其中。动可谓之用，静则不可谓用。仁之用，岂宜以静名！谢氏曰：'自非圣人，仁智必有所偏，故其趋向各异，则其成功亦不同也。'据此章，乃圣人形容仁智以教人，使人由是而观，亦可以知其所以为仁智也。谢氏以为指仁智之偏，恐非圣人之意。谢氏又曰：'以其成物，是以动；以其成己，是以静。'杨氏曰：'利之，故乐水；安之，故乐山。利，故动；安，故静。'窃谓圣人论德，互有不同。譬如论日，或曰如烛，或曰如铜盘。说虽不同，由一而观之，皆可以知其为日。然指铜盘而谓之烛，指烛而谓之铜盘，则不可。圣人论仁智，或以为'成己'、'成物'，或以为'安仁'、'利仁'，或以为'乐山'、'乐水'，各有攸主，合而一之，恐不可也。<u>游氏</u>推说仁寿，<u>尹氏</u>同伊川，故不录。"先生曰："所论体、用甚善。<u>谢氏</u>说未有病，但末后数句过高不实。'成己'、'成物'，'安仁'、'利仁'，'乐山'、'乐水'，意亦相通。如'学不厌，教不倦'之类，〔则〕不可强〔通〕耳。"<u>夔</u>。

○ <u>璘</u>问："'仁者静，知者动'，仁知非动静也，乃仁知之人，其情性或动或静耳。譬如圆者动，方者静，不可便指方圆为动静。却未知仁者之所以静，知者之所以动，如何形容？"先生曰："仁者敦厚和粹，安于义理，故静；知者明彻疏通，达于事变，故动。但详味'仁'、'知'二字气象，自见得动静处，非但可施于文字而已。"

雍也篇四

齐一变至于鲁章

○　问："齐尚功利，如何一变便能至鲁？"曰："功利变了，便能至鲁。鲁只是大纲好，然里面遗阙处也多。"淳。

○　行父问"齐一变至鲁，鲁一变至道"。曰："太公之封于齐也，举贤而尚功。孔子曰：'后世必有篡弑之臣。'周公治鲁，亲亲而尊尊。孔子曰：'后世寖微矣！'齐自太公初封，已自做得不大段好。至后（威）〔桓〕公管仲出来，乃大变乱拆坏一番。鲁虽然是衰弱不振，元旧底却不大段改换。欲变齐，则须先整理了已坏底了，方始如鲁，方可以整顿起来，这便隔了一重。变鲁，只是扶衰振弱而已。若论鲁，如左传所载，是有许多不好事，只是恰不曾被人拆坏。恰似一间屋，鲁只如旧弊之屋，其规模只在；齐则已经拆坏了。这非独是圣人要如此损益，亦是道理合当如此。"贺孙。

○　齐经小白，法度尽坏。今须一变方可至鲁，又一变方可至道。

鲁却不曾变坏，但典章废坠而已。若得人以修举之，则可以如王道盛时也。谟。

○　"'齐一变至于鲁'，是他功利俗深。管仲称伯，齐法毁尽，功利自此益盛。然太公治齐尚功时，便有些小气象，尚未见得，只被管仲大段坏了。"又云："管仲非不尊周攘夷，如何不是王道？但只是功利驳杂其心耳。"明作。

○　先生因语及"齐一变至于鲁"，曰："齐生得（威）〔桓〕公、管仲出来，它要'九合诸侯，一（正）〔匡〕天下'，其势必至变太公之法，不变便做不得这事。若圣人变时，自有道理。大抵圣贤变时，只是兴其滞、补其弊而已。如租庸调变为彍骑长征之兵，皆是变得不好了。今日变时，先变熙丰之政，以复祖宗忠厚之意，次变而复于三代也。"

○　寓问："伊川谓：'齐自桓公之霸，太公遗法变易尽矣。鲁犹存周公之法制。'看来鲁自（威）〔桓〕公以来，闺门无度，三君见弑，三家分裂公室，昭公至于客死，以至不视朔，不朝聘，与夫税亩、丘甲、用田赋，变乱如此，岂得是周公法制犹存乎？"曰："齐鲁初来气象已自不同，看太公自是与周公别。到桓公管仲出来，又不能遵守齐之初政，却全然变易了，一向尽在功利上。鲁却只是放倒了，毕竟先世之遗意尚存。如哀公用田赋，犹使人来问孔子。他若以田赋为是，更何暇问？惟其知得前人底是，所以来问。若桓公管仲却无这意思，自道他底是了，一向做去不顾。"骞。

○　问："先生谓：'二国之俗唯圣人能变之而不得试，然即其言而考之，则其施为缓急之序可知矣。'敢问'施为缓急之序'，如何？"曰："齐自伯政行，其病多。鲁则其事废坠不举耳。齐则先须理会他许多病败了，方可及<u>鲁</u>。<u>鲁</u>则修废举坠而已，便可复<u>周公</u>之道。"问："<u>孔子</u>治
<u>齐</u>，则当于何处下手？"曰："莫须先从风俗上理会去。然今相去远，亦
不可细考。但先儒多不信<u>史</u>记所载<u>太公</u><u>伯禽</u>报政事，然细考来，亦恐
略有此意，但传者过耳。"<u>广</u>。

○ 问："'<u>齐鲁</u>一变'章，注谓'施为缓急之序'，如何？"曰：
"<u>齐</u>变只至于<u>鲁</u>，<u>鲁</u>变便可至道。"问："如此则是<u>齐</u>变为缓，而<u>鲁</u>变为
急否？"曰："亦不必恁分。如<u>齐</u>变，则至<u>鲁</u>在所急，而至道在所缓。至
<u>鲁</u>，则成个朴子，方就上〔出〕光采。"<u>淳</u>。

○ <u>恪</u>问集注。曰："不独<u>齐</u>有缓急之序，<u>鲁</u>亦有缓急之序。如<u>齐</u>
功利之习所当变，便是急处。<u>鲁</u>纪纲所当振，便是急处。"或问："功利
之习，为是经（威）〔<u>桓</u>〕<u>公</u><u>管仲</u>所以如此否？"曰："<u>太公</u>合下便有这
意思，如'举贤而尚功'，可见。"<u>季札</u>。

○ 读"<u>齐鲁</u>之变"一章，曰："各有缓急。如<u>齐</u>功利之习，若不
速革，而便欲行王化；<u>鲁</u>之不振，若不与之整顿，而却理会甚功利之
习，便是失其缓急之序。如<u>贡禹</u>谏<u>元帝</u>令节俭，<u>元帝</u>自有这个，何待尔
说！此便是不知其所急者也。"<u>时举</u>。

○ 问："<u>伊川</u>曰：'夫子之时，<u>齐</u>强<u>鲁</u>弱，孰不以为<u>齐</u>胜<u>鲁</u>也？然
<u>鲁</u>犹存<u>周公</u>之法制，<u>齐</u>由<u>桓公</u>之伯，为从简尚功之治，<u>太公</u>之遗法变易
尽矣，故一变乃能至<u>鲁</u>。<u>鲁</u>则修坠举废而已，一变至于先王之道也。'
<u>吕氏</u>曰：'<u>齐</u>政虽修，未能用礼。<u>鲁</u>秉周礼，故至于道。'<u>右第二十三章凡</u>
<u>八说，伊川三说。今从伊川、吕氏之说</u>。<u>伊川</u>第二说曰：'此只说风俗。'以
'至于道'观之，则不专指风俗，乃论当时政治，风俗固在其中，然又
别一节事。又第三说曰：'言<u>鲁</u>国虽衰，而君臣父子之大伦犹在。'以<u>鲁</u>

观之，其大伦之不正久矣。然礼记明堂位以鲁为君臣未尝相弑，而注家讥其近诬，则此说亦恐未稳。横渠、谢、游、杨、尹，大抵同伊川，故不录。范氏曰：'齐一变可使如鲁之治时。'其意谓齐鲁相若，故以谓治时。齐之气象乃伯政，鲁近王道，不可疑其相若，看鲁秉周礼可见。"先生曰："所疑范氏说，亦无病。"辁。集义。

觚不觚章　井有（人）〔仁〕焉章

○　问尹氏曰："觚之不觚，不得为觚矣。犹为君必尽君道，为臣必尽臣道。推之事物，亦如是而已。"右第二十四章，凡六说，伊川两说。今从尹氏之说。尹氏乃合伊川二说而为〔一说〕。范、吕、杨之说亦正。伊川、范氏谓不合法制，吕氏、杨氏谓失其名，其实一也。失其制，则失其名可知矣。谢氏是推说学者事。辁。〔无答语。〕谢曰："犹学者，一不中节，虽贤者犹为过也。则非礼之礼，非义之义，虽礼非礼也，虽义非义也。"

○　问："'井有仁焉'一章。伊川曰：'宰我问，仁者好仁，不避难，虽告之以赴井为仁亦从之乎？夫子谓不然。君子可使之有往，不可陷于不知；可欺以其方，不可罔以非其道。'吕氏曰：'"井有仁焉"，犹言自投陷阱以施仁术也。己已自陷，仁术何施！当是时也，君子可往以思救，不能自陷以行救；可欺之以可救，不可罔之使必救。'右第二十五章，凡七说。明道两说。明道曰：'知井有仁者，当下而从之否？'此说恐未当。君子虽不逆诈，而事之是非晓然者未尝不先见也。岂有仁者而在井乎？虽有之，君子不往也。范氏亦曰：'井有仁，则将入井而从之。'盖此意也。'其从之也'，只合作从或者之言，不宜作从井中之仁也。谢氏谓宰我疑仁者之用心，观宰我之言亦足以见其好仁之切，不宜深责之也。杨氏谓宰我疑君子之不逆诈，故问。观宰我之意，好仁之切，以谓仁者好仁，虽患难不避，故问。非谓疑其不逆诈也。尹氏用伊川说，故不录。范氏解'逝'字极未安，与下句'可欺也'不类。"谓君子见不善，可逝而去。先生曰："所论得之，但此章文义诸先生说不甚明，更详考之为佳。"轮。

君子博学于文章

○ "'博文约礼'，圣门之要法。博文所以验诸事，约礼所以体诸身。如此用工，则博者可以择善而居中不偏，约者可以应物而动皆有则。如此，则内外交相助，而博不至于泛滥无归，约不至于流遁失中矣。"大雅。

○ 或问"君子博学于文，约之以礼"。答曰："此是古之学者常事，孔子教颜子亦只是如此。且如'行夏之时'以下，临时如何做得，须是平时曾理会来。若'非礼勿视'等处，方是约之以礼，及他成功又自别有说处。"〔大雅。〕

○ 博学，亦非谓欲求异闻杂学方谓之博。博之与约，初学且只须作两途理会。一面博学，又自一面持敬守约，莫令两下相靠。作两路进前用工，塞断中间，莫令相通。将来成时，便自会有通处。若不如此，两不用工，成甚次第！大雅。

○ 〔国秀〕问"博文约礼"。曰："如讲明义理，礼乐射御书数之类，一一着去理会。学须博，求尽这个道理。若是约，则不用得许多说话，只守这一个礼。日用之间，礼者便是，非礼者便不是。"恪。

○ 行夫问"博文约礼"。曰："博文条目多，事事着去理会。礼却只是一个道理，如视也是这个礼，听也是这个礼，言也是这个礼，动也是这个礼。若博文而不约之以礼，便是无归宿处。如读书，读诗，学易，学春秋，各（有自）〔自有〕一个头绪。若只去许多条目上做工夫，自家身己都无归着，便是离畔于道也。"恪。

○ 问"博学于文，约之以礼"。先生曰："礼是归宿处。凡讲论问辩，只是要这个正当道理，有所归宿尔。"铢。

○ 博文是多闻多见，及收拾将来，全无一事，和"敬"也没安顿处。〔夔孙。〕

○ "博学于文"，考究时自是头项多。到得行时却只是一句，所以为约。若博学而不约之以礼，安知不畔于道？徒知要约而不博学，则所谓约者未知是与不是，亦或不能不畔于道也。僴。

○ 孔子之教人亦"博学于文"，如何便约得？璘。

○ 博文尚欠工夫，只管去约礼上求，易得生烦。升卿。

○ 博文工夫虽头项多，然于其中寻将去自然有个约处。圣人教人有序，未有不先于博者。孔门三千人，颜子固不须说，只曾子、子贡得闻一贯之诲。谓其余人不善学固可罪，然夫子亦不叫来骂一顿教便省悟，则夫子于其门人告之亦不忠矣？是夫子亦不善教人，致使宰我、冉求之徒后来狼狈也？要（知）〔之〕无此理。只得且待他事事理会了，方可就上面欠阙处告语之。如子贡事，亦不是许多时只教他多学，（便）〔使〕它枉做工夫，直到后来方传以此秘妙。正是待它多学之功到了，可以言此耳。伯丰。

○ 螢问："'博学于文，约之以礼'与'博我以文，约我以礼'，固有浅深不同。如孟子'博学而详说之，将以反说约也'，似又一义，如何？"曰："论语中'博约'字是'践履'两字对说，孟子中'博约'字皆主见而言。且如学须要博，既博学，又详说之，所以如此者，将以反说约也。是如此后自然却说得约，谓博学详说方有贯通处，下句当看'将以'字。若'博学于文，约之以礼'与'博我以文，约我以礼'，圣人之言本无甚轻重，但人所造自有浅深。若只是'博学于文'能'约之以礼'，则可以弗畔于道，及至颜子做到'欲罢不能'工夫，亦只是这个'博文约礼'。如梓匠轮舆，只是这斧斤规矩，但能斫削者。及至削镰之神、斫轮之妙者，亦只是此斧斤规矩。"螢。

○ 问："伊川言：'"博学于文，约之以礼"，此言善人君子"多识前言往行"，而能不犯非礼者尔，非颜子所以学于孔子之谓也。'文蔚恐博文约礼只是一般，未必有深浅。"先生曰："某晓他说不得，恐记录者之误。"余正叔曰："此处须有浅深。"曰："毕竟博只是这博，约只是这约，文只是这文，礼只是这礼，安得不同！"文蔚。

○ 节问："博文不约礼，必至于汗漫，如何？"曰："博文而不约礼，只是徒看得许多，徒记得许多，无归宿处。"节。

○ 寓问："明道言：'"博学于文"而不"约之以礼"，必至于汗漫。所谓"约之以礼"者，能守礼而由于规矩也，未及知之也。'既能守礼而由规矩，谓之未及于知，何也？"曰："某亦不爱如此说。程子说'博我以文，约我以礼'为已知，不须将知说亦可。颜子亦只是这个博文约礼，但此说较粗，颜子所说又向上，然都从这工夫做来。学者只此两端，既能博文，又会约礼。"问："约礼，只是约其所博者否？"曰："亦不须如此说。有所未知便广其知，须是博学。学既博，又须当约礼。到约礼，更有何事？所守在此理耳。"

○　问"博学于文，约之以礼，亦可以弗畔矣夫"。先生曰："博学是致知，约礼则非徒知而已矣，乃是践履之实。<u>明道</u>谓此一章与<u>颜子</u>说博文约礼处不同，谓<u>颜子</u>约礼是知要，恐此处偶见得，未是。约礼盖非但知要而已也，此两处自不必分别他。"<u>时举</u>。

○　问："<u>横渠</u>曰：'博文约礼，由至著入至简，故可使不得畔而去。'<u>尹氏</u>曰：'"博学于文，约之以礼"，亦可以弗畔违于道。'<u>右第二十六章凡八说，伊川三说。今从横渠、尹氏之说。</u>明道曰：'"博学于文"而不"约之以礼"，必至于汗漫。'<u>范氏</u>亦曰：'"博学于文"而不"约之以礼"，犹农夫之无疆埸也，其不入于异端邪说者鲜矣。'<u>杨氏</u>亦曰：'"博学于文"而"不知所以裁之"，则或畔矣。'此三说，皆推不约礼之失。<u>谢氏</u>曰：'不由博而径欲趋约者，恐不免于邪遁也。'此则不博文之失。二者皆不可无，偏举则不可。<u>明道</u>又曰：'所谓"约之以礼"者，能守礼而由于规矩也。'<u>伊川</u>第一说曰：'博学而守礼。'第二说曰：'此言善人君子"多识前言往行"而能不犯非礼。''约'字恐不宜作'守'字训，若作'守礼'，则与博学成二（章）〔事〕。非博文则无以为约礼，不约礼则博文为无用。约礼云者，但前之博而今约之使就于礼耳。<u>伊川</u>之说，文自文，礼自礼，更无一贯说。看'博约'字与'之以'字有一贯意。<u>伊川</u>又说：'<u>颜子</u>博约与此不同。'亦似太过。博文约礼，本无不同。始乎由是以入德，斯可以不畔；终乎由是以成德，欲罢而不能。<u>颜子</u>与此不同处，只在'弗畔'与'欲罢不能'上，博约本无异。<u>伊川</u>以<u>颜子</u>之约为知要，以此章之约作约束之'约'，恐未安。此'约'字亦合作知要。<u>伊川</u>第三说与第一、第二说同，但说大略耳。"先生曰："此说大概多得之。但此'约'字与颜子所言'约'字，皆合只作约束之意耳。又看颜子'博我以文，约我以礼'，既连着两'我'字，而此章'之'字亦但指其人而言，非指所学之文而言也。"䌷。

子见南子章

○ "子见南子"，乃圣人不为已甚处。孟子说"仲尼不为已甚"，说得好。贺孙。

○ 问："'子见南子，夫子矢之曰："予所否者，天厌之！"'谓不合于礼，不由于道，则天实厌弃之。"先生曰："何以谓不合于礼，不由于道？"云："其见恶人，圣人固谓在我者有可见之礼，而彼之不善于我何与焉。惟圣人道大德全，方可为此。"先生曰："今人出去仕宦，遇一恶人，亦须下门状见之。它自为恶，何与我事。此则人皆能之，何必孔子。"潘子善云："此处当看圣人心。圣人之见南子，非为利禄计，特以礼不可不见。圣人本无私意。"先生曰："如此看也好。"植录略同。〔云："先生难云：'子见南子，既所谓合于礼、由其道，夫人皆能，何止夫子为然？'子善答云：'子见南子，无一毫冀望之心。他人则有此心矣。'曰：'看得好。'"〕

○ "诸先生皆以'矢'为'陈'，'否'为否塞之'否'，如此亦有甚意思！孔子见南子，且当从古注说：'矢，誓也。'"或问："若作'誓'说，何师生之间不相信如此？"答曰："只为下三句有似古人誓言，如左氏言'所不与舅氏'之说，故有誓之气象。"〔谟。〕

○ 问："'天厌之，天厌之'，夫子欲见南子，而子路不悦，何发于言辞之间如此之骤？"曰："这般所在难说。如圣人须要见南子是如何，想当时亦无必皆见之理。如'卫灵公问陈'，也且可以款款与他说，又却明日便行。齐景公欲'以季孟之间待之'，也且从容不妨，明日又便行。季桓子受女乐，也且可以教他不得受，明日又便行。看圣人这般所在，其去甚果。不知于南子须欲见之，到子路不悦，又费许多说话，又如此指誓。只怕当时如这般去就，自是时宜。圣人既以为可见，恐是道理必有合如此。'可与立，未可与权。'吾人见未到圣人心下，这般所在都难说。"或问："伊川以'矢'字训'陈'，如何？"曰："怕不是如此。若说陈，须是煞铺陈教分明，今却只恁地直指数句而已。程先生谓'予所以否而不见用，乃天厌斯道'，亦恐不如此。"贺孙。

○ 或问此章。答曰："且依集注说。盖子路性直，只是见子去见南子，心中以为不当见，便不说。夫子似乎发咒模样。夫子大故激得来躁，然夫子却不当如此。古书如此（篇）〔等〕晓不得处甚多。古注亦云可疑。"祖道曰："横渠说，以为'予所否厄者，是天厌弃之'。此说如何？"曰："大抵后来人讲经，只为要道圣人必如此，须要委曲迁就做一个出路，却不必如此。横渠论看诗，教人平心易气求之，到他说诗，又却不然。"祖道。

○ 问："谢氏曰：'南子在当时，君臣宣淫，岂以为非礼。在子路之意直以为浼夫子，是以不说。孟子尝谓夫子于卫灵公有际可之仕，至于此则行道之意其亦已矣，故于子路不说也直其理而语之曰："我之所否者非人也，天之所厌者。胡为不悦哉？乐天而已矣！"'右第二十七章，凡七说，伊川六说，杨氏二说。今从谢氏之说。伊川第一说曰：'子路以夫子之被强也，故不说。'第二说曰：'子路不悦，以孔子本欲见卫君行道，反以非礼见迫。'窃谓夫人有见宾之礼，孔子之见南子，礼也，子路非不知也。子路之不说，非以其不当见，特以其不足见耳。使其不当见，夫子岂得而迫哉？被强见迫，恐未稳。伊川第三说曰：'孔子之见南子，礼也。<u>子路</u>不说，故夫子矢之。'第四说、第六说同。切谓<u>南子</u>，妾也，无道也，<u>卫君</u>以为夫人。<u>孔子</u>不得不见，其辱多矣。<u>子路</u>以其辱也，故不说。夫子矢之曰：'使予之否塞至此者，天厌之也！'使天不与否，则<u>卫君</u>将致敬尽礼，岂敢使夫子以见夫人之礼而见其无道之妾！则<u>子路</u>不说之意，盖以其辱夫子，非以其礼不当见也。使<u>子路</u>以<u>南子</u>之不当见，则更须再问，何至坐视夫子之非礼？虽不说，何益？而夫子告之，亦须别有说，岂有彼以非礼问，而此独以天厌告！则夫子受非礼之名而不辞，似不可也。盖<u>子路</u>知其礼所当见，特以其辱夫子也，故不说。<u>谢氏</u>以为'浼夫子'之说极正。<u>伊川</u>第四说设或人之问曰：'<u>子路</u>不说，<u>孔子</u>何以不告之曰"是礼也"，而必曰"天厌之"乎？'曰：'使<u>孔子</u>而得志，则斯人何所容也！'<u>杨氏</u>两说亦然，恐非圣人意。圣人但伤道之否在于<u>卫君</u>不能致敬尽礼，未必有欲正之之意，恐成别添说。<u>伊川</u>第五说稳，但说大略。<u>横渠</u>亦只说大略。<u>范氏</u>以矢为誓，非圣人气象。<u>吕氏</u>大意亦通，但以为'使我不得见贤小君，天厌乎道也'，此亦非圣人意。合只作'使我见无道之小君，天厌乎吾道也'，却稳。<u>尹氏</u>同<u>伊川</u>，故不辨。"先生曰："以文义求之，当如<u>范氏</u>之说。但诸公避咒誓之称，故以'矢'训'陈'耳。若犹未安，且阙以俟他日。"_整。

子曰中庸之为德也章

○ 问"中庸之为德，其至矣乎，民鲜久矣"一条。曰："只是不知理，随他偏长处做将去：谨愿者则小廉曲谨，放纵者则跌荡不羁。所以<u>中庸</u>说'道之难明'，又说'人莫不饮食，鲜能知味'，只为是不知。"_植。

○ 问："此章，<u>尹氏</u>曰：'中庸天下之正理，德合乎中庸，可谓至矣。人知择乎中庸，而不能期月守也，故曰"民鲜久矣"！_{右第二十八章}凡七说，<u>伊川</u>两说，<u>杨氏</u>三说。今从<u>尹氏</u>之说。<u>伊川</u>第一说说'久'字不出。第二说虽尽，而非本章意。<u>尹氏</u>合而解之。<u>范氏</u>说'久'字不出。<u>吕氏</u>说宽。<u>谢氏</u>曰：'中不可过，是以谓之至德。'<u>杨氏</u>第二说亦曰：'出乎中则过，未至则不及，故惟中为至。'第一、第二说同。<u>谢氏</u>、<u>杨氏</u>之说皆以'至'字对'过'、'不及'说，谓无过不及则为至也。'过'、'不及'只对'中庸'说，不可对'至'字说。'至'字只轻说，如曰'其大矣乎'，不宜说太深。<u>杨氏</u>第二、第三说推说高明、中庸处，亦不能无疑。或者曰：'高明所以处己，中庸所以处人，如此则是圣贤所以自待者当过，而以所贱事君亲也。'或人之言，固非有识者。然<u>杨氏</u>亦不当如此答。据<u>礼记</u>，所谓'极高明而道中庸'，皆互言之。不极高明无以道中庸，不道中庸则亦不足为高明。高明不可谓之过，中庸不可谓之浅。中庸者，不偏不易之正理。不偏不易，非高明而何？大抵<u>杨氏</u>之意以高明为至大，而中庸乃其常行，故又曰：'极高明而不道中庸，则贤智之过；道中庸而不极高明，则愚不肖之不及。'此似未当。既曰高明，又安有过？既曰中庸，又安有不及？<u>侯氏</u>说大略。"先生曰："当以<u>伊川</u>解为正：'中庸，天下之正理也。德合乎中庸，可谓至矣。自世教衰，民不兴于行，鲜有中庸之德也。''自世教衰'，此四字正是说'久'字。意<u>谢杨</u>皆以'过'、'不及'对'中'字，而以中为至耳，恐非如来说所疑也。所破<u>杨氏</u>'高明'、'中庸'亦非是，当更思之。"<u>螱</u>。

博施济众章

○ <u>子贡</u>问仁，是就功用笼罩说，<u>孔子</u>是就心上答。<u>可学</u>。

○ <u>节</u>问："'何事于仁'，先生前日以为恰似而今人说'何消得恁地'一般。节将来合上下文推之，说不通。"曰："'博施济众'，何消得更说仁！"<u>节</u>。

○　"何事于仁"，犹言那里更做那仁了。<u>佃</u>。

○　又曰："〔何事于仁〕犹言何待于仁。'必也圣乎'连下句读。虽<u>尧舜</u>之圣，犹病其难遍。"<u>德明</u>。

○　问"何事于仁，必也圣乎"。曰："'必也圣乎'，却按'<u>尧舜</u>其犹病诸'便见得意思出，圣如<u>尧舜</u>，犹以为病。"<u>希逊</u>。

○　寓问："<u>子贡</u>问'博施济众'，恐仁之极处与圣之功用本不可分大小。今言'何止于仁'，则仁、圣若有小大之分否?"曰："此处不恁地读。'必也圣乎'，语意未是杀处，当急连下文读去。仁以理言，圣以事业言。<u>子贡</u>所问'博施济众'，必有圣人之德、有天子之位而后可以当此，<u>尧舜</u>恁地尚以为病。仁本切己事，大小都用得。他问得空浪广不切己了，却成疏阔。似此看'仁'字，如何用得? 如何下得工夫? 中间着得一句，常人固是做不得，虽圣人尚以此为病。此须活看。"<u>寓</u>。

○　"'何事于仁'，只作岂但于仁。"<u>訔</u>谓："'必也圣乎'，圣如<u>尧舜</u>，其尚有不足于此。"曰："<u>薛士龙</u>论语解此亦是如此，只是渠遣得辞涩。盖仁以道理言，圣以地位言，自是不同。如'博施济众'为仁，而利物爱人小小者亦谓之仁。'仁'是直（字）〔看〕，直上直下只一个道理。'圣'字便横（着）〔看〕，有众人，有贤人，有圣人，便有节次。只岂但于仁，盖'博施济众'之大，虽<u>尧舜</u>犹病耳。"<u>訔</u>。

○　"仁以理言"，是个彻头彻尾底物，如一元之气。"圣以地位言"，非离了仁而为圣，乃行仁到极处则为圣也。盖有众人之仁，有贤人之仁，有圣人之仁，所以言"通乎上下"。"仁"字直，"圣"字横。夔孙。

○ 问："仁圣之分，仁通上下而言，圣造其极而言否?"曰："仁或是一事仁，或是一处仁。仁者如水，有一杯水，有一溪水，有一江水。圣便是大海水。"僴。

○ 问："仁通上下，如何?"曰："圣是地位，仁是德。"问："如此，则一事上仁亦可谓之仁，此之谓'通上下'，其与全体之仁无乃不相似?"曰："此一事纯于仁，故可谓之仁。'殷有三仁'，亦未见其全体，只是于去就之际纯乎天理，故夫子许之。"可学。

○ 郑子上问："仁通上下言，如何?"曰："仁就处心处说。一事上处心如此，亦是仁。商三仁未必到圣人处，然就这处亦谓之仁。'博施济众'，何止于仁! 必圣人能之，然尧舜尚自有限量，做不得。此处病在求远，'博施济众'，仁者诚是不解做得。'己欲立而立人，己欲达而达人'，只从他近处做。"淳。

○ 问仁通上下而言。曰："有圣人之仁，有贤人之仁。仁如酒好，圣如酒熟。"问："仁是全体，如'日月至焉'乃是偏。"曰："当其至时亦备。"问："孟武伯问三子，却说其才，何意?"曰："只为未仁。"问："管仲仁之功如何?"曰："匡天下亦仁者之事。如赵韩王一言，至今天下安。谓韩王为仁则不可，然其所作乃仁之功。"可学。

○ 节问"仁以理言，通乎上下"。曰："一事之仁也是仁，全体之仁也是仁，仁及一家也是仁，仁及一国也是仁，仁及天下也是仁。只是仁及一家者是仁之小者,仁及天下者是仁之大者。如孔子称管仲之仁亦是仁,只是仁之功。"节复问:"上是大,下是小?"曰:"只是高低。"又曰:"这个是兼爱而言,如'博施济众',及后面说手足贯通处。"节复问贯通处。曰:"才被私意截了,仁之理便不行。"苪。

○ 问"如有博施于民而能济众"一章。曰:"'博施济众',是无尽底地头,尧舜也做不了。盖仁者之心虽无穷,而仁者之事则有限,自是无可了之理。若要就事上说,便尽无下手处。"时举。

○ 敬之问:"'己欲立而立人,己欲达而达人。'苟有此心,便有'博施济众'底功用。"曰:"'博施济众',是无了期底事,故曰'尧舜其犹病诸'。然若得果无私意,已有此心,〔仁〕则自心中流出来,随其所施之大小自可见矣。"时举。

○ "夫仁者,己欲立而立人,己欲达而达人",分明唤起"仁者"字,此自是仁者之事。若下面"能近取譬",方是由此而推将去,故曰"仁之方"。"何事于仁,必也圣乎",不是圣大似仁。仁只是一条正路,圣是行到尽处。欲立欲达,是仁者之心如此;"能近取譬",是学做仁底如此。深浅不同。仁通上下,但克去己私,复得天理,便是仁,何必博施而后为仁。若必待如此,则有终身不得仁者矣。孔颜不得位,不成做不得?山林之士更无缘得仁也。欲立欲达,即絜矩之义。子贡凡三问仁,圣人三告之以推己度物。想得子贡高明,于推己处有所未尽。仁者欲立,自然立人;欲达,自然达人。如"无加诸人",更不待譬。下截方言求仁之方,盖近取(物)〔诸身〕以为譬。明作。

○ "子贡曰如有博施于民"云云,先生以"何事于仁"为一节,以"必也圣乎,尧舜其犹病诸"为一节。其说以谓:"'博施济众',此固是仁，然不是人人皆能做底事。若必以圣人为能之，则尧舜亦尝以此为病。此非是言尧舜不能尽仁道，盖势有所不能尔。人之所能者，下二节事是也：己欲立，便立人；己欲达，便达人。此仁者之事也。‘能近取譬’，此为‘仁之方’也。今人便以‘己欲立，己欲达’为‘能近取譬’，则误矣。盖‘己欲立而立人，己欲达而达人’，此不待施诸己而后加诸人也。‘能近取譬’，却是施诸己之意。故上二句直指仁者而言，而下一句则止以为‘仁之方’。”其言岂不甚明哉？学者当自玩味之。谟。

○ “子贡问‘博施济众’”一段。植问云：“‘己欲立而立人，己欲达而达人’，‘立’、‘达’二字，以事推之如何？”曰：“二者皆兼内外而言。且如修德，欲德有所成立，做一件事亦欲成立。如读书要理会得透彻，做事亦要做得行。”先生又曰：“立是安〔存〕底意思，达是发用底意思。”

○ 问：“‘己欲立而立人，己欲达而达人’，注云：‘于此观之，可以得仁之体。’是此处见得人与己相关甚切，便是生意相贯处否？”曰：“亦是。只无私意，理便流通，然此处也是己对人说便恁地。若只就自己说，此又使不得，盖此是仁之发出处。若未发之前只一念之私，便不是仁。”〔淳。〕

○ 林问：“‘己欲立而立人’与‘己所不欲，勿施于人’，地位如何？”曰：“且看道理，理会地位作甚么？他高者自高，低者自低，何须去此比并。”问“博施济众”。曰：“此是仁者事功。若把此为仁，则只是‘中天下而立’者方能如此，便都无人做得仁了。所以言‘己欲立而立人’，使人人皆可尽得道理。‘必也圣乎’当连下句说，意在‘犹病’上。盖此何但是仁，除是圣人方做得。然尧舜犹病诸，尚自做不彻。"寓。

○ "夫仁者，己欲立而立人，己欲达而达人"，是以己及人，仁之
体也。"能近取譬"，是推己及人，仁之方也。德明。

○ 致道说："'夫仁者，己欲立而立人，己欲达而达人。'己才要
立便立别人，己才要达便达别人，这更无甚着力。下云：'能近取譬，
可谓仁之方也已。'这又是一意，煞着比方安排，与仁者异。'己欲立而
立人，己欲达而达人'，与'我不欲人加诸我，吾亦欲无加诸人'一般，
都是以己及物事。'能近取譬，可谓仁之方'与'己所不欲，勿施于人'
一般，都是推己及物事。"曰："然。"贺孙。

○ "己欲立而立人，己欲达而达人"，仁也；"能近取譬"，恕也，
所以说"可谓仁之方"。泳。

○ 问："只仁之方，亦可谓之仁否？"曰："看得透时便是仁。若
循循做去，到得至处，回头看前日所为，亦唤做仁。"人杰。

○ 或说论语言仁处。曰："理难见，气易见，但就气上看便见，
如看元亨利贞是也。元亨利贞也难看，且看春夏秋冬。（四）〔春〕时尽
是温厚之气，仁便是这般气象。夏秋冬虽不同，皆是阳春生育之气行乎
其中，故'偏言则一事，专言则包四者'。如知福州是一个人，此偏言
也；及专言之，为（八）〔九〕州安抚亦是这一个人，不是两人也。故
明道谓'义、礼、智皆仁也'。若见得此理，则圣人言仁处或就人上说，
或就事上说，皆是这一个道理。正叔云'满腔子是恻隐之心'。"先生
曰："仁便是恻隐之母。若晓得此理，便见得'克己复礼'，私欲尽去，
便纯是温和冲粹之气，乃天地生物之心。其余人所以未仁者，只是心中

未有此气象。论语但云求仁之方者，是其门人必尝理会得此一个道理，今但未知求仁之方，故夫子随其人而告之。"赵至道云："李先生云'仁是天理之统体'。"先生曰："是。"〔南升。〕

○ 林闻一问"博施济众"章。答曰："'博施济众'无下手处，夫子故与之言〔仁〕。'夫仁者己欲立而立人，己欲达而达人'，是能以己之〔所〕欲立者而立他人，以己之所欲达者而达他人，其所为出于自然，此乃是仁之体。'能近取譬'者，近取诸身，知己之欲立欲达，则亦当知人之欲立欲达，是乃求仁之方也。伊川先生全举此四句而结之曰：'欲令如是观仁，可以得仁之体。'亦可以如此说，与某之说初不相碍。譬之于水，江海是水，一勺亦是水。程先生之说譬之一片大屋，某却是就下面分出厅堂房室，其实一也。"又云："子贡所问，以事功而言，于本〔体〕初无干涉，故圣人举此心之全体大用以告。以己之欲立者立人，以己之欲达者达人，以己及物，无些私意。如尧之'克明俊德，以亲九族；九族既睦，平章百姓；百姓昭明，协和万邦，黎民于变时雍'，以至于'钦若昊天，历象日月星辰，敬授人时'，道理都拥出来。"又曰："如周礼一书，周公所以立下许多条贯，皆是广大心中流出。某自十五六时，闻人说这道理，知道是如此好，但今日方识得。如前日见人说盐咸，今日食之方知是咸；说糖甜，今日食之方知是甜。"人杰。

○ 或问："'博施济众'一段，程子作一统说，先生作二段，如何？"曰："某之说即非异于程子，盖程子之说足（见）〔以〕包某之说。程子之说如大屋一般，某之说如在大屋之下分别厅堂房室一般，初无异也。公且道，子贡所问是大小大气象，圣人却只如此说了。方是为仁必须'博施济众'，便使'中天下而立，定四海之民'如尧舜，也做不得，何况荜门圭窦之士！圣人所以提起'夫仁者，己欲立而立人，己欲达而达人'，正指仁之本体。盖己欲立则思处置他人也立，己欲达则思处置他人也达。放开眼目，推广心胸，此是（其）〔甚〕气象！如此安得不谓仁之本体！若'能近取譬'者以我之欲立，而知人之亦欲立；以己之欲达，而知人之亦欲达。如此则止谓之'仁之方'而已。此为仁则同，但'己欲立而立人，欲达而达人'是已到底，'能〔近〕取譬'是未到底，其次第如此。彼子贡所问是就事上说，却不就心上说。龟山云：'虽"博施济众"也须自此始。'某甚善其说。"先生又曰："某所说过底，要诸公有所省发，则不枉了。若只恁地听过了，则无益也。"久之，又云："如释氏说，如标月指，月虽不在指上，亦欲随指见月，须恁地始得。"久之，云："二三子以我为隐乎？吾无隐乎尔。吾无行而不与二三子者，是丘也。"又云："天有四时，春秋冬夏，风雨霜露，无非教也。"久之，又曰："昔有人问话于一僧，僧指面前花示之，曰：'是甚么？'其人云：'花也。'僧云：'吾无隐乎尔。'此不是他无见处，但见说得来粗了。孔子所谓'吾无隐乎尔'者，居乡党便恂恂，在宗庙朝廷便便〔便〕唯谨，与上大夫言便訚訚，与下大夫言便侃侃，自有许多实事可见。"又曰："程子说：'庄子说道体，尽有妙处，如云"在谷满谷，在坑满坑"。不是他无见处，只是说得来作怪。'大抵庄老见得些影，便将来作弄矜诧。"又曰："'黄帝问于广成子'云云，'吾欲（观）〔官〕阴阳以遂群生'，东坡注云云。是则是有此理，如何便到这田地！"久之，又云："昔在一山中坐看潮来，凡溪涧小港中水皆如生蛇走入，无不通透，甚好看！识〔得时〕便是一（实）〔贯〕底道理。"又曰："'日月有明，容光必照焉'，如日月，虽些小孔窍，无不照见。此好识处。"

祖道。赐录略同。云："问：'博施济众，程子合做仁之体，先生却就上面分出个体用，使有用力处。'先生曰：'某说非破程子之说，程子之说却兼得某说。程说似浑沦一个屋子，某说如屋下分间架尔。〔仁之方不是仁之体，还是什么物事？今且看子贡之言与夫子之言如何地。〕'"

○ "**明道**云：'认得为己，何所不至！'认得个什么？夫仁者，己欲立而便立人，己欲达而便达人，此即仁之体也。'能近取譬'则是推己之恕，故曰'可谓仁之方'。'夫仁者'与'可谓仁之方'正相对说。"**明道**云："欲令如是观仁，可以得仁之体。"先生再三举似，曰："这处极好看仁。"又曰："'博施济众'，固仁之极功。譬如东大洋海同是水，但不必以东大洋海之水〔方〕为水，只瓶中倾出来底亦便是水。'博施济众'固是仁，但那个见孺子将入井时有怵惕恻隐之心，亦便是仁。此处最好看。"道夫。

○ **林安卿**问："'仁者以天地万物为一体'，此即人物初生时验之可见。人物均受天地之气而生，所以同一体，如人兄弟异形而皆出父母胞胎，所以皆当爱。故推老老之心则及人之老，推幼幼之心则及人之幼。惟仁者其心公溥，实见此理，故能以天地万物为一体否？"曰："不须问他从初时，只今便是一体。若必用从初说起，则煞费思量矣。犹之水然，江河池沼沟渠皆是此水。如以两碗盛得水来，不必教去寻讨这一碗是那里酌来，那一碗是那里酌来。既都是水便是同体，更何待寻问所从来。如昨夜**庄仲**说人与万物均受此气，均得此理，所以皆当爱，便是不如此。'爱'字不在同体上说，自不属同体事。他那物事自是爱。这个是说那无所不爱了，方说得同体。若爱则是自然爱，不是同体了方爱。惟其同体，所以无所不爱，所以爱者以其有此心也，所以无所不爱者以其同体也。"僩。

○ 问："'己欲立而立人，己欲达而达人'，所谓'以己及人'；'能近取譬'，'近取诸身'，'己所不欲，勿施于人'，所谓'推己及人'。如何？"曰："夫子分明说'夫仁者'，则是言仁之道如此；'可谓仁之方也已'，则是言求仁当如此。若以为衮说，则既曰'夫仁者'矣，不当以'可谓仁之方'告之也。"又问："**程子**说'仁至难言'，至'欲令如是观仁，可以得仁之体'一段，却是衮说。"曰："程子虽不曾分说，然其意亦无害。大抵'己欲立而立人，己欲达而达人'，是自然工夫。至于'能近取譬'，则是着力处，所以不同。"人杰。

○ 问："遗书中取医家言仁。又一段云：'医家以不识痛痒为不仁。'人以不知觉、不认义理为不仁，又却从知觉上说。"曰："觉是觉于理。"问："与上蔡说同异？"曰："异。上蔡说觉，才见此心耳。"问："南轩云：'上蔡说觉，与佛家不同。'如何？"曰："上蔡云：'自此心中流出。'与佛亦不大段异。今说知痛痒，能知觉，皆好。只是说得第二节，说得用。须当看如何识痛痒？血脉从何而出？知觉从何而至？"某云："若不究见原本，却是不见理，只说得气。"曰："然。伊川言谷种之性一段，最好。"可学。

○ 问："上蔡说仁本起于程先生引医家之说而误。"曰："伊川有一段说不认义理，最好。只以觉为仁，若不认义理，只守得一个空心，觉何事！"可学。

○ 问："明道曰：'医书以手足痿痹为不仁，此言最善名状。仁者以天地万物为一体，莫非己也。认得为己，何所不至！若不属己，自不与己相干。如手足不仁，气已不贯，皆不属己。故博施济众，乃圣人之功用。仁至难言，故止曰："己欲立而立人，己欲达而达人，能近取譬，可谓仁之方也已。"欲令如是观仁，可以得仁之体。'又曰：'"能近取譬"，反身之谓也。'又曰：'"博施济众"，非圣人不能，何干仁事！故特曰夫仁者立人达人，"能近取譬，可谓仁之方也已"。使人求之自反，便见得也。虽然，圣人岂不尽仁？然教人不得如此指杀。'或问'尧舜其犹病诸'。伊川曰：'圣人之心，何时而已？'又曰：'圣乃仁之成德，谓仁为圣，譬如雕木为龙。木乃仁也，龙乃圣也，指木为龙，可乎？故

"博施济众"，乃圣之事。举仁而言之，则"能近取譬"是也。'谢氏曰：
'"博施济众"，亦仁之功用。然仁之名，不于此得也。子贡直以圣为仁，
则非特不识仁，并与圣而不识。故夫子语之曰："必也圣乎！"又举仁之
方也。"己欲立而立人，己欲达而达人"，亦非仁也，仁之方所而已。知
方所，斯可以知仁。犹观"天地变化，草木蕃"，斯可以知天地之心
矣。'右第二十九章，凡八说，明道五说，伊川十七说。今从明道、伊川。谢氏之
说大意与第一说同，故不录。明道第五说与伊川第二、第十三说皆以恕
为仁之方，大意皆正，但非解正文，故不录。伊川第一说曰：'惟圣人
能尽仁道，然仁可通上下而言，故曰何事于仁，必也圣乎！'又第五说
曰：'圣则无大小，至于仁则兼上下小大而言之。'又第八说曰：'孔子
见子贡问得来事大，故曰何止于仁，必也圣乎！盖仁可以通上下言之，
圣则其极也。'又第十二说曰：'博施而能济众，固仁也，而仁不足以尽
之，故曰必也圣乎！'又第十四章曰：'仁在事，不可以为圣。'此五说，
皆以'何事于仁'作'何止于仁'，故以仁为有小大上下。若既是有小
大上下，则以此章为子贡指其大与上者问之，亦可也，何以答之曰'何
事于仁'乎？若圣人以仁为未足以尽'博施济众'，则下文当别有说。
今乃论为仁之方，恐上下意不贯。伊川五说，只说得到'其犹病诸'处
住，则下文论仁之方不相接，不如木龙之说，却与明道之意合。明道以
'何事于仁'只作'何干仁事'，则下文仁之方自相贯，又'功用'字分
明。伊川第三说、第四说、第五说、第六说、第十五说，皆推说'博施
济众犹病'即圣人之心何时而已之意，故不录。伊川第九、第十一说皆
论仁之方，与谢氏方所之说相类。（九）〔此〕章，圣人恐子贡便指作仁
看，故但以为若能由此而求之，乃可以知仁，故曰'仁之方'。伊川第
十七说乃统说'仁'字大意，与明道第一说同，故不录。横渠曰：'必
圣人之才，能弘其道。'恐本文无能弘其道之意。范氏曰：'以大为小。'
是以仁为小，圣为大也，恐未稳。余说亦宽。吕氏以博施为仁、济众为
圣，未当。杨氏之说亦正，但谓'仁者何事于博施济众'，又恐太过。

则明道所谓'教人不得如此指杀'者，但以仁、圣须分说，方见仁之体，非以仁无与于圣也。尹氏与伊川余说同，故不辩。"先生曰："'何事于仁'、'何止于仁'、'必也圣乎'、'尧舜其犹病诸'，此四句相连读，言虽圣人亦有所不能也。'己欲立而立人，己欲达而达人'，仁也；'能近取譬'，恕也。"㽦。

朱子语类卷第三十四

论语十六

述而篇

述而不作章

○ 飞卿问"信而好古"。曰:"既信古,又好古。今人多是信而不好,或好而不信。如好之者,则曰:'他也且恁地说。'信之者虽知是有个埋恁地,毕竟多欠了个笃好底意思。"<u>道夫</u>。

○ 行夫问"述而不作"一章。答曰:"虽说道其功倍于作者,论来不知所谓删者,果是有删否? 要之,当时史官收诗时已各有编次,但到<u>孔子</u>时已经散失,故<u>孔子</u>重新整理一番,未见得删与不删。如云'吾自<u>卫</u>反<u>鲁</u>,然后乐正,<u>雅</u>、<u>颂</u>各得其所'。云'各得其所',则是还其旧位。"<u>贺孙</u>。

○ 徐兄问:"'述而不作',是制作之'作'乎?"曰:"是。<u>孔子</u>未尝作一事,如删<u>诗</u>,定<u>书</u>,皆是因<u>诗</u>、<u>书</u>而删定。"又问:"圣人不得时得位时只如此,圣人得时得位时更有制作否?"曰:"看圣人告<u>颜子</u>四代礼乐只是恁地,恐不大段更有制作。亦因四代有此礼乐而因革之,亦未是作处。"又问:"如何'作春秋'?恐是作否?"曰:"'其事则齐桓、晋文,其文则史,其义则丘窃取之矣。'看来则是写出鲁史,中间微有更改尔。某尝谓春秋难看,平生所以不敢说着。如何知得上面那个是鲁史旧文,那个是夫子改底字?若不改时,便只依鲁史,如何更作春秋做甚?"先生徐云:"'知我者其惟春秋乎!罪我者其惟春秋乎!'又公羊、榖梁传云:'其辞,则丘有罪焉耳。'是这多少担负!想亦不能不是作。不知是如何。"贺孙同。

默而识之章

○ "默而识之"者,默不言也,不言而此物常在也。今人但说着时在,不说时不在。"非礼勿视",要和根株取,不是只禁你不看。听、言、动皆然。祖道。

○ 问"述而不作"至"甚矣,吾衰也久矣"。先生曰:"'默而识之'至'诲人不倦',是三节。虽非圣人之极致,在学者亦难。如平时讲贯方能记得,记得或因人提撕方能存得。若'默而识之',乃不言而存诸心,非心与理契安能如此?'学不厌',在学者久而易厌。视人与己若无干涉,诲之安能不倦!此三者亦须是心无间断,方能如此。"〔植。〕

○ 宜久问"默而识之"一章。曰:"此虽非圣人极致,然岂易能?'默而识之',若不是心与理契、念念不忘者不能。'学不厌',如人之为学有些小间断时便是厌。'教不倦',如以他人之事为不切于己便是倦。今学者须是将此三句时时省察,我还能默识否?我学还不厌否?我教还不倦否?如此乃好。"时举。

○ 又读"默而识之"一章，曰："此必因人称圣人有此，圣人以谦辞答之。后来记者却失其上面一节，只做圣人自话记了。'默而识之'，便是得之于心；'学不厌'，便是更加讲贯；'诲不倦'，便是施于人也。"_{时举}。

○ 郑问"何有于我哉"。曰："此语难说。圣人是自谦，言我不曾有此数者。圣人常有慊然不足之意。众人虽见他是仁之至熟、义之至精，它只管自见得有欠阙处。"_{贺孙}。

德之不修章

○ 读"德之不修"一章。此自是四句，若要分说，便是德须着修于己，讲学便是须时要点检，如此说却相连读也。_{时举}。

○ 行父问："'德之不修，学之不讲，闻义不能徙，不善不能改，是吾忧也。'惟是先知德不可不修，方知学不可不先讲。能讲学方能徙义，方能改不善。如此看，如何？"曰："修德是本。修德，恰似说'入则孝，出则悌，谨而信，泛爱众，而亲仁'。学不可不讲，恰似说'行有余力，则以学文'。"或问徙义、改不善之别。曰："徙义不是说元初做不是。元初本心自是好，但做得错了，做得不合宜，如所谓'皆以善为之，而不知其义'。才移教合义理便是全好。若不善，则是元初便做得不是，须都改，改了方得。徙义是过失，不善是罪犯。"_{贺孙}。

○ 李问"闻义不能徙，不善不能改"。曰："此章四句是四般。〔下面两句，粗看只是一件事一般。〕然此两句自有轻重。盖'见义不能徙'，此只是些子未合宜处，便当徙而从宜。'不善不能改'，则大段已是过恶底事，便当改了。此一句较重。"雄。

○ 行父问"德之不修"一段。曰："须先理会孝弟忠信等事有个地位，然后就这里讲学。'闻义不能徙'，这一件事已是好事，但做得不合义。见那人说如此方是义，便移此之不义，以从彼之义。不善，则已是私意了。上面是过失，下面是故犯。"恪。节问答并同。

○ 节问："'闻义不能徙，不善不能改'，先生云有轻重，其意如何？"曰："义，宜也。事须要合宜。不能徙，未为不是，却不合宜。那不善底却乖，须便打并了。"董叔重云："'闻义不能徙'较轻。"曰："那个大体却无邪恶。"又曰："'闻义不能徙'较密于'不善不能改'，'不善不能改'较重于'闻义不能徙'。"〔节。〕

○ "德之不修"，如无害人之心则仁之德修，无穿窬之心则义之德修。"闻义不能徙"，只是见得自家事未合宜，及闻合宜事便徙而就之。"不善不能改"，不善则是有过恶了。如此说，方不合掌。〔南升。〕

○ 先生说："'德之不修'，如有害人之心，则仁之德不修；有穿窬之心，则义之德不修。仁之德修，则所言无不仁之言，所行无不仁之行；义之德修，则所言无不义之言，所行无不义之行。曼此下记却云：'实得仁于心，则发出来为仁之言，做出来为仁之行；实得义于心，则发出来为义之言，做出来为义之行。''闻义不能徙，不善不能改'二句虽似合掌，却有轻重深浅。闻义者，尚非有过，但不能徙义耳。至于不善，则是有过而不能改，其为害大矣！"〔植。〕

○ 立之问此章。曰："德者，理之既得于吾心者，便已是我有底物事了。更须日日磨砻，勿令间断始得。徙义与改不善，一似合掌，说相似，然须着与他分别。盖义是事之宜处，我做这一件事，觉得未甚合宜，便着徙令合宜，此却未见得有不善处。至不善，便是有过恶，须着速改始得。此所以有轻重之别。"又问："此四句若要连续看，如何？"曰："才要连续，便是说文字，不是要着实做工夫。若着实做工夫，便一句自是一句。"_{时举}。

○ 或问此章。曰："须是实见得是如何？德是甚么物事？如何唤做修？如何唤做不修？人而无欲害人之心，这是德，得之于吾心也。然害人之心，或有时而萌者，是皆不能修者也。德者，道理得于吾心之谓；修者，好好修治之之谓，更须自体之。须把这许多说话做自家身上说，不是为别人说。"又云："'徙义'与'改不善'两句，意似合掌。"曰："圣人做两项说在。试剖析令分明：徙义，是做一件事未甚合宜，或见人说，见人做得恰好，自家迁在合宜处；不善，便是全然不是，这须重新改换方得。"〔贺孙。〕

○ "德之不修"至"是吾忧也"，这虽是圣人以此教人，然"学不厌"之意多见于此。使有一毫自以为圣，任其自尔，则虽圣而失其圣矣。_{贺孙}。

○ 又曰："此是圣人自忧也。圣人固无是四者之忧，所以然者，亦自贬以教人之意。"_谟。

子之燕居章

○ _恪问："'申申'、'夭夭'，圣人得于天之自然。若学者有心要收束，则入于严厉；有心要舒泰，则入于放肆。惟理义以养其气，养之久则自然到此否？"曰："亦须稍严肃则可。不然，则无下手处。"又曰："但得身心收敛，则自然和乐。"又曰："不是别有一个和乐，才整肃则自和乐。"季札。

甚矣吾衰也久矣章

○ "梦周公"，"忘肉味"，"祭神如神在"，见得圣人真一处。理会一事，便全体在这一事。道夫。

○ 节问"夫子曰'甚矣吾衰也'"。曰："不是孔子衰，是时世衰。"又曰："与天地相应。若天要用孔子，必不教他衰。如太公武王皆八九十岁。夫子七十余，想见累垂。"节。

○ 淳问："梦周公，是真梦否？"曰："当初思欲行周公之道时，必是曾梦见。"曰："恐涉于心动否？"曰："心本是个动物，怎教它不动！夜之梦犹昼之思也。思亦是心之动处，但无邪思，可矣。梦但得其正，何害！心存这事便梦这事。常人便胡梦了。"〔㝢录此下云："孔子自言老矣，以周公之道不可得行，思虑亦不到此，故不复梦。甚叹其衰如此。"〕徐居甫云："庄子谓'至人无梦'，如何？"曰："清净者爱恁地说。佛家亦说一般无梦底话。"淳。〔㝢同。〕

○ "'吾不复梦见周公'，自是个征兆如此。当圣人志虑未衰，天意难定，八分犹有两分运转，故他做得周公事，遂梦见之，非以思虑也。要之，圣人精神血气与时运相为流通。到凤不至，图不出，明王不兴，其征兆自是恁地。胡文定公谓春秋绝笔于获麟，为'志一则动气'，意思说得也甚好。但以某观之，生出一个物事为人所毙，多少是不好，是亦一征兆也。"道夫问："设当孔子晚年，时君有能用之，则如何？"曰："便是不衰，如孔子请讨陈恒时，孔子已年七十一，到此也做得个甚！"又问："程子谓孔子之志必将正名其罪，上告天子，下告方伯，而率与国以讨之。不知天子果能从乎？"曰："当时惟在下者难告。"问："果尔，则告命稽违，得无有不及事之悔乎？"曰："使哀公能从，则圣人必一面行将去，闻于周王，使知之耳。"道夫。

○ 戴少望谓："颜渊子路死，圣人观之人事；'凤鸟不至，河不出图'，圣人察之天理；'无复梦见周公'，圣人验之吾身，夫然后知斯道之果不可行，而天之果无意于斯世也。"曰： "这意思也发得好。"〔道夫。〕

○ 问："孔子梦周公，却是思。"曰："程先生如此说，意欲说孔子不真见周公。然见何害？"可学。

○ 问："'孔子曰："甚矣吾衰也！久矣吾不复梦见周公。"'如此则是孔子未衰以前尝梦见周公矣。伊川却言不曾梦见，何也？"曰："圣人不应日间思量底事，夜间便梦见。如高宗梦傅说事，却是分明有个傅说在那里，高宗却不知。所以梦见，亦是朕兆先见者如此。孔子梦奠两楹事，岂是思虑后方梦见？此说甚精微，但于此一章上说不行，今且得从程子说。"祖道。谟录同。

○ 问："'吾不复梦见周公。'伊川以为不是梦见人，只是梦寐常存行周公之道耳。先生集注则以为如或见之。不知果是如何？"曰："想是有时而梦见。既分明说'梦见周公'，全道不是见，恐亦未安。"又问："夫子未尝识周公，梦中乌得而见之？"曰："今有人夜间梦见平生所不相识之人，却云是某人某人者，盖有之。夫子之梦固与常人不同，然亦有是理耳。"处谦。

士志于道章

○ 甘吉甫说"志于道"处。曰："'志于道'，不是只守个空底见解。须是至诚恳恻，念念不忘。所谓道者，只是日用当然之理。事亲必要孝，事君必要忠，以至事兄而弟，与朋友交而信，皆是道也。'志于道'者，正是谓志于此也。"铢。时举录同。

○ "据于德"者，得之于身。然既得之，守不定，亦会失了。须常照管，不要忘了。须是据守方得。明作。

○ 问"志道、据德"。曰："'志于道'，如孝，便是自家元得这孝道理，非从外旋取来。'据于德'，乃是得这基址在这里。"〔植。〕

○ 问："志于道，道则人伦日用之间所当行者。人之为学，当心心念念在于所当行者，则其志向已定。据于道，德则行道而有得于身者也。如行仁而爱，则仁为我德；行义而宜，则义为我德；行礼而理，行智而通，则礼智为我德。既得之于身，当执守而勿失，斯能终始为一而有日新之功。所谓得之于身者，苟得其皆德也。至于仁，则心之全德而私欲尽去，学者工夫至此，则依之而不违，使造次颠沛必于是，则存养者熟，无适而非天理流行矣。此数句一节密似一节，学者须先立志，而后能据于德，据德而后能依仁，至依于仁，则德性常用而物欲不行，工夫可谓至矣。又须游于艺者。游者，玩物适情之谓。如游于礼，所以防其躁；游于乐，所以导其和；游于射，所以正内志而直外体，是皆至理所寓而日用之不可阙者。朝夕游焉以博其义理之趣，则应务有余而良心不放，所谓本末兼该，内外交举，将以涵泳从容忽入于圣贤之域。"曰："德者，吾之所自有，非自外而得也。以仁义礼智观之可见。<u>韩退之</u>云：'德，足乎己，无待乎外。'说得也好。"〔<u>南升</u>。〕

○ "志于道"，方有志焉。"据于德"，一言一行之谨，亦是德。"依于仁"，仁是众善总会处。<u>德明</u>。

○ 道是日用常行合做底，德是真个有得于己，仁谓有个安顿处。<u>季札</u>。

○ 先生问<u>正淳</u>："曾闻<u>陆子寿</u>'志于道'之说否？"<u>正淳</u>谓："<u>子寿</u>先令人立志。"先生曰："只做立志便虚了。圣人之说不如此，直是有用力处。且如孝于亲、忠于君、信于朋友之类，便是道。所谓志，只是如此知之而已，未有得于己也。及其行之尽于孝、尽于忠、尽于信，有以自得于己，则是孝之德、忠之德、信之德。如此，然后可据。然只志道据德，而有一息之不仁，便间断了，二者皆不能有，却须'据于德'后而又'依于仁'。"<u>正淳</u>谓："这个仁是据发见说。"曰："既见于德，亦是发见处。然仁之在此，却无隐显，皆贯通，不可专指为发见。"<u>螢</u>。

○ "志于道"，道是君臣、父子、夫妇、兄弟、朋友之道。明得此理，得之于身，斯谓"据于德"。然而不"依于仁"，则二者皆为无用矣。依仁不止于发见，凡内外隐显，莫非仁也。<u>人杰</u>。

○ <u>正卿</u>问"志道，据德，依仁"。曰："'志于道'，犹是两个物事。'据于德'，犹谓忠于君则得此忠，孝于亲则得此孝，是我之得于己者也，故可据。依仁，则是平日存主处，无一念不在这里，又是据德底骨子。"时举。

○ 正卿问"志于道，据于德，依于仁"。曰："德，是自家心下得
这个道理，如欲为忠而得其所以忠，如欲为孝而得其所以孝。到得'依
于仁'，则又不同。依仁，则是此理常存于心，日用之间常常存在。据
德、依仁，虽有等级，不比志道，与据德、依仁全是两截。志只是心之
所之，与有所据、有所依不同也。"贺孙。

○ 德是道之实，仁是德之心。道夫。

○ 问："若是'志于道，据于德'，则虽初学便可如此下功。且如
'据于德'，则得寸守寸，得尺守尺。若是'依于仁'，则仁是指全体而
言，如何便解依于它？"曰："所谓'据于德'，亦须是真个有是德方可
据守。如事亲时自无不孝，方是有孝之德，其余亦然，亦非初学遽可及
也。依仁，只是此心常〔在〕不令少有走作也。"因言："周礼先说'知
仁圣义中和，孝友睦姻任恤'，此是教万民底事。又说教国子以三德，
曰：'至德以为道本，敏德以为行本，孝德以知逆恶。'至德，谓德之全
体，天下道理皆由此出，如所谓存心养性之事是也，故以此教上等人。
若次一等人，则教以敏德为行本。敏，是强敏之谓。以敏德教之，使之
见善必迁，有过必改，为（孝）〔学〕则强力，任事则果决，亦是一等
特立独行之人。若又次一等，则教以孝德以知恶逆，使它就孝上做将
去，熟于孝，则知恶逆之不可为矣。是三者必相兼。若能至德，则自兼
那两事。若自下做去，亦可以到至德处。若只理会个至德而无下二者，
则空疏去。"又曰："自'志于道'至'依于仁'，是从粗入精；自'依
于仁'至'游于艺'，是自本兼末。能'依于仁'则其'游于艺'也，
盖无一物之非仁矣。"因举横渠语云："'天体物而不遗，犹仁体事无不
在也。"礼仪三百，威仪三千"，无一物之非仁也。"昊天曰明，及尔出

王；昊天曰旦，及尔游衍"，无一物之不体也。'此是横渠赤心片片说与人。如荀、扬，何尝有这样说话？"广。

○ 问："'游者，玩物适情之谓。'玩物适情，安得为善？"曰："'游于艺'一句是三字，公却只说得一字。"人杰。

○ "据于德"，有时也会失了。必"依于仁"，此心常存则照管得到，能守是德矣。"游于艺"，似若无紧切底事，然能如此，则是工夫大故做得到了，所谓"庸言之信，庸行之谨"也。夔孙。

○ "'据于德。'德，谓得之于心，有这个物事了，不待〔临〕时旋讨得来。且如仁义礼知有在这里，不待临时旋讨得来。"又曰："德是自家有所得底在这里。且如事亲孝，则得孝之德；事兄弟，则得弟之德。所谓在这里，但得有浅深。"又曰："'志于道，据于德'，说得尚粗。到'依于仁'，方是工夫细密。'游于艺'者，乃是做到这里又当养之以小物。"〔榰。〕

○ 读书须将圣贤言语就自家身上做工夫，方见字字是实用。如"志道，据德，依仁，游艺"，将来安排放身上看，看道是甚么物事？自家如何志之？以至"据德、依仁、游艺"，亦莫不然，方始有得。道夫。

○ 寓问："自'志于道'到'依于仁'，工夫到这处缜密，较易些否？"曰："似恁地都是难。"问："此是颜子不违仁地位否？"先生问："如何知得颜子能如此，它人不能？"寓曰："颜子亚圣之资，固易为力。若它人用工深，亦须到这处。"曰："这处先要就'志于道'上理会。'志于道'，便恁地利，恁地好。这须知是个生死路头。"因以手指分作两边去，云："这一边是死头，那一边去是生路。这去便善，那去便恶。

知得此路是了，只管向此路去，念念不忘。处己也在是，接人也在是，讲论也在是，思索也在是。今人把捉不定，要做这（里）边去，又要做那边去，一出一入，或东或西。以夫子‘十五志于学，三十而立，四十而不惑，五十而知天命’，皆是从志学做来着工夫，须看得圣人‘志于学’处是如何。这处见得定，后去节节有下工夫处。‘据于德’，德者，得也，便是我自得底，不是徒恁地知得便住了。若徒知得，不能得之于己，似说别人底，于我何干。如事亲能孝，便是我得这孝；事君能忠，便是我得这忠。说到德，便是成就这道，方有可据处。但‘据于德’，固是有得于心，是甚次第，然亦恐怕有走作时节。其所存主处须是‘依于仁’，自得于心，不可得而离矣。到游艺犹言，虽事未甚要紧，然亦少不得。须知那个先、那个后始得，亦所以助其存主也。”〔㝢。〕

○ 行夫问“志道，据德，依仁，游艺”。先生曰：“‘志于道’，方是要去做，方是事亲欲尽其孝，事兄欲尽其弟，方是恁地。至‘据于德’，则事亲能尽其孝，事兄能尽其弟，便是自有个道理了，却有可据底地位。才说尽其孝，便是据于孝。虽然如此，此只是就事上逐件理会。若是不依于仁，不到那事亲事兄时，此心便没顿放处。‘依于仁’，则自朝至暮，此心无不在这里，连许多德总摄贯穿都活了。‘志于道’，方要去做。‘据于德’，则道方有归着。虽有归着，犹是（有）〔在〕事上。‘依于仁’，则德方有本领。虽然，艺亦不可不去理会。如礼、乐、射、御、书、数，一件事理会不得，此心便觉滞碍。惟是一一去理会，这道理脉络方始一一流通，无那个滞碍，因此又却养得这个道理。以此知大则道无不包，小则道无不入。小大精粗皆无渗漏，皆是做工夫处，故曰‘语大，天下莫能载；语小，天下莫能破’。”㤧。

○ “志于道，据于德，依于仁”又且“游于艺”，不成只一句便了，若只一句便了何更用许多说话？如“诗三百，一言以蔽之，曰‘思无邪'", 圣人何故不只存这一句, 余都删了? 何故编成三百篇方说"思无邪"? 看三百篇中那个事不说来? 淳。

○ "志者, 心之所之。道者, 当为之理, 为君有君之理, 为臣有臣之理。'志于道'者, 留心于此理而不忘之也。德者, 得也。既得之则当据守而弗失。仁者, 人之本心也。依, 如'依乎中庸'之依, 相依而不舍之之意。既有所据守又当依于仁而不违, 如所谓'君子无终日之间违仁'是也。'游于艺'一句, 比上三句稍轻, 然不可大段轻说。如谢上蔡云'有之不害为小人, 无之不害为君子', 则是太轻了。古人于礼、乐、射、御、书、数等事皆至理之所寓, 游乎此则心无所放, 而日用之间本末具举而内外交相养矣。"或言: "'志于道', 正如颜子仰高钻坚以求至乎圣人之地否?"曰: "若如此说, 便是要将此心寄在道里面底说话。道只是人所当行之道, 自有样子。如'为人父, 止于慈; 为人子, 止于孝'。只从实理上行, 不必向渺茫之中求也。"谟。

○ 子升兄问: "此章上三句皆有次序, 至于艺, 乃日用常行, 莫不可后否?"曰: "艺是小学工夫。若说先后, 则艺为先而三者为后。若说本末, 则三者为本而艺其末, 固不可徇末而忘本。习艺之功固在先。游者, 从容潜玩之意, 又当在后。文中子说: '圣人志道, 据德, 依仁, 而后艺可游也。'此说得自好。"木之。

○ 问: "'兴于诗'三句与'志于道'四句相似?"曰: "'志'、'据'、'依'是用处, '兴'、'立'、'成'是成效处。"夔孙。

自行束脩章 无

不愤不悱章

○ 问"愤悱"。曰："此虽圣人教人之语，然亦学者用力处。" 敬仲。

○ 学者至愤悱时，其心已略略通流，但心已喻而未甚信，口欲言而未能达，故圣人于此启发之。举一隅，其余三隅须是学者自去理会。举一隅而不能以三隅反，是不能自用其力者，孔子所以不再举也。谟。

○ "举一隅以三隅反，只是告往知来否?"曰："只是有四隅。"〔植。〕

○ 问："'引而不发，跃如也'与'举一隅不以三隅反'同意否?"曰："这般有问答处尽好看，这见得怎地问便怎地答。〔最〕是酬酢处见意思，且自去看。"贺孙。

○ "悱，非是全不晓底，也晓得三五分，只是说不出。"节问伊川谓"必待诚至而后告之"。曰："愤悱便是诚意到，不愤悱便是诚不到。"节。

子食于有丧者之侧章

○ "子食于有丧者之侧，未尝饱也"，有食不下咽之意。谟。

○ 又读"子于是日哭则不歌"，曰："不要把一个'诚'字包却了。须要（诚）〔识〕得圣人自然重厚、不轻浮底意。"<u>时举</u>。

○　<u>节</u>问："博文亦可以学道，而<u>上蔡</u>解'哭则不歌'，谓'能识圣人之情性，然后可以学道'。"曰："圣人情性便是理。"又曰："博文约礼亦是要识得圣人情性。'思曰睿'只是思会睿。"<u>节</u>。

○　"'子于是日哭则不歌'，<u>上蔡</u>说得亦有病。圣人之心，如春夏秋冬，不遽寒燠，故哭之日自是不能遽忘。"又曰："圣人终不成哭了便辄去歌得！如四时，也须渐渐过去。且如古者丧服，自始死至终丧，中间节次渐渐变轻；不似如今人直到服满，一顿除脱了，便着华采衣服。"<u>贺孙</u>。<u>道夫</u>录同。

用之则行章

○　读"用之则行，舍之则藏"，曰："专在'则'字上面，如'可以仕则仕，可以久则久'之类是也。"<u>时举</u>。

○　又曰："此八字极要人玩味。若它人用之则无可行，舍之则无可藏。唯<u>孔子</u>与<u>颜渊</u>先有此事业在己分内，若用之则见成将出来行，舍之则藏了，它人岂有是哉！故下文云：'唯我与尔有是夫。''有是'二字，当如此看。"<u>谟</u>。

○　<u>节</u>问："此章注下，<u>尹氏</u>曰：'命不足道也。'"曰："如常人，'用之则行'，乃所愿；'舍之则藏'，是自家命恁地，不得已，不奈何。圣人无不得已底意思。圣人用我便行，舍我便藏，无不奈何底意思，何消得更言命。"又曰："'命不足道也'，命不消得更说。"又曰："知命不足道也。”㽦。

○ 问“用舍行藏”一章。曰：“圣人于用舍甚轻，没些子紧要做。用则行，舍则藏，如晴干则着鞋，雨下则赤脚。尹氏云：‘命不足道。’盖不消言命也。”〔植。〕

○ 至之问：“尹氏云：‘用舍无与于己，行藏安于所遇。命不足道也。’是如何？”曰：“圣人说命，只是为中人以下说，如‘道之将行也’、‘道之将废也’。故圣人欲晓子服、景伯，故以命言。”时举。

○ “‘用之则行，舍之则藏’，注云：‘用舍无预于己，行藏安于所遇。命不足道也。’盖只看义理如何，都不问那命了。虽使前面做得去，若义去不得，也只不做；所谓‘杀一不辜、行一不义而得天下，有所不为’。若中人之情，则见前面做不得了方休，方委之于命；若使前面做得，它定不肯已；所谓‘不得已而安之若命’者也。此固贤于世之贪冒无〔知〕者矣，然实未能无求之之心也。圣人更不问命，只看义如何。贫富贵贱，惟义所在，所谓安于所遇也。如颜子之安于陋巷，它那曾计较命如何。陶渊明说尽万千言语，说不要富贵，〔不〕能忘贫贱。其实是大不能忘，它只是硬将这个抵拒将去。然使它做那世人之所为，它定不肯做，此其所以贤于人也。”或云：“看来，渊明终只是晋宋间人物。”曰：“不然。晋宋间人物虽曰尚清高，然个个要官职，这边一面清谈，那边一面招权纳货。渊明却真个是能不要，此其所以高于晋宋人也。”或引伊川言“晋宋清谈，因东汉节义一激而至此”者。“公且说，节义如何能激而为清谈？”或云：“节义之祸，在下者不知其所以然，思欲反之，所以一激而其变至此。”曰：“反之固是一说，然亦是东汉崇尚节义之时便自有这个意思了。盖当时节义底人，便有傲睨一世、污浊朝廷之意。这意思便自有高视天下之心，少间便说入于清谈处去。如皇甫规见雁门太守曰：'卿在雁门，食雁肉，作何味？'那时便自有这意思了。少间那节义清苦底意思无人学得，只学得那虚骄之气。其弊必至于此。"
僴。事见东汉王符传。

○　问"用舍行藏"。曰："此有数节，最好子细看。未说到用舍行藏处，且先看个'毋意、毋必'底意。此是甚底心？浑然是个天理。尹氏谓'命不足道'，此本未有此意，亦不可不知也。盖知命者，不得已之辞。人要做这事，及至做不得则曰命，是心里犹不服它。若圣贤'用之则行，舍之则藏'，更不消得说命。到说'临事而惧，好谋而成'八字，虽用舍行藏地位远了，然就此地头看也自好。某尝谓圣人之言好如荷叶上水珠，颗颗圆。这'临事而惧'，便是戒谨恐惧底心。若有所恐惧，心惊胆畏，便不得了。孟子说：'禹恶旨酒，而好善言；汤立贤无方；文王望道而未之见；武王不泄迩，不忘远；周公思兼三王。'曰诗多事皆是圣人事，然有小大不同。如'恶旨酒'乃是事之小者，'思兼三王'乃是事之大者，然亦都是一个戒谨恐惧底心。人心多纵弛，便都放去。若是圣人行三军，这便是不易之法。非特行军如此，事事皆然。庄子庖丁解牛神妙，然每到族，心必怵然为之一动，然后解去。心动，便是惧处，岂是似醉人恣意胡乱做去！韩文斗鸡联句云：'一喷一醒然，再接再砺乃。'谓都困了，一以水喷之则便醒。'一喷一醒'，所谓惧也。此是孟郊语，也说得好。"又问："观此处，则夫子与颜子一般了。"曰："到此地位，大节也同了。如孟子说伯夷、伊尹与夫子'是则同'处。看伯夷、伊尹与夫子，岂是一样人！但是此大节处同。若此处不同，则不足为圣人矣。"夔孙。

○　子路说："子行三军，则谁与？"虽无私意，然犹有固必之心。人杰。

○ 子路曰："子行三军，则谁与？"宜作相与之"与"，非许与之"与"。"好谋而成"，人固有好谋者，然疑贰不决、往往无成者多矣。孔子行三军，其所与事者，必"临事而惧，好谋而成者也"。〔谟。〕

○ 亚夫问"子行三军，则谁与"。曰："三军要勇，行三军要谋。既好谋便须成之。盖人固有好谋而事不成者，却亦不济事。"潘子善因云："谋在先，成在后。成非勇亦不能决。"曰："然。"又问："通书'动而无动，静而无静，神也'，此理如何？"曰："譬之昼夜。昼固是属动，却来管那神不得；夜固是属静，然静亦管那神不得。盖神之为神，自是超于形器之表，贯动静而言其体，常如是而已矣。"僩。时举略同。

○ "好谋而成"，既谋了，须是果决去做教成。若徒谋而不成，何益于事？所谓"作舍道旁，三年不成"者也。"临事而惧"，是临那事时又须审一审。盖闲时已自思量都是了，都晓得了，到临事时又更审一审。这"惧"字，正如"安而后能虑"底"虑"字相似。又曰："而今只是据本子看，说行三军是如此。试把数千人与公去行看，好皇恐！"僩。

富而可求章

○ 读"富而可求"章，云："须要子细看'富而可求也'一句。上面自是有虚意。言'而可求'，便是富本不可求矣。"因举"君子赢得做君子，小人枉了做小人"之说，又云："此章最见得圣人言语浑成底气象，须要识得。"时举。

齐战疾章_无

闻韶章

○ 夫子之心与韶乐相契，所以"不知肉味"，又有习之三月之说。<u>泳</u>。

○ "子在齐，闻韶三月"，当作一点。<u>人杰</u>。

○ 问"子在齐，闻韶三月，不知肉味"。曰："史记：'子在齐，闻韶音，学之三月，不知肉味。''三月'当作一点。盖是学韶乐三月耳，非三月之久不知肉味也。"<u>祖道</u>。<u>谟录同</u>。

○ 问："孔子闻韶乐，学之三月，不知肉味。若常人如此，则是'心不在焉'，而圣人如此，何也？"曰："此其所以为圣人也，公自思量看。"久之，又曰："众人如此，则是溺于物欲之私。圣人则是诚一之至，心与理合，不自知其如此。"又问："圣人存心如此之切，所以至于忘味。"曰："也不是存心之切，怎地又说坏了圣人。它亦何尝切切然存心要去理会这事，只是心自与那道理契合，只觉得那个好，自然如此耳。"<u>僩</u>。

○ "史记云：'子闻韶音，学之三月，不知肉味。''学之'一节，不知如何，今正好看其忘肉味处。这里便见得圣人之乐，如是之美；圣人之心，如是之诚。"又曰："圣人闻韶，须是去学，不解得只恁休了；学之亦须数月方熟。三月，大约只是言其久，不是真个足头九十日，至九十一日便知肉味。想见韶乐之美，是能感动人，是能使人视端而行直。某尝谓，今世人有目不得见先王之礼，有耳不得闻先王之乐，此大不幸也。"道夫。

○ 吴伯英问："孔子在齐闻韶乐，学之三月，至于不知肉味。然则圣人殆亦固滞不化，而当食之时，又不免'心不在焉'之病，若何？"曰："'主一无适'，是学者之功。圣人行事不可以此求之也。更是舜之乐尽善尽美，而孔子闻之，深有所契于心者，所谓'得志行乎中国，若合符节'，是以学之三月，而不自知其忘味也。"处谦。

○ 石丈问："子在齐闻韶，何以有韶？"曰："人说公子完带来，亦有甚据。"淳问："伊川谓'三月不知肉味'为圣人不应凝滞于物。今添'学之'二字，则此意便无妨否？"曰："是。"石又引"三月"之证。曰："不要理会'三月'字。须看韶是甚调，便（有便）〔使〕得人如此，孔子是如何闻之便怎地。须就舜之德、孔子之心处看。"淳。

○ 先生尝读它传云："孔子居齐，闻韶音，见齐国之人亦皆视端形耸，盖正音所感如此。"升卿。

○ 时举问："伊川疑'三月'即是'音'字，如何？"曰："此处最要看它'不知肉味'处，最有意思。盖夫子知韶之美，一闻之则感之至深，学之三月，故至于不知肉味。然若道一闻之便三月不知肉味，恐无此道理。伊川疑得自是，但史记上有'学之'二字，伊川恐适不曾考到此耳。观此处须见得夫子之心与舜之心分明为一，感之至深，故尽心以学之，念念在此而自不能忘也。"时举。

○ "'子在齐闻韶，学之三月，不知肉味。'上蔡只要说得泊然处，便有些<u>庄</u><u>老</u>。某谓正好看圣人之忘肉味处，始见圣人之心如是之诚，<u>韶</u>乐如是之美。"又举〔<u>史记</u>〕载<u>孔子</u>至<u>齐</u>，促从者行，曰："<u>韶</u>乐作矣。"从者曰："何以知之？"曰："吾见童子视端而行直。""虽是说得差异，亦容有此理。"_{贺孙}。

夫子为卫君章

○ "'<u>夫子</u>为<u>卫君</u>乎'，若只言以子拒父，自不须疑而问。今<u>冉子</u>疑夫子为<u>卫君</u>者，以常法言之，则<u>卫公</u><u>辄</u>亦于义当立者也。以<u>辄</u>当立，故疑夫子必助之。'求仁而得仁'，此只是不伤其本心而已。若<u>伯夷</u><u>叔齐</u>，不让而于心终不安。人之心本仁，才伤着本心，则便是不仁矣。"_谟。

○ 论<u>子贡</u>问<u>卫君</u>事，曰："若使<u>子贡</u>当时径问<u>辄</u>事，不唯夫子或不答，便做答时亦不能尽。若只问：'<u>伯夷</u><u>叔齐</u>何人也？'曰：'古之贤人也。'亦未见分晓。圣人所谓如'君子不仁者有矣'，亦如何便见得出处一时皆当，岂无怨悔处？只再问'怨乎'，便见得<u>子贡</u>善问。才说道'求仁，又何怨'，便见得<u>夷</u><u>齐</u>兄弟所处无非天理，<u>蒯辄</u>父子所向无非人欲。二者相去，奚啻斑玖美玉，直截天渊矣。"_蕾。

○ 问："<u>子贡</u>欲知为<u>卫君</u>，何故问<u>夷齐</u>？"曰："一个是父子争国，一个是兄弟让国，此是则彼非可知。"问："何故又问'怨乎'？"曰："此又审一审。所以夫子言'求仁得仁'，是就心上本原处说。凡让，出于不得已便有怨。<u>夷</u><u>齐</u>之让是合当恁地，乃天理之当然，又何怨！大纲<u>卫君</u>底固为不是，到此越见得<u>卫君</u>没道理。"又问："子欲正名，是<u>公子郢</u>否？"曰："此又是第二节事。第一节且先正<u>辄</u>父子之名。"问："<u>辄</u>

尚在,则如何正?"曰:"上有天子,下有方伯,它不当立,如何不正?"
寓。淳录略同。

○ 问:"子贡有'怨乎'之问,何也?"曰:"夫子谓夷齐是贤人。
恐贤者亦有过之者,于是问以决之,看这事是义理合如此否。如其不必
让而让之,则未必无怨悔之心矣。夫子告以'求仁而得仁'者,谓是合
恁地。若不恁地,是去仁而失仁矣。若卫君事则大不然矣,子贡所以必
其不为也。"夔孙。

○ 安卿以书问夷齐,辨论甚悉。曰:"大概是如此,但更于'求
仁而得仁'上看之。"道夫问:"'安'字莫便是此意否?"曰:"然。但
见他说得来不大紧切,故教他更于此上看。"道夫曰:"伯夷不敢安嫡长
之分以违君父之命,叔齐不敢从父兄之命以乱嫡庶之义,这便是'求
仁'。伯夷安于逃,叔齐安于让,而其心举无杌陧之虑,这便是'得仁'
否?"曰:"然。卫君便是不能求仁耳。"道夫。

○ 孔子论伯夷,谓:"求仁而得仁,又何怨?"司马迁作伯夷传,
但见得伯夷满身是怨。苏子由伯夷论却好,只依孔子说。文蔚。

○ "蒯聩与辄,若有一人识道理,各相避就去了。今蒯聩欲入卫,
辄不动,则所以处其事者当如何?后世议者皆以为当立郢,不知郢不肯
做。郢之〔不〕立,盖知其必有纷争也。若使夫子为政则必上告天子,
下告方伯,拔郢而立之,斯为得正。然夫子固不欲与其事也。"或谓:
"春秋书'晋赵鞅纳世子蒯聩于戚',称'世子'者,谓其当立。"曰:
"若不如此书,当如何书之?说春秋者多穿凿,往往类此。"人杰。

○ 吴伯英问:"夷齐让国而去,一以父命为尊,一以人伦为重,

要各得其本心之正，而尽乎天理之公矣。所谓'孤竹君'，当时或无中子之可立，则二子将奈何?”曰：“纵二子不立，则其宗社之有贤子弟立之可也。”<u>处谦</u>。

○ 或问：“<u>伯夷 叔齐</u>之让，使无中子，则二子不成委先君之国而弃之! 必有当立者。”曰：“<u>伊川</u>说<u>叔齐</u>当立。看来立<u>叔齐</u>虽以父命，然终非正理，恐只当立<u>伯夷</u>。”或曰：“<u>伯夷</u>终不肯立，奈何?”曰：“若国有贤大臣，则必请于天子而立之，不问<u>伯夷</u>情愿矣。看来二子立得都不安，但以正理论之，则<u>伯夷</u>分数稍优耳。<u>胡文定 春秋</u>解这一段也好，说吴<u>季札</u>让国事，圣人不取之，牵引四五事为证。所以经只书'吴子使札来聘'，此何异于<u>楚子</u>使椒来聘之事耶? 但称名，则圣人贬之深矣。<u>云云</u>。但近世说春秋皆太巧，不知果然否也。”<u>僴</u>。

○ 问：“<u>胡氏 正名</u>说，谓'必将具其事之本末告诸天王，请于方伯，命<u>公子郢</u>而立之，则人伦正'。此正是论<u>孔子</u>为政正名合当如此。设若<u>卫君辄</u>用<u>孔子</u>，<u>孔子</u>为之臣否? 既为之臣而为政，<u>胡氏</u>所说可通否?”曰：“圣人不北面无父之人。若<u>辄</u>有意改过迁善，则<u>孔子</u>须与它断约，怎地做方与他做。<u>姚崇</u>犹先以十事与<u>明皇</u>约，然后为之相，而况<u>孔子</u>乎! 若<u>辄</u>不能然，则<u>孔子</u>决不为之矣。”<u>淳</u>。

饭蔬食章

○ 恪问：“'乐亦在其中'，圣人何为如是之乐?”曰：“正要理会圣人之心如何得恁地。圣人之心更无些子渣滓，故我之心淘来淘去，也要知圣人之心。”<u>季札</u>。

○ "乐亦在其中"，此乐与贫富自不相干，是别有乐处。如气壮底人，遇热亦不怕，遇寒亦不怕。若气虚则必为所动矣。<u>闳祖</u>。

○ 论"不义而富且贵，于我如浮云"，<u>上蔡</u>云："义而得富得贵，犹如浮云，况不义乎！""这是<u>上蔡</u>说得过当。此只说不义之富贵，视之如浮云，不以彼之轻易吾之重。若义而得富贵便是当得，如何掉脱得！如<u>舜禹</u>有天下，固说道'不与'，亦只恁地安处之。又如'所以长守贵也，所以长守富也'，义当得之，亦自当恁地保守。<u>尧</u>命<u>舜</u>云：'天之历数在尔躬，允执其中。四海困穷，天禄永终。'岂是不要保守！"<u>贺孙</u>。

五十以学易章

○ 问"五十学易"一段。曰："圣人学易，而于天地万物之理，吉凶悔吝，进退存亡，皆见得尽，自然无差失。圣人说此数句，非是谩然且恁地说。圣人必是见得是如此，方如此说。"<u>希逊</u>。

○ <u>郑文振</u>问"五十以学易"。曰："也只就卦爻上占考其理合如何。其他书则一事是一理，惟是易却说得阔。如已有底事说在里，未有底事也说在里。"又曰："易须错综看，天下甚么事，无一不出于此。如善恶是非得失，以至于屈伸消长盛衰，看是甚事，都出于此。<u>伏羲</u>以前不知如何占考，至<u>伏羲</u>将阴阳两个画卦以示人，使人于此占考吉凶祸福。一画为阳，二画为阴，一画为奇，二画为耦，遂为八卦。又错综为六十四卦，凡三百八十四爻。<u>文王</u>又为之彖、象以释其义，无非阴阳消长盛衰屈伸之理。圣人之所以学者，学此而已。把<u>乾</u>卦一卦看，如'乾，元亨利贞'。人要做事，若占得乾卦，乾是纯阳。元者，大也；亨者，通也，其为事必大通。然而虽说大亨，若所为之事不合正道，则亦不得其亨。故虽云大亨，而又利于正。卦内六爻都是如此。如说'潜龙勿用'，是自家未当（是）〔出〕作之时，须是韬晦方始无咎。若于此而不能潜晦，必须有咎。又如上九云：'亢龙有悔。'若占得此爻，必须以亢满为戒。如这般处，最是易之大义。易之为书，大抵于盛满时致戒。盖阳气正长，必有消退之渐，自是理势如此。"又云："当极盛之时便须虑其亢，如当尧之时须交付与舜。若不寻得个舜便交付与他，则尧之后，天下事未可知。"又云："康节所以见得透，看他说多以盛满为戒。如云：'饮酒爱微醺，不成使酩酊。'"又云："康节多于消长之交看。"又云："许多道理本无不可知之数，惟是康节体得熟。只管体来体去，到得熟后，看是甚么事理，无不洞见。"贺孙。

○　因学者问"学易无大过"章。曰："易只有'阴阳'两字分奇偶。一画是阳，两画是阴，从此错综，推去为六十四卦，三百八十四爻。后来文王〔却就画系之辞。〕看来易〔元初只是画〕。"又曰："天地只有一个阴，一个阳，把来错综。大抵阳则多吉，阴则多凶。吉为善，凶为恶。又看所处之位，逐爻看之，阳有时而凶，阴有时而吉。"又曰："如它经，先因其事方有其文。如书言尧、舜、禹、成汤、伊尹、武王、周公之事，因有许多事业方说得那里，若无那事亦不说到那里。易则是个空底物事，未有是事，预先说是理，故包括得尽许多道理。看人做甚事，皆撞着也。"又曰："'易，无思也，无为也。'易是个无情底物事，故'寂然不动'。占之者吉凶善恶随事著见，乃'感而遂通'。"又云："易中多言'正'，如'利正'、'正吉'、'利永正'之类，皆是要人守正。"又云："易如占得一爻，须是以观诸身果尽得那道理否？如坤六二：'直方大，不习无不利。'须看自家能直、能方、能大，方能'不习无不利'。凡皆类此。"又曰："所谓'大过'，如当潜而不潜，当见而不见，当飞而不飞，皆是过。"又曰："乾之一卦，纯乎阳，固是好。如'元亨利贞'，'利正'，盖大亨之中又须知利在正，非正则过矣。"又曰：

"如坤之初六，须知履霜有坚冰之渐，要人恐惧修省。不知恐惧修省便是过。易大概欲人恐惧修省。"又曰："文王系繇辞，本只是与人占底书。至孔子作十翼，方说'君子居则观其象而玩其辞，动则观其变而玩其占'。"又曰："夫子读易与常人不同，是他胸中洞见阴阳刚柔、吉凶消长、进退存亡之理。其赞易，即就胸中写出这道理。"〔植。〕

○　问："'学易无大过'，圣人何以有过？"曰："只是圣人不自足之意。圣人此般话，也如'道者三，我无能'、'圣仁吾岂敢'。不是圣人能如此，更谁能如此？程子谓'学易者无大过'，文势不然。此章'五十'字误，然章之大旨在'无大过'，不在'五十'上。"淳。

○　寓问："'五十以学易'章集注，先生举史记作'假我数年'。"云："是时孔子年老，已及七十，欲赞易，故发此语。若作'五十以学易'，全无意思。"问："孔子少年不学易，到老方学易乎？"曰："作彖、象、文言以为十翼，不是方读易也。"问："伊川以八索为过处，如何？"曰："某不敢如此说。"寓。

○　"子曰：'加我数年，五十以学易，可以无大过矣。'伊川曰：'此未赞易时语也。更加我数年，五十以学易，易之道可无大过。如八索之类皆过也。'又曰：'前此学易者众，与说多过矣。圣人使弟子俟其赞易而后学之，其过鲜矣。'前一说则大过在八索之类，后一说则大过在弟子之学易者。俱未有定据。若曰孔子自五十岁后始学易，可以无大过，则大害义理。是未学易之前，圣人尝有过也。伊川后来自不取此说。窃谓天下之人凡所云为至于大过而不知止者，皆易道不明于天下故也。圣人之意，谓俟我赞易之后，庶几易道大明，而天下之人皆有所省觉，虽不免有小小过失，然可以保其无大过矣。盖不特为八索与弟子之学易者言之。不知是否？"曰："史记'加'作'假'，古本'五十'作

'卒'字。'加'、'假'声相近，'五十'与'卒'字相似而并误也。此孔子系易之时，自谓'假我数年，（五十）〔卒〕以学易，可以无大过'者，为此自谦之辞以教学者，深以见易之道无穷也。"谟。

子所雅言章

○ "执礼"，执守也。泳。

○ 问"子所雅言：诗、书、执礼"。曰："古之为儒者，只是习诗书礼乐。言'执礼'则乐在其中。如易则掌于太卜，春秋掌于史官，学者兼通之，不是正业。只这诗书，大而天道之精微，细而人事之曲折，无不在其中。礼则节文法度。圣人教人亦只是许多事。"㑦。

○ "子所雅言：诗、书、执礼"，未尝及易。夫子常所教人，只是如此，今人便先为一种玄妙之说。德明。

○ 贺孙问："'子所雅言：诗、书、执礼，皆雅言也。'伊川云：'夫子雅素所言，止于如此。若"性与天道不可得而闻"者，则在"默而识之"。'不知性与天道，便于诗、书、执礼中求之乎？"曰："语意不如此。观子贡说'夫子之言性与天道'，自是有说时节，但亦罕言之。"恭父云："观子贡此处，固足以见子贡方闻性、天之妙。又如说：'天何言哉？四时行焉，百物生焉，天何言哉？'这是大段警悟它处。"曰："这般处是大段分晓。"又云："若实能'默而识之'，则于'诗、书、执礼'上自得性与天道。若不实能默识得，虽圣人便说出也晓不得。"贺孙问："'执礼'，'执'字恐当时自以执其礼，非夫子方为是言？"曰："诗书只是口说得底，惟礼要当执守，故孔子常说教人执礼。故云：

'诗、书、执礼，皆雅言也。'不是当时自有此名。"贺孙。

叶公问孔子于子路章

○ "学者做得事不是，须是悔。悔了便不要做，始得。若悔了，第二番又做，是自不能立志，又干别人甚事？"因问："集注中有'未得则发愤忘食'之说。"先生曰："圣人未必有未得之事，且如此说。若圣人便有这般事，是他便发愤做将去。学者当悔时，须是学圣人始得，岂可自道我不似圣人便休却！"明作。

○ 为学要刚毅果决，悠悠不济事。且如"发愤忘食，乐以忘忧"，是甚么样精神，甚么样骨肋！〔因说胡季随。〕正卿。

○ 寓问："'发愤忘食'，未知圣人发愤是如何？"曰："要知他发愤也不得。只是圣人做事超越众人，便做到极处，发愤便忘食，乐便忘忧。若他人，发愤未必能忘食，乐处未必能忘忧。圣人直是脱洒，私欲自是惹不着。这两句虽无甚利害，细看来，见得圣人超出乎万物之表！"

○ "发愤忘食，乐以忘忧，不知老之将至云尔。"泛说，若是谦辞。然圣人之为人自有不可及处，直要做到底，不做个半间不界底人。非是有所因，真个或有所感，发愤而至于忘食，所乐之至而忘忧，盖有不知其然而不自知其老之将至也。又如"好古敏以求之"，自是谦词。"学不厌，教不倦"，亦是谦词。当时如公西华、子贡自能窥测圣人不可及处。盖圣人处己之谦若平易，而其所以不可及者亦在其中矣。观圣人若慢，只是你赶他不上。人杰。蕣录略同。

○ "'发愤忘食，乐以忘忧，不知老之将至云尔。'圣人不是有所因为甚事了如此，只是意思有所发愤便至于忘食，乐便至于忘忧，至于不知老之将至。圣人不肯半上落下，直是做到底。虽是圣人若（不）〔自〕贬下之辞，其实超诣，却非圣人做不得。愤，是感之极深；乐，是乐之极至。圣人不是胡乱说，是他真个有'发愤忘食，乐以忘忧'处。"次日再问。先生曰："如今不必说是为甚发愤，或是有所感，只理会他忘食忘忧。发愤便至于忘食，乐便至于忘忧，便与闻韶不知肉味之意相似。"銖。

○ 因说"发愤忘食，乐以忘忧"，曰："观天地之运，昼夜寒暑无须臾停。圣人为学亦是从生至死，只是如此无止法也。"僩。

○ 对叶公之问，见其事皆造极，脱然无所系累，但见义理无穷，不知岁月之有改。"莫我知"之叹，见其乐天安土，无入而不自得，天人事理，洞然无毫发之间。苟有一毫之私，则无以窥此境之妙，故曰"知我者其天乎"。道夫。

○ "其为人也，发愤忘食，乐以忘忧，不知老之将至云尔"，与"不怨天，不尤人，下学而上达，知我者其天乎"，二章固不出乎略无人欲，浑然天理。然要各随其头面，看他意思如何。譬之皆金也，做盏时是一样，做钗时是一样。须是随其意思见得分明方好。不然，亦只鹘突而已。"发愤忘食"是发愤便能忘食，"乐以忘忧"是乐便（是）〔能〕忘忧，更无些子系累，无所不用其极，从这头便点到那头，但见义理之无穷，不知身世之可忧、岁月之有变也。众人纵如何发愤，也有些无紧要心在；虽如何乐，终有些系累乎其中。"不怨天，不尤人"，乐天安土，安于所遇，无一毫之私意。"下学上达"，是天人事理，洞然透彻，无一毫之间隔。圣人所谓上达，只是一举便都在此，非待下学后旋上达也。圣人便是天，人则不能知天，惟天无人许多病败，故独能知之。天非真有知识能知，但圣人有此理，天亦有此理，故其妙处独与之契合。释氏亦云："惟佛与佛，乃能知之。"正此意也。伯羽。

我非生而知之者章

○ "我非生而知之者，我学不厌而教不倦也。"曰："此虽圣人谦词，观圣人若甚慢，只是你赶他不上，所以子贡、公西华亦自看得破。"壁。

○ 〔问横渠"仲尼愤一发而至于圣"之说。曰："圣人紧要处自生知了。其积学者却只是零碎事，如制度文为之类，其本领不在是。若张子之说，是圣人全靠学也。"〕大抵如所谓"非生知"之说，皆是移向下一等说以教人。亦是圣人着得地步广阔，自视犹有未十分全满处，所以其言如此，非全无事实而但为此词也。必大。

○ 伯羽问："'我非生而知之者，好古敏以求之者。'圣人之敏求，固止礼乐名数。然其义理之精熟，亦敏求之然乎?"曰："不然。圣人于义理，合下便恁地。'固天纵之将圣，又多能也。'敏求则多能之事耳。其义理完具，礼乐等事便不学也自有一副当，但力可及，故亦学之。若孟子于此等，也有学得底，也有不曾学得底，然亦自有一副当，但不似圣人学来尤密耳。"仲思问："何以言之?"曰："如班爵禄、井田、丧礼之类，只是说得大概。然亦是去古远，无可考处，但他大纲正，制度虽有不备处亦不妨。"伯羽。

○ 施问："每疑夫子言'我非生而知之'、'若圣与仁则吾岂敢'，及至梦奠两楹之间则曰：'太山其颓乎！梁木其坏乎！哲人其萎乎！'由前似太谦，由后似太高。"曰："檀弓出于汉儒之杂记，恐未必得其真也。"寓。

子不语怪力乱神章

○ 问："'子不语怪力乱神。'集注言：'鬼神之理难明易（感）〔惑〕，而实不外乎人事。'鬼神之理在人事中如何见得？"曰："鬼神只是二气之屈伸往来。就人事中言之，如福善祸淫便可以见鬼神道理。论语中圣人不曾说此。"寓问："如动静语默亦是此理否？"曰："固是。圣人全不曾说这话与人，这处无形无影，亦自难说。所谓'敬鬼神而远之'，只恁地说。"集注旧文已改。〔寓。〕

三人行章

○ 圣人之学异夫常人之学。才略举其端，这里便无不昭彻，然毕竟是学。人若以自修为心，则举天下万物，凡有感乎前者，无非足以教吾义理之正。善者固可师，不善者这里便恐惧修省，恐落在里面去，是皆师也。夔孙。

天生德于予章

○ 又读"天生德于予"一章。"才做圣人自反无愧说时，便小了圣人。须知道天生德于圣人，桓魋如何害得！故必其不能违天害己也。"

时举。

○　恭父问："集注云'必不能违天害己'，不知当时圣人见其事势不可害己，还以理度其不能害耶？"曰："若以势论，则害圣人甚易，唯圣人自知其理有终不能害者。"贺孙。

○　问："伊川云'夫子免于匡人之围，亦苟脱也'，此言何谓？"曰："谓当时或为匡人所杀，亦无十成。"问："夫子自言'匡人其如予何'，程子谓'知其必不能违天害己'，何故却复有此说？"曰："理固如是，事则不可知。"〔必大。〕

○　魏问："谢氏又云：'圣人不敢必其不我害也，使其能为我害亦天也。'是如何？"曰："这说是圣人必其不能害己，如'匡人其如予何'，皆是断然害圣人不得。圣人说出，自恁地直截。如说：'道之将行也与？命也；道之将废也与？命也。公伯寮其如命何！'这是未定之辞。如孟子说：'吾之不遇鲁侯，天也。臧氏之子焉能使予不遇哉！'遇不遇，看天如何，亦是未定之辞。"贺孙。

二三子以我为隐乎章

○　又读"二三子以我为隐乎"一段，云："须要看圣人如何是'无行不与二三子'处。"时举。

○　子善说："'吾无隐乎尔。'此在弟子自见得如何。如颜子只见得'所立卓尔'，冉子自见得'力不足，中道而废'。圣人以学者不能自去用力，故以此警之。"曰："要紧意思都在'吾无行而不与二三子'

处，须去子细认圣人无不与二三子处在那里。凡日用饮食居处之间，认得圣人是如何，自家今当如何。"或问："乡党所得，亦足以见圣人之动静。"曰："'与上大夫言，訚訚如也'之类，这亦可见，但夫子所以与二三子又不止此，须是实认得意思是如何。"<u>贺孙</u>。

○　"二三子以我为隐乎？吾无隐乎尔。吾无行而不与二三子者，是<u>丘</u>也"，向前见众人语得玄妙，<u>程先生</u>说得絮。〔<u>黄</u>作"切怛"。〕后来子细看，方见得众人说都似禅了，不似<u>程先生</u>说得稳。<u>淳</u>。〔<u>义刚</u>同。〕

子以四教章

○　读"子以四教"。曰："其初须是讲学，讲学既明而后修于行。所行虽善，然更须反之于心，无一毫不实处乃是忠信。"<u>时举</u>。

○　<u>子善</u>说"文行忠信"。曰："公意以为如何？"曰："恐是教人之序，却当先博以文，使之躬行，方教之忠信。"曰："此是表里互说在这里，不是当学文修行时不教之存忠信。在教人，当从外说入。"又云："学者初来，须是先与他讲说。不然，是行个甚么？忠是甚物事？信是甚物事？到得为忠为信，自是说不得。若平日讲说到忠信，且只是文。到得尽此忠、信二节，全在学者自去做。如讲说如何是孝，如何是悌，这都只是文。去行其所谓孝，所谓悌，方始是实事。"<u>贺孙</u>。

○　问："'文行为先，忠信为次'之说如何？"曰："世上也自有初间难晓底人，便把忠信与说，又教如何理会！也须且教读书，渐渐压伏这个身心教定，方可与说。"问："'行有余力，则以学文'是如何？"曰："读书最不要如此比并。如上说怕人卒急难理会，须先将文开发它，如诗书礼乐，射御书数，都是文。这自是说务本主意不同。"贺孙。

○ "子以四教，文行忠信。"教人之道自外约入向里去，故先文〔后〕行，而忠信者，又立行之方也。谟。

○ 先生因或者讲"子以四教"："敢问何以有四者之序？"或者既对。先生曰："文便是穷理，岂可不见之于行！然既行矣，又恐行之有未诚实，故又教之以忠信也。所以伊川言以忠信为本，盖非忠信则所行不成故耳。"因问："然则学而所谓'行有余力，则以学文'，何也？"曰："彼将教子弟，而使之知大概也，此则教学者深切用工也。"问："然则彼正合小学之事欤？"曰："然。"处谦。

○ 问："此章是先文而后行，'行有余力，则以学文'是先行而后文。何以不同？"曰："'文行忠信'是从外做向内，'则以学文'是从内做向外。圣人言此类者，多要人逐处自识得。"铢问："中庸末章自'衣锦'说至'无声无臭'是从外做向内，首章自'天命之性'说至'万物育'是从内做向外。"曰："不特此也。'惟天下聪明睿知'，说到'溥博渊泉'，是从内说向外；'惟天下至诚，经纶天下之大经'，至'肫肫其仁'，'聪明圣智达天德'，是从外说向内。圣人发明内外本末，小大巨细，无不周遍，学者当随事用力也。"铢。

圣人吾不得而见之章

○ 问善人、有恒者之别。曰："善人已无过，但不入道。恒者惟守常分而已。论语中此等皆泛问，非切于日用之最急者。此等皆置之后面，前面自有紧切处。若紧切处通，余处自会理会得。"贺孙。

○　窦叔问："'善人有恒'一章，有恒者之去圣人高下固悬绝矣，然未有不自有恒而能至于圣人者。天下事大概既是有恒方做得成。尝观分水岭之水，其初甚微；行一两日，流渐大；至到建阳遂成大溪。看来为学亦是有恒方可至于圣人。"曰："最是古人断机譬喻最切。缘是断时易，接时难，一断了便不可接。"泳。

○　善人是资质自好底人，要做好事而自然无恶者也。有恒则只是把捉得定，又未到善人自然好处在。善人，正如上文所谓圣人；有恒，正如所谓君子。然而善人、有恒者，皆未知学问者也。佪。

○　吴伯英解"亡而为有"章。曰："正谓此皆虚夸之事，不可以久，是以不能常，非谓此便是无常也。"处谦。

○　问："'亡而为有'等，与'难乎有恒矣'不相似。"曰："盖如此则不实矣。只是外面虚张做，安能有常乎！"寓。伯羽录同。

○　问"难乎有恒矣"。曰："这不是说它无常。只是这人恁地有头无尾了，是难乎有常矣，是不会有常。"又曰："言此三病皆受于无常之前。"又曰："如说'居上不宽，为礼不敬，临丧不哀，吾何以观之哉'，不是不去观他，又不是不足观。只为它根源都不是了，更把甚么去观它！重在'以'字上。"又云："将甚底物事去看他居上宽，为礼敬，临丧哀？就里面方可看他个深浅过及。它都无这个了，更将何以观之？如考试一般，甚文字纰缪，更将甚么去考得？论语如此处多，今人都只粗浅〔衮说〕过，也自说得，只是圣人本意不如此。只是看得熟了，少间自分别。"贺孙。

○　味道问："亡而为有，虚而为盈，约而为泰，难乎有恒矣。"先生云：“如此等人是不可谓之有常之人矣。盖言此三病皆受于无常之前。”先生因云：“吾何以观之哉？亦是如此言：‘居上者观其宽如何，为礼者观其敬如何，临丧者观其哀如何。’如有其宽，有其敬，有其哀时，即观其浅深之当否如何。今既无此，则吾复以何者而观之矣？”又云：“论语如此处甚多，今人都只粗浅看了，也说得去，只是圣人本意不如此。只是看得熟了，少间自然分别得出。”卓。

子钓而不纲章无

盖有不知而作之者章

○ “子曰：‘盖有不知而作者，我无是也。多闻，择其善者而从之。多见而识之，知之次也。’”知以心言，得于闻见者次之。谟。

○ “子曰：‘多闻，择其善者而从之。多见而识之。’”多见，姑且识之。如没要紧底语言文字，谩与他识在，不识也没紧要。却在“多闻，择其善者而从之”。如今人却只要多识，却无择善一着。贺孙。〔因坐客杂记而言。〕

○ 或问：“‘多闻，择其善者而从之。多见而识之，知之次也。’其义如何？”曰：“闻是闻前言往行，见是见目今所为。闻之〔多〕，须要择其善者而从之，必有得于己。不是闻详见略，亦不是闻浅见深，不须如此分闻、见字。”盖卿。

○ 又读“多闻，择其善者而从之”章，云：“闻见亦是互相发明，如'子张学干禄'一章言'多闻阙疑，谨言其余；多见阙殆，谨行其余'。闻固是主于言，见固是主于行，然亦有闻而行者，见而言者，不可泥而看也。"时举。

○　杨问："'盖有不知而作者'，作是述作？或只是凡所作事？"曰："只是作事。"又："'多闻，择其善者而从之。多见而识之'，不知可以作'多闻而识之。多见，择其善者而从之'，得否？"曰："闻、见大略争不多。较所闻毕竟多，闻须别识善恶而从。见则见得此为是，彼为非，则当识之，它日行去不差也。"〔寓。〕

○　问："'择善而从之'，是已知否？"曰："未择时则未辨善恶，择了则善恶别矣。譬如一般物，好恶夹杂在此，须是择出那好底，择去那恶底。择来择去，则自见得好恶矣。"焘。

○　贺孙问："多闻、多见不同，如何？"曰："闻是耳闻，见是目见。"问："'多闻，择其善者而从之'，多见如何不择？吕氏说'闻愈于见，从愈于识，知愈于从'，如何？"曰："多闻，便有所当行，故择而行之。多见虽切，然未必当行，姑识在。"贺孙。

互乡难与言章无

我欲仁章

○　人之为学也是难。若不从文字上做工夫，又茫然不知下手处。若是字字而求，句句而论，而不于身心上着切体认，则又无所益。且如说："我欲仁，斯仁至矣！"何故孔门许多弟子，圣人竟不曾以仁许之？虽以颜子之贤，而尚或违于三月之后，而圣人乃曰"我欲斯至"，盖亦于日用体验我若欲仁其心如何？仁之至其意又如何？又如说"非礼勿视听言动"，盖亦每事省察，何者为礼？何者为非礼？而吾又何以能勿视勿听？若每日如此读书，庶几看得道理自我心而得，不为徒言也。<u>处谦</u>。

○　吴伯英讲"我欲仁，斯仁至矣"。因引"有能一日用其力于仁矣乎"以证之，且曰："如先生固尝注曰：'仁本固有，欲之则至。志之所至，气亦至焉。'"先生曰："固〔是〕，但是解'一日用力'而引此言，则是说进数步。今公言'欲仁仁至'而引前言，则是放退数步地也。"以此观先生说经，大率如此。

陈司败问昭公章

○　问："昭公娶同姓之事，若天王举法，则如何断？"曰："此非昭公固为之也。当时吴盛强，中国无伯主。以齐景公犹云'既不能令，又不受命'，'涕出而女于吴'。若昭公亦是借其势，不得已之故，非贪其色而然也。天王举法则罪固不免，亦须原情自有处置。况不曰'孟姬'，而曰'吴孟子'，则昭公亦已自知其非矣。"<u>淳</u>

子与人歌而善章

○　"子与人歌而善，必使反之，而后和之。"今世间人与那人说话，那人正说得好，自家便从中截断，如云已自理会得、不消说之类。以此类看，圣人是甚气象！与人歌，且教他自歌一终了，方令再歌而后和之。不于其初歌便和，恐混杂它，不尽其意。此见圣人与人为善。
<u>贺孙</u>。

○　若不待其反而后和，则它有善亦不得而知。今必使之反之而后
和之，便是圣人不掩人善处。〔<u>义刚</u>。〕

○　集注说"子与人歌"，"不掩人善"。盖它歌既善，使他复歌，
圣人未遽和以搀杂之。如今人见人说得话好，未待人了，便将话来搀他
底，则是掩善。〔<u>植</u>。〕

○　问："伊川云：'歌必全章，与"割不正不食"同意。'如何？"
曰："是直候歌者彻章，然后再从头和之，不是半中间便和。恐是此
意。"<u>闳</u>。

文莫吾犹人也章

○　子曰："文，莫吾犹人也。躬行君子，则吾未之有得。"先生
云："'莫'是疑辞，犹今人云'莫是如此否'。言文则吾与人一般，如
云'听讼，吾犹人也'。若'躬行君子，则吾未之有得'，此与'君子之
道四，丘未能一焉'之意同。"<u>僩</u>。

若圣与仁章

○　仁之与圣所以异者，"大而化之之谓圣"；若大而未化之，只可
谓之仁。此其所以异。<u>明作</u>。

○ "为之不厌，诲人不倦"，他也不曾说是仁圣，但为之毕竟是为个甚么？诲人毕竟是以甚么物事诲人？这便知得是：为之是为仁圣之道，诲之是以仁圣之道诲人。_{义刚}。

○ 夫子固多谦辞，到得说"抑为之不厌，诲人不倦"，公西华便识得，所以有"正唯弟子不能学也"之说，便说道圣人有不让处。_泳。

○ 其他人为之、诲人不能无厌倦时，惟圣人则不厌不倦。"正唯弟子不能学也"，言正是弟子不能学处。这若不是公西华亲曾去做来，亲见是恁地，如何解恁地说！_{义刚}。

子疾病章

○ 或问子路请祷处。先生曰："子路若不当请，圣人何不直拒之，乃问'有诸'，何也？"立之对云："圣人不直拒子路，故必问之而后以为无所事祷。"曰："不然。盖夫子疑子路祷之非正，故以'有诸'叩之。及子路举诔，圣人知非淫祀，乃云我无所事祷。"_{时举}。

○ 又读此章，曰："在臣子则可，在我则不可。圣人也知有此理，故但言我不用祷，而亦不责子路之罪也。"_{时举}。

○ 问"病而祷"。"古亦有此理，但子路不当请之于夫子。其曰：'丘之祷久矣！'注云'孔子素行合于神明'是也。伊川云：'无过可悔，无善可迁。'此是解'素行合于神明'一句。"_谟。

○ 胡叔器问："'子路请祷'，注下是两个意思模样。"曰："是。

但士丧礼那意却只是个小意思。"良久，云："圣人便是子细。若似其他人，后便须叫唤骂詈，圣人却又问'有诸'，待他更说，却云是'祷久矣'。这如'子与人歌而善，必反之而后和之'样。却不是他心里要恁子细，圣人自是恁地子细，不恁地失枝落节，大步跳过去了说。"<u>义刚</u>。

奢则不孙章_无

君子坦荡荡章_无

子温而厉章

○ "'子温而厉，威而不猛，恭而安。'须看厉便自有威底意思，不猛便自有温底意思。大抵曰'温'、曰'威'、曰'恭'三字是主，曰'厉'、曰'不猛'、曰'安'是带说。上下二句易理会，诸公且看圣人威底气象是如何。"久之，云："圣人德盛，自然尊严。"又云："<u>谢氏</u>以此说<u>夷</u><u>惠</u>过处，颇是。"<u>贺孙</u>。

○ <u>胡叔器</u>说"子温而厉"章。先生曰："此虽是说圣人之德容自然如此，然学者也当如此举偏而补弊。盖自<u>舜</u>之命<u>夔</u>已如此，而<u>皋陶</u>陈九德亦然，不可不知。"<u>义刚</u>。

○ "子温而厉。"圣人固是自然，学者便须举偏补弊。如<u>舜</u>命教胄子，<u>皋陶</u>九德可见。<u>夔孙</u>。

○　魏问："横渠言'十五年学"恭而安"不成'，明道曰'可知是学不成，有多少病在'，莫是如伊川说'若不知得，只是觑却尧学他行事，无尧许多聪明睿智，怎生得似他动容周旋中礼'？"曰："也是如此，更有多少病在。"良久，曰："人便是被一个气质局定。变得些子了又更有些子。"又云："圣人'发愤忘食，乐以忘忧'。发愤便忘食，乐便忘忧，直是一刀两段，千了百当！圣人固不在说，但颜子得圣人说一句，直是倾肠倒肚，便都了，更无许多廉纤缠扰，丝来线去。"问："横渠只是硬把捉，故不安否？"曰："他只是学个恭，自验见不曾熟。不是学个恭又学个安。"贺孙。

○　问张子云"十五年学个'恭而安'不成"。先生曰："'恭而安'，如何学得成？安便不恭，恭便不安，这个使力不得，是圣人养成底事。颜子若是延得几年，便是圣人。〔不是到此更用着力，只是养底工夫了。颜子工夫至到，只是少养。〕如炼丹火气已足，更不添火，只以暖气养教成就耳。"明作。

朱子语类卷第三十五
论语十七

泰伯篇

泰伯其可谓至德章

○ 泰伯得称"至德"，为人所不能为。可学。

○ 寓问："'三以天下让'，程言：'不立，一也；逃之，二也；文身，三也。'不知是否?"曰："据前辈说亦难考。他当时或有此三节亦未可知，但古人辞让，必至再至三，想此只是固让。"寓。

○ 问："'泰伯可谓至德。'切以为泰伯之让，略无迟疑，盖其所见已定，而其心无一毫怨恨之私。若其隐微之地稍有些子不合天理，便不足为至德。"先生曰："这个是于'民无得而称焉'处见，而今人都不去看这一句。如此，则夫子只说'至德'一句便了，何必更下此六个字?公更子细去看这一句，煞有意思。"义刚言："夫子称泰伯以至德，称文王亦以至德，称武王则曰未尽善。若以文王比武王，则文王为至德；若以泰伯比文王，则泰伯为至德。文王'三分天下有其二'，比泰伯已是不得全这一心了。"曰："是如此。"义刚又言："泰伯若居武王时，牧野之师也自不容已。盖天命人心，到这里无转侧处了。"曰："却怕泰伯不肯恁地做。圣人之制行不同，'或远或近，或去或不去'。虽是说他心只一般，然也有做得不同处。"范益之问："文王如何？"曰："似文王也自不肯恁地做了。纵使文王做时也须做得较详缓，那武王做得大故粗暴。当时纣既投火了，武王又却亲自去斫他头来枭起。若文王恐不肯恁地。这也难说。武王当时做得也有未尽处，所以东坡说他不是圣人，虽说得太过，然毕竟是有未尽处。"义刚曰："武王既杀了纣，有微子贤可立，何不立之？而必自立，何也？"先生自不答，无说，但蹙眉，曰："这个事也难说。"义刚。

○ 寓问："泰伯之说，知文王将有天下而让之乎，抑知太王欲传之季历而让之乎？"曰："泰伯之意却不是如此。只见太王有翦商之志，自是不合他意；且度见自家做不得此事，便掉了去。左传谓'泰伯不从，是以不嗣'，不从即是不从太王翦商事耳。泰伯既去，其势只传之季历，而季历传之文王。泰伯初来意思正是相反，至周得天下，又都是相成就处。看周内有泰伯、虞仲，外有伯夷、叔齐，皆是一般所见，不欲去图商。"

○ 伯丰问："集注云：'太王因有翦商之志。'恐鲁颂之说，只是推本之辞，未必太王真有是志，今遂据以为说，可否？"曰："诗中分明如此说。"又问："如此则太王为有心于图商也。"曰："此是难说。书亦云：'太王肇基王迹。'"又问："太王方为狄人所侵，不得已而迁岐，当时国势甚弱，如何便有意于取天下？"曰："观其初迁底规模便自不同，规模才立便张大。如文王伐崇、伐密，气象亦可见。然文王犹服事商，所以为至德。"璗。

○ 问："泰伯知太王有取天下之志，而王季又有圣子，故让去。"曰："泰伯惟是不要太王有天下。"或问："太王有翦商之志，果如此否？"曰："诗里分明说'实始翦商'。"又问："恐诗是推本得天下之由如此。""若推本说,不应下'实始翦商'。看左氏云'泰伯不从,是以不(祀)〔嗣〕',这其分明。这事也难说。他无所据,只是将孔子称'泰伯可谓至德也已矣',是与称文王一般。泰伯、文王、伯夷、叔齐是'行一不义,杀一不辜,而得天下不为'底道理。太王汤武是吊民伐罪,为天下除残贼底道理。常也是道理合如此,变也是道理合如此,其实只是一般。"又问:"尧之让舜,禹之传子,汤放桀,武王伐纣,周公诛管蔡,何故圣人所遇如此?"笑曰:"后世将圣人做模范,却都如此差异,信如公问。然所遇之变如此,到圣人处之皆恁地,所以为圣人,故曰'遭变事而不失其常'。孔子曰:'可与适道,未可与立;可与立,未可与权。'公今且就平平正正处看。"贺孙。

○ 吴伯英问:"泰伯知太王欲传位季历,故断发文身,逃之荆蛮,示不复用,固足以遂其所志,其如父子之情何?"先生曰:"到此却顾恤不得。父子君臣,一也。太王见商政日衰,知其不久,是以有翦商之意,亦至公之心也。至于泰伯,则惟知君臣之义截然不可犯也,是以不从。二者各行其心之所安,圣人未尝说一边不是,亦可见矣。或曰:'断发文身,乃仲雍也,泰伯则端委以治吴。'然吴之子孙皆仲雍之后,泰伯盖无后也。"处谦。

○ 方毅父问"泰伯可谓至德"一章,其间注云"其心即夷齐之心"处。先生云:"此语不是言其如夷齐之让国,盖谓其与夷齐谏伐之心同耳。"时举。

○ "泰伯"章所引"其心即夷齐之心,而事之难处有甚焉者",不是说逊国事。自是说夷齐谏武王,不信便休,无甚利害。若泰伯不从翦商之志,却是一家内事,与谏武王不同,所以谓之难处,非说逊国事也。集注说亦未分晓耳。处谦。

○〔"泰伯之心即伯夷叩马之心,太王之心即武王孟津之心。二者'道并行而不相悖'。然圣人称泰伯为至德,谓武为未尽善,亦自有抑扬。盖泰伯、夷、齐之事,天地之常经,而太王、武王之事,古今之通义,但其间不无些子高下。若如苏氏用三五百字骂武王非圣人,则非矣。于此二者中,须见得'道并行而不悖'处乃善。"因问:"泰伯与夷齐心同,而谓'事之难处有甚焉者',何也?"〕又曰:"夷齐处君臣间,道不合则去。泰伯处父子之际,又不可露形迹,只得不分不明且去。某书谓太王有疾,泰伯采药不返,疑此时去也。"铢。

○ 问:"泰伯让天下,与伯夷、叔齐让国,其事相类。何故夫子一许其得仁,一许其至德,二者岂有优劣耶?"曰:"亦不必如此。泰伯初未尝无仁,夷齐初未尝无德。"处谦。

○ 问:"'泰伯不从',事见春秋传,不知春秋传如何说?"曰:"只说'泰伯不从,是以不(祀)〔嗣〕'而已。"广。

恭而无礼章

○ 礼只是理,只是看合当恁地。若不合恭后却必要去恭,则必劳。若合当谨后,谨则不葸;若合当勇后,勇则不乱。若不当直后,却须要直,如"证羊"之类便是绞。义刚。

○ 义刚问:"'故旧不遗,则民不偷',这想是义,盖人皆有此仁义之心。笃于亲,是仁之所发,故我笃于亲则民兴仁;笃故旧,是义之〔所〕发,故不遗故旧则民兴义。是如此否?"曰:"看'不偷'字,则又似仁样,大概皆是厚底意思。不遗故旧固是厚,这不偷也是厚,却

（说）难把做（仁）〔义〕说。"<u>义刚</u>。

○ <u>郑齐卿</u>问"恭而无礼则劳"章<u>集注</u>举<u>横渠</u>说之意。曰："他要合下面意，所以如此说。盖有礼与笃亲、不遗故旧在先，则不葸、不劳、不乱、不绞，与兴仁、不偷之效在后耳。要之，合分为二章。"又问："直而无礼则绞。"曰："绞如绳两头绞得紧，都不宽舒，则有'证父攘羊'之事矣。"<u>木之</u>。

○ "'恭而无礼则劳'云云。<u>寓</u>看'君子笃于亲'，与恭、谨、勇、直处意自是别。<u>横渠</u>说谓'人道知所先后则恭不劳，慎不葸，勇不乱，直不绞，民化而德厚矣'。此说如何？"曰："<u>横渠</u>这说且与存在，某未敢决以为定。若做一章说，就<u>横渠</u>说得似好。他就大处理会，便知得品节如此。"问："<u>横渠</u>说'知所先后'，先处是'笃于亲'与'故旧不遗'。"曰："然。"问："他却将恭慎等处入在后段说，是如何？"曰："就他说，人能笃于亲与不遗故旧，他大处自能笃厚如此，到节文处必不至大段有失。他合当恭而恭必不至于劳，谨慎必不至于畏缩，勇直处亦不至于失节。若不知先后，要做便做，更不问有六亲眷属，便是'证父攘羊'之事。"<u>寓</u>。<u>淳录同</u>。

○ "君子笃于亲"，<u>集注</u>所载<u>张子</u>"知所先后"之说，谓先且笃于亲，不遗故旧，此其大者，则恭、慎、勇、直不至难用力。此说固好，但不若<u>吴氏</u>分作两边说为是。<u>明作</u>。

曾子有疾谓门弟子章

○ <u>时举</u>读问目。先生曰："依旧有过高伤巧之病，切须放令平实。

曾子启手足是如此说，固好，但只就他保身上面看，自极有意思也。"
时举。

○ 正卿问"曾子启手足"章。曰："曾子奉持遗体，无时不戒谨
恐惧，直至启手足之时方得自免。这个身己直是顷刻不可不戒谨恐惧。
如所谓孝，非止是寻常奉事而已。当念虑之微有毫发差错，便是悖理伤
道，便是不孝。只看一日之间，内而思虑，外而应接事物，是多多少
少！这个心略不检点便差失了。看世间是多少事，至危者无如人之心，
所以曾子常常恁地'战战兢兢，如临深渊，如履薄冰'。"贺孙。

○ 问曾子战兢。曰："此只是戒谨恐惧，常恐失之。君子未死之
前，此心常恐保不得，便见得人心至危。且说世间甚物事似人心危！且
如一日之间，内而思虑，外而应接，千变万化，剳眼中便走失了！剳眼
中便有千里万里之远！所谓'人心惟危，道心惟微'。只理会这个道理
分晓，自不危。'惟精惟一'，便是守在这里；'允执厥中'，便是行将
去。"㤠。

○ 曾子曰："战战兢兢，如临深渊，如履薄冰。"此乃敬之法。此
心不存，则常昏矣。今人有昏睡者，遇身有痛痒则蹶然而醒，盖心所不
能已，则自不至于忘。中庸戒谨恐惧，皆敬之意。〔㳒。〕

曾子有疾孟敬子问之章

○ 节问："'斯远暴慢矣'，注云：'暴，粗厉也。'何谓粗厉？"
曰："粗，不精细也。"节。

○ 林问:"'动容貌,斯远暴慢'章,若未到此,如何用工?"曰:"也只是说杨作"就"字。容貌颜色辞气之间用工,更无别所,杨作"法"字。但上面可临时做,下面非临时做得,须是熟然后能如此。初间未熟时须是动容貌,至熟后便自然远暴慢;未熟时须是正颜色,至熟后便自然近信。辞是言语,气是声音,出是从这里出去,三者是切我身上事要得如此。笾豆虽是末,亦道之所在,不可不谨。然此则有司之事,我只理会身上事。"淳。杨至问同。

○ 徐问:"'正颜色,斯近信。'何谓近于实?"曰:"近,只是其中有这,便与实处不相违背。如'色取仁而行违',外面有许多模样,其中所存却不恁地,便与信远了。只将不好底对看便见。"淳。

○ "出辞气,斯远鄙倍",是"修辞立其诚"意思。贺孙。

○ "出辞气",人人如此,工夫却在下面。如"非礼勿视,非礼勿听",人人皆然,工夫却在"勿"字上。泳。

○ 毅父问"远暴慢"章。先生曰:"此章'暴慢'、'鄙倍'等字,须要与他看。暴是粗厉,慢是放肆。盖人之容貌少得和平,不暴则慢。暴是刚志之过,慢是宽柔之过。鄙是凡浅,倍是背理。今人之议论有见得虽无甚差错、只是浅近者,此是鄙。又有说得甚高而实背于理者,此是倍。不可不辨也。"时举录毅父问。

○ 仲蔚说"动容貌"章。先生曰:"暴慢底是大故粗。'斯近信矣',这须是里面正后颜色自恁地正,方是近信。若是'色取仁而行违',则不是信了。倍,只是倍于理。出辞气时,须要看得道理如何后方出,则不倍于理。"问:"三者也似只一般样。"先生曰:"是各就那事上说。"又问:"要恁地,不知如何做工夫?"先生曰:"只是自去持守。"〔池录作"只是随事去持守"。〕义刚。

○ "君子所贵乎道者三"一章,是成就处。升卿。

○ "君子所贵乎道者三",此三句说得太快,大概是养成意思较多。赐。

○ 陈寅伯问"君子所贵乎道者三"。先生曰:"且只看那'所贵'二字,莫非道也,如笾豆之事亦是道,但非所贵。君子所贵只在此三者。'动容貌,斯远暴慢矣','斯'字来得甚紧。动容貌便须远暴慢,正颜色便须近信,出辞气便须远鄙倍。人之容貌只有一个暴慢,虽浅深不同,暴慢则一。如人狠戾固是暴,稍不温恭亦是暴。如人倨肆固是慢,稍或怠慢亦是慢。正颜色而不近信却是色庄。信,实也。正颜色便须近实。鄙,便是说一样卑底说话。倍,是逆理。辞气只有此二者。"因曰:"不易。孟敬子当时写得如此好。"或云:"想曾子病亟,门人多在傍者。"曰:"恐是如此。"因说:"看文字须是熟,熟后到自然脱落处方是。某初看此,都安排不成。按得东头,西头起;按得前面,后面起。到熟后全不费力。要紧处却在那'斯'字、'矣'字这般闲字上。此一段,程门只有尹和靖看得出。孔子曰'学而时习之,不亦说乎',若熟后,真个使人说! 今之学者,只是不深好后不得其味,只是不得其味后不深好。"文蔚。

○ 问"君子所贵乎道者三"。先生曰:"君子存养之至,然后能如此。一出辞气便自能远鄙倍,一动容貌便自能远暴慢,正颜色便自能近信,所以为贵。若学者则虽未能如此,当思所以如此。然此亦只是说效验,若作工夫则在此句之外。"雉。

○ 曾子所谓"远暴慢"、"鄙倍"，皆是自远在我者，然"动容貌"以下三者，亦须先做工夫始得，如何便能如此。土毅。

○ 或问："'动容貌'三者如何用工?"先生曰："亦不出此外，只到熟后自然能'远暴慢'。"力行。

○ 黄敬之问"曾子有疾孟敬子问之"一节。曰："'君子所贵乎道者三'是题目一句。下面要得动容貌便能远暴慢，要得正颜色便近信，出辞气便远鄙倍。要如此，须是从前做工夫。"〔植。〕

○ "'动容貌，斯远暴慢；正颜色，斯近信；出辞气，斯远鄙倍。'须要理会如何得动容貌便会远暴慢，正颜色便会近信，出辞气便会远鄙倍。须知得曾子如此说，不是到动容貌、正颜色、出辞气时方自会恁地。须知得工夫在未动容貌、未正颜色、未出辞气之前。"又云："正颜色，若要相似说，合当着得个远虚伪矣。动、出都说自然，惟'正'字却似方整顿底意思。盖缘是正颜色亦有假做恁地，内实不然者。若容貌之动，辞气之出，却容伪不得。"贺孙。

○ "君子所贵乎道者三。"或云："须是工夫持久方能?"曰："如此说也不得。人之资禀各不同，资质好者，才知得便把得定，不改变；资质迟慢者，须大段着力做工夫方得。"因举徐仲车先生从胡安定先生学。一日，头容少偏，安定忽厉声云："头容直!"徐因思得不独头容〔直〕，心亦要直，自此不敢有慢心。又举小南和尚偶靠倚而坐，其师见之，厉声叱之曰："恁地无脊梁骨!"小南闻之耸然，自此终身不靠倚坐。"这样人都是资质美，所以一（发）〔拨〕便转，终身不为。"僩。

○ 问："所谓暴慢、鄙倍皆是指在我者言否?"曰："然。"曰：

“所以动容貌而暴慢自远者，工夫皆在先欤？”曰：“此只大纲言人合如此。固是要平日曾下工夫，然即今亦须随事省察，不令间断。”<u>广</u>。

○　问“君子所贵乎道者三”至“笾豆之事则有司存”。曰：“以道言之，固不可谓此为道，彼为非道。然而所贵在此，则所贱在彼矣；其本在此，则其末在彼矣。”<u>人杰</u>。

○　“君子所贵乎道者三”，乃是切于身者。若笾豆之事，特有司所职掌耳。今人于制度文为一一致察，未为不是，然却于大体上欠阙，则是弃本而求末者也。<u>人杰</u>。

○　问“君子所贵乎道者三”一段。先生曰：“学者观此一段，须看他两节，先看上所贵所重者；至于一笾一豆皆（有）是理，但这个事自（是）〔有〕人管，我且自理会个大者。且如今人讲明制度名器，皆是当然，非不是学，但是于自己身上大处却不曾理会，何贵于学！”先生因言：“近来学者多务高远，不自近处着工夫。”有对者曰：“近来学者诚有好高之弊者。有问<u>伊川</u>：‘如何是道？’<u>伊川</u>曰：‘行处是。’又问<u>明道</u>：‘如何是道？’<u>明道</u>令于父子、君臣、兄弟上求。诸先生言如此，初不曾有高远之说。”先生曰：“<u>明道</u>之说固如此，然父子、兄弟、君臣之间，各有一个当然之理，是道也。”<u>希逊</u>。

○　“大凡学问不可只理会一端。圣贤千言万语，看得虽似纷扰，然却都是这一个道理。而今只就紧要处做固好，然别个也须一一理会，凑得这一个道理都一般方得。天下事硬就一个做，终是做不成。如<u>庄子</u>说‘风之积也不厚，则其负大翼也无力’，须是理会得多，方始衬簟得起。且如‘笾豆之事各有司存’，非是说笾豆之事置之度外不用理会，只去理会‘动容貌’三句，亦只是三句是自家紧要合做底，笾豆是付与

有司做底，其事为轻。而今只理会三句，笾豆之事都不理会，万一被有
司唤笾做豆，若不曾晓得，便被他瞒。又如田子方说'君明乐官，不明
乐音'，他说得不是，若不明得音，如何明得官？次第被他易宫为商也
得。所以中庸先说个'博学之'，孟子曰'博学而详说'也。且看孔子
虽曰生知，是事去问人，若问礼、问丧于老聃之类甚多。只如官名不晓
得莫也无害，圣人亦汲汲去问郯子，盖是我不识底须去问人始得。"〔因
说："南轩洙泗言仁编得亦未是。圣人说仁处固是仁，然不说处不成非
仁！天下只有个道理，圣人说许多说话都要理会。岂可只去理会说仁
处，不说仁处便掉了不管！子思做中庸大段周密不易，他思量如是。
'德性'五句须是许多句方该得尽，然第一句为主。'致广大、极高明、
温故、敦厚'，此上一截是'尊德性'事；如'道中庸、尽精微、知新、
崇礼'，此下一截是'道问学'事。都要得纤悉具备，无细不尽，如何
只理会一件？"或问知新之理。曰："新是故中之事，故是旧时底，温起
来以'尊德性'，然后就里面讨得新意，乃为'道问学'。"〕明作。

○　正卿问："'君子所贵乎道者三。'正颜色之'正'字，独重于
'动'与'出'字，何如？"曰："前辈多就'动'、'正'、'出'三字上
说，一向都将三字重了。若（后）〔从〕今说便三字都轻说，却不可于
中自分两样。某所以不以彼说为然者，缘看上文势不恁地也。'君子所
贵乎道者三'，是指夫道之所以可贵者为说，故云道之所以可贵者有三
事焉，故下数其所以可贵之实如此。若礼文器数，自有官守，非在所当
先而可贵者。旧说所以未安者，且看世上人虽有动容貌者，而便辟足
恭，不能远暴慢；虽有正颜色者，而'色取仁而行违'，多是虚伪，不
能近信；虽有出辞气者，而巧言饰辞，不能远鄙倍，这便未见得道之所
以可贵。夫道之所以可贵者，惟是动容貌自然便会远暴慢，正颜色自然
便会近信，出辞气自然便会远鄙倍，此所以贵乎道者此也。"又云："三
句最是'正颜色，斯近信'见得分明。"贺孙。

○ 或问："'君子所贵乎道者三',如何?"曰:"'动容貌,正颜色,出辞气',前辈不合将做用工处,此只是涵养已成效验处。'暴慢、鄙倍、近信'皆是自己分内事。惟近信不好理会,盖君子才正颜色,自有个诚实底道理,异乎'色取仁而行违'者也。所谓'君子所贵乎道者三',道虽无乎不在,然此三者乃修身之验、为政之本,故可贵。容貌,是举一身而言;颜色,乃见于面颜者而言。"又问曰:"三者固是效验处,然不知于何处用工?"曰:"只平日涵养便是。"祖道。谟、人杰录并同。

○ "'君子所贵乎道者三'以下三节,是要得恁地,须是平日庄敬工夫到此,方能恁地。若临时做工夫,也不解恁地。"植因问:"明道云:'动容貌,举一身而言,周旋中礼,暴慢斯远;正颜色则不妄,斯近信矣;出辞气,正由中出,斯远鄙倍。正身而不外求,故曰"笾豆之事则有司存"。'又仍是三四句上半截是工夫,下半截是功效。"曰:"不是。所以恁地,也是平日庄敬工夫。"〔植。〕

○ 问:"'君子所贵乎道者三'云云。动也,正也,出也,不知是心要得如此?还是自然发见气象?"曰:"上蔡诸人皆道此是做工夫处。看来只当作成效说,涵养庄敬得如此。工夫已在前了,此是效验。动容貌,若非涵养有素,安能便免暴慢!正颜色,非庄敬有素,安能便近信!信是信实,表里如一。色,有色厉〔而内荏者,色庄者,色取仁而行违者,苟不近实〕,安能表里如一乎!"问:"正者,是着力之辞否?"曰:"亦着力不得。若不到近实处,正其颜色,但见作伪而已。"问:"'远'之字义如何?"曰:"远,便是无复有这气象。"问:"正颜色既是功效到此,则宜自然而信,却言'近信',何也?"曰:"这也是对上'远'字说。"〔寓。〕

○ 问:"'君子道者三'章,谢氏就'正、动、出'上用工。柄切谓此三句，其要紧处皆在'斯'字上，盖斯者是便自然如此也。才正颜色便自然近信，才动容貌便自然远暴慢。非平昔涵养之熟，何以至此！此三句乃以效言，非指用功地步。"先生曰："是如此。"<u>栖</u>。

○ 问："'君子所贵乎道者三。'先生旧解，以三者为'修身之验，为政之本，非其平日庄敬诚实，存省之功积之有素，则不能也'，专是做效验说。如此，则'动'、'正'、'出'三字只是闲字。后来改本以验（其）〔为〕要，'非其'以下，改为'学者所当操存省察，而不可有造次顷刻之违者也'。如此，则工夫却在'动'、'正'、'出'三字上，如<u>谢上蔡</u>之说，而不可以效验言矣。某疑'动'、'正'、'出'三字不可以为做工夫字。'正'字尚可说，'动'字、'出'字岂可以为工夫耶？"曰："这三字虽不是做工夫底字，然便是做工夫处。正如着衣吃饭，其着其吃虽不是做工夫，然便是做工夫处。此意所争只是丝发之间，要人自认得。旧来解以为效验，语似有病，故改从今说。盖若专以为平日庄敬持养方能如此，则不成未庄敬持养底人，便不要'远暴慢，近信，远鄙倍'！便是旧说'效验'字太深，有病。"<u>僩</u>。

○ "君子所贵乎道者三"，言道之所贵者有此三事，便对了。道之所贱者，笾豆之事，非不足道之，末耳。如"动容貌，正颜色，出辞气"，须是平日先有此等工夫方如此效验。"动容貌，斯远暴慢矣"，须只做一句读。"斯"字，只是个自然意思。<u>龟山</u>解此一句，引<u>曾子</u>修容阃人避之事，却是他人暴慢，全说不着。<u>人杰</u>。

○ <u>舜功</u>问："'（出辞气）〔动容貌〕'，如何'远暴慢'？"曰："人之（辞气）〔容貌〕，非暴则慢，得中者极难，须是远此方可。此一段，<u>上蔡</u>说亦多有未是处。"问："'其言也善'，何必<u>曾子</u>？天下自有一等人临死言善。<u>通老</u>云：'圣贤临死不乱。'"曰："圣贤岂可以不乱言？<u>曾</u>

子到此愈极分明，易簀事可见。然此三句亦是由中以出，不是外向斗撰得成。"<u>可学</u>。

○ 某〔病中〕思量，<u>曾子</u>当初告<u>孟敬子</u>"其言也善"，只说出三事。<u>曾子</u>当时有多少好话，到急处都说不办，只撮出三项如此。这三项是最紧要底。若就这三事上更做得工夫，上面又大段长进；便不长进也做得个圣贤坯样，虽不中，不远矣。<u>恪</u>。

曾子曰以能问于不能章

○ <u>陈仲亨</u>说"以能问于不能"章。先生曰："想是<u>颜子</u>自觉得有未能处，但不比常人十事晓得九事，便不肯问人。观<u>颜子</u>'无伐善，无施劳'，看他也是把此一件〔做工夫〕。"又问："'君子人与'，是才德出众之君子?"先生曰："'托六尺之孤，寄百里之命'，才者能之；'临大节而不可夺'，则非有德者不能也。"<u>义刚</u>。

○ 问："如此，已是无我了。集注曰'非几于无我者不能'，何也?"曰："圣人则全是无我；<u>颜子</u>却但是不以我去压人，却尚有个人与我相对在。圣人和人我都无。"<u>义刚</u>。

○ "不校"，是不与人比校强弱胜负，道我胜你负，我强你弱。如上言"以能问于不能"之类，皆是不与人校也。<u>焘</u>。

○ <u>时举</u>问"犯而不校"。先生曰："不是着意去容它，亦不是因它犯而遂去自反。盖其所存者广大，故小小触犯处自不觉得，何暇与之校耶!"<u>时举</u>。

○ 潘子善问："'犯而不校'，恐是且点检自家，不暇问他人。"
曰："不是如此。是他力量大，见有犯者如蚊虫、虱子一般，何足与校！
如'汪汪万顷之陂，澄之不清，挠之不浊'。"〔亚夫问："黄叔度是何样
底人？"曰："当时亦是众人扛得如此，看来也只是笃厚深远底人。若是
有所见，亦须说出来。且如颜子是一个不说话底人，有个孔子说他好。
若孟子，无人印证他，他自发出许多言语。岂有自孔孟之后至东汉黄
叔度时，已是五六百年，若是有所见，亦须发明出来，安得言论风旨全
无闻？"亚夫云："郭林宗亦主张他。"曰："林宗何足凭！且如元德秀在
唐时也非细，及就文粹上看，他文章乃是说佛。"〕〔南升。〕

○ "颜子犯而不校"，是成德事。孟子"三自反"，却有着力处。
学者莫若且理会自反，却见得自家长短。若遽学不校，却恐偍侗，都无
是非曲直，下梢于自己分却恐无益。端蒙。

○ 问："若常持不校之心，如何？"曰："此只看一个公私大小，
故伊川云：'有当较者，顺理而已。'"方子。

○ 正卿问"托六尺之孤"一章。曰："'百里之命'只是命令之
'命'。'托六尺之孤'谓辅幼主，'寄百里之命'谓摄国政。"曰："如霍
光当得此三句否？"曰："霍光亦当得上面两句，至如许后之事，则大节
已夺了。"曰："托孤寄命，虽资质高者亦可及；'临大节而不可夺'，非
学问至者恐不能。"曰："资质高底也都做得，学问到底也都做得。大抵
是上两句易，下一句难。譬如说'有猷，有为，有守'，托孤寄命是有
猷、有为，'临大节而不可夺'却是有守。霍光虽有为、有猷矣，只是
无所守。"偦。

○ 正卿问："'可以托六尺之孤'，至'君子人也'，此本是兼才节

说，然紧要处却在节操上。"曰："不然。三句都是一般说。须是才节兼全，方谓之君子。若无其才而徒有其节，虽死何益！如受人托孤之责，自家虽无欺之之心，却被别人欺了，也是自家不了事，不能受人之托矣。如受人百里之寄，自家虽无窃之之心，却被别人窃了，也是自家不了事，不能受人之寄矣。自家徒能'临大节而不可夺'，却不能了得它事，虽能死，也只是个枉死汉，济得甚事！如晋之荀息是也。所谓君子者，岂是敛手并脚底村人耶！故伊川说：'君子者，才德出众之名。'孔子曰：'君子不器。'既曰君子，须是事事理会得方可。若但有节而无才，也唤做好人，只是不济得事耳。"恪。

○ "托六尺之孤，寄百里之命"，是才；"临大节不可夺"，是德。如霍光可谓有才，然其毒许后事，便以爱夺了。燕慕容恪是慕容暐之霍光，其辅幼主也好，然知慕容评当去而不去之，遂以乱国，此也未是。惟孔明能之。赐。〔蘷孙同。〕

○ 问："'可以托六尺之孤'云云，注言'其才辅幼君，摄国政，其节至于死生之际不可夺'，此处不知可以见得伊周事否？"答曰："在伊周亦未足道此。只说有才志气节如此，亦可为君子之事。"又问："下此一等，如平勃之入北军、迎代王，霍将军之拥昭、立宣，可以当此名否？"曰："这也随人做。圣人做出是圣人事业，贤人做出是贤人事业，中人以上是中人以上事业。这通上下而言。'君子人与？君子人也。'上是疑词。如平勃，当时这处也未见得。若诛诸吕不成，不知果能死节否？古人这处怕亦是幸然如此。如药杀许后事，光后来知，却含胡过。似这般所在解'临大节而不夺'否？恐未必然。"因言："今世人多道东汉名节无补于事。某谓三代而下，惟东汉人才，大义根于其心，不顾利害生死，不变其节，自是可保。未说公卿大臣，且如当时郡守惩治宦官之亲党，虽前者既为所治，而来者复蹈其迹，诛殛窜戮，项背相望，略无所创。今士大夫顾惜畏惧，何望其如此！平居暇日琢磨淬砺，缓急之际尚不免于退缩。况游谈聚议，习为软熟，卒然有警，何以得其伏节死义乎！大抵不顾义理，只计较利害，皆奴婢之态，殊可鄙厌！"又曰："东坡议论虽不能无偏颇，其气节直是有高人处。如说<u>孔北海</u>、<u>曹操</u>，使人凛凛有生气。"又曰："如前代多有幸而不败者。如<u>谢安</u>，<u>桓温</u>入朝已自无策，从其废立，九锡已成，但故为迁延以俟其死。不幸而病小苏，则将何以处之！拥重兵上流而下，何以当之！于此看，<u>谢安</u>果可当伏节死义之资乎？"<u>寓</u>曰："<u>坦</u>之倒持手板，而<u>安</u>从容闲雅，似亦有执者。"曰："世间自有一般心胆大底人。如废<u>海西公</u>时，他又不能拒，废也得，不废也得，大节在那里！"〔寓。砥录略。〕

曾子曰士不可以不弘毅章

○ "'弘毅'二字，'弘'虽只是宽广，却被人只把做度量宽容者了，便不得。且如'执德不弘'之'弘'字，便是此'弘'字，谓如人有许多道理。及至学来，下梢却做得狭窄了，便是不弘。盖缘只以己为是，大凡他人之言便做说得天花乱坠，我亦不信，依旧只执己是，可见其狭小，何缘得弘？须是不可先以别人为不是，凡（有）他人之善，皆有以受之。集众善之谓弘。"伯丰问："是'宽以居之'否？"曰："然。如'人能弘道'，却是以弘为开廓，'弘'字却是作用。"璧。

○ 问"'弘毅'之'弘'"。曰："弘是宽广。事事着得：道理也着得，事物也着得；事物逆来也着得，顺来也着得；富贵也着得，贫贱也着得。看甚么物事来掉在里面，都不见形影了。"佣。

○ 问集注"非弘不能胜其重"。曰："弘，有耐意。如有一行之善，便道我善了，更不要进；能些小好事，便以为只如此足矣，更不向前去，皆是不弘之故。如此其小，安能担当得重任！"淳。

○ 读"曾子曰'士不可以不弘毅'"二章，云："所谓'弘'者，不但是放令公平宽大，容受得人，须是容受得许多众理。若执着一见便自以为是，他说更入不得，便是滞于一隅，如何得弘？如何胜得重任耶？"时举。

○ 问"弘毅"。先生曰："弘是要胜得重任，不止是容物，须容受得众理。今之学者执德不弘，见得些子道理，它人说话更入不得，如此则滞于一隅，如何得弘？弘是容受轧捺得众理方得。"希逊。

○ 恭甫问："'弘毅。'弘是心之体？毅是心之力？"曰："心体是多少大！大而天地之理，才要思量，便都在这里。若是世上浅心私见底人，有一两件事便着不得。"贺孙。

○ 节问："'士不可以不弘毅。'如何是弘？"曰："计较小小利害，小小得失，褊隘，如公欲执两事终身行之，皆是不弘。说道自家不敢承当，说道且据自己所见，皆是不弘。"节。

○ "士不可以不弘毅。"这曾子一个人，只恁地，他肚里却着得无限。今人微有所得，欣然自以为得。祖道。

○ 毅，是立脚处坚忍强厉、担负得去底意。〔升卿。〕

○ 黄敬之问："弘，是容受得众理；毅，是胜得个重任。"答曰："弘乃能胜得重任，毅便是能（搭）〔担〕得远去。弘而不毅，虽胜得任，却恐去前面倒了。”潘录止此。先生又云：“‘弘’字只对‘隘’字看，便见得。如看文字相似，只执一说，见众说皆不复取，便是不弘。若是弘底人便包容众说，又非是于中无所可否，包容之中又为判别，此便是弘。”时举录略同。

○　陈仲蔚问“弘毅”。曰：“弘，不只是有度量、能容物之弘，正是‘执德不弘’之‘弘’。是无所不容，心里无足时，不说我德已如此便住。如无底之谷，掷一物于中，无有穷尽时。若有满足之心，便不是弘了。毅，是忍耐持守，着力去做。”义刚。

○　弘而不毅，如近世龟山之学者，其流与世之常人无以异。毅而不弘，如胡氏门人都恁地撑肠拄肚，少间都没顿着处。贺孙。

○　问“弘毅”。曰：“弘是宽广耐事，事事都着得：道理也着得多，人物也着得多。若着得这一个，着不得那一个，便不是弘。且如有两人相争，须是宽着心都容得始得。若便分别一人是、一人非，便不得。或两人都是，或两人都非，或是者非、非者是，皆不可知。道理自是个大底物事，无所不备，无所不包。若小着这心，如何承载得起！弘了却要毅。弘则都包得在里面了，不成只恁地宽广？里面又要分别是非，有规矩始得。若只恁地弘，便没倒断了。‘任重’，是担子重，非如任天下之（重）〔任〕。”又曰：“若才小着这心，便容两个不得。心里只着得一个，这两个便相拄碍在这里，道理也只着得一说，事事都只着得一边。”僩。

○　寓问：“曾子弘毅处，不知为学工夫久方会恁地，或合下工夫便着恁地？”曰：“便要恁地。若不弘不毅，难为立脚。”问：“人之资禀偏驳，如何便要得恁地？”曰：“既知不弘不毅，便警醒令弘毅，如何

（计）〔讨〕道理教他莫恁地！弘毅处固未见得，若不弘不毅便倾东倒西，既知此道理当恁地，既不能行又不能守；知得道理不当恁地，却又不能割不能舍。除却不弘便是弘，除了不毅便是毅。这处亦须是见得道理分晓，磊磊落落，这个都由我处置，要弘便弘，要毅便毅。如多财善贾，须多蓄得在这里，看我要买也得，要卖也得。若只有十文钱在这里，如何处置得去！"又曰："圣人言语自浑全温厚，曾子便有圭角。如'士不可以不弘毅'，如'可以托六尺之孤'云云，见得曾子直是恁地刚硬！孟子气象大抵如此。"寓。按陈淳录同而略，今附于下云："徐问：'弘毅是为学工夫久方能如此？抑合下便当如此？'曰：'便要弘毅，皆不可一日无。'曰：'人之资禀有偏，何以便能如此？'曰：'只知得如此，便警觉那不如此，更那里别寻讨方法去医治他！弘毅处亦难见，不弘不毅却易见。不弘便浅迫，便窄狭，不容物，便安于卑陋。不毅，便倒东坠西，见道理合当如此，又不能行，不能守；见道理不当如此，又不能舍，不能去。只除了不弘便是弘，除了不毅便是毅，非别讨一弘毅来。然亦须是见道理极分晓，磊磊落落在这里，无遁情，病痛来便都由自家处置，要弘便弘，要毅便毅。如多财善贾，都蓄在这里，要买便买，要卖便卖。若止有十来钱在此，则如何处得！'"

○　问"士不可以不弘毅"。曰："弘是事事着得，如进学也要弘，接物也要弘，事事要弘。若不弘，只是见得这一边，不见那一边，便是不弘。只得些了便自足，便是不弘。毅却是发处勇猛，行得来强忍，是他发用处。"问："后面只说'仁以为己任'，是只成就这个仁否？"曰："然。许多道理也只是这个仁，人也只要成就这个仁，须是担当得去。"又问："'死而后已'，是不休歇否？"曰："然。若不毅，则未死已前便有时倒了。直到死方住。"又曰："古人下字各不同。如'刚'、'毅'、'勇'、'猛'等字虽是相似，其义训各微不同，如适间说'推'与'充'相似。"侧。

○ "仁以为己任，不亦重乎！死而后已，不亦远乎！"须是认得个仁，又将身体验之，方真个知得这担子重，真个是难。世间有两种：有一种全不知者，固全无摸索处；又有一种知得仁之道如此大而不肯以身任之者。今自家全不曾担者，如何知得它重与不重！所以学不贵徒说，须要实去验而行之方知。侗。

○ "'士不可以不弘毅'，或云刚毅？"先生曰："愚观毅者有守之意。"又云："曾子之学，大抵如孟子之勇。观此弘毅之说与夫'临大节不可夺'，与孟子'彼以其富，我以吾仁'之说，则其勇可知。若不勇，如何主张得圣人住！如论语载曾子〔之言，先一章云'以能问于不能'，则见曾子〕弘（毅）处，又言'临大节不可夺'，则见他毅处。若孟子，便只得他刚处，却少弘大底气象。"谟。

子曰兴于诗章

○ 学者当"兴于诗"。须先去了小序，只将本文熟读玩味，仍不可先看诸家注解。看得久之，自然认得此诗是说个甚事。谓如拾得个无题目诗，说此花既白又香，是盛寒开，必是梅花诗也。卷阿诗，召康公戒成王，其始只说个好意思，如"岂弟君子"皆指成王，"纯嘏"、"尔寿"之类皆说优游享福之事，至"有冯有翼"以下方说用贤。大抵告人之法亦当如此，须先令人歆慕此事，则其肯从吾言，必乐为之矣。人杰。

○ 问："成乐处古人可证否？"曰："不必过深。此处只理会如何是'兴于诗'，如何是'立于礼'，如何是'成于乐'。"淳。

○ 敬之问："'兴于诗，立于礼，成于乐'，觉得和悦之意多。"

曰："先王教人之法，以乐官为学校之长，便是教人之本末都在这里。"
<u>时举</u>。

○　或问"成于乐"。答曰："乐有五音六律，能通畅人心。今之乐
虽与古异，若无此音律，则不得以为乐矣。"<u>力行</u>因举<u>乐记</u>云："耳目聪
明，血气平和。"先生曰："须看所以聪明、和平如何，不可只如此说
过。"<u>力行</u>。

○　<u>寓</u>问："'成于乐'，'有五声十二律<u>云云</u>，以至于义精仁熟，而
自和顺于道德'，不知声音节奏之末，如何便能使'义精仁熟，和顺于
道德'？"曰："人以五声十二律为乐之末，若不是五声十二律，如何见
得这乐？便是无乐了。五声十二律皆有自然之和气。古乐不可见，要之
声律今亦难见。然今之歌曲，亦有所谓五声十二律方做得曲，亦似古乐
一般。如弹琴亦然。只它底是邪，古乐是正，所以不同。"又问："五声
十二律，作者非一人，不知如何能和顺道德？"曰："如金石、丝竹、匏
土、革木，虽是有许多，却打成一片。清浊高下，长短小大，更唱迭和
皆相应，浑成一片，有自然底和气，不是各自为节奏。歌者，歌此而
已；舞者，舞此而已。所以听之可以和顺道德者，须是先有兴<u>诗</u>、立礼
工夫，然后用乐以成之。"问："古者'十有三年学乐诵<u>诗</u>，二十而冠，
始学礼'，与这处不同，如何？"曰："这处是大学终身之所得。如十岁
学幼仪，十三学乐、诵<u>诗</u>，从小时皆恁地学一番了，做一个骨子在这
里，到后来方得他力。礼，小时所学，只是学事亲事长之节，乃礼之小
者。年到二十，所学乃是朝廷、（家）〔宗〕庙之礼，乃礼之大者。到
'立于礼'，始得礼之力。乐，小时亦学了，到'成于乐'时始得乐之
力，不是大时方去学。<u>诗</u>，却是初间便得力，说善说恶却易晓，可以
劝，可以戒。礼只捉住在这里，乐便难精。诗有言语可读，礼有节文可
守。乐是他人作，与我有甚相关？如人唱曲好底，凡有闻者，人人皆道

好。乐虽作于彼，而听者自然竦动感发，故能义精仁熟而和顺道德。舜命夔典乐，'教胄子：直而温，宽而栗，刚而无虐，简而无傲'，定要教他恁地。至其教之之具，又却在于'诗言志，歌永言，声依永，律和声'处。五声十二律不可谓乐之末，犹揖逊周旋不可谓礼之末。若不是揖逊周旋，又如何见得礼在那里！"又问："成于乐处，古人之学有可证者否？"曰："不必恁地支离。这处只理会如何是'兴于诗'，如何是'立于礼'，如何是'成于乐'。律吕虽有十二，用时只用得七个，自黄钟下生至姑洗便住了，若更要插一个便拗了。如今之作乐，亦只用七个。如边头写不成字者，即是古之声律。若更添一声，便不成乐。"寓。

按此条陈淳录作三条，而微有详略，今附于下。云："徐问：'"成于乐"，乐有五声六律，乃声音节奏之末，何以能使"义精仁熟，和顺于道德"？'曰：'五声六律不可谓乐之末，若不是五声六律，则为无乐矣，何以见得乐？犹周旋揖逊不可谓礼之末，若不是周旋揖逊，则为无礼矣，何以见得礼？古乐不可见，五声六律今亦不可见。然今之歌曲琴瑟等亦有所谓五声六律，但今底是邪，不是古乐之正耳。'问：'五声六律作者非一人，何以能使"义精仁熟，和顺于道德"？'曰：'如金石、丝竹、匏土、革木，虽有许多，然清浊高下，长短小大，更唱迭和皆相应，浑成一片，有自然之和气，所以听之自能"义精仁熟、和顺于道德"。乐于歌舞，不是各自为节奏，乐只是此一节奏，歌亦是此一节奏，舞亦是此一节奏。'杨问：'古者"十有三年学乐诵诗，二十而冠，始学礼"，与此不同，如何？'曰：'此是大学终身之所得。如"十岁学幼仪，十三学乐诵诗"，自少时皆学一番过，做个骨子，到后来方得它力。礼，少时所学只是学事亲事长之节，礼之小者；二十所学乃学朝廷宗庙之礼，礼之大者；到立于礼时，始得礼之力。不是那时方去学乐。诗，初间却得力，说善说恶易晓，可以劝，可以戒。礼只捱在这里，乐便难精，直是工夫至到方能有成。诗犹有言语可读，礼犹有节文可守，乐是它人作，与我何相关？盖如唱曲好底，凡有闻者，人人皆道好。乐虽作于彼，而听者自是竦动，所以能"义精仁熟，和顺于道德"。如舜命夔典乐，教胄子，要得"直而温，宽而栗，刚而无虐，简而无傲"，而其所以发之者，亦不过下面"诗言志、歌永言"数事。'"

○ "兴于诗，立于礼，成于乐。"圣人做出这一件物事来，使学者闻之自然欢喜，情愿上这一条路去，四方八面撺掇它去这路上行。广。

○ 只是这一心，更无他说。"兴于诗"，兴此心也；"立于礼"，立此心也；"成于乐"，成此心也。今公读诗是兴起得个甚么？僴。

○ "古人学乐，只是收敛身心令入规矩，使心细又不粗，久久自然养得和乐出来。"又曰："诗、礼、乐，古人学时本一齐去学了，到得成就时，得力处却有先后。然'成于乐'又见无所用其力。"升卿。

○ 亚夫问"兴于诗，立于礼，成于乐"一章。先生曰："诗、礼、乐，初学时都已学了，至得力时却有次第。乐者，能动荡人之血气，使人有些少不善之意都着不得，便纯是天理，此所谓'成于乐'。譬如人之服药，初时一向服了，服之既久，则耳聪目明，各自得力。此兴诗、立礼、成乐所以有先后也。"时举。

○ 或问"兴于诗，立于礼，成于乐"。答曰："'兴于诗'，便是个小底；'成于乐'，便是个大底。'兴于诗'，初间只是因他感发兴起得来，到成处，却是自然后恁地。"又曰："古人自小时习乐、诵诗、学舞，不是到后来方始学诗、学礼、学乐。如云'兴于诗，立于礼，成于乐'，非是初学有许多次第，乃是到后来方能如此；不是说用工夫次第，乃是得效次第如此。"又曰："到得'成于乐'，是甚次第！几与理为一。看有甚放僻邪侈，一齐都涤荡得尽，不留些子。'兴于诗'，是初感发这些善端起来；到'成于乐'是刮来刮去，凡是有毫发不善都荡涤得尽了，这是甚气象！"又曰："后世去古既远，礼乐荡然，所谓'成于乐'者，固不可得。然看得来只是读书理会道理，只管将来涵泳，到浃洽贯通熟处，亦有此意思。"致道云："读孟子熟，尽有此意。"曰："也是。

只是<u>孟子</u>较感发得粗，其他书都是如此。"<u>贺孙</u>因云："如<u>大学</u>传'知止'章及'齐家'章引许多诗语，涵泳得熟，诚有不自已处。"〔<u>贺孙</u>。〕

○ <u>正卿</u>说"兴于诗，立于礼，成于乐"。曰："到得'成于乐'，自不消恁地浅说。成于此是大段极至。"<u>贺孙</u>。

○ "兴于诗"，此二句上一字谓成功而言也，非（其）〔如〕'志于道'四句上一字，以用功而言也。<u>椿</u>。

○ <u>陈仲蔚</u>问："'兴于诗'与'游于艺'先后不同，如何？"先生曰："'兴'、'立'、'成'是言其成，'志'、'据'、'依'、'游'是言其用功处。但诗较感发人，故在先。礼则难执守，这须常常执守（是）〔始〕得。乐则如<u>太史公</u>所谓'动荡血气，流通精神'者，所以涵养前所得也。"问："'消融查滓'如何？"曰："查滓是他勉强用力，不出于自然，而不安于为人之意，闻乐则可以融化了。然乐，今却不可得与闻矣。"<u>义刚</u>。

○ <u>寓</u>问："'立于礼'，礼尚可依礼经服行。诗、乐皆废，不知兴诗成乐，何以致之？"曰："岂特诗、乐无，礼也无。而今只有义理在，且就理义上讲究。如分别得那是非邪正到感慨处，必能兴起其善心，惩创其恶志，便是'兴于诗'之功。涵养德性，无斯须不和不乐，直恁地和平，便是'成于乐'之功。如礼，古人这身都只在礼之中，都不由得自家。今既无之，只得硬做些规矩，自恁地收拾。如诗，须待人去歌诵。至礼与乐，自（抨）〔秤〕定在那里，只得自去做。<u>荀子</u>言：'礼乐法而不说。'更无可说，只得就他法之而已。<u>荀子</u>此语甚好。"又问："'志于道，据于德，依于仁'，与此相表里否？"答曰："也不争多，此却有游艺一脚子。"<u>寓</u>。按<u>陈淳</u>、<u>杨道夫</u>录同而各少异，今附于下。<u>陈</u>云："<u>徐</u>

问：'"立于礼"，犹可用力。诗今难晓，乐又无，何以兴成乎？'曰：'今既无此家具，只有理义在，只得就理义上讲究。如分别是非到感慨处，有以兴起其善心，惩创其恶志，便是"兴于诗"之功也。涵养和顺，无斯须不和不乐，恁地和平，便是"成于乐"之功也。如礼，今亦无，只是硬做些规矩，自恁地收敛。古人此身终日都在礼之中，不由自家。古人"兴于诗"，犹有言语以讽诵。礼，全无说话，只是恁地做去。乐，更无说话，只是声音节奏，使人闻之自然和平。故荀子曰："礼乐法而不说。"'曰：'此章与"志于道"相表里否？'曰：'彼是言德性道理，此是言事业工夫。此却是"游于艺"脚子。'○杨云："居父问：'"立于礼"犹可用力。诗、乐既废，不知今何由兴成之？'曰：'既无此家具，也只得以义理养其心。若精别义理，使有以感发其善心，惩创其恶志，便是"兴于诗"。涵养从容，无斯须不和不乐，便是"成于乐"。今礼亦不似古人完具，且只得自存个规矩，收敛身心。古人终日只在礼中，欲不自由，亦不可得。'又曰：'诗犹可，有言语，可以讽诵。至于礼，只是夹定做去。乐，只是使他声音节奏自然和平，更无说话。荀子云："礼乐法而不说。"只有法，更无说也。'或问："此章与'志道、据德、依仁、游艺'如何？'曰：'不然。彼就德性上说，此就工夫上说，只是游艺一脚意思尔。'"

子曰民可使由之章

○　问"民可使由之"。曰："所'由'，'虽是他自有底，却是圣人使之由'。如'道之以德，齐之以礼'，'教以人伦：父子有亲，君臣有义，夫妇有别，长幼有序，朋友有信'，岂不是'使之由'。"问"不可使知之"。曰："不是愚黔首，是不可得而使之知也。吕氏谓'知之未至，适所以启机心而生惑志'，说得是。"问："此不知与'百姓日用不知'同否？"曰："彼是自不知，此是不能使之知。"㳟。

○　"民可使由之，不可使知之。"云："民可使之仰事俯育，而不可使之知其父子之道为天性；可使之奔走服役，而不可使之知其君臣之义为当然。"及诸友举毕，先生云："今晚五人看得都无甚走作。"<u>埴</u>。

○　或问"民可使由之，不可使知之"。"圣人只使得人孝，足矣；使得人弟，足矣。却无缘又上门逐个与他解说所以当孝者是如何，所以当弟者是如何。自是无缘得如此。顷年<u>张子韶</u>之论，以为：'当事亲，便当体认取那事亲者是何物，方识所谓仁；当事兄，便当体认取那事兄者是何物，方识所谓义。'某尝说，若如此，则前面方推这心去事亲，随手又便去背后寻摸取这个仁；前面方推此心去事兄，随手又便着一心去寻摸取这个义，是二心矣。禅家便是如此，其为说曰'立地便要你究得，坐地便要你究得'，他所以撑眉努眼，〔使棒〕使喝，都是立地便拶教承当识认取，所以谓之禅机。若必欲使民知之，少间便有这般病。某尝举<u>子韶</u>之说以问<u>李先生</u>曰：'当事亲，便要体认取个仁；当事兄，便要体认取个义。如此，则事亲事兄却是没紧要底事，且姑借此来体认取个仁义耳。'<u>李先生</u>笑曰：'不易，公看得好。'"或问："<u>上蔡</u>爱说个'觉'字，便是有此病了。"曰："然。<u>张子韶</u>初间便是<u>上蔡</u>之说，只是后来又展<u>上蔡</u>之说，说得来放肆无收杀耳。"或曰："<u>南轩</u>初间也有以觉训仁之病。"曰："大概都是自<u>上蔡</u>处来。"又曰："<u>吕氏</u>解'民可使由之，不可使知之'，云：'"不可使知"，非以愚民，盖知之不至，适以起机心而生惑志也。'此说亦自好，所谓机心，便是<u>张子韶</u>与禅机之说。方才做这事，便又使此心去体认，少间便启人机心。只是圣人说此语时却未有此意在。向姑举之<u>或问</u>，不欲附集注。"曰："<u>王介甫</u>以为'不可使知'，盖圣人愚民之意。"曰："<u>申韩庄老</u>之说便是此意。以为圣人置这许多仁义礼乐，都是殃考人。<u>淮南子</u>有一段说<u>武王</u>问<u>太公</u>曰：'寡人伐<u>纣</u>，天下谓臣杀主，下伐上。吾恐用兵不休，争斗不已，为之奈何？'<u>太公</u>善王之问，教之以繁文滋礼以持天下，如为三年之丧，令类不蓄；厚葬久丧，以亶<small>音亶</small>其家。其意大概说，使人行三年之丧，庶几生子少，免得人多为乱之意；厚葬久丧，可以破产，免得人富以启乱之意。

都是这般无稽之语。"僴。

子曰好勇疾贫章

○ "好勇疾贫"，固是作乱。不仁之人，不能容之，亦必致乱，如<u>东汉</u>之党锢。泳。

子曰如有周公之才之美章

○ <u>正卿</u>问"如有<u>周公</u>之才之美，使骄且吝，其余不足观也已"。先生曰："某昨见一个人，学得些子道理便都不肯向人说。其初只是吝，积蓄得这个物事在肚里。无那何，只见我做大，便要凌人，只此是骄。"恪。

○ 圣人只是平说。云，如有<u>周公</u>之才美而有骄吝，也连他才美功业坏了，况无<u>周公</u>之才美而使骄吝者乎！甚言骄吝之不可也。至于<u>程子</u>云"有<u>周公</u>之德，则自无骄吝"，与某所说骄吝相为根本枝叶，此又是发余意。解者须先说得正意分晓，然后却说此，方得。贺孙。

○ 骄吝是挟其所有以夸其所无。挟其所有是吝，夸其所无是骄。而今有一样人，会得底不肯与人说，又却将来骄人。僴。

○ 或问"骄吝"。曰："骄是傲于外，吝是靳惜于中。骄者，吝之所发；吝者，骄之所藏。"读"骄吝"一段云："亦是相为先后。"时举。

○ "周公之才之美"，此是为有才而无德者而言，但此一段曲折，自有数般意思。骄者必有吝，吝者必有骄。非只是吝于财，凡吝于事，吝于为善，皆是。且以吝财言之，人之所以要吝者，只缘我散与人使他人富与我一般，则无可矜夸于人了，所以吝。某尝见两人，只是无紧要闲事也抵死不肯说与人。只缘他要说他自会，以是骄夸人，故如此。因曾亲见人如此，遂晓得这"骄吝"两字只是相匹配得在，故相靠得在。义刚。

○ 先生云："一学者来问：'伊川云："骄是气盈，吝是气歉。"歉则不盈，盈则不歉，如何却云"使骄且吝"？'试商量看。"伯丰对曰："盈是加于人处，歉是存于己者。粗而喻之，如勇于为非，则怯于迁善；明于责人，则暗于恕己，同是一个病根。"先生曰："如人晓些文义后，吝惜不肯与人说，便是要去骄人。非骄，无所用其吝；非吝，则无以为骄。"璗。

○ 寓问："'骄吝'，伊川言'骄气盈，吝气歉'，气之盈歉如何？"曰："骄与吝是一般病，只隔一膜。骄是放出底吝，吝是不放出底骄。正如人病寒热，攻注上则头目疼，攻注下则腰腹痛。热发出外似骄，寒包缩在内似吝。"因举〔显道〕克己诗："试于清夜深思省，剖破藩篱即大家。"问："当如何去此病？"曰："此有甚法？只莫骄莫吝，便是剖破藩篱也。觉其为非，从源头处正。我要不行，要便不行；要坐，便还我坐。莫非由我，更求甚方法！"寓。

○ "骄是气盈，吝是气歉。骄吝虽有盈歉之殊，然其势常相因。盖骄者，吝之枝叶；吝者，骄之根本。"先生曰："某尝见人吝一件物，便有骄意，见得这两字如此。"泳。

○ 正卿问："骄如何生于吝？"曰："骄却是枝叶发露处，吝却是根本藏蓄处。且以浅近易见者言之：如说道理，这自是世上公共底物事，合当大家说出来。世上自有一般人，自恁地吝惜，不肯说与人这意思是如何，他只怕人都识了，却没诧异，所以吝惜在此。独有自家会，别人都不会，自家便骄得他，便欺得他。如货财也是公共底物事，合使便着使。若只恁底吝惜，合使不使，只怕自家无了，别人却有，无可强得人，所以吝惜在此。独是自家有，别人无，自家便做大，便欺得他。"又云："为是要骄人，所以吝。"贺孙。

子曰三年学章

○ 问："'不至于谷'，欲以'至'为'及'字说，谓不暇及禄，免改为'志'，得否？"曰："某亦只是疑作'志'，不敢必其然。盖此处解不行，作'志'则略通。不可又就上面撰，便越不好了。"或又引程子说。先生曰："说不行不如莫解，解便不好，如解白为黑一般。"淳。

子曰笃信好学章

○ 笃信故能好学，守死故能善道。惟善道故能守死，惟好学故能笃信。每推夫子之言，多如此。德明。

○ 惟笃信故能好学，惟守死故能善道。善，如"善吾生，善吾死"之"善"，不坏了道也。然守死生于笃信，善道由于好学。徒笃信而不好学，则所信者或非所信；徒守死而不能推以善其道，则虽死无补。升卿。

○ 笃信须是好学，但要好学也须是笃信。善道须是守死，而今若是不能守死，临利害又变了，则亦不能善道。但守死须是善道，若不善道，便知守死也无益，所以人贵乎有学。笃信方能守死，好学方能善道。<u>义刚</u>。〔<u>恪</u>录云："此两句相关，自是四事：惟笃信，故能守死；惟好学，故能善道。"〕

○ "笃信而不好学，是非不辨，其害却不小。既已好学，然后能守死以善其道。"问："如下文所言莫是笃信之力否？"曰："是。既信得过，危邦便不入，乱邦便不居；天下有道便不隐，天下无道便不见，决然是恁地做。"<u>骧</u>。

○ "危邦不入"，是未仕在外则不入；"乱邦不居"，是已仕在内，见其纪纲乱，不能从吾之谏，则当去之。<u>淳</u>。

○ "危邦不入"，旧说谓已在官者便无可去之义。若是小官恐亦可去，当责任者则不容去也。<u>必大</u>。

○ 或问："危邦固是不可入，但或有见居其国，则当与之同患难，岂复可去？"曰："然。到此无可去之理矣，然其失则在于不能早去。当及其方乱未危之时去之，可也。"<u>恻</u>。

○ 天下无道，譬如天之将夜，虽未甚暗，然自此只向暗去。知其后来必不可支持，故亦须见几而作，可也。<u>时举</u>。

子曰不在其位章

○ <u>马庄甫</u>问"不在其位，不谋其政"。答曰："此各有分限。田野之人不得谋朝廷之政，身在此间只得守此。如县尉，岂可谋他主簿事！才不守分限，便是犯他疆界。"马曰："如县尉，可与他县中事否？"曰："尉，佐官也。既以佐名官，有繁难，只得伴他谋，但不可侵他事权。"大雅。

子曰师挚之始章

○ 徐问："'关雎之乱'，何谓'乐之卒章'？"曰："自'关关雎鸠'至'钟鼓乐之'，皆是乱。想其初必是已作乐，只无此词，到此处便是乱。"淳。

○ 乱者，乐之卒章也。故楚辞有"乱曰"是也。前面须更有，但今不可考耳。南升。

○ 或问："'关雎之乱'，乱何以训终？"曰："既'奏以文'，又'乱以武'。"芝。

子曰狂而不直章

○ 狂，是好高大，便要做圣贤，宜直；侗，是愚模样，不解一事底人，宜谨愿；悾悾，是拙模样，无能为底人，宜信。有是德则有是病，有是病必（无）〔有〕是德。有是病而无是德，则天下之弃才也。泳。

○ 问曰："切意侗者，同也，于物同然一律，无所识别之谓。悾者，空也，空而又空，无一长之实之谓。"先生以为："此亦因旧说，而以字义音训推之，恐或然尔。此类只合大概看，不须苦推究也。"

子曰学如不及章

○ "学如不及，犹恐失之"，如今学者却恁地慢了。譬如捉贼相似，须是着起气力精神，千方百计去赶捉他，如此犹恐不获。今却只在此安坐熟视它，不管它，如何奈它！只忺时起来行得三两步，懒时又坐，恁地如何做得事成！_焘。

子曰巍巍乎舜禹之有天下章

○ "不与"，只是不相干之义。言天下自是天下，我事自是我事，不被那天下移动着。_{义刚}。

○ <u>正卿</u>问："舜禹有天下而不与，莫是物各付物，顺天之道如此否？"曰："据本文说，只是崇高富贵不入其心，虽有天下而不与耳。巍巍，是至高底意思。且如大凡人有得些小物事，便觉累其心。今富有天下，一似不曾有相似，岂不是高！"_恪。

○ 看"巍巍乎舜禹有天下不与"至"禹，吾无间"四章。先生云："舜禹与天下不相关，如不曾有这天下相似，都不曾把一毫来奉己。如今人才富贵便被他勾惹，此乃为物所役，是他自卑了。若舜禹，直是它高！首出庶物，高出万物之表，故夫子称其'巍巍'。"又曰："尧与天为一处，民无能名。所能名者，事业礼乐法度而已。"_植。<u>时举录同</u>。

○　陈与叔问“惟天为大，惟尧则之”。“只是尊尧之词。不必谓独尧能如此，而他圣人不与也。”〔淳。〕

○　“尧则天”一段。曰：“虽荡荡无能名，也亦有巍巍之成功可见，又有焕乎之文章可睹。”谟。

○　“唐虞之际于斯为盛”，“惟唐虞之际乃盛于此”，降自夏商皆所不及。泳。

○　魏问：“集注云‘惟唐虞之际乃盛于此’，此恐将‘舜有臣五人’一句闲了。”曰：“宁可将上一句存在这里。若从元注说，则是‘乱臣十人’，却多于前，于今为盛。却是舜臣五人，不得如后来盛。”贺孙。

○　陈仲亨问诸儒才、德之说。先生曰：“合下语自不同。如说‘才难’须是那有德底才。高阳氏才子八人，这须是有德而有才底。若是将才对德说，则如‘周公之才之美’样，便是有才更要德。这个合下说得自不同。”又问智伯五贤。先生曰：“如说射御足力之类，也可谓之才。”义刚。

○　李问“至德”。先生曰：“‘三分天下有其二’，天命人心归之，自可见其德之盛了。然如此而犹且不取，乃见其至处。”雉。

○　寓问：“‘三分天下有其二，以服事商’，使文王更在十三四年，将终事纣乎？抑为武王牧野之举乎？”曰：“看文王亦不是安坐不做事底人。如诗中言‘文王受命，有此武功。既伐于崇，作邑于丰，文王烝哉’云云。武功皆是文王做来。诗载武王武功却少，但卒其伐功耳。观文王一时气势如此，度必不终竟休了。一似果实，文王待它十分黄熟自

落下来，武王却似生拍破一般。"〔寓。〕

○　或问以为："文王之时，天下已二分服其化。使文王不死，数年天下必尽服。不俟武王征伐，而天下自归之美矣。"曰："自家心如何测度得圣人心？孟子曰：'取之而燕民不悦，则勿取，古之人有行之者，文王是也。'圣人已说底话尚未理会做得，何况圣人未做底事，如何测度得？"后再有问者，先生乃曰："若纣之恶极，文王未死，也只得征伐救民。"〔佃。〕

○　问："文王受命是如何？"曰："只是天下归之。"问："太王翦商是有此事否？"曰："此不可考矣。但据诗云'至于太王，实始翦商'，左传云'泰伯不从，是以不（祀）〔嗣〕'。要之，周自日前积累以来，其势日大；又当商家无道之时，天下趋周，其势自尔。至文王三分有二，以服事殷，孔子称其'至德'。若非文王，亦须取了。孔子称'至德'只二人，皆可为而不为也者。周子曰'天下，势而已矣。势，轻重也'，周家基业日大，其势已重，民又日趋之，其势愈重。此重则彼自轻，势也。"〔璘。〕

○　因说文王事商，先生曰："文王但是做得从容不迫，不便去伐商太猛耳。苏东坡说，文王只是依本分做，诸侯自归之。"或问："此有所据否？"曰："这也见未得在，但是文王伐崇、戡黎等事，又自显然。书说'王季勤劳王家'，诗云'太王翦商'，都是他子孙自说，不成他子孙诬其父祖！春秋分明说'泰伯不从'，是不从甚底事？若泰伯〔居〕武王之世，也只是为诸侯，但时措之宜，圣人又有不得已处。横渠云：'商之中世都弃了西方之地，不管它，所以戎狄复进入中国，太王所以迁于岐。'然岐下也只是个荒凉之地，太王自去立个家计如此。"〔夔孙。〕

○ 问："文王'三分天下有其二'一段，据本意只是说文王。或问中载胡氏说，又兼武王而言，以为武王之间以服事商，如何？"曰："也不消如此说，某也谩载放那里，这个难说。而今都回互个圣人，说得忒好也不得。如东坡骂武王不是圣人，又也无礼。只是孔子便说得来平，如'武未尽善'。此等处未消理会，且存放那里。"㑆。

子曰禹吾无间然章

○ 黻，蔽膝也，以韦为之。韦，熟皮也。有虞氏以革，夏后氏以山，"殷火，周龙（韦）〔章〕"。祭服谓之黻，朝服谓之韠，左氏"带裳韠舄"。泳。